保险拒赔诉讼实务

福建泽良律师事务所　出品

何青思　蔡函纬　编著

中国政法大学出版社

2024·北京

图书在版编目（ＣＩＰ）数据

保险拒赔诉讼实务/何青思编著. —北京：中国政法大学出版社，2024.1
ISBN 978-7-5764-1301-4

Ⅰ.①保… Ⅱ.①何… Ⅲ.①保险－赔偿－研究－中国 Ⅳ.①D922.284.4

中国国家版本馆 CIP 数据核字(2024)第 009122 号

出 版 者　　中国政法大学出版社

地　　址　　北京市海淀区西土城路 25 号

邮寄地址　　北京 100088 信箱 8034 分箱　邮编 100088

网　　址　　http://www.cuplpress.com (网络实名：中国政法大学出版社)

电　　话　　010-58908586(编辑部) 58908334(邮购部)

编辑邮箱　　zhengfadch@126.com

承　　印　　北京鑫海全澳胶印有限公司

开　　本　　720mm×960mm　　1/16

印　　张　　29.25

字　　数　　500 千字

版　　次　　2024 年 1 月第 1 版

印　　次　　2024 年 1 月第 1 次印刷

定　　价　　100.00 元

前　言

　　一位 31 岁的年轻人，是家中独子，由于工作性质，他为自己买了一份包含猝死责任的意外险。后来，发生了意外，该年轻人在医院抢救了 5 天后，仍不幸离世。然而，在这份承载了家人希望的保险上，白纸黑字将"猝死"定义为在 24 小时内发生的死亡，因而无法获得赔偿。

　　这是一个有悖伦理的死结：投保人希望用保险保障家人生活，家人希望尽力挽救投保人的生命，最后反而导致保险得不到赔付，一切归零。老百姓认为买了保险就是装上了"救生筏"，但当大浪打过来，他们才发现，"救生筏"是漏气的。

　　而这样的困境，只是泽良律师事务所经手过的上千例保险拒赔案件的一个缩影。

　　泽良律师事务所总部位于厦门，这是一家一体化管理的律所，有律师近 200 人。业务范围包括：企业法律顾问、保险、税务、执行、婚姻家事等，其中，保险拒赔是"王牌产品"。与大多数保险法律师服务于保险公司不同，泽良律师事务所打出了"为投保人维权"的口号，累积了丰富的保险拒赔办案经验，涵盖保险拒赔的大部分情形，完成拒赔类型的"大满贯"，比如"意外险"我们代理过猝死、高空作业、超标电动车、醉酒等案件；"重疾险"我们代理过带病投保、等待期出险、违反健康告知、遗传疾病、不属于重疾等案件；"车险"我们代理过无证驾驶、醉酒、逃逸、实习期驾驶拖挂车、自燃、私车营运等案件；"财产险"我们代理过火灾、台风、暴雨、临时建筑、定损差异等案件。所有险种的大部分拒赔情形，我们都已经代理过了，并且都有胜诉的案例。

泽良律师事务所取名寓意"善良比聪明更重要"，泽良律师事务所为投保人提供免费法律咨询，达成委托后实行胜诉后收费的服务模式（即风险代理模式，败诉不收费），并且全国办案垫付差旅费——看似非常规的操作，换来的是一组令人瞩目的数字：每年为上万的投保人提供免费的理赔咨询，年办案 600 余件，胜诉率 85%，帮助投保人获赔保险金过亿元。

法治本质上是一种公共产品，但是很多人由于经济能力、认知水平的限制，没办法享受这个公共产品。让我们更有热情的是为这些弱势群体提供专业的法律服务。从保险法的合理期待与最大诚信原则来看，保险的过度销售与老百姓对保险保障功能的期待，存在大量的矛盾冲突。买保险容易理赔难，这是一个社会现象。我们觉得为被拒赔的投保人维权，是帮助了困境中的投保人，有很强的社会意义，让我们泽良人充满自豪。因此，泽良律师事务所保险法团队将办案经验总结汇编成书，希望能帮助投保人进行依法理赔。

目　录

第一节　医疗险案析

一、患急性心脏衰竭，保险公司能否以"既往症"为由拒赔？

1. 基本案情

在 2019 年秋季，王先生通过互联网渠道为自己购买了医疗险，每年都正常续保。2022 年王先生突发急性症状进入医院，经医院诊断患有扩张性心肌病和急性心脏衰竭等严重疾病，同时因为急性心脏衰竭的问题必须做心脏置换术，因此王先生自行支付了十几万元医疗费，家庭经济情况一下陷入困难。

2. 保险拒赔

当王先生出院后向保险公司申请理赔时，保险公司经过调查，拒绝了王先生的要求。理由是：王先生在 2018 年有被确诊为扩张性心肌病的病史，而这次的诊断结果中体现为扩张性心肌病，与之前是同一疾病；保险公司认为扩张性心肌病也是引发急性左心衰竭的原因，所以以免责条款中的"既往症"为由拒绝赔偿，并且解除了与王先生的保险合同。

3. 专业应对

王先生在理赔无果的情况下，四处咨询律师后联系上了泽良保险法团队，希望能够借助泽良律师的专业能力来争取应有的保险赔偿。

在接受王先生的委托后，泽良保险法团队立即采取行动，对急性左心衰竭的疾病编码、发病原理在医学资料中进行搜寻，同时核实了王先生的既往健康情况以及扩张性心肌炎之前的发病情况，再就是对投保过程进行了全面的审查。同时，何青思律师深入研究了保险合同中的各项条款，以及与此相关的法律法规，在此基础上迅速制定了专门针对此案的应对策略和法律文件，为未来的谈判和可能的诉讼做好了充分准备。

泽良保险法团队在收到材料后两周内就整理好起诉状以及证据资料并且提交到法院，在何律师代理当事人起诉之后，保险公司在庭前调解的过程中经过多轮的谈判，最终从全额拒赔到同意向王先生支付 135 000 元的赔偿金，成功缓解了王先生的家庭经济压力。

二、三岁幼儿不幸患白血病，保险公司能否以"未如实告知孩子早产"为由拒赔？

1. 基本案情

2020 年初，蒋先生夫妇的孩子出生，随后蒋先生为孩子购买了一份医疗险，在为孩子续保的第三年（2023 年 5 月），蒋先生的孩子不幸被确诊急性淋巴白血病，预计治疗费用可能高达 50 万元。

2. 保险拒赔

在高额医疗费的巨大压力下，蒋先生向保险公司申请理赔，然而保险公司却以蒋先生未如实告知孩子是早产儿为由拒绝支付赔偿金。蒋先生查阅资料以后，多次据理力争，保险公司仍然维持拒赔的决定。

3. 专业应对

在理赔无果的情况下，蒋先生碰巧在网上发现泽良保险法团队，于是立即联系，希望能够借助泽良律师的专业能力来争取应有的保险赔偿。

在接受蒋先生的委托后，泽良保险法团队的资深律师何青思律师立即采取行动，对保险公司的拒赔依据、蒋先生孩子的既往健康情况、投保过程等进行了全面而详尽的审查。同时，何律师深入研究了保险合同中的各项条款，以及与此相关的法律法规，迅速制定了专门针对此案的应对策略，并起草了必要的法律文件，包括案例检索报告等，为未来的谈判和可能的诉讼做好了充分准备。

泽良保险法团队接案后迅速与保险公司取得联系，告知案件对于保险公司的风险以及司法实践中这类案例大概率的走向，分析诉讼对于双方的利弊等等，从保险公司在意的维度与其谈判并提供参考资料。

经过多轮反复的谈判，最终保险公司同意全额理赔此次的医疗费用，并且对本保险年度产生的医疗费用都愿意正常理赔。谈判全程仅花费 22 天，满足了蒋先生快速获赔以支付孩子医疗费的需求，极大地缓解了蒋先生家庭的经济压力。

三、脑出血患病治疗，保险公司能否以"未如实告知高血压"为由拒赔？

1. 基本案情

2023 年 2 月，重庆的张先生突发脑出血，被送往医院住院治疗，两个月后，张先生康复出院，出院诊断为左侧基底节区出血溃入脑室、高血压三级，病情高危，出院记录中记载了张先生有高血压病多年。张先生虽然在保险公司投保了百万医疗险，但担心保险公司会以自己有高血压病史为由拒赔，于是张先生提前咨询及委托了泽良律师介入全程处理案件。

2. 保险拒赔

2023 年 6 月，在张先生正式向保险公司申请理赔后，保险公司果然委托第三方对张先生的病史进行了调查。调查员在询问张先生是否存在既往病史时，张先生如实回答了有高血压的情况，但并不记得高血压的数值，而调查员却私自根据张先生本次住院的血压值进行了记录。这导致了张先生既往的高血压值达到了二级以上，不符合健康告知的要求，于是保险公司就以此为由提出投保人违反了如实告知义务，拟作出解除合同、不退保费并拒赔的决定；且保险公司认为本次疾病也是因高血压引起的，属于既往病，属于责任免除范围，保险公司也不承担赔偿责任。

3. 专业应对

面对保险公司如此强势的拒赔，泽良律师强势介入，针对案情抽丝剥茧，全面分析了出险调查过程、保单的投保过程、条款约定等，全力以赴展开案件理赔谈判。

第一，泽良律师结合本案事实展开分析，从本案被保险人投保前并不存在高血压二级以上着手，从法理上对"如实告知义务"展开论述，对投保人在投保时并未违反如实告知义务进行了论证。

第二，本案被保险人因突发脑出血住院，保险公司并无证据证明脑出血系因高血压引起，不能认定为既往疾病，且既往病不赔的条款属于免责条款，从保险公司是否对保险合同中的免责情形履行提示及明确说明义务切入，分析免责条款是否产生法律效力。

第三，针对类似案件做大量的研究检索，向保险公司提交了类案检索报告以及法规汇编，促进案件谈判。

经过 60 天的来回磋商，泽良律师不断地努力和争取，在据理力争之下，保险公司拒赔的态度逐渐松软，最终认可了我方的观点，从拒赔到协商按 80% 理赔。张先生拿到理赔款后，对泽良保险法团队的专业、全力以赴的精神十分认可，自己交付了信任，最终收获了满意的结果。

四、自动续保的医疗险，保险公司能否以"未如实告知结节"为由拒赔？

1. 基本案情

2021 年 3 月，喻女士在互联网投保了水滴健康保重大疾病医疗保险，第一年为赠险，第二年起，由保险公司按月自动扣费续保。2021 年 8 月，喻女士检查发现右乳肿物，2021 年 11 月，复诊彩超，考虑到是双乳良性结节，未进一步检查。2022 年 3 月，喻女士被确诊为浸润性乳腺癌，花费了十多万元的医疗费进行治疗。

2. 保险拒赔

2022 年 4 月，喻女士向保险公司申请理赔，保险公司却认为喻女士本次就诊不满足第一年度保单的赔付条件，不予赔付保险金。同时，保险公司还认为，喻女士本次就诊的疾病为第二年度保单投保前已患疾病，投保人未如实告知，不属于第二份保单的保险责任范围，也不予赔付第二年度保单的保险金。

3. 专业应对

无奈之下，喻女士找到泽良律师事务所，泽良保险法团队何青思律师接受委托后，全面分析投保过程、履行过程、条款约定等，在两周内快速立案。且在立案后积极进行庭前谈判调解，针对保险公司的拒赔理由，做了如下充分的准备：

（1）从连续投保并不免除保险公司主动询问的义务入手，详细阐述了保险公司采取自动续保扣费的模式，属于自动放弃向投保人进行询问以及展示和确认条款的行为。即在保险公司未询问的前提下，投保人亦无告知义务，因此保险公司以"投保前已患疾病未如实告知不属于保险责任"的拒赔理由不能成立。

（2）检索了大量的司法观点、专家观点以及全国范围内多个法院的有利案例予以支撑论证上述观点。

（3）从保险公司是否对保险合同中的免责情形履行提示及明确说明义务切入，分析免责条款是否产生法律效力。

经过泽良律师有力的论证与强悍的庭审风格，保险公司在法院尚未判决前便同意协商调解，最终仅用 45 天，保险公司从拒赔到主动按照我方的诉求金额赔偿 10 万元来调解结案。

五、交通事故受伤，保险公司能否以"不得进行双重赔付"为由拒赔？

1. 基本案情

2021 年 9 月，刘大爷行走在路上不幸被一辆冲向人行道的摩托车撞上。事后交警认定，对方承担事故全部责任。随后，刘大爷被紧急送往医院接受治疗，伤情严重，已经属于植物人状态，后半生都要在护理下度过。在此情况下，刘大爷的医疗费用自费部分就将近 30 万元，后续的治疗费用、护理费也相当高昂。然而肇事方是摩托车司机，没有购买任何保险，经济赔偿能力也很低，意味着案件哪怕成功胜诉，也只能空拿一份判决书，大概率拿不到太多费用。

2. 保险拒赔

刘大爷的女儿刘女士在无法应对高额医疗费的情况下，想起了之前为了预防刘大爷患上重大疾病而投保的医疗险，保险限额为 400 万元。在向保险公司申请理赔的过程中，却遭到了保险公司的强硬拒绝。保险公司认为交警已认定事故的责任完全由对方承担，且对方已经同意承担责任。此外，医疗险属于财产险种，按照损失填平原则，不得进行双重赔付。

3. 专业应对

在与保险公司多次沟通无果的情况下，刘女士得知了泽良保险法团队的信息，并决定线上咨询。经过交谈后，她意识到案件有争取的空间，于是决定全权委托。

在接受委托后，泽良保险法团队资深律师何青思考虑到刘女士的需求是迅速获得保险金，因此立即展开了理赔谈判的行动。何律师全面而细致地审视了保险公司的拒赔依据、投保流程、合同条款以及与此案相关的法律法规。同时，结合当前司法实践中的争议情况，迅速制定了针对此案的谈判思路，并撰写了法规汇编和大数据报告，为后续的谈判工作做好了准备。

何律师先是晓之以理，根据保险合同的约定，并未明确规定第三人侵权造成的保险事故保险公司无需赔偿。此外，根据《保险法》[1]及相关司法解释，刘大爷也有权获得保险金。

另一方面，何律师又动之以情，向保险公司阐明道："一个交通事故，对方全责，医疗费已经持续在产生了，却要求家属先走完诉讼走完执行确定拿不到钱了再赔付，是没有任何法定依据或者合同约定依据的，如果因为没有医疗费持续治疗而去世，谁又能承担责任呢？"

---

[1] 《保险法》，即《中华人民共和国保险法》，为表述方便，本书中涉及我国法律文件直接使用简称，省去"中华人民共和国"字样，全书统一，后不赘述。

何律师对于保险合同和法律法规的解释为保险公司的理赔提供了依据，而后续对保险公司的利益分析又精准踩到了保险公司的痛点。最终，保险公司通过分析利弊，决定同意赔偿目前产生的医疗费，泽良律师再一次以专业能力成功维护了当事人家属合法权益。

第二节　重疾险案析

一、确诊白血病，保险公司能否以"投保前未如实告知"为由拒赔？

1. 基本案情[1]

2021 年 11 月，梁女士为自己的孩子购买了一份儿童重疾险，保险期限为 30 年。在次年的 12 月，梁女士的孩子不幸被确诊为急性淋巴细胞白血病。随后，梁女士向保险公司提出请求，希望能够获得保险金赔付，以用于治疗孩子的疾病。

2. 保险拒赔

事故发生后，梁女士向保险公司申请理赔，保险公司却拒绝对孩子的疾病支付任何保险金。具体理由如下：

（1）被保险人在投保前存在不明发热情况，且血常规检查存在多项异常，因此存在未如实告知的情形，根据《保险法》第 16 条的规定，有权解除合同，并不承担赔偿保险金的责任。况且对于白细胞指标超过 12 的，需要延期观察后才能作出是否承保的结论，即未如实告知事项足以影响保险公司决定是否承保。

---

〔1〕　北京市顺义区人民法院，〔2023〕京 0113 民初 9677 号。

（2）被保险人依据现行法律法规和合同约定已依法行使解除权。

（3）投保单载明的询问事项清晰，并经回访确认相关告知事项均由投保人本人确认。

3. 专业应对

面对保险公司的强势拒赔，梁女士找到了泽良律师事务所，泽良保险法团队接受委托后，立即全面分析投保过程和保险事故情况，进行了充分的准备与应对：

庭审中泽良律师区分了不同概念在医学上的界定，分析了小朋友既往材料中所体现的情形与健康告知事项是否匹配，同时就小朋友既往的材料结合事实情况作出了不同的解读。根据证据规定、实体法规则、日常经验法则、行业规则等，经过激烈的质证过程与庭审辩论。

在团队的努力争取下，法院最终全额支持了 125 万元保险金的诉求。让一个家庭在未来生涯中，有了更多的可能性，至少不需要为了治疗费用而过度纠结、忧虑。

二、确诊肺癌，保险公司能否以"曾患有息肉未如实告知"为由拒赔？

1. 基本案情[1]

2019 年，李先生加入相互宝互助平台开始缴纳互助金，2022 年相互宝正式关停并赠送了"健康福防癌 1 号老年版"三个月的赠险，赠险届期后自动续费由人民健康保险承保的一年期的"健康福防癌 1 号老年版"产品。2022 年 5 月李先生确诊肺癌晚期。

---

〔1〕 福建省三明市三元区人民法院，［2022］闽 0403 民初 3671 号。

2. 保险拒赔

事故发生后，李先生向保险公司申请理赔，保险公司却以被保险人于 2019 年 1 月份（加入相互宝以前）曾患有"未明确诊断为良性的息肉"未如实告知为由拒赔。

3. 专业应对

面对保险公司的强势拒赔，李先生找到了泽良律师事务所，泽良保险法团队接受委托后，立即全面分析投保过程和保险事故情况，进行了充分的准备与应对：

首先，本案存在连续投保情形。保险公司为了便捷地收取保费，在最后一份保险中自动放弃向投保人进行询问以及展示和确认条款的环节，而采取自动扣费的模式，属于其自身的弃权行为。我国采"询问告知主义"，在未询问的前提下，投保人亦无告知义务，以违反健康告知义务为由拒赔不应成立。

其次，保险公司所提供的相互宝投保回溯视频不具备可查验的真实性、内容模糊、未设置逐项确认与强制阅读流程，无法作为本案有证明力的证据，保险公司应按照最高人民法院《关于适用〈中华人民共和国民事诉讼法〉的解释》第 108 条的规则自负举证不能的不利后果。

最后，保险公司所主张的"息肉"与"上皮内瘤变"这两项未告知内容与最终确诊的左肺癌伴全身多发的重疾无任何因果关系，死亡原因属保险责任范围，应当给付保险金。如果只要义务人违反告知义务，无论告知义务的违反与保险事故的发生是否有因果关系，保险人均可解除合同并不承担保险责任，会导致保险人怠于搜集相关信息，并在事故发生后滥用合同解除权。

在团队的努力争取下，最终法院采纳我方关于"举证责任及不利后果归属"的相关观点，支持了李先生全额的重疾保险金，实现了从全无到全有的保险赔偿。

三、相互保终止后自动续保重疾险，保险公司能否以"体检报告有肺结节"为由拒赔？

1. 基本案情[1]

2019年3月，杨先生为其妻子王女士在支付宝参加了相互保大病互助计划，2022年1月相互保大病互助计划终止，杨先生就按照支付宝内的提示，将相互保转成某保险公司的重疾险，并继续按月支付保费。2022年8月，王女士被医院确诊为左下肺微浸润腺癌。

2. 保险拒赔

疾病确诊后，王女士向保险公司申请理赔，却被告知已存在违反健康告知内容为由拒绝给付保险金，但并未列出具体违反了哪项健康告知内容。

3. 专业应对

面对保险公司的强势拒赔，王女士找到了泽良律师事务所，泽良保险法团队接受委托后，立即全面分析投保过程和保险事故情况，进行了充分的准备与应对。

首先，泽良律师通过翻阅案件资料，发现王女士有每年体检的习惯，在确诊左下肺微浸润腺癌前两年的体检报告中，胸部CT分别显示有肺结节影及磨玻璃肺结节疑似，且在医院入院记录的主诉部分写着体检发现左下肺结节2年余。而保险条款的健康告知部分有列出肺部结节为健康告知内容，显然保险公司据此拒赔。

---

[1] 广东省深圳市罗湖区人民法院，[2023] 闽0303诉前调1822号。

其次，泽良律师接受委托后，通过翻阅案件资料，厘清保险公司拒赔依据及拒赔逻辑，从保险公司抗辩的角度预判案件的争议焦点进行分析：

（1）在参与相互保互助计划时，当时的主体是否对健康告知事项按照法定标准询问？

（2）有效询问的标准是什么？

（3）未如实告知中"应知或者明知"的标准是什么？

（4）举证责任如何分配？

最后，根据争议焦点，认真分析投保流程、合同条款文义、在案证据效力、相关法律规定、行业规定，并检索研究大量的相关案例，体系化制定谈判及诉讼策略。

在团队的努力争取下，法院采纳了我方观点，认为保险公司的拒赔理由难以成立，判决我方胜诉。

四、患脑膜瘤，保险公司是否能以"未如实告知"为由拒赔？

1. 基本案情[1]

杨先生曾于 2019 年 4 月 30 日在连江县医院做过颅脑 CT 平扫，诊断意见为：右颞部占位性病变，疑似脑膜瘤，建议进一步检查。2020 年 5 月，杨先生向保险公司投保了终身重疾险，2022 年 3 月 7 日，杨先生因"突发意识丧失一次 1 月余"住院，并于 2022 年 3 月 11 日行开颅肿瘤切除术，送检标本经病理诊断为"（右颞底）脑膜瘤（上皮性），杨先生 O1 级"。

2. 保险拒赔

事故发生后，杨先生向保险公司申请理赔，保险公司却以杨先生在

---

〔1〕 福建省福州市晋安区人民法院，［2022］闽 0111 民初 5032 号。

两年前做过检查疑似患有"脑膜瘤"，投保人违反如实告知义务为由要求解除保险合同并不退还保费，且拒绝赔偿保险金。具体理由如下：

（1）杨先生在投保时，对于健康告知问卷中的被保险人"最近两年内是否曾接受过健康检查？"填写了否；"是否患有或曾患有下列疾病？（1）肿瘤，例如：癌、肉瘤、尚未明确是良性或恶性的肿瘤、……肿块、包块、结节等"填写了否。

（2）但被保险人杨先生在投保前曾被诊断疑似"脑膜瘤"，建议进一步检查，而杨先生后来确诊并进行手术的疾病即为右侧颞部"脑膜瘤"，两者存在直接关系，故杨先生在投保时明显存在故意未如实告知情形，根据《保险法》规定，保险公司可以解除保险合同、不退还保险费和不赔偿保险金。同时，本案从合同成立到发生保险事故并未超过两年，合同解除权并未消灭。

3. 专业应对

面对保险公司的强势拒赔，杨先生找到了泽良律师事务所，泽良保险法团队接受委托后，立即全面分析投保过程和保险事故情况，进行了充分的准备与应对：

（1）从法理上对"如实告知义务"展开论述，从保险公司是否进行有效询问负举证责任着手，结合本案事实展开分析，对投保人在投保时是否违反如实告知义务进行了论证。

（2）着重梳理本案各个重要时间节点，分析保险公司解除保险合同的行为是否违反《保险法》相关规定或违反保险合同的约定，以此论证保险公司的合同解除权是否消灭。

（3）保险条款系格式条款，对保险合同解除权时间限制的起算节点双重解释作出有利于被保险人的解释。

（4）从保险公司是否对保险合同中的免责情形履行提示及明确说明

义务切入，分析免责条款是否产生法律效力。

（5）针对类似案件做大量的研究检索，向法院提交对我方有利的大数据案例报告。

在团队的努力争取下，法院采纳了我方观点，认为保险公司解除合同违反了保险条款"自合同成立之日起 2 年后不得解除合同"的约定，无权单方解除保险合同，最终判决保险公司按保单约定全额赔偿保险金450 000 元。

五、患者脑出血，保险公司能否以"手术方式不符合重疾范围"为由拒赔?

1. 案件信息

杨先生于 2021 年 12 月 31 日购买终身重大疾病保险，保额为65 591.4元。2022 年杨先生因意识不清被送往医院，经过确诊为脑动脉瘤破裂伴蛛网膜下腔出血、颅内多发动脉瘤等，住院后，医生治疗方式为"支架辅助栓塞术+动脉溶栓术"。

2. 保险拒赔

杨先生突发的疾病，使杨先生的家庭陷入困境，想到曾经购买的重疾险，杨先生家属向保险公司申请理赔，原本以为应当顺利拿到保险金，没想到保险公司却以杨先生没有进行"开颅动脉瘤开颅夹闭手术"为由拒赔保险金。具体理由如下：

保险公司认为有保险合同条款约定作为支持：保险合同条款第70点明确约定重疾为"脑动脉瘤破裂出血开颅夹闭手术：指因脑动脉瘤破裂造成蛛网膜下腔出血，被保险人实际接受了在全麻下进行的开颅动脉瘤夹闭手术"。

3. 专业应对

面对保险公司的强势拒赔，杨先生找到了泽良律师事务所，泽良保险法团队接受委托后，立即全面分析投保过程和保险事故情况，进行了充分的准备与应对：

首先，本案保险金额较小，诉讼成本高，杨先生家属目前也紧急要用钱，时间紧张。最终确定了由泽良律师向保险公司谈判理赔的方案。

其次，接受委托后，泽良律师立即联系保险公司，途中也经历了保险公司联系不上、速度慢、没有反馈、坚持拒赔等多个问题。

最后，泽良律师通过各种方式的施压，提供类似支持案例。在律师坚持不懈的努力下，保险公司最终核定全额赔偿保险金 65 591.4 元，其间经历了春节，以及全国范围新冠疫情的影响，总耗时不超过 2 个月。

六、诊断为神经内分泌肿瘤，保险公司能否以"不属于保单约定的轻症疾病范围"为由拒赔？

1. 案件信息

2022 年 8 月，杨先生在保险公司为其母亲投保了一份重大疾病保险，重疾保额 30 万元，轻症保额 9 万元。2023 年 3 月，杨先生的母亲因身体不适就诊，经医院诊断为神经内分泌肿瘤。

2. 保险拒赔

事故发生后，杨先生向保险公司申请理赔，保险公司却以不属于保单约定的轻症疾病范围为由拒赔。具体理由如下：首先，保险公司认为被保险人本次所患疾病为神经内分泌肿瘤，不属于保单约定的轻症疾病范围。其次，保险公司经过调查，认为被保险人在投保前有糖尿病就诊记录，杨先生在投保时未如实告知，故而保险公司拒绝赔付轻症疾病保险金并解除保险合同，不退还保费。

3. 专业应对

面对保险公司的强势拒赔，杨先生找到了泽良律师事务所，泽良保险法团队接受委托后，立即全面分析投保过程和保险事故情况，进行了充分的准备与应对：

首先，泽良律师提供了大量的医学材料，论证被保险人所患的"神经内分泌肿瘤"疾病已达到保单约定的轻症标准；

其次，泽良律师从《保险法》及其司法解释的相关规定，指出保险公司拒赔理由的不合理性，针对拒赔理由，有理有据地进行反驳；

最后，检索了大量的司法观点、专家观点以及全国范围内多个法院的有利案例予以论证保险公司拒赔不会得到法院支持。

最终，经过 60 天的多轮谈判，泽良律师始终坚定不移地为当事人争取最高的协商方案。据理力争之下，保险公司最终认可了泽良律师的观点，从强势拒赔到主动全额理赔 100%，并且保险合同继续有效。

七、确诊心脏瓣膜病，保险公司能否以"投保前患有高血压和先天性疾病"为由拒赔？

1. 基本案情[1]

2022 年 1 月，刘先生为其父亲在支付宝上购买了"好医保·长期医疗"，该份保单的医疗保险金基本保险金额为 400 万元，同时附加一份重大疾病保险，基本保险金额为 1 万元。刘先生均按期足额缴纳保费。2022 年 4 月，刘先生父亲因进行了较重的体力劳动后觉得胸闷，在诊所服用药物后并未好转，后至医院住院，被确诊为心脏瓣膜病，并进行了

---

[1] 广东省深圳市罗湖区人民法院，[2022] 粤 0303 民初 24765 号。

手术治疗。

2. 保险拒赔

事故发生后，刘先生向保险公司申请理赔，保险公司却以刘先生父亲投保前患有"高血压"以及所患疾病属"先天性疾病"为由拒绝给付保险金。具体理由如下：刘先生父亲在入院测量时血压值较高，保险公司认为其违反保单中健康告知约定情形，未履行如实告知义务，同时认为其所患疾病属先天性疾病，属于保险责任免除范围，因此拒赔。

3. 专业应对

面对保险公司的强势拒赔，刘先生找到了泽良律师事务所，泽良保险法团队接受委托后，立即全面分析投保过程和保险事故情况，进行了充分的准备与应对：

泽良律师通过核实投保流程、认真分析保险条款及医疗材料，结合本案事实及证据，打破保险公司拒赔依据及拒赔逻辑，并预判案件争议焦点，根据争议焦点整理在案证据、相关法律规定、行业规定，并检索研究大量的相关案例，体系化制定谈判及诉讼策略。

最终，在团队的努力争取下，法院采纳泽良律师观点，没有支持保险公司的拒赔理由，判决保险公司支付除医保外个人自付部分所有医疗费 74 948.2 元，同时支付附加的重大疾病保险金 10 000 元。

八、确诊为肺癌，保险公司能否以"保费断交"为由拒赔？

1. 案件信息

2017 年 3 月，杨先生在保险公司投保了无忧一生重大疾病保险，保险金额 20 万元，保险期间终身，缴费年限 20 年。此后，杨先生每年都按时交费，直到 2021 年 3 月，因受疫情影响，杨先生断交了保费，但是在当年的 10 月份，杨先生补交上了保费。

2021 年 10 月，杨先生在医院检查发现肺结节，2022 年 4 月，杨先生再次肺结节复查，医生诊断考虑为高危结节，2022 年 7 月，杨先生不幸确诊为肺癌。

2. 保险拒赔

事故发生后，杨先生向保险公司申请理赔，保险公司却以杨先生断缴保费为由拒赔。具体理由如下：根据《保险法》相关规定，对于长期交费的保险合同，若投保人超过约定交费期限 60 日未支付当期保险费的，保险合同效力中止。重新交费合同复效后，杨先生应当重新履行如实告知义务，而杨先生并未如实告知 2021 年 10 月的结节，保险公司针对本次杨先生的保险事故拒绝理赔。

3. 专业应对

面对保险公司的强势拒赔，杨先生找到了泽良律师事务所，泽良保险法团队接受委托后，立即全面分析投保过程和保险事故情况，进行了充分的准备与应对：

首先，泽良律师团队从《保险法》及其司法解释的相关规定，指出保险公司拒赔理由的不合理性，针对拒赔理由，有理有据地进行反驳。

其次，团队检索了大量的司法观点、专家观点以及全国范围内多个法院的有利案例予以论证保险公司拒赔并无法律依据，并表明了本案若诉讼，保险公司基本会败诉。

最后，团队通过向保险公司的分公司、省公司、总公司各个层级施压，督促保险公司依法理赔，而不是随意无理拒赔。

在团队的努力争取下，保险公司的态度逐渐松软，最终，经保险总公司审核，保险公司主动按保险金额 20 万元全额理赔。本案从被保险拒赔，到拿到全额保险金 20 万元，团队仅仅用时 30 天，展现出了强大的谈判能力，当事人杨先生在拿到保险金后，对泽良保险法团队表达了衷心的感谢。

九、确诊甲状腺癌，保险公司能否以"处于等待期"为由拒赔？

1. 基本案情[1]

2020 年 12 月，马女士为女儿购买了一份组合险（包括寿险、附加重疾险、附加豁免险），其中的豁免险约定若是投保人确诊重疾的，即豁免后续所有年限的保费。

2021 年 2 月（等待期 180 日内），马女士在医院确诊甲状腺结节（高危类），2022 年 11 月（等待期 180 日后）确诊甲状腺癌。

2. 保险拒赔

事故发生后，马女士向保险公司报案，希望能够按照合同约定获得豁免的权益（对应的豁免金额为 212 308.2 元）。然而，保险公司以马女士属于 180 日等待期内所患疾病，不符合保险合同等待期的要求，也不符合合同约定的保险责任为理由拒绝赔付。

3. 专业应对

面对保险公司的强势拒赔，马女士找到了泽良律师事务所，泽良保险法团队接受委托后，立即全面分析投保过程和保险事故情况，进行了充分的准备与应对：

泽良保险法团队对条款的合理性、有效性、行业规则，以及对马女士的病情细节和治疗历程进行了全面而细致的审查，调查和研究了全国大量类似的拒赔案例。

---

[1] 南京市秦淮区人民法院，[2023] 苏 0104 民初 4719 号。

最终，泽良律师经过庭前的充分准备、庭审的充分较量、庭后的积极沟通，一审在南京秦淮区法院全胜，不仅豁免后续保费近 20 万元，多缴纳的 13 408.2 元保费一并支持退还，成功为马女士争取共 212 308.2 元。

十、确诊脑动脉瘤，保险公司能否以"不属于重大疾病"为由拒赔？

1. 基本案情[1]

2020 年 8 月，杨先生在保险公司投保了重大疾病保险，保险期间为终身，缴费年限 19 年。2021 年 10 月，杨先生不幸经医院诊断为左侧椎动脉夹层动脉瘤，并建议至上级医院进一步诊治，后经上级医院确诊为左侧椎动脉狭窄以及颅内动脉瘤。

2. 保险拒赔

事故发生后，杨先生向保险公司申请理赔，保险公司认为杨先生本次所患疾病为脑血管病、脑血管狭窄、颅内动脉瘤，尚未进行手术，不属于保单约定的重大疾病范围，而即便做了手术，也仅是属于轻症（轻症对应保险金 38 000 元），仍然达不到重大疾病，故而保险公司拒绝赔付重大疾病保险金。

3. 专业应对

面对保险公司的强势拒赔，杨先生找到了泽良律师事务所，泽良保险法团队接受委托后，立即全面分析投保过程和保险事故情况，进行了充分的准备与应对：

首先，保险公司对"良性脑肿瘤"中排除"脑血管性疾病"是否属

---

[1] 福建省厦门市中级人民法院，[2023] 闽 02 民终 681 号。

于限缩解释？

其次，保险公司未对所排除的"脑血管性疾病"明确列举，因此产生的争议不利后果归属于哪个主体？

同时，在条款存在两种解释的情况下，应该按照一般人的认知还是医学专业的认知？

最后，限制手术的条款是否属于排除主要权利的无效条款？

在团队的努力争取下，泽良律师做了大量的研究检索，提供大数据检索报告，以及学说法理，在二审开完庭后，最终保险公司从强势拒赔到主动按照 5 万元进行调解。

第三节　意外险案析

一、脚手架上摔伤，保险公司能否以"高处作业"为由拒赔？

1. 基本案情〔1〕

2021 年 8 月，王女士在网络上为其丈夫杨先生投保了意外险，保险责任包括意外身故、意外伤亡、意外医疗、意外重症监护津贴等。2021 年 11 月底，杨先生在三米高的脚手架上，修补某商店的雨水遮帘，不料重心不稳向后摔倒，直接掉落至地面严重受伤，最终经鉴定为七级伤残。

2. 保险拒赔

事故后王女士向保险公司申请理赔，不料却收到保险公司出具的人身保险拒赔通知书，拒绝给付保险金。原因在于，保险公司认为保险合同条款特别约定第 5 条已经约定："被保险人从事高处作业过程中发生的

〔1〕　北京市丰台区人民法院，［2022］京 0106 民初 28118 号。

事故为除外责任。"而本案中被保险人杨先生工作时在三米高度的脚手架上作业，该行为属于高处作业，属于除外责任，保险公司无需承担赔偿责任。

3. 专业应对

泽良律师通过认真分析保险条款及投保回溯视频，并检索大量案例，结合本案事实，向法院提出以下观点：

（1）保险合同条款特别约定第 5 条的表述模糊，没有在条款中具体释明高处作业的概念以及标准，一般普通人根本无法理解与知晓，根据《民法典》第 496 条格式条款的规定，该条款不应成为合同的内容。

（2）保险条款特别约定第 5 条作为免责条款未加粗加黑，不足以引起投保人的注意，不符合提示义务的要求，亦未明确就免除责任条款的概念、内容及法律后果向投保人做出常人能够理解的明确说明，根据《保险法》第 17 条的规定，不能发生法律效力，更不会产生拘束力。

（3）保险公司提供的投保过程录屏并不能证明其主动履行了免责条款的提示说明义务，应承担举证不能的不利后果。

最终法院采纳我方观点，判决我方胜诉，保险公司应支付相应的保险赔偿款。

二、工地摔伤骨折，保险公司能否要求适用保险合同约定的鉴定标准？

1. 基本案情[1]

杨先生是外地来厦务工人员，在建筑工地打工，建筑公司为其投保了《建筑工程施工人员团体意外伤害保险》，意外身故残疾的保额为 100

---

[1] 福建省厦门市思明区人民法院，[2022] 闽 0203 民初 12552 号。

万元。2021年9月4日，杨先生在工地安装梁板时跌倒，经厦门市第二医院诊断为肱骨骨折、上肢关节损伤。因杨先生本次事故构成工伤，后经厦门市劳动能力鉴定委员会鉴定，其伤情构成工伤八级。

2. 保险拒赔

事故发生后，杨先生向保险公司申请理赔，保险公司却以保险合同约定的鉴定标准为《人身保险伤残评定标准及代码》，不认可厦门市劳动能力鉴定委员会依据《劳动能力鉴定 职工工伤与职业病致残等级》做出的八级伤残。具体理由如下：

（1）保险公司对杨先生陈述的事实与理由均无异议，确实有投保了保险，对其发生的工伤没有异议。保险公司认为杨先生投保的是建筑团体意外伤害险，根据保险合同条款第5条，应参照《人身保险伤残评定标准及代码》所列的伤残标准，杨先生评定的伤残标准系依据劳动能力鉴定职工工伤及致残等级，公司已提出重新鉴定，其应当承担的部分应以重新鉴定的标准为准。

（2）按照保险公司主张的《人身保险伤残评定标准及代码》进行鉴定，杨先生的伤残等级仅十级，对应100万元的保额赔偿款仅10万元，若按照《劳动能力鉴定 职工工伤与职业病致残等级》作出的八级伤残，对应的赔偿款则为30万元。

3. 专业应对

面对保险公司的强势拒赔，杨先生找到了泽良律师事务所，泽良保险法团队接受委托后，立即全面分析投保过程和保险事故情况，进行了充分的准备与应对：

首先，从保险合同中约定的伤残鉴定标准是否属于免责条款入手，根据福建省高级人民法院民事审判第二庭《关于审理保险合同纠纷案件的规范指引》第17条规定，保险合同的责任免除条款，是指任何可以实质性免除或减轻保险人赔付责任的条款，包括除外责任条款，以及保险人可以援以终止、解除保险合同或减轻、免除保险责任的条款。本案中杨先生的伤情按照《人身保险伤残评定标准及代码》仅为十级，十级实质性地减轻了保险公司的赔付责任，显然属于免责条款。

其次，《保险法解释[1]二》第9条规定，保险人提供的格式合同文本中的责任免除条款、免赔额、免赔率、比例赔付或者给付等免除或者减轻保险人责任的条款，可以认定为《保险法》第17条第2款规定的"免除保险人责任的条款"。保险人因投保人、被保险人违反法定或者约定义务，享有解除合同权利的条款，不属于《保险法》第17条第2款规定的"免除保险人责任的条款"。

再次，保险条款中，公司对《人身保险伤残评定标准及代码》字眼进行加粗加黑，可以证明保险公司也认为该条款属于免责条款所以进行加粗加黑来履行提示义务。因此，《人身保险伤残评定标准及代码》限缩了人身伤残范围，减轻了保险人责任，可以认定为《保险法》第17条第2款规定的"免除保险人责任的条款"。保险人负有向投保人对合同内容以及附格式条款内容进行解释说明的义务，应当对保险合同中的免责条款，在投保单、保险单或者其他保险凭证上作出足以引起投保人注意的提示，并对该条款的内容以书面或者口头形式向投保人作出明确说明。保险公司未尽到明确说明义务，鉴定标准的保险条款不产生效力。

最后，《劳动能力鉴定　职工工伤与职业病致残等级》由国家质量监督检验检疫总局、国家标准化管理委员会颁布，属于国标。《人身保险伤残评定标准》是中国保险行业协会、中国法医学会发文，属于行业标准。国标应当高于行业标准。同时，《劳动能力鉴定　职工工伤与职业病致残等级》第1点范围第2项明确了"本标准适用于职工在职业活动中因工

---

[1]《保险法解释》即最高人民法院《关于适用〈中华人民共和国保险法〉若干问题的解释》，下文统一使用简称，不再赘述。

负伤和因职业病致残程度的鉴定"，本案杨先生属于职工在职业活动中因工负伤的情形。

在团队的努力争取下，法院采纳了我方观点，认为保险公司的拒赔理由难以成立，判决我方胜诉。

三、按照工程项目投保的不记名保险，保险公司能否以"不存在劳动关系"为由拒赔？

1. 基本案情[1]

2020年5月7日，小张在某铁路项目拆铁板时，不慎从平台摔落导致腰部受伤。此次事故中小张伤情严重，丧失大部分劳动能力。但是小张所在的工地项目并没有为他缴纳工伤保险费用，而总包公司仅仅是为工人们投保了"建筑施工人员团体意外伤害保险"及"附加建筑工程人员施工人员团体意外伤害医疗保险"，一旦工人们发生工伤事故，只能依据该份保险得到保障。

2. 保险拒赔

当小张向保险公司理赔时，保险公司却以小张在其投保后才进入工地为由，拒绝赔偿商业险保险金，具体如下：小张并非 Z 公司所直接雇请的员工，而是受雇于另一个劳务分包单位，针对小张所成立的保险合同应属无效。小张于2019年入职，而该项目投保时间为2018年，总包公司对小张不具有可保利益，小张无权要求保险公司承担责任。此外，小张于2020年11月向保险公司报案，超过事发时间6个月，违反合同约定的通知义务，导致保险事故性质、原因无法查明，保险公司无需承担责任。

---

[1]　福州市中级人民法院，[2022]闽01民终10045号。

3. 专业应对

泽良保险法团队陈小云律师、刘则通律师接受委托后，即刻组成专案团队，全力以赴争取案件快速、高效处理。程序上搜集了充分的证据，即刻立案，针对案件的拒赔点，律师也进行了充分的准备：

（1）向法院提交对我方有利的大数据案例报告；

（2）从法理上对保险利益的要件进行拆分，结合本案事实论述，做到有理有据；

（3）从建筑职工意外伤害保险以及不记名参保的设立目的及实践中建筑工地的投保情况出发，本案为按工程项目造价计收保费的不记名承保，投保范围的人员涵盖了所有在施工项目现场从事管理和作业的人员，小张作为工伤员工，当然享有索赔权利。

经过多次开庭及激烈的庭审辩论，法院最终采纳了我方的观点，确认了公司对小张具有保险利益，判决保险赔偿小张意外伤残保险金 40 万元，并支持了小张医药费再次得到赔偿 10 万元，合计 50 万元。

四、事故后未进行尸检，保险公司能否以"死亡原因不明"为由拒赔？

1. 基本案情[1]

傅先生在保险公司处投保附加人身意外伤害保险，其中意外身故保额为 10 万元。2022 年 12 月 14 日，傅先生突发意外，在摔倒后被送往医院救治途中意外身故。

2. 保险拒赔

傅先生的妻子郑女士作为案涉保险的受益人向保险公司申请理赔，

---

[1] 泉州市丰泽区人民法院，[2023] 闽 0503 民初 4988 号。

保险公司以投保人此前多次因病入院并非意外身故，以及郑女士未及时向保险公司报案为由拒绝支付保险金。

3. 专业应对

泽良律师事务所何青思、蓝惠清律师接受委托后，事无巨细地了解傅先生事发前的身体状况、事发经过，以及倒地后就医等内容。在了解事情发生始末，详细分解各个细节，积极调取每个环节中的有力证据。并认真厘清该案的投保流程以及保险公司抗辩依据，结合保险合同条款、法律规定并结合大量案例制定最佳诉讼方案。针对本案案情对以下两个争议焦点展开了充分的说理：

（1）傅先生的死亡原因是否属于意外身故？

（2）保险公司是否对免责条款履行了提示及说明义务？

经过双方激烈的庭审辩论，以及泽良律师提供的大量案例，法院采纳泽良律师的观点，判决保险公司需向郑某支付全额意外身故保险金，为当事人争取了从无到有的最大利益。

五、在家中下井作业，保险是否能以"从事五类高度危险职业" 为由拒赔？

1. 基本案情

2023 年 2 月，杨先生在保险公司投保了一份意外险，意外身故保险金额为 30 万元。2023 年 5 月，杨先生在家中下井安装抽水机作业时不幸溺亡。

2. 保险拒赔

当杨先生的家属向保险公司理赔时，却遭到了保险公司的强势拒赔。其理由是，根据保险公司的调查，杨先生安装抽水机的行为属于井下作业，即五类高度危险职业工作。根据保单约定且保单特别约定，杨先生所购买的意外险只承保 1 至 4 类职业类别，因此杨先生的意外身故不属于保险承保范围。同时，保险公司认为在销售保险的过程中已经履行了提示和明确说明义务，并且对特别约定中的承保范围进行加粗加黑，已经进一步告知了该事项。

为此，杨先生的家属多次与保险公司沟通，对方都消极怠慢地回复，且不能取得任何效果。即使是杨先生家属投诉至当地国家金融监督管理局，保险公司依旧强势拒赔。

3. 专业应对

在理赔无果的情况下，杨先生家属通过抖音得知了泽良律师事务所在保险拒赔谈判方面具有卓越的能力和丰富的成功案例。他们立即联系了泽良律师，希望能够通过律师的帮助争取到应有的保险赔偿金。

在接受杨先生的家属的委托后，泽良律师事务所的专业团队迅速介入，并展开了为期 15 天的快速谈判。

泽良律师对保险公司以出险时从事五类高度危险职业的拒赔理由进行了深入分析，从《保险法》及其司法解释的相关规定，指出保险公司拒赔理由的不合理性，针对拒赔理由，有理有据地进行反驳。并通过大量的司法判例和司法观点进行了论证，向保险公司提供了类似案例，并阐明了他们拒赔的理由并无法律依据，并表明本案若诉讼，保险公司基本会败诉，坚定地主张当事人家属应获得保险赔偿金。

为了满足杨先生家属迅速获赔的需求，泽良律师采取了专业、快速有效的沟通方式，迫使保险公司重新审视案件，并认识到拒赔决定的不合理性。

最终，在经过 15 天的快速谈判后，保险公司同意全额支付 30 万元的保险金。

六、八米高空坠落，保险公司是否能以"未取得特种作业证书"为由拒赔？

1. 基本案情[1]

2021年5月23日上午，某公司的员工杨先生在福建省宁德市周宁县李墩工业园进行外墙彩钢瓦安装时，不慎从脚手架上摔落地面导致腰部受伤。随后，杨先生被送往周宁县医院治疗。2021年8月20日，周宁县人力资源和社会保障局出具工伤认定决定书，确认杨先生在福建某建设发展有限公司承揽建设的项目工地从事钢结构安装岗位工作，并认定杨先生受伤属工伤。2021年12月27日，经宁德市劳动能力鉴定委员会鉴定并出具劳动能力鉴定书，认定杨先生的伤残情况符合《劳动能力鉴定 职工工伤与职业病致残等级》第14条的规定，鉴定结论为九级。公司曾为员工杨先生与保险公司签订团体意外险和健康险保险合同，保险金额为100万元，投保单中特别约定：

（1）本保险采用不记名方式承保，与投保人签署劳动关系合同或存在事实劳动关系，并从事保险工程相关作业的人员均属于本保险的被保险人；

（2）被保险人未取得特种作业证书的进行特种作业，遭受人身意外伤害，保险公司不承担保险责任。特种作业定义以《特种作业人员安全技术培训考核管理规定》为准。涉及高处作业的，因未绑安全带导致的保险事故属除外责任，高处作业以《高处作业分级》（GB/T3608-2008）中的定义为准。

2. 保险拒赔

事故发生后，杨先生向保险公司申请理赔，保险公司却以保险合同

---

[1] 福建省宁德市蕉城区人民法院，[2022]闽0902民初994号。

约定的以下具体理由拒赔：

（1）根据保险合同特别约定第 2 条，特种作业人员应当根据条款中特种作业人员考核管理的规定取得相应证书。杨先生本次事故的发生是在 8 米高空坠落受伤，属于高空的特种作业情况，但其并未取得特种作业证书，因此不属于保险责任赔偿范围；

（2）根据保险合同第 5 条规定，合同期间内涉案的人身保险是按照人身保险伤残标定标准所列的伤残等级，按给付比例予以支付保险金。杨先生的伤情并不能构成该标准的伤残等级，其提供的工伤伤残等级并不符合保险合同以及人身险的赔偿标准，因此对其主张按照工伤给付人身赔偿金没有依据；

（3）根据保险合同约定，医疗费用适用的是补偿原则。杨先生的伤情构成工伤，相应费用已由工伤保险基金进行支付，其无权再次主张；

（4）对于 180 日以内的费用，才属于保险责任的赔偿范围，且保险公司享有 10% 的免赔比例；

（5）杨先生没有提供建设施工合同等其他证据材料，且本案涉及不足额投保的情况。因此，假设杨先生在构成人身损害及其伤残标准符合人身损害保险赔偿范围的情况下，也应当按照比例进行赔付。

3. 专业应对

面对保险公司的强势拒赔，杨先生找到了泽良律师事务所，泽良保险法团队接受委托后，立即全面分析投保过程和保险事故情况，进行了充分的准备与应对：

首先，本案中杨先生及保险公司均认可案涉事故发生的过程系：2021 年 5 月 23 日，杨先生因雨天湿滑，鞋子底部有泥土，在作业过程中，脚底泥土打滑，固定安全绳的位置不受力开焊，无法起到保护作用，最终导致本案事故的发生。而保险公司事后以杨先生不具有"特种作业证书"拒赔本案事故，该拒赔理由无法成立，具体理由如下：

（1）本案事故发生时，"特种作业证书"并不属于《国家职业资格目录》认可的从业资格证件，且非经国务院许可，任何机构不得在目录外自行增设国家职业资格证书。公司自行增设"特种作业证书"违反了法定要求，其强制杨先生在法定要求之外提供"特种作业证书"的行为加重了杨先生的责任，系无效条款。

（2）保险公司应在投保前或投保时将未就本案的免责情形履行提示及明确说明两项法定义务，因此免责条款不产生法律效力。

（3）本案事故系因为雨天打滑导致杨先生摔倒而引发，"特种作业证书"的有无与事故的发生并没有任何因果关系，根据"近因原则"，保险公司也不得以杨先生"未取得特种作业证书"为由进行拒赔。

（4）案涉保险险种系根据《建筑法》第48条及建设部推行建筑意外伤害保险的要求而推行，初衷系为保护建筑工地广大农民工人身权益，避免农民工在发生意外伤害时损失无法得到完全弥补，但保险公司的拒赔理由明显加重了被保险人的义务与责任，不仅违背了案涉险种设立的初衷，导致案涉投保人投保目的落空，且不符合当下的司法政策及诚实信用原则。

其次，保险公司主张适用《人身保险伤残评定标准》系保险公司自行设定的行业标准，与国家法定标准不一致，且在评定标准上极大加重了评定条件，系无效条款。即使不属于无效条款，适用《人身保险伤残评定标准》的保险条款也系免除保险人责任的格式条款，保险公司也应就该条款履行提示及明确说明的义务，否则该条款不产生法律效力。

最后，保险公司主张杨先生的医药费已获得赔付部分应予扣减不符合法律规定。意外伤害保险属于人身保险，不适用财产保险中的"损失补偿原则"。《保险法》第46条"被保险人因第三者的行为而发生死亡、伤残或者疾病等保险事故的，保险人向被保险人或者受益人给付保险金后，不享有向第三者追偿的权利，但被保险人或者受益人仍有权向第三者请求赔偿"的规定也明确了在人身保险合同中，被保险人可以重复获赔。因此，本案医药费可以重复获得赔偿。

在团队的努力争取下，法院采纳了我方观点，认为保险公司的拒赔理由难以成立，判决我方胜诉。

七、意外猝死，保险公司是否能以"猝死属于免责条款"为由拒赔？

1. 基本案情[1]

杨先生是某公司员工，某公司于 2022 年 3 月 7 日在保险公司投保了团体意外伤害险，《投保单》主要载明身故保险金 50 万/人、16 人（含有杨先生）、投保人声明和授权（声明销售人员已向本人说明保险合同内容，并就保险责任、责任免除条款、投保提示、特别约定等内容进行了单独说明和明确告知）等十项内容。

2022 年 8 月 11 日，某公司派遣杨先生到某处进行工程施工作业，杨先生在现场突然晕倒在地，后经医院抢救无效死亡，居民死亡医学证明（推断）书载明：死亡原因系猝死。杨先生家属于 2022 年 8 月 24 日向保险公司申请理赔，2022 年 9 月 21 日保险公司向杨先生家属发出《理赔拒付通知书》，拒绝给付保险金。

2. 保险拒赔

事故发生后，杨先生向保险公司申请理赔，保险公司以杨先生是猝死的原因拒赔。具体理由如下：保险公司认为杨先生的死亡系猝死，并非由外来的、突发的、非本意的、非疾病的原因造成，根据保险合同条

---

[1] 福建省宁化县人民法院，[2022] 闽 0424 民初 2747 号。

款，其免责，且投保人在投保单的声明和授权中已明确销售人员已向投保人说明保险合同内容，并就保险责任、责任免除条款等进行了单独说明和明确告知，故其已就免责条款尽到了说明告知义务，免责条款生效，综上其对杨先生的死亡不承担给付保险金的责任。

3. 专业应对

面对保险公司的强势拒赔，杨先生找到了泽良律师事务所，泽良保险法团队接受委托后，立即全面分析投保过程和保险事故情况，进行了充分的准备与应对：

首先，免责条款本身并未作出足以引起投保人注意的文字、字体、符号或者其他明显标志的提示，反而仿佛隐身于一般条款之间令人难以察觉，因此免责条款不发生效力。

其次，本案投保时间为 2022 年 3 月 7 日，而保险合同显示的制作时间为 2022 年 3 月 10 日，同时被告提供的送达回执上的签收日期为 2022 年 3 月 22 日，显然被告以自认的形式确认订立时未送达保险条款更谈不上履行法定的提示说明义务，免责条款因此不发生效力。

最后，保险公司为了更快更便捷地完成销售，先收取保费再制作合同最后时隔投保后半个月完成送达，顺序颠倒，事前不规范销售，事后自然也无权享受拒赔利益。

在律师团队的努力争取下，法院采纳了我方观点，认为保险公司的拒赔理由难以成立，判决保险公司向被保险人杨先生家属支付保险金 50 万元。

八、驾驶超标电动车发生事故，保险公司能否以"无证驾驶"为由拒赔？

1. 基本案情

黄女士驾驶电动车在路上行驶，不料却发生交通事故，黄女士受伤住院，事故后交警认定对方负事故的全部责任。

2. 保险拒赔

黄女士的公司此前为其投保了团体意外险。事故发生后，黄女士向保险公司理赔，却遭到了保险公司的强势拒赔。原因在于，保险条款中约定"无驾驶证，驾驶证失效或者被依法扣留、暂扣、吊销期间驾驶机动车，驾驶与驾驶证载明的准驾车型不相符合的机动车"情形下，保险公司不承担赔偿责任。而本案中黄女士驾驶的电动车因超标被鉴定为机动车，保险公司则以黄女士无证驾驶为由拒赔。

3. 专业意见

针对本案的情形，泽良保险法律师团队有以下的意见：

（1）保险公司未提供投保单，也未举证证明已向投保人出示保险条款，未履行免责条款的提示和明确说明义务，故保险条款中的免除保险人责任的条款不对黄女士产生效力。

（2）该保险条款是保险公司提供的格式条款，根据《保险法》第30条以及《民法典》第498条的规定，对于格式条款的理解有争议的，应当按照通常理解予以解释，对合同条款有两种以上解释的，应当作出有利于被保险人和受益人的解释。

（3）根据近因原则，本案黄女士行为并未因此加重保险人的风险，不属于保险免责范围，保险公司应当承担保险理赔责任；

（4）本案与最高人民法院公报案例在基本案情和法律适用方面相类似，请求法院类案同判；在《最高人民法院公报》2014年第10期"曹某成、胡某兰、曹某建、曹某忠诉民生人寿保险股份有限公司江苏分公司保险合同纠纷案"同为驾驶被认定为机动车的电动车发生交通事故，法院认定了该电动车不属于保险人免责条款中所规定的机动车，亦不属于免责条款规定的无证驾驶情形。

在泽良律师的代理下，最终本案成功胜诉，取得了令人满意的成果。

九、车辆未年检，保险公司能否以"无合法有效行驶证"为由拒赔？

1. 基本案情

2021年10月，郑先生驾驶闽D号牌车辆，在厦门市集美区沙厦高速发生交通事故，经交警认定，郑先生承担事故同等责任。由于事故追尾车速过快，郑先生不幸手部截肢，经鉴定为六级伤残。

2. 保险拒赔

郑先生于2021年初购买保险公司意外险，保额200万元，事故后郑先生向保险公司理赔，却收到了保险公司的拒赔通知书，拒赔理由是郑先生驾驶的闽D号牌车辆年检过期，保险公司认为根据保险条款的约定：被保险人酒后驾驶、无合法有效驾驶证驾驶或驾驶无合法有效行驶证的机动交通工具，导致被保险人身故、伤残的，保险人不承担给付保险金责任。

而保险合同内对于"无合法有效行驶证"又进行了如下释义：发生保险事故时被保险人驾驶的机动车无公安机关交通管理部门、农机部门等政府管理部门核发的行驶证或号牌，或行驶证不在有效期内，或该机动车未按规定检验或检验不合格。

因此，保险公司以郑某车辆行驶证未按规定检验为由拒赔。

3. 专业意见

针对上述拒赔理由，泽良律师提供了以下的分析及建议，与保险公司展开了激烈的谈判沟通：

（1）分析保险公司是否履行了提示及说明义务，若未尽到相关义务，则对应的免赔条款不对投保人发生效力。当事人要证明保险公司未履行该义务，不仅要提供投保人盖章确认的投保单，还要确认投保单、保险条款上是否对免赔事项加粗加黑，如果有相关录音、微信聊天记录、证人证言能够证明保险公司未尽到相关义务，在裁判和谈判中都是十分有利的。

（2）主张车辆未年检应承担的是行政责任而非民事责任。

（3）论证车辆未年检与交通事故的发生，即意外事故的发生并不存在因果关系。

（4）主张车辆未年检行为的社会危害性较低，不比无证驾驶等行为。

（5）2014年5月16日公安部、国家质检总局联合发布的私家车检测改革措施，6年内每两年进行一次检验周期的车辆不上线检测，即无需对车辆进行实际检测，此条也能够对保险公司的拒赔理由起到有力的反驳。

最终保险公司主动退让，泽良律师成功为郑先生争取到了满意的保险赔偿款。

十、驾驶电动车身亡，保险公司是否能以"无证驾驶"为由拒赔？

1. 基本案情[1]

2022 年 1 月 12 日，黄某驾驶小型轿车行经设有交通信号灯控制的交叉路口路段时，遇直行交通信号灯为红灯时，未能停在停止线以外等候，反而驾车闯红灯继续往前行驶，与吴先生发生碰撞，造成吴先生经医院抢救无效死亡。经交警判定，当事人黄某、吴先生承担本次事故的同等责任。

2. 保险拒赔

在整理遗物时，吴先生家属意外发现其生前曾在保险公司投保人身保险，便立即向保险公司提出理赔申请。同年的 3 月保险公司以被保险人吴先生存在无证驾驶机动车情形，属于保险合同中约定的免责条款为由，拒绝给付保险金。具体理由如下：

根据交警出具的道路交通事故认定书，吴先生驾驶与驾驶证载明的准驾车型不相符合的无号牌轻便二轮摩托车，其存在无合法有效驾驶证驾驶机动车的情形，已经违反了《道路交通安全法》第 19 条第 4 款的规定，且该行为也属于保险条款中约定的免责情形。

3. 专业应对

面对保险公司的强势拒赔，吴先生家属找到了泽良律师事务所，泽良保险法团队接受委托后，立即全面分析投保过程和保险事故情况，决定围绕案涉电动车是否属于机动车这一争议焦点入手，挖掘证据反驳事故责任认定书作为公证文书的证明效力。

---

[1] 福建省仙游县人民法院，[2022] 闽 0322 民初 6844 号。

吴先生的 4 名家属虽然知道吴先生生前一直是驾驶二轮电动车上下班，但是对案涉电动车的购买经过、购买商家、案涉电动车等重要信息均不知情，另外，对吴先生投保过程亦是一无所知。"巧妇难为无米之炊"本身无证驾驶拒赔案件难度就比较大，本案家属又提供不了任何有利证据，难上加难。

即便是如此，泽良律师并未轻言放弃，针对现有的证据不足的问题，泽良律师全力以赴，不惜代价争取，因为本案没有证据体现车辆初始为电动车的材料，事故认定书也直接体现为轻便摩托车，而事故发生后当时驾驶的电动车已经被拖到专门的报废停车场，也没有车辆的图片。

最后，为了案件能够转机，保险法团队在数百辆废弃车辆中寻找案涉车辆，无畏 38 度高温，花费 4 个小时，终于找到车辆并拍摄视频显示铭牌上记载为电动车，为本案扭转乾坤。

在团队的努力争取下，拿到有利的证据后，泽良律师即刻整理立案材料向法院提起诉讼，最终法院倾向于泽良律师的观点，吴先生作为一名普通的消费者，对所购买的车辆认知也仅仅只能根据生活经验以及案涉车辆的产品信息予以甄别，即便是经验丰富的交警也需要通过鉴定方能甄别案涉车辆是否属于机动车，因此吴先生认为其所驾驶的车辆属于非机动车、无需相应的驾驶证，这一认知具有合理性。保险公司见状，主动与泽良律师达成调解，按照保险金额八成赔付，案件圆满落下帷幕。

十一、醉酒后跨越道路死亡，保险公司是否能以"醉酒状态"为由拒赔？

1. 基本案情[1]

2020 年 1 月 24 日 19 时 30 分许，杨先生完成混凝土养护后准备返回

---

[1] 上海市黄浦区人民法院，[2021] 沪 0101 民初 4227 号。

宿舍，途中跨越省道西港线龙海市某路段中央隔离水泥墩后，遭吴某驾驶的小型轿车碰撞，并于当晚因抢救无效而死亡。经交通警察大队认定，杨先生负事故主要责任，吴某负次要责任。

杨先生系中铁某局项目工地上的农民工，中铁某局就该项目向保险公司投保了建筑工程团体意外伤害保险。保险单载明，保险责任包括意外伤害事故，保险金额为 500 000 元。

2. 保险拒赔

事故发生后，中铁某局向保险公司提出理赔申请后，保险公司于 2020 年 7 月 22 日作出不予受理通知书。具体理由如下：

（1）杨先生在事故发生时非被保险人，不属于中铁某局项目工地上的员工；

（2）案涉事故发生的时间非保险期间；

（3）杨先生在事故发生时处于醉酒状态，属于保险免责事由；

（4）杨先生跨越道路中央隔离水泥墩系违反《道路交通安全法》的行为，属于保险免责事由；

（5）案涉醉酒免责条款系中铁某局在投保时提供，已经向投保人、保险经纪人履行了明确告知义务。

3. 专业应对

面对保险公司的强势拒赔，杨先生家属找到了泽良律师事务所，泽良保险法团队接受委托后，立即全面分析投保过程和保险事故情况，进行了充分的准备与应对：

首先，杨先生为投保工程项目的农民工，2020 年 1 月 24 日，杨先生为投保项目的混凝土柱浇水后，返回宿舍的路上（上下班路上）发生了交通事故，属于保险公司承保建筑工程团体意外伤害险的保险期间。同时根据工资转账记录、情况说明及中铁某局的陈述，可以认定杨先生系案涉保险单约定的因工程需要招聘且未签订劳务合同，但形成事实劳动关系的施工人员。

其次，根据保险近因原则，醉酒并不必然导致杨先生遭小型轿车碰撞，杨先生受到酒精影响与本次事故的成因及损害大小没有因果关系，保险公司不得以此免除保险责任。同时，保险合同第7条第7款约定"被保险人受酒精、毒品、管制药物的影响"属于责任免除情形。从该条款约定的"受酒精影响"内容看，约定不明，存在多种解释，至少可以解释为以下三种：

第一，直接受到酒精影响，喝酒后的酒精中毒、酒精中毒的呼吸抑制、被呕吐物窒息而死亡的；

第二，喝酒引发自身疾病而死亡；

第三，喝酒导致失足跌落、溺水等死亡。

本案中，杨先生均不属于以上三种解释的一种；此外，当条款存在两种以上解释时，应当做出有利于被保险人的解释，即解释为直接受到酒精影响，喝酒后的酒精中毒、酒精中毒的呼吸抑制、被呕吐物窒息而死亡的。本案中杨先生也不属于这一免赔情形，保险公司不得拒赔。

而且，保险公司将杨先生跨越道路中央隔离水泥墩的行为解读为从事违法、犯罪活动显属不当地扩大解释，该免责条款在本案中不予适用。保险合同对于该免责条款的完整表述为"被保险人从事违法、犯罪活动期间或被依法拘留、服刑、在逃期间"，首先，"从事"一词具有长期且以此谋生的特征，与本案跨越马路的行为并不相符。其次，此处的"违法"结合整个条款进行文义解释，违反的应是《刑法》的规定。

在律师团队的努力争取下，法院采纳了我方观点，认为保险公司的拒赔理由难以成立，判决我方胜诉。

十二、借他人名义注册使用共享单车，保险公司是否能以"不是适格被保险人"为由拒赔？

1. 基本案情 [1]

杨先生借用了姐姐的名字和身份证号码注册使用共享单车，不料在使用共享单车外出时，因闯红灯不幸发生交通事故死亡。共享单车的租赁公司为每辆共享单车使用人投保了人身意外险。

2. 保险拒赔

事故发生后，受害人杨先生家属向保险公司申请理赔，保险公司却以杨先生不是适格被保险人为由拒赔。

（1）保险条款明确约定的被保险人是指：在保险有效期内，所有按照共享自行车运营单位的要求完成租赁手续的投保车辆用户；

（2）未通过合法租赁手续或未获得运营单位的授权，私自使用或移动车辆发生共享自行车用户人身伤害事故，保险公司不承担保险赔偿责任；

（3）受害人发生事故时闯红灯，属于保险条款约定的"使用共享自行车从事违法、犯罪活动"的免赔情形。

3. 专业应对

面对保险公司的强势拒赔，受害人杨先生家属找到了泽良律师事务所，泽良律师团队经过大量检索发现，由于共享单车属于新兴行业，确实没有类似案件的生效判决。故本案通过保险法基础法理、规范，以及详细的剖析案件证据、细节，提出以下代理思路：

首先，实际车辆租赁人、使用人、付费人是杨先生。虽然杨先生借

─────────────

〔1〕　上海市虹口区人民法院，〔2020〕沪 0109 民初 1631 号。

用了姐姐的名字和身份证号码进行注册，但是实际的车辆租赁人、使用人、付费人都是杨先生，租赁合同的真实相对人是杨先生，杨先生已经完成租赁手续，扫码开车，在驾驶车辆的过程中发生意外事故，属于保险合同约定的适格被保险人。根据保险合同的约定，被保险人是指在保险有效期内，所有按照共享自行车运营单位的要求完成租赁手续的投保车辆用户。因此意外险保障的应当是实际驾驶车辆的用户，本案中无论是用杨先生的名义注册，或者用姐姐的名义注册，都对保险赔偿没有任何影响。

其次，保险公司主张的免责条款无法生效。本案保险公司主张的免责条款因未提供投保单证明其履行了提示说明义务，条款不生效。退一步讲，即便条款生效，本案情形也不符合保险合同中约定的免责情形。

同时，庭审中保险公司也明确其并没有对什么行为属于"违法"进行解释说明，保险条款中也没有对"违法"进行定性举例。因此，即便对"违法"一词存在两种以上解释，根据相关规定，也应当作出不利于保险公司的解释。

最后，本保险的性质是意外险而不是责任险，意外险是指因意外伤害而致身故或残疾为给付保险金条件的人身保险，不以第三人电瓶车租赁有限公司是否应承担责任为前提。故而电瓶车租赁有限公司是否免责与保险公司是否应该赔付无关联。

本案作为新类型案件，案件难度较大，庭审后法院也多次组织调解。本律师团队考虑到，即使一审案件胜诉，保险公司必定会提起二审，时间上可能会多6至9个月，受害人杨先生的家属白发人送黑发人，已经遭受了巨大的伤痛，也希望能够早点拿到一些补偿，将心里的石头放下。最终在本律师团队的不断争取下，最终双方达成一致以较高的方案调解结案。

十三、意外险权益转让给公司后，本人还能否获得保险金？

1. 基本案情〔1〕

林先生系工地工人，2018 年 11 月 27 日，林先生在上班期间因货车撞倒桥杠砸到左脚，造成左足截肢。事故发生后，林先生顺利获得交通事故赔偿款，后林先生要求公司支付工伤赔偿款，公司便与林先生在某调解委员会组织下签署《调解协议书》，约定公司一次性补偿林先生包括但不限于双倍工资、医保、社保、一次性伤残补助金、一次性工伤医疗补助金、伤残就业补助金、护理费、住院伙食费等工伤赔偿共计 193 614 元；本协议生效后，林先生自愿将公司为其投保的保险权益转让归属公司享有，即本协议项下工伤事故的保险理赔款归公司所有，林先生必须无条件配合公司办理保险相关事宜。

同日，林先生收到该协议约定的赔偿款 193 614 元，协议签订后，林先生与公司共同前往保险公司办理案涉保险理赔款由公司领取事宜，林先生亦签署授权将款项支付给公司的委托书。

后林先生经过咨询，得知意外险的受益人应该是自己而非公司，希望泽良保险法团队能够帮其争取意外险的赔偿。虽然案件保额并不高，但泽良保险法团队认为本案是典型案例，意义重大，背后代表一个弱势群体的维权之路，受伤的农民工到底能否获得应有的赔偿。

2. 公司认为

（1）协议已明确林先生将案涉团体意外险保险权益转让给公司；

（2）本案系事故后保险权益转让，该转让合法有效。

---

〔1〕　福建省泉州市中级人民法院，〔2020〕闽 05 民终 5095 号。

3. 专业应对

面对公司的强势拒绝转让保险金，泽良保险法团队接受林先生委托后，进行了充分的准备与应对：

首先，案涉保险合同为团体意外伤害保险，被保险人为林先生，根据保险合同约定，林先生有权请求保险公司直接支付保险金。

其次，公司非案涉保险合同的被保险人及受益人，主张享有案涉保险合同的保险金请求权，应对其主张承担举证责任，即公司应该举证证明林先生知晓公司仅购买了团体意外险一种险种，且协议书中约定的就是团体意外险权益的转让，否则应承担不利后果。

最后，根据《保险法》第39条第2款规定，投保人为与其有劳动关系的劳动者投保人身保险，不得指定被保险人及其近亲属以外的人为受益人。用人单位为员工投保人身保险的，受益人不得指定其近亲属以外的人为受益人。

在泽良保险法团队的努力争取下，法院采纳了我方观点，认为公司的抗辩理由难以成立，判决我方胜诉。

十四、互联网投保，保险公司主张减少赔付如何应对处理？

1. 基本案情

在外打拼的尹先生某一天收到四川资阳老家传来的噩耗——父亲尹某突然晕倒被送往医院抢救，收到消息的尹先生马上赶回家到医院守候，医生经过一天的抢救后宣告尹某死亡。事后，尹先生向保险公司提出意外险理赔，出险后，保险公司马上派理赔调查员到现场调查。

2. 保险拒赔

事故发生后，尹先生向保险公司申请理赔，保险公司派理赔调查员到现场调查之后拒赔。具体理由如下：

（1）现场发现酒瓶，存在醉酒的可能性。

（2）尹某属于维修工，职业类别超过 1-3 类。

（3）可能患有原发疾病，如自身存在高血压、高血脂。

（4）抢救时间超过 6 小时。

理赔调查员要求对尹某进行尸检，抽取心包血进行化验调查，尹先生家属表示死者为大，不同意尸检。由于保险公司位于深圳，身处四川的尹先生想要起诉或者实地谈判都要花费大量时间和精力，只能通过电话沟通。因此，在双方电话谈判中，保险公司一直以低保险金谈判，再加上尹先生对法律知识感到陌生，理赔异常困难。最终，总保额 20 万元的意外险，尹先生几番沟通只谈到 5 万元赔偿，且无提高可能。

3. 专业应对

面对保险公司的低保险金的赔偿，尹先生找到了泽良律师事务所，泽良保险法团队接受委托后，立即全面分析投保过程和保险事故情况，进行了充分的准备与应对：

首先，泽良律师展示泽良律所保险法团队办理过的成功案例，以丰富的专业经验指出保险理赔漏洞。

其次，泽良律师针对拒赔理由，指出保险公司若未举证证明尽到《保险法》第 17 条所规定的提示说明义务的，免责条款不发生效力，保险公司更无权拒绝给付保险金。

最后，为实现当事人快速理赔的需求，我方同意不按 20 万元全额索赔，但态度明确 18 万元是最低底线，否则将采取诉讼途径，届时大概率就是全额理赔，面对强大的专业谈判能力，保险方态度逐渐松软，双方基本达成一致意见。

在团队的努力争取下，保险理赔方把修改了赔偿金额的和解协议书发送泽良律师，当事人尹先生同意授权本金额，本案以总理赔金额18万元落下帷幕。

第四节 责任险案析

一、工厂干活被砸伤，保险公司是否能以"不认可认定的伤残等级"为由拒赔?

1. 基本案情[1]

2021年7月6日，罗先生和往常一样在工厂上班，不料被铁圈砸伤，经诊断为右侧桡神经严重损伤、右尺神经损伤。事故后，工厂拿出一份雇主责任险的保单，说有为罗先生投保保险，并且要将保险利益转让给罗先生，让罗先生抓紧找保险公司去理赔。

几经周折，罗先生终于在2021年的12月初联系上了保险公司理赔专员。此时距离该工伤事故发生已经过去5个月，罗先生的伤情已经稳定，也已经到了鉴定时机。联系上业务员后，罗先生向对方提供了保单，说明了来意，并询问该怎么做鉴定、去哪家机构做鉴定。保险公司理赔专员提供了三家该保险公司指定的鉴定机构名单，让罗先生去做鉴定。一个月后，鉴定结论下来：罗先生因本次事故造成的伤残等级为一处八级。

2. 保险拒赔

事故发生后，罗先生向保险公司申请理赔，在2022年的3月份，保险公司理赔专员说保险公司不认可鉴定结果，只能按照九级伤残的标准赔付。

3. 专业应对

面对保险公司的强势拒赔，罗先生找到了泽良律师事务所，泽良保

---

[1] 福建省三明市三元区人民法院，[2022] 闽 0403 民初 1549 号。

险法团队接受委托后，立即全面分析投保过程和保险事故情况，进行了充分的准备与应对：

泽良律师团队对案件进行全盘分析，着重对保险的拒赔点"鉴定参照标准"进行分析，律师团队还参照《福建省工伤职工停工留薪期管理办法》为罗先生主张了误工费。在泽良律师团队的全力推动下，案件迅速立案，在经过法院必经的法律程序后，2022 年 5 月份双方在法院的组织下展开谈判。

在团队的努力争取下，综合考虑到罗先生想要快速结案的需求，双方谈判终于在 5 月底落下帷幕，并于 6 月初签订调解协议，罗先生也在 6 月份拿到了满意的赔偿款。从 2021 年 7 月受伤到 2022 年 3 月底发现自己被拒赔，从 2022 年 3 月底委托到 6 月拿到全部赔偿，泽良保险法团队一百天内解决罗先生忧心一年的难题。

二、工地干活猝死，保险公司是否能以"猝死"为由拒赔？

1. 基本案情[1]

周先生为公司员工，公司在保险公司处投保了雇主责任保险，其中身故保险金为 100 万元/人。2022 年 8 月 11 日，周先生在施工作业时突发晕倒在地。工友拨打 120 及 110 报警求助，同日，周先生因抢救无效死亡。周先生与宁某为夫妻，二人共同养育一儿一女，周先生父亲健在。事故发生后，公司已将向保险公司主张该雇主责任保险赔偿款的一切权益转让给周先生家属。

2. 保险拒赔

事故发生后，周先生家属向保险公司申请理赔，但保险公司根据保

---

[1] 福建省三明市三元区人民法院，[2023] 闽 0403 民初 1344 号。

险合同条款约定，以周先生猝死为由拒绝理赔。

3. 专业应对

面对保险公司的强势拒赔，周先生家属找到了泽良律师事务所，泽良保险法团队接受委托后，立即全面分析投保过程和保险事故情况，进行了充分的准备与应对，针对本案的争议焦点：（1）周先生猝死是否属于保险合同约定的免责情形；（2）保险公司是否在投保时对免责条款履行了提示及明确说明的义务，从这两个方面检索大量案例并结合本案实际情况制定最佳诉讼方案，在整个庭审阶段有理有据，据理力争。

在泽良保险法团队的努力争取下，法院采纳了我方观点，认为保险公司的拒赔理由难以成立，判决我方胜诉。

三、发生工伤事故，公司能否以"车上人员责任险赔偿款"来抵扣工伤赔偿？

1. 基本案情[1]

杨先生是某物流公司重型半挂牵引车的驾驶员，从事石灰石等货物运输工作，物流公司为其车辆投保了车上人员责任险（司机）等机动车综合商业保险。2020 年 10 月 10 日，杨先生在该货车上整理篷布时，不慎从车上掉落受伤，经医院诊断为双侧桡骨远端骨折等，其伤情构成工伤八级。事故发生后，保险公司出险向物流公司支付保险金 166 509 元，物流公司将其中的 126 022 元支付给杨先生，且三方签有《道路交通事故损害赔偿协议》。

2. 物流公司拒赔工伤待遇

后杨先生因工伤事宜向物流公司主张工伤保险待遇，物流公司不予

---

[1] 福建省龙岩市中级人民法院，[2022] 闽 08 民终 2268 号。

赔付，具体理由如下：

三方签订的《道路交通事故损害赔偿协议》约定："……本案就此终结，杨先生不得就此事再对保险公司和物流公司提起赔偿及起诉等"，抗辩双方就杨先生申请人受伤一事的赔偿达成协议，不得再次主张；即便赔偿其投保理赔的12万余元保险金应用于抵扣工伤赔偿款。同时，基于责任保险的性质来看，本身应当抵扣公司的责任，否则公司购买保险规避风险的目的无法实现。

3. 专业应对

面对物流公司的强势拒赔，杨先生找到了泽良律师事务所，泽良保险法团队接受委托后，律师团队做了大量的研究检索，提供了相似案例，以及学说法理，进行了充分的准备与应对：

首先，根据《中国保险行业协会机动车商业保险示范条款》（2020版）的规定，杨先生基于保险合同获赔车上人员险。

其次，案涉《道路交通事故损害赔偿协议》并没有对工伤保险待遇作出约定，与公司基于法定义务承担工伤保险责任，分属不同的法律关系，杨先生可以重复获赔，物流公司主张抵扣没有法律依据。

最后，本案是劳动争议案件，实际上是涉及用人单位或者是与劳动者之间的权利义务关系，与保险公司无关。

在团队的努力争取下，法院采纳了我方观点，认为车上人员责任险（司机）属于商业保险，与被上诉人依法应享有的工伤保险待遇性质不同，二者属于相对独立的不同法律关系，不具有替代性、互补性，物流公司认为杨先生无权获得两处赔偿，商业保险理赔款应先抵扣其应承担的工伤保险赔偿责任，无法律依据，因此判决我方胜诉。

第五节　车险案析

一、新车自燃，保险公司能否以"质量缺陷"为由拒赔？

1. 基本案情[1]

2022年4月29日，李先生购买了一辆新能源电动汽车，并为该车投保了新能源汽车商业保险，承保险种包括新能源汽车损失保险和新能源汽车第三者责任保险。2022年4月30日22时，李先生将车停放在车库门口充电，之后返回家中休息。不料在2022年5月1日3时左右，该辆新车便突然起火引发火灾。经杭州市临安区消防救援大队出具的《火灾事故简易调查认定书》认定：过火面积约15平方米，火灾烧毁车辆、车库建筑构件、车库内电动自行车等，未造成人员伤亡。起火点为案涉电动汽车车辆右后侧充电线路处，起火原因为电气线路故障引燃可燃物引起火灾。

2. 保险拒赔

事故发生后，李先生立刻向保险公司报案，然而保险公司对事故进行调查后，最终却拒绝赔偿：

（1）结合消防部门调查认定的事实，保险公司认为起火的充电线是李先生自行采购，并非车辆生产厂家的原装配件，也未经生产厂家授权认证。本次火灾事故是由于李先生自行采购充电线路所产生的，该行为属于加装、改装行为，导致被保险车辆危险程度显著增加，并且与火灾事故存在因果关系，因此，本次保险事故属于保险条款约定的免赔范围，

---

[1] 杭州仲裁委员会，[2022]杭仲01裁字第2054号案件。

保险公司不承担赔偿保险金的责任。

（2）案涉车辆是新车，在购买一天后立即发生充电起火的现象，保险公司认为属于车辆质量缺陷的问题，属于保险条款中约定的免赔范围。

3. 专业应对

面对保险公司的强势拒赔，李先生找到了泽良律师事务所，泽良保险法团队接受委托后，立即全面分析投保过程和保险事故情况，进行了充分的准备与应对：

（1）从证明责任以及证明标准入手，详细剖析事故原因。消防部门认定起火原因仅是"电气线路故障"引燃可燃物引起火灾，而"电气线路故障"的描述显然无法具体判断火灾发生的具体部位、成因以及产品质量是否有缺陷。保险公司认为车辆改装、加装以及本身质量缺陷的拒赔理由显然没有证据支持，应该承担举证不能的不利后果。

（2）团队检索了全国范围内多个法院的有利案例，并向法院提交了大数据报告，证明保险公司以质量缺陷拒赔的理由不应成立。

（3）案涉车险保险公司是通过互联网进行销售，而保险公司未提供符合要求的回溯性投保管理视频，不视为保险公司履行了保险法要求的提示说明义务，因此保险条款中的免责条款不发生效力。

（4）保险条款是格式条款，对格式条款的理解发生争议的，应当按照通常理解予以解释。对格式条款有两种以上解释的，应当作出不利于提供格式条款一方的解释。换句话说，争议条款应作出不利于保险公司一方的解释，而质量缺陷免责条款经解释在本案中不应得到适用。

在团队的努力争取下，仲裁庭采纳了我方观点，认为保险公司的拒赔理由难以成立，裁决我方胜诉。

二、肇事后驾车离开现场，保险公司能否以"肇事逃逸"为由拒赔？

1. 基本案情[1]

2021 年 8 月 16 日，李某驾驶重型货车在漳州台商投资区路段行驶时，与黄女士驾驶的二轮机动车发生碰撞，造成黄女士严重受伤及车辆受损的交通事故，事后经鉴定黄女士构成三级伤残。事故发生后，李某没有立即停车报警，而是驾驶货车驶离现场。一小时后，李某接到交警部门通知后主动驾车到交警部门接受调查，经交警部门责任认定，李某承担本次事故全部责任。

2. 保险拒赔

李某的车辆在保险公司投保了交强险及商业险 250 万元，而保险公司却以李某离开现场为由，认为其行为属于逃逸，拒绝赔偿商业险保险金，具体如下：

（1）李某事故后驾车离开现场，未按照《道路交通安全法》的规定立即停车、保护现场、抢救伤员等，构成交通肇事逃逸，属于商业险免赔范围。

（2）李某驾驶的是大型车辆，引发重大事故概率高，驾驶人应承担的注意义务高于其他普通车辆的驾驶员，故对李某而言，事故发生后不能以不知道发生交通事故离开事故发生地以此免除其保护现场、救治伤员的相关义务。所以，保险公司仅需在交强险范围内承担赔偿责任，无需在商业险范围内承担赔偿责任。

3. 专业应对

泽良保险法团队陈海云律师、王建林律师接受委托后，即刻组成专

---

[1] 厦门市思明区人民法院，[2022] 闽 0203 民初 10946 号。

案团队，全力以赴争取案件快速、高效处理。程序上即刻立案，委托法院对黄女士的伤残等级、三期、护理依赖性程度、后续治疗费用，以及黄女士双腿截肢后所需佩戴的残疾辅助器具进行鉴定。

针对案件的拒赔点，泽良律师也进行了充分的准备：

（1）向法院提交对我方有利的大数据案例报告。

（2）针对李某是否构成交通肇事逃逸的争议焦点，泽良律师调取刑事案件卷宗，引用刑事案件中对肇事逃逸的认定要求，及相关情节审查内容。并从法理上对肇事逃逸要件进行拆分，结合本案事实论述，做到有理有据。同时引用银保监会相关规定来佐证离开现场与肇事逃逸的本质不同，从而对肇事逃逸和离开现场双重解释作出有利于被保险人的解释。

（3）从保险公司是否履行提示、说明义务的角度切入，分析即使是法律禁止性规定也要履行提示义务。

经过多次开庭及激烈的庭审辩论，法院最终采纳了泽良律师的观点，认定李某不构成交通肇事逃逸，判决保险赔偿。

三、仅持部队驾驶证肇事，保险公司能否以"无证驾驶"为由拒赔？

1. 基本案情[1]

2022 年 2 月 21 日，郑先生驾驶小型轿车发生交通事故致使一人死亡，事故发生时郑先生持有部队驾驶证，但是未持有机动车驾驶证。公安局交通警察大队于 2022 年 4 月 14 日作出道路交通事故认定书，认定郑先生负事故主要责任，死者负事故次要责任。

---

[1]　宁德市中级人民法院，[2022] 闽 09 民终 1652 号。

2. 保险拒赔

事故发生后，郑先生第一时间报险，然而保险公司认为郑先生虽然持有军队车辆驾驶证，但未依照《机动车驾驶证申领和使用规定》申请领取机动车驾驶证，属于无证驾驶，因而拒绝承担交强险以及商业三者险赔偿责任。为了抚慰伤者家属，郑先生决定先行赔付后再行诉讼。

3. 专业应对

泽良保险法团队接受委托后，首先是找出保险公司拒赔的合同依据以及法律依据；其次检索了管辖法院的既往案例，发现存在不利的在先案例，再在全国范围内检索类案分析胜诉原因以及败诉原因，最后全面分析案件的投保过程、履行过程、条款约定、法律依据等。

针对保险的拒赔理由，泽良律师充分准备了以下代理意见：

（1）郑先生持有部队驾驶证是经过考核后经法定程序发放的，持部队驾驶证即代表具备对应的驾驶能力。部队驾驶证转换成机动车驾驶证，无需重新考核，仅需提供身份证等形式材料，这也代表部队驾驶证是具备驾驶资格和驾驶能力的。

（2）保险公司以"无驾驶证"为由拒赔不成立，且存在错误适用法律规定以及混淆适用合同条款的情形。同时，若双方对拒赔的条款产生歧义理解的，也应遵从"格式条款不利于提供人"的规则，作出不利于保险人的解释。

（3）保险公司未举证证明在投保时未就本案的免责情形履行提示及明确说明两项法定义务，因此免责条款不产生法律效力。

（4）事故认定书显示的归责理由系违反了限速及安全文明驾驶的规定而非因为部队驾驶证，根据"近因原则"，保险公司也不得以郑某"无民用驾驶证"为由进行拒赔。

经过激烈的庭审辩论，面对巨大的争议，泽良律师做了大量的研究检索，提供大数据检索报告，以及学说法理，持续不断地努力和争取。最终，法院采纳了泽良律师的观点，认定"持有中国人民解放军车辆驾驶证，虽未换领机动车驾驶证，但不意味着其不具备驾驶技能和水平，保险公司的抗辩理由不予采纳"，判决保险公司支付了相应的保险金额。

四、自用货车用于营运，保险公司能否以"改变车辆使用性质"为由拒赔？

1. 基本案情[1]

林先生经营了一家建材店，其为进货送货需要，购买了一台轻型自卸货车，用于运输自己经营的建材商品，因是用于自己经营需要，故而在投保车险时，投保了非营运性质的保险。

2022 年 12 月，林先生在去运送货物样品回程的过程中，不慎发生事故，林先生连人带车翻下山崖。事故造成车辆全损，林先生受伤，经住院治疗后，林先生构成人体损伤九级伤残，交警认定林先生承担事故的全部责任。

2. 保险拒赔

事故发生后，林先生第一时间向保险公司报了案，自己住院期间也积极配合保险公司处理理赔事宜，但是没想到，保险公司却对该事故全部损失拒赔。

原因是保险公司委托第三方对林先生进行了调查，经调查得知林先生的建材店已停止营业，林先生长期用车辆运载他人货物以赚取运费，且在车辆上查找到大量的运费单据，运输的货物类型多样，所以保险公司认为林先生将非营运车辆用于营运，改变了车辆使用性质，导致危险

---

〔1〕　芗城区人民法院，[2023] 闽 0602 民初 5580 号。

程度显著增加，根据保险条款的约定，属于免责范围，所以保险公司拒绝赔付本次事故的车辆损失和车上人员损失。

3. 专业应对

面对保险公司的强势拒赔，在晦涩难懂的保险条款面前，林先生也不知如何反驳。就在林先生一筹莫展之际，林先生在网络上看到了泽良保险法团队的胜诉案例，立即联系了泽良律师寻求帮助。

在经过泽良律师的专业分析后，林先生决定委托泽良律师处理本案，泽良律师接受委托后，迅速起草法律文书，整理证据材料，快速向法院提起诉讼，并针对保险公司的拒赔理由做了充分的诉讼准备。

首先，泽良律师对于林先生是否改变了车辆的使用性质进行了深入的论证，以此奠定了胜诉的基础。

其次，本案的投保方式为扫码投保，从保险公司是否对保险合同中的免责情形履行提示及明确说明义务切入，分析免责条款是否产生法律效力。

最后，泽良律师提供了大量的司法观点、专家观点以及法律法规汇编，并检索了全国范围内多个法院的相应案例供法官参考。

经过激烈的庭审辩论，凭借充足准备和过硬的专业能力，法官采纳了泽良律师的观点，认定本案车辆属于正常的使用范围，并未改变使用性质，并未导致危险程度显著增加，判决保险公司全额赔偿车损险及车上人员责任险。

五、"非营运"车辆跑货拉拉侧翻，保险公司能否以"从事营运活动"为由拒赔？

1. 基本案情

2022 年 3 月，李先生驾驶自有货车送货过程中，车辆发生侧翻，不仅造成车上运输的货物损失，车辆也因此报废，损失了数万元。

2. 保险拒赔

李先生向保险公司申请理赔机动车损失险，然而保险公司却直接拒绝，原因是保险公司认为李先生用投保车辆在运货平台接单运货，属于保险免赔事项中的"从事营运活动"。

3. 专业应对

李先生多次与保险公司沟通，但保险公司依然坚持拒赔。在索赔无门且失去收入来源之际，李先生在"保险理赔网"上联系到了泽良律师事务所的资深理赔专家庄雪萍。

在线上交流中，理赔专家庄雪萍就交通事故的经过和事后双方就理赔事宜进展进行了详细询问，并以此对于保险的拒赔理由进行分析。在双方的沟通中，考虑到三方距离较远沟通困难，且诉讼时效久，以及李先生急需用钱的需求，理赔专家庄雪萍建议李先生采取"快速谈判"策略。这种既能快速理赔又能最大限度实现利益最大化的策略，李先生十分认可，决定委托其处理此次赔偿事宜。

接受委托后，理赔专家庄雪萍马上与泽良保险律师讨论谈判策略，决定用"先施压，后放松"的方式与保险公司进行谈判。理赔专家庄雪萍马上联系上保险公司法务，表示其全权处理李先生赔偿事宜，并对案情具体分析，对保险拒赔理由进行缜密答辩，并发送团队办理过的相同拒赔理由成功案例文章、判决书参考。

同时，也表示因为案件标的不大，建议双方各退一步，可以接受理赔金额打折，既达到目的，又减少双方成本。在金额的确认上，泽良律师坚守底线绝不退步，最终以保险公司的让步收尾，双方达成和解。仅七天时间就完成了谈判，保险公司赔偿了李先生一半多的损失，实现了从零到近三万元的转变。

六、家用车跑顺风车接单，是否属于保险拒赔条款中的"改变车辆使用性质"？

1. 基本案情

家住汕尾的李先生因工作原因经常往来深圳，在汕尾至深圳来回的途中，李先生偶尔会接下顺风车的单，贴补油费。2023 年 5 月 14 日，李先生从深圳回汕尾的途中，不慎发生交通事故，与第三者车辆发生碰撞，交警认定李先生承担事故的全部责任。

2. 保险拒赔

事故发生后，李先生第一时间向保险公司报了案，也积极配合保险公司处理车辆定损维修事宜。但保险公司经调查，认为李先生的家庭自用车用来从事顺风车运输，改变了车辆使用性质，导致车辆危险程度显著增加，根据保险条款的约定，属于免责范围，因此拒绝支付本次事故的双方车辆损失。

3. 专业应对

李先生在无助之际，在网上看到了泽良保险法团队的成功案例，于是联系并委托了泽良保险法团队。接受委托后，团队立即对李先生的事故经过以及投保过程仔细梳理，全面分析了保险合同的条款以及相关法律法规，做足了充分的准备工作之后，迅速与保险公司取得联系，展开了案件的谈判。

首先，泽良律师对于李先生偶尔跑顺风车的行为是否应当定性为改变了车辆的使用性质进行了深入的论证，以此奠定了谈判取得成功的基础。

其次，从保险公司是否对保险合同中的免责情形履行提示及明确说明义务切入，分析免责条款是否产生法律效力。

最后，检索了大量的司法观点、专家观点以及全国范围内多个法院的有利案例予以论证保险公司拒赔不会得到法院支持。

最终，凭借充足准备和过硬的专业能力，成功地影响了保险公司的意见，使保险公司最终同意与李先生达成和解，全额赔付保险款项。整个案件经历了从保险公司最初的拒赔到最终的全额获得赔偿，泽良律师始终坚持责任为先、全力以赴的办案理念，使得保险理赔款在短短 15 日内迅速到账。

七、物流公司车辆事故，保险公司能否以司机不具备"道路运输从业资格证"为由拒赔？

1. 基本案情[1]

2020 年 8 月的一个凌晨，H 公司的雇员驾驶货车在沈海高速公路上运输货物时发生了多车相撞的交通事故。事后，受伤人员被紧急送往医院接受治疗，交警认定事故责任为三方同等责任。在同等责任情形下，其他方因本次事故损伤惨重，所以 H 公司被告上法庭，要求赔偿事故造成的损失。

2. 保险拒赔

本案中，保险公司拒绝了 H 公司的理赔，原因是 H 公司的雇员发生事故时没有道路从业资格证，故依据合同约定的免责条款拒赔。在一审判决中，法院也支持了法院拒赔的主张。

3. 专业应对

H 公司的负责人在收到败诉判决后十分焦虑，在主动上门咨询后，

---

[1] 浙江省温州市中级人民法院，[2022] 浙民终 531 号。

选择将二审案件委托给了泽良保险法团队。泽良保险法团队对各方证据材料都进行了细致地梳理，同时查阅了一审的庭审笔录等资料，经过对卷宗的进一步研究和对相关法律法规的进一步查阅和检索，泽良保险法团队在上诉期内提交了上诉状以及二审证据，并且准备好了对应的案例检索报告、可视化图表、庭审提纲等材料。

二审庭审中，针对一审判决是否符合改判情形以及道路从业资格证能否作为拒赔的理由等争点，泽良保险法团队主要发表了以下观点：

（1）投保时，保险公司业务人员未就商业第三者免责条款履行实质性提示、说明义务，仅仅以开票理由要求上诉人在投保单盖章，免责条款不生效。

（2）保险公司所依据的拒赔条款"驾驶出租机动车或营业性机动车无交通运输管理部门核发的许可证书或其他必备证书"属于歧义条款，根据法定规则，应作有利于受益人和被保险人的解释。

（3）根据2017年人力资源和社会保障部《关于公布国家职业资格目录的通知》规定，当前《国家职业资格目录》并未设有"道路运输从业资格证"该项职业资格证书，即"道路运输从业资格证"并非从事交通运输所必备的证书。

经过激烈的庭审，案件最后迎来逆风翻盘，二审法院认可了泽良律师的观点，并判决保险公司应承担商业险内的保险责任。

八、驾驶证超期，保险公司能否以"无证驾驶"为由拒赔？

1. 基本案情[1]

2021年9月，杨先生驾驶小型汽车倒车时，未注意后车情况撞倒了

---

[1] 厦门市翔安区人民法院，[2023]闽0123民初1137号。

行人洪女士，导致洪女士桡骨骨折、全身多处软组织挫伤。经交警大队出具的道路交通事故认定书认定：杨先生负该事故全部责任，洪女士无责任。

2. 保险拒赔

虽然杨先生的汽车投保了交强险，然而保险公司却直接拒赔，理由是杨先生的驾驶证已超期 8 个月且未进行更换，事故发生在驾驶证过期阶段，属于无证驾驶的状态，因此保险公司主张其无需承担商业三者险赔偿责任。

3. 专业应对

面对保险公司的强势拒赔，杨先生找到泽良律所，泽良保险法团队陈海云、陈小云律师接受委托后，仔细研读了保险公司出具的保单合同条款、询问了杨先生的投保过程，同时对涉及的法条进行检索分析，总结出以下问题：

驾驶证到期后未及时更换证件，但并不存在无证、扣留、暂扣、吊销、注销的情形，因而也不属于保险合同中约定的免责事由。

即使驾驶证到期属于保险条款中的免责事由，但本案的投保方式为扫码投保，保险公司无法证明对免责条款履行了提示说明义务，故免责条款无效，保险公司应当承担赔偿责任。

庭审中，泽良律师经过充分的准备，提供了大量检索报告、法理学说，让法院倾向于泽良律师的观点：杨先生的驾驶证超期 8 个月，属于驾驶证有效期届满未换证的情形，具有驾驶能力而非无证驾驶，且道路交通事故认定书并未认定此情形是该事故的成因。

最终，法院判决保险公司在交强险和商业三者险限额内全额赔偿272 341.05元。

九、驾驶重型半挂牵引车，保险公司能否以"处于 A2 驾驶证实习期"为由拒赔？

1. 基本案情[1]

2017 年 5 月 3 日 6 时 59 分许，段先生（持有 A2 驾驶证）驾驶公司的重型半挂牵引车牵引重型集装箱半挂车在某大道路口右转时，与骑自行车的郭女士发生碰撞，造成郭女士受伤和两车局部受损的交通事故。事故发生后郭女士立即被送往医院抢救，诊断为盆骨开放性骨折等，最终造成郭女士双腿高位截肢。事故发生后，经交警大队认定，段先生负事故全部责任。

2. 保险拒赔

事故发生后，保险公司却表示，段先生持有的驾驶证虽然增加了 A2 车型，但仍处于实习期，因此不予承担赔偿责任。在此情况下，段先生所在的公司先行为郭女士垫付了大额的治疗费用。

3. 专业应对

面对保险公司的强势拒赔，段先生所在的公司找到泽良保险团队的黄思君律师与刘则通律师代理案件。在经过对案件细致的分析，经过大量的案件以及对相关法律法规的检索，针对保险公司主张的"实习期驾驶牵引车违反法律禁止性规定及保险条款的约定"的拒赔理由，泽良律师向法院提出以下观点：

（1）对于"实习期"的规定，《道路交通安全法实施条例》规定为"机动车驾驶人初次申领机动车驾驶证后的 12 个月"，而《机动车驾驶证申领和使用规定》中规定的"实习期"是为了已取得 A2 驾驶证的驾驶

---

[1] 福建省龙海市人民法院，[2018] 闽 0681 民初 2072 号。

人熟悉对应的车辆而设置的实习期，无论以法律的体系解释，抑或以法律目的解释，都应当以《道路交通安全法实施条例》的规定理解"实习期"。

（2）对于本案中的保险条款对应的"实习期"的解释，保险公司无法证明对其履行了解释义务，也无法证明对免责条款履行了提示说明义务，故免责条款无效，保险公司应当承担赔偿责任。

在泽良律师的充分论证以及提供的检索材料的有力支持下，法院最终采纳了泽良律师的辩护观点，判决保险公司在商业险范围内全额赔付。

十、未认定交通事故，保险公司能否以"不认可留痕工作真实性"为由拒赔？

1. 基本案情

2023年3月，蓝先生驾车发生事故，但本次事故的地点较为特殊，蓝先生的车将厂房的顶部撞毁了。由于并非发生在道路，因此交警并未出警，也并未认定为交通事故。事后，蓝先生选择将事故状况告知保险公司，并依照保险公司评估员的指示进行车辆及毁损财物的维修与留痕工作，蓝先生也十分配合完成理赔流程。

2. 保险拒赔

在蓝先生将车辆与毁损财物维修完毕后，保险公司直接不承认蓝先生提供的发票与留痕记录，不认可其真实性，拒绝对该事故进行理赔。蓝先生多次沟通，可是保险公司的答复却反复不定，最终坚定地拒赔。

3. 专业应对

在理赔无果的情况下，经朋友推荐，蓝先生联系了泽良保险法团队，希望泽良律师能够助其获赔。

接受委托后，泽良保险法团队陈海云律师立即梳理了蓝先生的事故与维修过程，全面分析保险合同条款与法律法规，检索并分析大量车险拒赔案例。陈海云律师快速制定了谈判策略，并储备了多个谈判方案；在迅速做足充分的准备之后立即与保险公司取得联系，展开案件谈判，以专业素质和充足准备奠定谈判胜局。

最终，陈海云律师与保险公司进行多轮谈判，陈海云律师做的充足准备与强悍的专业素质最终使保险公司态度松软，并使其同意和解，向蓝先生赔付了相应的保险款项。

本案从保险公司不愿理赔到最终获赔，陈海云律师付出卓绝的努力，使保险款项在 3 个月内快速到账，获得了蓝先生的良好评价。在拿到保险款项后，蓝先生对泽良保险法团队表达了衷心感谢。

十一、事故后保险公司赔偿方案不理想，如何通过谈判争取到最有利结果？

1. 基本案情

某天下午，楼先生像往常一样骑车下班，但是在熟悉的道路上却突然遇到何先生驾驶小车从侧方冲出，将楼先生撞倒在地。事后，经当地交警部门事故认定，何先生负全责而楼先生无责。楼先生经鉴定为伤残十级。

2. 保险回应

保险公司在面对楼先生的索赔时，提出了一套不理想的理赔方案，不能很好地填补楼先生的损失。在楼先生几番努力争取下，保险公司仍然态度坚定，不肯让步。

就在楼先生马上要接受保险公司的方案时，经过亲友推荐，楼先生通过"保险理赔网"找到泽良保险法团队的理赔专家庄雪萍。通过与楼先生半小时的线上沟通，理赔专家庄雪萍对保险公司的理赔方案作出了以下分析：

（1）保险方虽然同意按照楼先生伤残等级标准进行赔付，但实际赔付方案对应金额是有偏差的。

（2）保险公司赔偿项目中的误工费计算与楼先生的工资水平对应的误工费相差过大。

面对理赔专家简单直接地指出提高赔偿金额的两个重点，楼先生才明白并不是没有办法提高赔偿款，而是自己缺乏专业和谈判技巧。于是决定委托资深理赔专家庄雪萍处理自己案件的后续。

3. 专业应对

接受委托后，资深理赔专家庄雪萍马上与泽良保险律师讨论谈判策略，决定围绕保险赔偿方案中不合理之处与保险公司进行谈判。

经过半小时的电话线上谈判，我方给予保险公司两个方案：

第一，起诉解决，我方有理有据，有法可依，最终保险赔偿金额将比原先保险公司给的赔偿方案增加 3 万元左右。

第二，双方调解，各退一步，但底线是比原先赔偿金多增加 17 000 元，且快速打款到账。

同时我方建议楼先生，因案件标的不大最好调解结案，但若保险方坚决不同意调解方案，我方也将把当事人利益放在首位起诉到底。

保险公司经过权衡之后最终同意调解方案，但需当事人提供工作证明，我方经当事人准予后同意。最终，经过线上确认，保险公司依约定进行赔付，双方签署调解协议书，泽良保险团队的快速谈判为当事人争取到了增加的 17 000 元余元的快速到账赔偿款。

02

第二章

保险实务问题研究

第一节　基础保险实务

一、前言

对普通大众而言，理赔是投保的核心价值，随着社会经济水平和科技的发展，保险理赔也在不断进步。泽良保险法律师团队根据各大保险公司 2022 年的理赔年报，包括但不限于平安人寿、中国人寿、华夏保险、康泰人寿等，并结合日常接待中收集的咨询信息，为普通大众提供一些保险理赔建议。

二、获赔率与拒赔率

从各家保险公司理赔大数据来看，获赔率基本在 97% 以上，甚至最高达到了 99.71%，但保险人群基数大，即使只是 1%，也代表了一个被保险拒赔的庞大群体。

泽良保险法团队长期接待客户咨询，总结了以下常见拒赔理由：

（1）医疗险、重疾险常见拒赔理由：不属于保险责任（如：先天性疾病）和未如实告知（如：有既往疾病）。

（2）车险常见拒赔理由：不属于保险责任（如：无证驾驶；改变车辆使用性质）。

（3）雇主、意外险常见拒赔原因：不属保险责任（如：职业类别不符）和赔偿不到位（如：有理赔单，可是只做部分赔偿）。

因此，赔付率高并不是出险必赔，在保险人群庞大的基数下，被各类理由拒赔的人群也不在少数，保险条款晦涩难懂，若遭遇保险拒赔，建议咨询专业保险律师协助处理保险纠纷。

三、险种理赔占比

从各大保险公司的理赔件数看，医疗险占比最高，基本在90%以上。如中国人寿2022年度理赔件数为1917万件，医疗险占比94.17%，重疾险只占1.92%。虽然医疗险的赔付件数占比遥遥领先，但总体赔付金额并没有和重疾险相差太多。

在各大保险理赔年报中，我们能看到恶性肿瘤仍占重疾赔付首位，而心脑血管类疾病是导致重疾、轻症的重要原因。结合团队接受委托处理的保险拒赔案件中，占比最高的案件类型是意外险和重疾险，其中确诊肿瘤类疾病，以"未如实告知"为由拒赔的人群中，大多数都是在投保前检查出息肉、结节、增生、肌瘤、囊肿等健康检查有异常等。

此时当事人就需要整理保存好以下材料：

（1）保单。一方面，证明保险关系确实存在；另一方面可以核查当事人实际可索赔的金额。

（2）病历。判断当事人所患疾病是否处于保单重疾保障范围。

（3）拒赔通知书。首先，结合保险公司拒赔理由确定后续索赔主要突破方向，确定初步维权方案；再者，确认保险公司已经拒绝赔付（这是提起诉讼维权的必要前提）。

所以，只要我们投保时履行好健康告知义务，留存好自身医疗证明文件，即使后续出现保险纠纷，也能够极大提高维权成功的概率。

四、理赔时效及线上占比

在科技发展的支持下，大多数人理赔时都会选择便捷的线上自助理赔服务。如太平洋保险的个人业务自助理赔占比达到 91%，交银人寿 2022 年理赔线上应用率超过 70%，众安保险 95% 的理赔都是线上申请，大都会人寿电子化理赔率达到 93.4%。

而关于理赔时效，大都会人寿平均理赔时效为 1.63 天，百年人寿接到理赔报案后半小时回访，长城人寿申请支付时效 1.46 天。由此可见，如今保险公司对于一般案件的理赔响应已经能做到超高效，但对于复杂的案件情况，还是需要更多时间的核定。

在法律上，关于理赔时效有比较明确的规定：

第一，接到理赔申请后，保险公司需要及时作出核定，并对属于保险责任的，履行赔偿或者给付义务，根据《保险法》第 23 条的规定，保险人收到被保险人或者受益人的赔偿或者给付保险金的请求后，应当及时作出核定，情形复杂的，应当在 30 日内作出核定……对于属于保险责任的，在与被保险人或者受益人达成赔偿。或者给付保险金的协议后，10 日内履行赔偿义务。

第二，对于不属于保险责任的，自做出核定之日起，3 日内告知被保险人并说明理由，根据《保险法》第 24 条的规定，对于不属于保险责任的，应当自作出核定之日起 3 日内，向被保险人或者受益人发出拒绝赔偿，或者拒绝给付保险金的通知书，并且说明理由。

五、保险拒赔如何应对

1. 确定保险拒赔的原因

被保险拒赔其实是很常见的，但被拒赔后首先要搞清楚保险公司为什么拒赔，这也将直接影响到之后的应对策略。当然如果觉得保险拒赔是专业问题，复杂无思绪，可以在第一时间咨询专业律师。找到保险拒赔的原因后，就可以进行第二步。

2. 申诉

确定保险拒赔的理由后，可以准备对应的证据材料，比如鉴定问题可以与保险公司协商重新鉴定等，也可以找业务员/保险客服进行申诉沟通。

需要注意的是：保险公司通常会找你做笔录，声称做了笔录就可以赔偿，但往往保险公司做的笔录询问的问题都是对保险公司有利的，有的时候会用你自己的笔录来拒赔你的保险，所以回答保险理赔人员或者保险询问问题时，思考再三再回答，特别是保险问你有没有一些听起来很轻微的既往病史，都有可能是坑。重新提交材料申诉，如果还是无法顺利理赔，可以进行第三步。

3. 投诉

可以向保险公司的总部或银保监进行投诉，投诉前请将保险公司名称、购买保险险种、拒赔事由详细说明，以便进行有效投诉。当然，这一步很关键，也可以委托律师处理。

4. 起诉

无论是以协商还是投诉的方式，保险公司始终处在较为强势的地位，如果通过上述方法都无法达到效果，或者跳过上述步骤直接向法院起诉，都是可以的。

起诉需要选择正确的法院，提交起诉材料和证据。其中尤其需要注意的是我国《保险法》第 17 条第 2 款的规定："对保险合同中免除保险人责任的条款，保险人在订立合同时应当在投保单、保险单或者其他保险凭证上作出足以引起投保人注意的提示，并对该条款的内容以书面或者口头形式向投保人作出明确说明；未作提示或者明确说明的，该条款不产生效力。"实际上，保险公司的业务员大部分情况下并不会就保险合同中的免责条款向投保人进行提示或者说明，这就违反了《保险法》的上述规定。因此，其免责条款就有可能被法院因此认定为无效，大大提高了胜诉的可能性。

六、总结

总体而言，通过数十家保险公司的理赔年报，我们了解到，便捷的线上理赔让理赔更快速高效，同时各种新兴险种如宠物险、家财险满足大众更多元化的场景需求，从中可以明显感受到保险行业的不断进步。但险种的增多以及各类复杂的案件情况，在发生保险纠纷时，需要更与时俱进、更专业的法律服务。并且在遭遇保险拒赔后，由于保险法极具专业性，普通人维权理赔时，面对的是保险公司的专业法务，靠自身逆转拒赔的局面概率极小，建议咨询专业的保险律师，根据案情制定最可靠的拒赔应对策略。

第二节　人身保险实务

一、何为保险伤残鉴定标准？三种标准应如何适用？

1. 前言

在保险合同纠纷中，经常出现保险公司以"达不到伤残等级"或者

"鉴定标准不符合保险合同约定"为由拒赔。到底鉴定标准有哪些？保险合同约定的鉴定标准又是怎么样的呢？

2. 定义解析

现行的鉴定标准有三种，分别是《劳动能力鉴定　职工工伤与职业病致残等级》《人体损伤致残程度分级》《人身保险伤残评定标准》。

《劳动能力鉴定　职工工伤与职业病致残等级》是 2015 年由国家质量监督检验检疫总局、国家标准化管理委员会颁布的，适用于职工在职业活动中因工负伤和因职业病致残程度的鉴定。

《人体损伤致残程度分级》是 2016 年由最高人民法院、最高人民检察院、公安部颁布的，要求司法鉴定机构和司法鉴定人进行人体损伤致残程度鉴定统一适用。

《人身保险伤残评定标准》是 2013 年由中国保险行业协会、中国法医学会颁布的，目的是确定意外险产品或包括意外责任的保险产品中伤残程度的评定等级以及保险金给付比例。

三种伤残标准不一样，做出来的结果也截然不同，一般而言，伤残等级鉴定结论的高低排序为：《劳动能力鉴定　职工工伤与职业病致残等级》高于《人体损伤致残程度分级》高于《人身保险伤残评定标准》。

也就是说，一般情况下《人身保险伤残评定标准》要求最严格，也最难达到标准，这就是为什么保险公司大多数情况下要求适用《人身保险伤残评定标准》来做伤残等级鉴定。举例而言，胸锥体压缩性骨折适用《劳动能力鉴定　职工工伤与职业病致残等级》评残可达九级伤残，若适用《人体损伤致残程度分级》评残则为十级伤残，若适用《人身保险伤残评定标准》评残则达不到伤残等级。

因此，适用哪一鉴定标准直接决定了保险能否赔偿，以及赔偿金额的高低当然，即使保险合同约定适用《人身保险伤残评定标准》来鉴定，泽良律师通过实战经验以及大量案例检索研究发现，仍然有机会打掉标准适用问题，改用《人体损伤致残程度分级》甚至是《劳动能力鉴定 职工工伤与职业病致残等级》来做鉴定。

3. 典型案例

【案例索引】［2021］闽 0824 民初 279 号

【裁判观点】《人体损伤致残程度分级》，自 2017 年 1 月 1 日起施行。司法鉴定机构和司法鉴定人进行人体损伤致残程度鉴定统一适用《人体损伤致残程度分级》。其实，《人体损伤致残程度分级》是对各部门、各行业评定标准的整合，两者并不矛盾，甚至后者要求更高、更严。

【案例索引】［2018］闽 0824 民初 2315 号

【裁判观点】关于伤残评定标准适用问题，被告公司主张以保险合同的约定适用《人身保险伤残评定标准》定残，但该评定标准系中国保险行业协会、中国法医学会于 2013 年 6 月 8 日联合发布的，属行业规定；而最高人民法院、最高人民检察院、公安部、国家安全部、司法部（即"二院三部"）于 2017 年 1 月 1 日起施行的《人体损伤致残程度分级》属司法解释性文件，其效力高于《人身保险伤残评定标准》的评定标准，因此，邓某（原告）申请以《人体损伤致残程度分级》标准定残，且被鉴定为十级伤残，并无不当。

【案例索引】［2018］闽 0824 民初 972 号

【裁判观点】原告提供《福建闽西司法鉴定所司法鉴定意见书》依《人体损伤致残程度分级》之规定作出，应当确认合法有效。被告提供中国保险行业协会、中国法医学会联合发布的《人身保险伤残评定标准》，该标准已被《人体损伤致残程度分级》所取代，被告主张适用《人身保险伤残评定标准》定残，本院不予采纳。

4. 律师分析

（1）保险事故发生的原因包含了交通事故、工伤、自己摔伤等，一般情况下交通事故责任纠纷适用的定残标准为《人体损伤致残程度分级》，工伤纠纷适用的定残标准为《劳动能力鉴定　职工工伤与职业病致残等级》。在许多生效案例及泽良律师亲办案例中，既存在交通事故适用《劳动能力鉴定　职工工伤与职业病致残等级》评残得到法院支持的案例，也存在工伤适用《人体损伤致残程度分级》评残得到法院支持的案例。并没有统一标准，在适用上较为混乱。

（2）大部分的法院并没有支持保险公司按照《人身保险伤残评定标准》鉴定的主张。反而支持被保险人适用《人体损伤致残程度分级》《劳动能力鉴定　职工工伤与职业病致残等级》的标准来鉴定，因此被保险人可选择对自己比较有利的鉴定标准来评定伤残等级。

（3）想要适用更为有利的定残标准，要通过法院诉讼的方式，且保险公司必然以鉴定标准不符合保险合同的约定来拒赔。

5. 律师建议

泽良保险法团队提供下列思路应对保险拒赔：

（1）保险合同中评定伤残等级标准条款属于免责条款，保险公司是否履行提示及说明义务，包括投保单是否签字盖章、鉴定标准全文是否送达投保人等。

（2）《人身保险伤残评定标准》是由中国保险行业协会、中国法医学会颁布的，属行业规定，而最高人民法院、最高人民检察院、公安部、国家安全部、司法部（即"二院三部"）于2017年1月1日起施行的《人体损伤致残程度分级》属司法解释性文件，其效力高于《人身保险伤残评定标准》的评定标准。

（3）《人体损伤致残程度分级》是对各部门、各行业评定标准的整合，包含了对《人身保险伤残评定标准》的整合。

二、猝死是否属于意外伤害保险所规定的"意外事故"的范畴？

1. 前言

《人身保险公司保险条款和保险费率管理办法》第 12 条中对意外伤害保险的定义是指以被保险人因意外事故而导致身故、残疾或者发生保险合同约定的其他事故为给付保险金条件的人身保险。而具体到实践运用中，猝死是否属于"意外事故"的范畴，存在广泛的争议。

2. 律师分析

从保险公司的角度，往往认为"意外事故"不包含猝死，原因是认为不具备关键的外来性的特征（外来性是指意外事故的原因必须是存在于被保险人之外，而非内在于身体过程）。如果被保险人所受之伤害系因疾病引起的，则属于内在因素引发的，不符合外来性的要求。所以保险公司通常并未将猝死划入"意外事故"的范畴内。

但是保险公司的观点并不等同于事实上的定论，从受益人的角度来看，医院出具的死亡证明中所载明的"猝死"，其实并不代表死亡的真正原因。猝死只是死亡的一种表现形式，导致猝死的原因，可能是疾病，也有可能是非疾病。因此不能简单地将"猝死"排除在意外伤害保险范围之外，而是需要对"猝死"的原因进行进一步鉴定，才能最终确定是否属于意外伤害保险的保障范围。

发生事故后，投保人应及时报案，而作为有专业保险知识的保险公司则应及时告知死者家属进行尸检。如果未及时告知导致被保险人已经火化，在死亡的真实原因无法查明的情况下，则应当由保险公司承担举证不能的法律后果。相反，如果保险公司已告知被保险人的亲属应当进行尸检，但亲属不予配合的情况下，司法实践中通常会认为被保险人的死亡原因无法查明，而该不利后果应由受益人来承担。

进一步而言，即时经过尸检，死因确为疾病所致，也并不等同于保险公司一律能够直接拒赔。还可以通过诉讼的方式，从保险责任的描述条款是否属于免责条款、保险公司是否尽到提示说明义务等专业角度要求保险公司根据保险合同的约定给付保险金。

三、保险公司以"不属于意外伤害"为由拒赔意外险，该如何应对?

1. 前言

保险合同条款约定的意外伤害，通常指"遭受外来的、突发的、非本意的、非疾病的使身体受到伤害的客观事件"。司法实践中存在自身疾病受伤、死亡，或者猝死原因难以查明的情形，也存在意外伤害和自身疾病竞合的情形。对于上述情形，原告具有初步举证的义务，因此保险公司通常以原告所提供证据无法证明事故属于保险责任来拒赔。

2. 经典情形

老林在家不慎摔倒，导致右侧基底节出血破入脑室、蛛网膜下腔及术后再出血、3级高血压（极高危）等，后因脑出血病发抢救无效死亡。事故后家属申请理赔，但保险公司认为，老林属于自身疾病脑出血导致的死亡，并不属于外来的、突发的、非本意的、非疾病的使身体受到伤害，不属于意外伤害保险责任，并以此拒赔。

对于该类型的案件，部分法院会认为老林身故是由于意外摔倒诱发高血压死亡，属合同约定的意外身故，判决保险公司支付全额意外险保险金。但也有法院认为，应当参照"自身疾病参与度"进行判决。

3. 典型案例

【案例索引】［2019］闽 0881 民初 2088 号

【裁判观点】福建南方司法鉴定中心作出［2019］病鉴字第106号鉴定意见书：官某妹生前患有高血压及慢性阻塞性肺疾病，继发肺肾功能不全，终因呼吸循环衰竭而死亡。交通事故损伤致机体活动减少，免疫力降低，对病程迁延存在一定关联性。其参与度约为25%±5%。因此，官某妹的死亡的系多因一果，依法认定交通事故损伤与死因之间存在参与度25%。

【案例索引】［2020］闽0304民初2984号

【裁判观点】结合傅某、傅某荣、傅某烟出具的福建科胜司法鉴定所法医病理司法鉴定意见书认定，该交通事故并非直接导致傅某1死亡的原因，但也有一定的关联，傅某1的死亡情形并非全部在保险范围内，故本院华安财险莆田公司的抗辩有理部分予以支持。现傅某、傅某荣、傅某烟请求华安财险莆田公司支付人身意外伤害保险金420 000元，本院酌情予以调整为42 000元。

4. 律师分析及建议

第一，明确属于保险责任的意外事故发生后，应当及时向保险公司报案，配合调查。

第二，积极举证事故发生经过，比如及时报警（报警回执）、证人作证，如有监控需及时调取监控等。

第三，因意外诱发自身疾病死亡的情形需要格外注意，有的法院支持属于意外险全额赔付，有的法院仅参照鉴定机构出具的参与度来认定赔付比例，也有法院认为保险公司可以拒赔，司法实践中仍然存在比较大的争议，但总体而言仍然可以通过诉讼尝试争取应得的保险赔偿。

四、保险公司以"未进行尸检"为由拒绝赔偿，该如何应对？

1. 前言

司法实践中经常出现被保险人猝死等死亡原因难以查明的情形，需要通过尸检才能查清具体死亡情况。此时，保险公司一般会要求家属进行尸检，若家属拒绝，则要求家属签字确认形成书面证据，并以此为由拒赔。那么，在家属拒绝尸检的情况下，保险公司是否需要承担赔偿责任？

2. 典型案例

【案例索引】［2020］闽 0881 民初 126 号

【裁判观点】投保人郑某攀办理的《国寿贷款借款人保险凭证》上没有投保人郑某攀的签字，没有保险条款合同，也没有人寿公司福建省分公司的经办人员有口头向投保人郑某攀告知意外伤害的免责事由的相关材料，被告未尽到明确的提示和说明义务，该免责条款不产生法律效力。

【案例索引】［2020］闽 0623 民初 294 号

【裁判观点】关于死亡原因的举证责任的问题。根据《保险法》规定，被保险人家属、保险人、受益人对被保险人的死因均负有相应的证明责任。本案中，被保险人谢某凤在送往医院的过程中即已死亡，医院出具的诊断书载明"院前死亡"，而公安机关出具的鉴定书的结论为"不排除猝死"，说明谢某凤突发死亡原因尚不明确，也即原告方在向被告申请报案时，仅完成了自己的初步证明义务，而后原告又不同意被告方的尸检要求，致使死因认定存在一定的不确定性，应承担相应的责任。至于被告方，被告在接到原告报案后，虽及时发出《事故检验通知书》要求对被保险人谢某凤进行尸检，但基于其在保险合同或在投保人向其投保过程中，均没有作出如果被保险人死亡需要进行尸体检查的合同提示或合同条款，仅在理赔的过程中，才提出要求尸检，又未与家属做好沟通工作，造成死者的家属拒绝尸检要求，亦存在相应的责任。

【案例索引】［2017］闽 0582 民初 7184 号

【裁判观点】本案中，方某旺死亡后，其亲属于当日向公安机关报案，并及时通知保险人人保青阳支公司，申请理赔，在整个过程中已尽到合理义务，应认定已经完成了初步证明责任，对本案事故原因无法查明不具有过错。但人保青阳支公司自得知事故发生之日至方某旺尸体火化时止，未向家属主张对被保险人进行尸体解剖，导致引起方某旺死亡的直接的、决定性的原因是什么目前已无法查明，因此，人保青阳支公司应承担相应的后果。根据《保险法解释三》第 25 条"被保险人的损失系由承保事故或者非承保事故、免责事由造成难以确定，当事人请求保险人给付保险金的，人民法院可以按照相应比例予以支持"的规定，法院酌情确定人保青阳支公司按 50% 的比例给付保险金。本案保险合同约定的保险金额为 25 万元，按照该比例，则人保青阳支公司应支付保险赔偿金 12.5 万元。

【案例索引】［2019］闽 0111 民初 4515 号

【裁判观点】涉案理赔的前提是意外伤害，且中华联合公司出具条款释文中指出意外伤害指遭受外来的、突发的、非本意的、非疾病的使身体受到伤害的客观事件，该释义没有超出通常理解，本院予以采纳。闽侯县公安局甘蔗派出所出具补充证明，"杨某毛从福州市闽侯县荆溪镇一家工厂加班回出租房（福州市闽侯县甘蔗镇流洋村流洋××-1 号出租房308）睡觉，至 2019 年 5 月 29 日被警方发现死于房内，经上报闽侯县刑侦大队，指派法医到现场，经尸表检查未见暴力性倾向伤，排除他杀"，即无法确认死亡的原因和性质，也无法证明杨某毛系遭受外来的、突发的、非本意的、非疾病的使身体受到伤害的客观事件所致，被告已在杨某毛火化前告知应进行尸检查明死亡原因，否则无法认定死亡原因需承担不利的法律后果，但原告签收后未进行尸检进行火化。被告无需承担赔偿责任。

3. 律师分析与建议

保险公司通知死者家属尸检，在家属拒绝的情况下，若保险公司履行了提示说明义务，案件难点、争议焦点还是比较大的，甚至有的法院判决保险公司赔偿一半，也有少部分法院判决保险公司无需赔偿。尤其是死者家属拒绝尸检，并在拒绝尸检的文件上签字，这会直接成为保险公司的有利证据。

泽良律师提供以下思路进行应对：

（1）保险公司是否履行提示、说明义务。

（2）保险公司在保险合同或在投保人向其投保过程中，均没有作出如果被保险人死亡需要进行尸体检查的合同提示或合同条款。

（3）保险公司是否要求过尸检，若没有要求过，一般不得以没有尸检来拒赔。

五、高空作业身亡，保险公司能否以"职业类别属于投保范围"为由拒赔？

1. 前言

所谓职业类别，是指保险公司根据危险程度，对不同社会职业的风险级别进行系统划分与分类。通常保险公司也以此为参考来制定保险费率并设置投保限制。

职业分类风险等级		职业分类说明	常见职业
1类	低风险	室内办公人员	如办公室白领、公务员、程序员、教师等
2类	低风险	偶尔外出轻体力劳动者	如推销员、农夫、酒店工人等
3类	低风险	长期在外/偶尔操作机械	如出租车司机、工程师、普通工人等
4类	中风险	经常操作机械或有一定安全风险	如交警、制造工人、电梯维修工等
5类	高风险	涉及高空作业、电力作业等风险	如高空作业者、刑警、电工等
6类	高风险	风险极高，有一定概率发生重大事故	如消防员、水手、防暴警察等

因此部分保险条款会约定，若被保险人属于高危职业类别，发生意外事故后保险公司减轻或免除赔偿责任。例如，杨某是工地人员，高空作业不慎跌落死亡，家属向意外险保险公司索偿，保险公司直接以杨某的职业类别属于高危职业而拒绝赔偿。那么司法实践中，法院是否会支持保险公司的拒赔理由？

2. 典型案例

【案例索引】［2018］闽 0205 民初 1697 号

【裁判观点】被告以原告职业类别不属于投保范围为由拒赔，但被告提交记载有此项免责条款的保单抄件及职业类别分类均系被告方的单方文件，被告缺乏证据证明此项免责条款系作为双方保险合同之条款，且被告未举证证明已就免责条款向原告作出书面或口头提示与说明，该免责条款对原告不产生法律上之约束力。

【案例索引】［2019］闽 0622 民初 2508 号

【裁判观点】中华联保漳州公司在保险卡手册第三条"产品介绍"中对"保险金额"的说明系中华联保漳州公司在承担保险责任时的保险金计算方式，因被保险人的职业类别与其所面临的风险程度以及保险事故发生的概率密切相关，故就其性质而言，按职业类别赔付的约定属于保险人为追求效率与利益、规避风险而对保险合同作出的技术安排，而非免责条款，故林某体、林某艺、林某主张该条款系责任减轻条款，中华联保漳州公司未向其明确说明或提示，未尽告知义务的理由不成立。林某清驾驶摩托车在本次事故中死亡，根据保险合同约定，林某清应被认定为4类职业，其类别系数为0.4。

3. 律师分析

通过上述两个案例可知，该问题在司法实践中存在较大争议。部分法院认为，职业类别的约定属于免责条款，保险公司应尽到提示说明义务，而若没有尽到提示说明，则职业类别条款不产生法律效力，保险公司不能以此拒赔。也有法院认为，按职业类别赔付的约定属于保险公司对保险合同作出的技术安排，并非免责条款，不适用提示说明义务，因此可以正常产生法律效力，若被保险人属于条款约定的高危职业类别，则保险公司可以拒绝赔偿。

4. 律师建议

（1）购买保险时，投保人需要根据险种查看具体的职业分类表。只有在投保前了解被保险人或其员工的职业是否适用保险产品，才能避免出现花钱投保却被拒赔的冤枉情况。

（2）面对该类型的保险拒赔时，可以考虑以下思路进行应对：

第一，保险公司在被保险人投保时未尽到审核义务，未详细询问被保险人的职业情况。

第二，职业类别条款属于免责条款，保险公司未尽到提示说明义务，例如未对具体的职业类别进行提示与详细说明，导致投保人不清楚不同职业会影响保险理赔，因此该职业类别条款不产生效力。

六、货运驾驶员无从业资格证，保险公司能否以此为由拒赔？

1. 前言

《道路运输从业人员管理规定》第 6 条规定，经营性道路客货运输驾驶员必须取得相应从业资格，方可从事相应的道路运输活动。同时，保险公司的《机动车第三者责任保险条款》（以下简称《保险条款》）的免责条款中通常约定："下列情况下……保险人均不负责赔偿……驾驶出租机动车或营业性机动车无交通运输管理部门核发的许可证书或其他必备证书……"（以下简称"无证书免责条款"）。因此，当驾驶员未取得从业资格证书又发生交通事故时，保险公司经常以此为由拒不承担商业第三者责任险的赔偿责任。但就实际而言，虽然《保险条款》约定了免责条款，但并非意味着保险公司必然能够据此免责。

2. 《保险条款》免责事由有效性分析

《保险条款》免责事由的适用，以其合法成立有效为前提。然而《保险条款》免责条款的成立有效不同于一般的合同条款，对"无证书免责条款"的法律效力，通常有以下观点：

（1）保险人未履行法定提示及说明义务的，免责条款不生效。

首先，从实体上看，保险人应当尽到法定提示及说明义务。

根据《保险法》第 17 条，在订立保险合同时，采用保险人提供的格式条款的，保险人应当就保险合同中免责条款向投保人作出足以引起投保人注意的提示，并对条款的内容以书面或者口头形式向投保人作出明确说明。结合《保险法解释二》第 11 条规定，保险人在对保险合同中免除保险人责任的条款，以足以引起投保人注意的文字、字体、符号或者其他明显标志作出提示的。因此，保险人不仅应当就免责条款向投保人进行提示，还需要进行"解释说明"，即应当以投保人所处的阶层一般人的认识水平为准，同时兼顾特定投保人的特殊个体状况，使投保人充分理解条款含义。

其次，从程序上看，保险人对完成免责事由提示及说明负有举证责任。

根据《保险法解释二》第 13 条第 1 款的规定：保险人对其履行了明确说明义务负举证责任。实践中，常以投保人是否在《投保单》签字盖章为重要参照依据。

（2）《保险合同》免赔条款作为格式条款，免除了保险人应承担的保险义务，排除了投保人及受益人的权利，因而无效。

有观点认为，根据《保险法》第 19 条规定，采用保险人提供的格式条款订立的保险合同中，免除保险人依法应承担的义务、加重投保人、被保险人责任的，或排除投保人、被保险人或者受益人依法享有的权利的，无效。保险条款中关于驾驶人无交通运输管理部门梳发的许可证书或其他必备证书时保险人免责的规定，事实上属于免除己方责任，加重对方责任，排除对方主要权利的条款，违背了公平原则，应为无效，不能据此免除保险人责任。

3. 《保险条款》的理解与适用

当然，即便是《保险条款》免责条款合法有效，亦并不能直接以驾驶人不具有从业资格证书为由，认定其符合免责事由，径行确认保险人免责的请求成立。对于《保险条款》中关于"无证书免责条款"的解释，当前司法实践中存在 2 种不同理解，尤其是 2017 年 9 月 12 日人力资源社会保障部《关于公布国家职业资格目录的通知》发布之后，分歧更慎。

第一种意见：《保险条款》既已约定"无证书免责条款"，在保险人履行法定提示及说明义务后，合同条款当然成立并生效，应当遵从合同约定，保险人不承担赔偿义务。

第二种意见："无证书免责条款"诸多概念不清，原属概括性条款，不应当理解为"经营性货运驾驶员无从业资格证的。保险人有权不予赔偿"，主要理由有二：

第一，"货运驾驶是从业资格证书"已为国家所取消，非保险条款所指"必备证书"。

条款中关于"许可证书或其他必备证书"系指哪些证书，其中是否包含"货运驾驶员从业资格证书"。持反对意见者多认为，根据人力资源和社会保障部《关于公布国家职业资格目录的通知》，"货运驾驶员从业资格证书"已不在职业资格目录之类。同时，该通知特别强调："目录之外一律不得许可和认定职业资格，目录之内除准入类职业资格外一律不得与就业创业挂钩。"亦即说明，"货运驾驶员从业资格证书"并非免责条款中所约定的"必备证书"，因此，保险人据此提出免责不成立。

第二，从保险法学说上看，以无货运从业资格证书为由拒赔，不符合保险立法本意。从机动车车辆保险的目的及法律、社会意义上看机动车车辆保险设置的初衷在于借助保险、社会的力量，预构多元化的损害补救机制，分散被害人的风险。从保险法学说上看，该免费条款系属"状态免责"，即保险事故发生时只要被保险人处于某种特定危险状态下，保险人即可免责。然，驾驶人员只要具备相应车型的准驾资质即可，是否具有货运从业资格证书并不会因此显著增加承保车辆运行的风险。

基于此，虽然保险人在《保险条款》中的定了"无证书免责条款"，但在驾驶人不具有《货运驾驶员从业资格证》的情形下，并不必然能够免除其保险责任。

当然，除前述观点外，也有诸如认为无从业资格证书驾驶经营性货运车辆，符合《保险法》第52条法定免责事由的声音。总之，对于这一问题，目前司法实务中尚未形成统一观点，根据个案情形之不同，裁判观点亦有所不同。

七、投保公路货物运输险附加三者险，保险公司能否以"空车"为由拒赔？

1. 前言

在物流行业，货车老板们为了转移风险和减少成本，往往会在购买交强险、商业险的基础上，再向保险公司另外投保公路货物运输保险，并投保附加第三者责任保险。该附加险的作用便在于，在保险货物的运输过程中，当货车发生交通事故对第三者造成人身财产损失，在超出交强险和商业险额度的情况下，就可以由承保附加险的保险公司来负责赔偿。那么如果是在卸完货返程的路上发生交通事故，货车上不存在货物处于"空车"状态，保险公司能否以此拒绝赔偿？

2. 经典情形

陈先生开着自家货车送货，在送完货回来的路上，与一辆电动车发生了剐蹭，电动车骑手头部着地当场去世。事后交警认定陈先生承担主要责任，这意味着陈先生不仅面临着刑事责任，还要承担大额的民事赔偿。幸运的是交强险与商业险的保险公司都愿意直接理赔，但不幸的是附加三者险的保险公司却坚决拒绝赔偿。

如上所述，保险公司在公路货物运输保险与附加第三者责任保险中约定了，必须在保险货物的运输过程中才可以理赔，具体的保险责任期间是，保险货物装上运输工具时开始至保险货物卸离运输工具时终止。而事故时，恰恰陈先生已经送完货在回程的路上，货车处于空车状态。扣除交强险、商业险，若附加三者险保险公司不赔偿的情况下，陈先生还得自掏腰包赔偿几十万元，无奈之下，只能向法院提起诉讼，请求保险公司承担赔偿责任。

3. 律师分析与建议

生活中相比高额度的商业险，投保公路货物运输保险及附加第三者责任保险，在价格上会更加优惠，但也存在上述情形中"空车"状态被保险公司拒绝赔偿的重大风险。对于该类型的案件，司法实践中存在一定的争议，部分法院认为应按照保险合同约定，判决保险公司胜诉，但更多的情况是法院判决保险公司应当赔偿。因此当存在重大争议，保险公司拒绝理赔时，还是应该尽量尝试通过诉讼争取赔偿，具体可以从以下两方面入手：

一方面，货物运输本身属于一系列的动态过程，不能孤立片面地进行解读，无论是为了运输而前往装载货物、运输货物、卸货后空车返回，均是货物运输中的常态，是为了实现货物运输目的而不可分割的连续行为。因此卸货后空车返回，自然也属于货物运输过程的范畴之内。

另一方面，根据《保险法》第30条，采用保险人提供的格式条款订立的保险合同，保险人与投保人、被保险人或者受益人对合同条款有争议的，应当按照通常理解予以解释。对合同条款有两种以上解释的，人民法院或者仲裁机构应当作出有利于被保险人和受益人的解释。因此本案中在对于条款的解释存在争议的情况下，应该作出不利于保险公司的解释，也就是卸完货空车返程，也属于保险责任的范围内。

八、交通事故案件中，货拉拉的角色和赔偿责任如何认定？

1. 前言

生活中，带着货拉拉标识的面包车越来越常见。无论是搬家、购物或是快递，都有可能需要使用货拉拉的服务来帮助完成任务。那么当货拉拉发生交通事故，货拉拉公司是否需要承担责任？以下通过一起深圳市中级人民法院发布的 2020 年度全市法院典型案例，来对该问题进行解答。

2. 经典情形

2018 年，因张某存在运输需求，通过手机在货拉拉 App 上下单，从广州市到深圳市，黄某接单后便驾驶着小型车辆（搭载乘客王某、何某）行驶时发生单方事故，造成黄某、王某、何某三人受伤，交警认定黄某未按操作规范安全驾驶，负事故的全部责任，王某、何某无责任。后来王某将黄某、货拉拉公司（App 经营者）、保险公司起诉至法院，案由为机动车交通事故责任纠纷。

因为发生事故时，原告王某是车上人员，不能成为被保险车辆以外的"第三者"，原告的损失不适用交强险或商业三者险。而被告黄某购买的车上人员责任险，涉及的是保险合同法律关系，与本案不属于同一法律关系，因此法院没有支持王某诉求的保险公司承担责任。

那么案件中，货拉拉公司是否需要承担责任呢？为何需要承担责任呢？

3. 律师分析

本案中一审法院查明：用户与货拉拉软件所约定的合同性质属于居间合同，仅提供服务信息，而非承运合同，这已经在最大程度上减轻其责任。同时，根据《电子商务法》第 38 条第 2 款规定，对关系消费者生命健康的商品或者服务，电子商务平台经营者对平台内经营者的资质资格未尽到审核义务，或者对消费者未尽到安全保障义务，造成消费者损害的，依法承担相应的责任。

然而相应的责任是什么责任，法律并未明确规定，使得法官有较大的自由裁量权，在一审中，法院认为：本案中，被告货拉拉公司是货拉拉App营运方，被告黄某是货拉拉App上的注册司机，但被告黄某不具有普通货运从业资格证书，被告黄某的车辆不具有交通运输部门颁发的车辆营运证，而被告黄某事故发生时承接订单并承担运输任务明显是营运行为，被告货拉拉公司没有审核司机的相关资质，从而增加了司机从事营运时发生事故的概率，故被告货拉拉公司应对被告黄某的赔偿义务承担补充清偿责任。

最终一审法院判决：（1）被告黄某应于本判决生效之日起十日内赔偿原告王某各项损失共计329 133.68元；（2）被告货拉拉科技有限公司对被告黄某的上述赔偿义务承担补充清偿责任。

后货拉拉公司上诉，认为其无需承担赔偿责任，二审法院归纳争议焦点如下：（1）货拉拉公司与黄某之间构成何种法律关系？（2）货拉拉公司对于王某因涉案交通事故造成的人身损害应否承担法律责任？

在［2020］粤03民终943号二审案件中，法院认为争议焦点涉及的关键事实是货拉拉公司在涉案道路运输营运民事法律行为中充当的角色及发生的地位，对此关键事实应当根据涉案三方当事人进行涉案道路运输营运民事法律行为时的意思表示及协商约定的各方权利和义务内容予以确定。根据货拉拉公司提交的［2018］深证字第142541号、第142542号公证书记载，货拉拉App平台用户下单委托运输前需要先行下载"货拉拉—拉货搬家的货运平台"，登录"货拉拉．货运"后需先行点击阅读并同意《货拉拉用户协议》才能最后下单委托。《货拉拉用户协议》3）服务a内容为："货拉拉"提供的有关服务包括向参与面包车及参与货车发放阁下透过该软件向"货拉拉"提交的个人资料以及提出之面包车及货车行程的详情，以供参与面包车及参与货车接收、选择，亦包括向阁下提供其他有关参与面包车及参与货车，行程以及阁下使用的有关服务的数据。《货拉拉用户协议》3）b内容为："货拉拉"仅为阁下及参与面包车、货车提供中立……本院对王某上诉主张货拉拉公司为黄某从事涉案道路运输营运业务的挂靠单位和涉案营运行为经营者，应对黄某涉案赔偿义务承担连带责任不予支持；对货拉拉公司主张其仅为张某与黄某提供货物运输信息中介服务予以采纳。

关于货拉拉公司应当承担补充清偿责任的范围。本案中，由于货拉拉公司向张某某提供信息为无偿信息，而且，张某最终系与实际承运人黄某就具体承运标的、承运行程、运费数额及支付方式、承运业务执行等事项进行协商后达成协议，加之，本案交通事故的发生系因黄某未按操作规范安全驾驶所致，货拉拉公司有违诚信居间和报告义务以及未尽安全保障和资质资格审查义务并非涉案交通事故发生的直接原因，本院综合考量上述因素认为货拉拉公司承担补充赔偿的比例不宜过高，本院酌定货拉拉公司应对黄某不能清偿义务的 50% 部分承担补充责任。一审法院判令货拉拉公司对黄某本案清偿义务承担全部补充责任对于货拉拉公司苛责过严，本院予以调整。

在本案的案例注解中，法院系统对"相应的责任"进行了详尽说明，尤为出彩，引用部分原文如下：

2019 年 1 月施行的《电子商务法》对于电商平台责任进行了较为明确的规定，该法第 38 条第 2 款"相应责任"规定含糊，司法实务容易产生适用分歧。《电子商务法》立法草案历经四审，前述规定由"连带责任"改为"补充责任"再改为"相应的责任"，说明立法对电商平台损害赔偿责任存在争议且无法达成共识，最终决定交由司法实践根据具体案件情况确定。

对于上述条款的"相应责任"，结合《电子商务法》立法旨意主要在连带责任和补充责任两种责任形态中选择适用。由于消费者生命健康权是电商经营模式需要保护的首要权利，对于关系消费者生命健康的商品或者服务，电商平台具有更高审核义务。虽然互联网物流主要涉及财产权利，但由于货运中无法避免附载工作人员，或者承运过程中亦可能发生致人损害交通事故，或者面包车承运司机突破货运范围进行客运经营等，亦可能导致消费者生命健康权损害等。

对于平台注册司机承运致人损害可以依据《电子商务法》上述规定确定电商平台法律责任。当然，根据"举重以明轻"原则，如果造成财产损害亦应同样适用该规定。具体可以参照《电子商务法》第38条第1款、《侵权责任法》第37条（现《民法典》第1198条）第2款规制目的，根据电商平台经营者对平台内经营者资质资格审核义务事项内容、审核管理难易程度判定其主观过错程度并据此确定责任形态。具体应把握以下标准：

（一）连带责任适用情形及参照依据

行政监管部门对于涉及消费者安全的经营者基本有资质资格要求，平台注册司机经营资质资格如果不符合监管要求将使消费者面临较高受害风险。在互联网物流领域，承运司机驾驶证照、车辆行驶证照是直接影响消费者生命健康安全的最基本资质资格。如果电商平台经营者未履行上述最基本资质资格审核义务，则应当认定具有重大过错，应当参照《电子商务法》第38条第1款规定，判定其就消费者损害与承运司机承担连带赔偿责任。

（二）补充责任适用情形及参照依据

如果物流电商平台经营者已经对注册司机基本货运经营资质资格进行了审核，仅对车辆或司机营运许可证照、车辆保险缴纳等不会直接影响消费者生命健康的非基本资质资格疏于审查或者存在审查瑕疵，则不宜苛以过重责任，参照《侵权责任法》第37条（现《民法典》第1198条）第2款规定适用补充责任更为妥当。

九、法院是如何认定车辆改变营运性质的？

1. 前言

生活中私家车注册"滴滴"接单，或者注册"货拉拉"接单的情况越来越多，那么注册"滴滴"或"货拉拉"的行为，是否属于改变车辆营运性质？如果发生交通事故，保险是否能以改变车辆使用性质，导致被保险机动车危险程度显著增加为由拒绝赔偿？

2. 典型案例

（1）认定车辆改变营运性质的判决

【案例索引】［2020］渝0120民初5696号

【裁判观点】渝×××号车的使用性质为非营运，但在车身侧面及后面均显示有"货拉拉"字样，驾驶室后座椅拆除。发生本次事故时，装载有大量的桶装食用油。重庆市璧山区公安局交通巡逻警察支队作出的道路交通事故认定书认定，刘某擅自改变机动车已登记的结构、构造且载客汽车违反规定载货，并且认为是导致此次事故发生的次要原因之一。所以被告刘某擅自改装渝×××号车、改变车辆使用性质，未及时通知保险人，且因改装车辆、改变车辆使用性质致被保险机动车危险程度显著增加，其情形符合保险合同条款第25条第3项的约定。

【案例索引】［2020］粤0306民初12728号

【裁判观点】为查明案件事实，本院依前海联合财险深圳分公司申请向案外人深圳依时货拉拉科技有限公司去函询问，深圳依时货拉拉科技有限公司于2021年5月25日出具《情况说明》，载明：经后台查询，朱某越于2018年3月7日使用车牌号粤B×××××号车辆注册加入"货拉拉-司机版"App平台。目前该司机已销户。该司机于2019年3月29日14：

13：28 通过该平台抢接货运订单 153956318776，并于当日 16：23：13 完成订单任务……《道路交通事故认定书》认定道路交通事故发生在 2019 年 3 月 29 日 16：02，处于完成货运订单 153956318776 时间段内，属于营运行为。

（2）无法认定车辆改变营运性质判决书

【案例索引】［2020］浙 0402 民初 6101 号

【裁判观点】考虑本案情形，原告所有的涉案车辆本身即为货车，运送货物系该类型车辆的正常用途，被告未提供充分证据证明被保险车辆改变了使用性质，且因此危险程度显著增加。至于被告主张车辆非营运投保，实际从事营运活动的问题，所谓营业运输，根据保险条款释义及社会通常理解判断，需被保险人或其允许的合法驾驶人以车辆常态化从事社会运输牟利为目的，从本案现有证据看，被告现有举证亦不足以作出相关认定。

【案例索引】［2018］川 0112 民初 3707 号

【裁判观点】本院认为，被告张某胜驾驶的渝 C×号车尽管在车辆侧面及后挡风玻璃处贴有货拉拉标识，但仅是被告张某胜依约对货拉拉进行相应的宣传，并未改变车辆使用性质，且事发时渝 C×号车上并未载有货物，事发时并不存在拉货行为，无证据证明渝 C×号车长期存在营运行为，被告保险公司提交的证据不能达到证明目的，故对被告保险公司抗辩在商业险范围免赔的意见本院不予支持。

3. 律师分析

由上述案例可见，本问题在司法实践中存在较大的争议。常见的车辆改变营运性质的情况包括私家车注册"滴滴"接单，或者注册"货拉拉"接单，一般司机都是用自己的手机进行接单操作，要拿到司机使用车辆进行营运的证据其实并不容易，如果仅凭借车身外贴着"货拉拉"

"滴滴"标志，法院一般不会认定车辆改变营运性质。

但是若保险公司结合了其他证据，比如驾驶员在庭审中自认、驾驶员在交警大队的笔录确认在接单、手机中 App 截图、货拉拉、滴滴公司提供的车辆订单信息（需要调查令调取）、通过庭审发问确认、载货数量明显超过自用时可推断在载货营运等，案件结果可能就大不相同。在此需要强调的是，举证责任在保险公司上，若保险公司无法提供有效证据证明车辆改变营运性质，则法院通常更倾向判决保险公司需要承担赔偿责任。

十、保险公司能否以"先天性疾病"为由拒赔？

1. 前言

在保险合同的免责条款中，我们经常会看到关于"遗传性疾病""先天性畸形、变形或染色体异常"的条款，而"先天性疾病"也是保险公司非常常见的拒赔理由。生活中很多被保险人在确诊疾病，申报保险却被拒赔后，往往会咨询医生或上网查阅资料，当所获得信息带有"先天性疾病"字样，可能就放弃继续争取理赔。但是，实际上这时候放弃还为时尚早。

2. 怎么定义先天性疾病？

保险合同中一般将"先天性疾病"解释为被保险人一出生就具有的疾病，但实际在医学上对很多疾病是否为先天性疾病仍有争议。

2020 年中国保险行业协会与中国医师协会联合修订了《重大疾病保险的疾病定义使用规范》。在《重大疾病保险的疾病定义使用规范》中对于重大疾病保险列举了 8 条免责事项，规定保险公司在设定重大疾病保险的除外责任时不得超出这 8 条，其中第 8 条即为遗传性疾病、先天性畸形、变形或染色体异常。该条款是按照《疾病和有关健康问题的国际统计分类》（International Classification of Diseases）第十次修订本（ICD-10）的分类，将原本的先天性疾病改为先天性畸形、变形或染色体异常，并要求以 ICD-10 为标准来判断疾病是否属于先天性畸形、变形或染色体异常。此后，各家保险公司在保险条款中均一致采用了"先天性畸形、变形或染色体异常"这一名称及配套的释义。

常见的先天性疾病有：先天性心脏病、卵圆孔未闭、房间隔缺损、耳前瘘管、胆总管囊肿、巨结肠同源病、脑血管畸形、舌系带过短、副乳腺、多指等。实际上这些疾病虽然称为"先天性疾病"，但有些并不是在出生后立即就会出现症状，而是在长大后才发病，比较常见的例子如副乳，一般成年后症状较为明显，而脑血管动静脉畸形的部分患者在年幼时没有症状，成年后出现癫痫或脑出血时去医院就诊，才会确诊为脑血管畸形。而有些出生后就发生的疾病并不一定是先天性疾病，例如新生儿溶血症就不属于先天性疾病，是因母子 ABO 血型不合引起的新生儿溶血病，这是一种同族免疫性溶血。

3. 如何确定所确诊疾病符合 ICD-10 标准？

首先，在病历、诊断通知、出院单上找到疾病编码。先天性疾病的疾病编码首字母往往为"Q"开头，将疾病编码与《疾病和有关健康问题的国际统计分类》（ICD-10）第十七章 Q00-Q99 先天性畸形、变形和染色体异常项内容对应（先天性疾病的疾病编码首字母为"Q"开头）。如果没有找到对应内容，即证明被保险人所患疾病非先天性疾病，不属于保险合同约定的免责情形。

4. 律师建议

在保险公司以先天性疾病为由拒赔后，泽良律师建议可以从以下角度进行应对：

（1）按照 ICD-10 标准疾病确定为"先天性畸形、变形或染色体异常"，但所购买的重疾险产品中包含该疾病，则不受除外责任约定的限制，保险公司应正常赔付。

（2）投保时已如实告知所患疾病，保险公司不能再以条款中已约定的"先天性畸形、变形或染色体异常"免责为由拒赔。

（3）投保时保险方未尽到提示说明义务（保险销售人员未向投保人详细介绍、解说先天性疾病的免责条款），保险公司应承担保险责任。

十一、等待期内确诊，保险公司能否以此为由拒赔重疾险？

1. 前言

根据《人身保险公司保险条款和保险费率管理办法》对疾病保险的定义，重疾险作为疾病保险是指以保险合同约定的疾病发生为给付保险金条件的健康保险。

在重疾险领域，被保险人除了经常被以未尽如实告知义务、不符合保险合同约定的重疾范畴等事由拒赔外，另一个常见的拒赔事由是在保险等待期内确诊，不给付保险金。保险合同所设置的等待期条款通常规定了自合同生效之日起某个期间称为等待期，等待期内被保险人首次发病并经医院确诊为合同约定的"重大疾病"的，保险公司不承担保险责任。

一般保险公司设置的等待期为 30 日、60 日或者 90 日。在投保人缴纳保费保险合同生效后，只要被保险人在等待期确诊，保险公司就可以依据合同约定拒绝支付保险金吗？答案是并不一定。

2. 等待期条款性质的界定存在争议

在新华人寿保险股份有限公司上海分公司与韩某人身保险合同纠纷

二审民事判决书中，二审法院认为保险的本质是集合风险分担，向少数发生风险的成员提供经济保障的制度。若发生保险事故后保险人给付的保险金相当于投保人交纳的保险费，明显不符合保险的特征，实际为返还保费后终止合同，而非对约定风险提供保险保障。《保险法解释二》规定，除了保险人提供的格式合同文本中的责任免除条款外，免赔额、免赔率、比例赔付等免除或者减轻保险人责任的条款，可以认定为免除保险人责任的条款。因此，免除保险人责任的条款应视具体条款内容和性质而定，不能仅依据其在格式保险条款中章节位置及所属条款名称而定。而等待期条款大幅降低（部分等待期条款甚至免除）了投保人投保时能够预见到的保险事故发生后被保险人可获得的保险金，将保险有效期内的一段时间排除于保险人承担合同约定的保险责任范围之外，当属免除保险人责任的条款。

在将等待期条款定性为免责条款后，保险公司若未举证证明尽到《保险法》第 17 条所规定的提示说明义务的，免责条款不发生效力，保险公司更无权以等待期为由拒绝给付保险金。

3. 对等待期条款所约定的确诊时间从事实上进行界定

在部分案例中，如董某梅诉平安保险公司人身保险合同纠纷案中，一审、二审法院针对原被告诉辩的主张，归纳认定本案的争议焦点后，一方面从保险合同约定的重大疾病、恶性肿瘤、等待期等专业概念的释义着手，结合原告患病后的检查、治疗、诊断的事实，体现以事实为依据的原则。在该案保险合同的内容中，其中重大疾病保险条款约定了重大疾病的"保险责任等待期"，第 6 条释明了"重大疾病释义"内容，其中包括与恶性肿瘤相关的疾病，强调"病理学检查结果""临床诊断"的诊断标准。而从该案中原告董某梅对疾病的治疗过程看，在约定的等待期间仅是病理检查，真正确诊依然以医生的诊断为最终时间节点，已经超出了保险合同约定的保险责任等待期间，依法应当承担保险责任。

在上述案件的情形下，可以适用《保险法》第30条的规定，利用格式条款的不利解释规则，作出有利于被保险人的解释。

十二、为分担企业用工风险，应选择雇主险还是团体意外险？

1. 前言

作为企业，员工的人身安全问题不容小觑，许多企业常常误解了雇主责任险和意外险的区别，将二险种混为一谈，甚至有企业对于雇主责任险完全没有概念。本节将从一简单案例来讲一讲雇主责任险和意外险的区别，进而对二险种的概念、性质进行总结。最后，将根据自身经验，对购买保险时应该注意的问题重点强调。

2. 经典情形与律师分析

a员工、b员工都在工作期间不慎受伤，同样花费了医药费、构成伤残，损失均为10万元。若是购买雇主责任险，在保险足额的情况下单位需要承担的10万元赔偿责任由保险公司赔偿，单位无需支付费用；若是公司为a购买了满额5万元团体意外保险，意外险将在保险限额内将5万元赔偿给a员工。同时，单位要赔偿员工10万元损失。

从这个案例可以看出，"团体意外险"的被保险人一般是员工本人，是直接赔付给员工的，可以视为给员工的福利。"雇主责任保险"的被保险人是用人单位，是在遇到风险时代替用人单位承担应尽赔偿责任的一部分或全部，进而降低企业所遇到的风险。

具体内容对比如下：

	团体意外险	雇主责任险
定义	在被保险人（员工）发生意外伤亡后，如果属于保险责任的，由保险公司向被保险人（员工）或其法定继承人支付保险金的一种保险责任。	当被保险人（雇主）的员工发生意外伤亡，如果雇主需要承担法定赔偿责任的，在雇主实际赔偿后，由保险公司根据雇主实际赔偿金额在保险限额内向雇主进行赔偿的一种险种。
保险标的	意外险的保险标的是被保险人即雇员的生命或身体。	雇主责任险的保险标的是雇主的赔偿责任，被保险人为雇主。
被保险人	员工，员工发生意外伤亡的，保险金归员工或者员工继承人所有。	雇主，一旦员工发生意外伤亡，雇主承担法定赔偿责任后，保险金归雇主所有，可以减轻雇主的经济损失。
保险责任	意外险保障的是雇员在 24 小时内遭受意外伤害，赔付项目一般为死亡给付、伤残给付、医疗费。	雇主责任险保障的是雇员在工作期间遭受意外伤害，赔付项目为死亡给付、伤残给付、医疗费、职业性疾病给付、误工费。

因为团体意外险和雇主责任险均属于自愿性质的险种，作为企业来说，优先推荐购买雇主责任险，既可以弥补工伤保险赔偿的不足，还可以覆盖实习生、试用期及退休返聘等无法购买工伤保险的人员。

3. 律师建议

在购买保险时，大部分人都没有看保险条款的习惯，殊不知买错保险还不如不买保险。每个企业无论是在规模、设备、人员均存在很大的差异，而保险合同也并非一签了之，许多细节，甚至条款都是可以商谈的，也有越来越多的保险公司愿意针对不同的公司来制定不同的保险。在此，有两点是极其需要注意的：

（1）伤残评定标准不同。假设员工股骨颈骨折，按照《劳动能力鉴定 职工工伤与职业病致残等级》的标准鉴定，能够鉴定为 9 级伤残，而按照《人身保险伤残评定标准》就可能鉴定为 10 级伤残。此时，若投保时选择了《人身保险伤残评定标准》的保险，获得 10 级伤残的赔偿款则无法填补 9 级伤残应赔偿的款项。

（2）给付比例不同。所谓给付比例，也就是伤残赔偿的系数，例如在正常的伤残赔偿金中，十级伤残系数为 10%，九级伤残为 20%……依次类推，一级伤残为 100%。而在保险条款中，存在自行约定给付比例的情形。有些保险条款，约定十级伤残赔付 2.5%，则尚有 7.5% 无法弥补。甚至，在一些保单中存在约定 7 级以下免赔的条款，而 10-8 级伤残是最常见的伤残等级，购买此种保险实属不妥。

十三、购买旅游保险，保险公司拒赔如何应对？

1. 前言

从"淄博烧烤"到"南昌成新晋网红城市"，近年来旅游热点不断引爆公众视野，而在旅行期间对抗风险的旅游保险，该如何理赔？被保险拒赔了怎么办？

2. 旅游险和意外险有哪些区别？

（1）保障范围：旅游保险主要针对旅行期间可能面临的更全面的身体健康、意外伤害、紧急医疗治疗、财产损失、旅行取消等方面而提供保障。而意外保险则主要在意外伤害发生后，例如意外事故、残疾或失去收入等方面提供保障。

（2）时间地点：旅游保险针对的是旅行期间风险和事件，一般是短期（3~7 天）的保障时效；而意外保险则覆盖较长期限（1 年）内发生的任何可能导致意外伤害的情况。

（3）投保对象：许多旅行计划同时需要考虑全家出游险种的选择；多数的意外险是面向个人消费者设计。

总而言之，旅游险只保障旅游期间、旅游所在地发生的意外，一般保障期较短，但针对财物丢失、紧急救援服务有具体的保障条款；意外险在保障时间内发生的意外都能保，但一般不能提供高风险运动、紧急救援等保障。

3. 旅游保险如何理赔？

第一步，咨询保险公司。联系保险公司，详细了解他们的索赔流程和需要的文件资料。不同的保险公司可能有不同的要求。

第二步，准备材料。准备所有相关文件，据实填写索赔申请表。通常，索赔所需的文件包括您的个人身份证明、医疗证明、机票或住宿费用单据以及警察的报告（如果相关的事故涉及盗窃或抢劫）等。

第三步，提交索赔。根据保险公司的要求，将索赔文件和申请表，发给保险公司处理。请注意申请中所提交的描述准确反映了损失的性质、范围和原因，并尽量附上可供判断的证明材料。

每个保险公司的理赔流程可能略有不同，为了更高效地向保险公司提出索赔，建议在投保旅游保险时仔细阅读保险条款。

4. 旅游保险的常见拒赔情形

第一，自身过失。如果旅游者因自身的过失导致损失，例如酒精中毒等情况，保险公司很可能会拒绝赔偿。拒赔理由往往是自身过失被视为违反了保险合同中的约定和责任。

第二，未及时报案。如果保险事故发生后未及时报案，或者未提交必要的报案材料，保险公司也极可能会拒绝理赔。在发生事故后，应立即向保险公司报案，并提供相关证据和资料，以便保险公司进行调查和评估。如果未能及时报案或提供充分的证据，保险公司可能会怀疑事故的真实性或损失的程度，从而拒绝赔偿。

第三，非法行为。如果旅游者从事非法行为导致的损失，如非法赌博、偷盗等，保险公司通常会拒绝对此类行为造成的损失进行赔偿。

第四，高风险运动。保险条款中一般会对一些风险系数高的探险或刺激运动项目进行特别约定，比如无人区探险、跳水、滑雪、蹦极、浮潜等项目。这些高风险运动通常被认为超出了一般旅游保险的保障范围，因此保险公司一般会拒绝对这些活动造成的损失进行赔偿。在购买旅游保险时，应仔细阅读保险条款，了解其对高风险运动的保障范围和限制条件。

第五，保障地区。旅游保险对保障地区有要求，通常分为境内和境外，少部分会限定省份或者目的地。如果旅游者在保险合同约定的保障地区之外发生事故或损失，保险公司也会拒绝赔偿。因此，在购买旅游保险时，应仔细阅读保险条款，了解保障地区的范围和限制条件。

5. 旅游保险遭遇拒赔怎么办？

第一，申诉。在确定保险拒赔的理由后，可以准备相应的证据材料来支持自己的主张。例如，如果涉及鉴定问题，可以与保险公司协商重新进行鉴定。此外，还可以与业务员或保险客服进行沟通和申诉，以寻求解决问题的方式。

第二，投诉。如果通过申诉无法解决问题，可以考虑向保险公司的总部或银保监部门进行投诉。在进行投诉之前，请确保详细说明保险公司的名称、购买的保险险种以及拒赔的具体事由，以便进行有效的投诉处理。

第三，起诉。如果通过协商和投诉的方式都无法达到满意的结果，作为最后的手段，可以考虑向法院提起诉讼。无论采取哪种方式，都需要充分了解自己的权利和法律程序，并准备好相关的证据和文件来支持自己的主张。

实际上，如今旅游保险大部分为网络投保，且与景区门票捆绑销售，保险公司对保险合同中的免责条款进行提示说明的义务难以实现，违反了《保险法》第 17 条第 2 款规定，因此可能被法院认定无效，这就大大提高了胜诉的可能。

第三节　财产保险实务

一、发生"小额车损"，保险公司拒赔、拖赔如何应对？

1. 前言

常年开车的朋友，碰到小剐蹭在所难免，若问题不大一般选择私了即可，但若问题严重，也只能选择向保险公司报案。报案后，保险公司会派人查勘、定损，然后对车辆进行修理，最后提交单证，进行赔付。在整个流程中，如果遇到保险公司拒赔、拖赔，该如何应对？

2. 确定保险拒赔原因

即使买全了车险也并非万事无忧，根据泽良保险法团队办理保险拒赔案件的经验，总结了以下四种保险公司常见的拒赔原因，如果涉及下列情况，有较大概率会被保险公司拒赔。

（1）改变车辆使用性质，举个例子，有部分货拉拉车主买的都是非营运车险，发生事故了，保险公司过来勘察时一看车辆有货拉拉广告，或者有接单记录，一定会拒赔，理由就是从事营运活动。

（2）改装车辆，比如加个尾翼，或者超宽或者超高；

（3）证据不足，比如迟报保险或者没有有效证据证明事故与损失有直接关系。

（4）违法行为，比如醉酒驾驶、无证驾驶、逃逸等。

3. 如何应对拒赔

（1）申诉。确定车险拒赔的理由后，我们就可以准备对应的证据材料，判断保险的拒赔是否合理合法，关键点在于需要确定保险的拒赔理由和事故发生的直接原因是否有关联性，事故的直接原因可以从交警部门出具的《道路交通事故认定书》中找到。然后可以与保险公司协商，也可以找业务员、保险客服进行申诉沟通。重新提交材料申诉，如果还是无法顺利理赔，可以进行投诉。

（2）投诉。可以向保险公司的总部或银保监部门进行投诉，投诉前请将保险公司名称、购买保险险种、拒赔事由详细说明，以便进行有效投诉。

（3）起诉。无论是协商还是投诉的方式，保险公司始终处在较为强势的地位，如果通过上述方法都无法达到效果，可以选择向法院起诉，或者跳过上述步骤直接向法院起诉也是可以的。

4. 如何应对拖赔

有报过车险的车主应该清楚，车险理赔流程并不复杂，报案后就会启动理赔程序。但也有不少当事人反映报案后理赔结果迟迟没有定论，但其实法律对于理赔期限是有明确规定的。

依据《保险法》第 22 条规定，保险事故发生后，按照保险合同请求保险人赔偿或者给付保险金时，投保人、被保险人或者受益人应当向保险人提供其所能提供的与确认保险事故的性质、原因、损失程度等有关的证明和资料。保险人按照合同的约定，认为有关的证明和资料不完整的，应当及时一次性通知投保人、被保险人或者受益人补充提供。该条文的关键点就是"及时一次性"，除非是提出的资料要求被保险人无法提供，保险时不能多次要求或要求提供与事故性质认定无关的资料。

同时《保险法》第 23 条第 1 款规定："保险人收到被保险人或者受益人的赔偿或者给付保险金的请求后，应当及时作出核定；情形复杂的，应当在三十日内作出核定，但合同另有约定的除外。保险人应当将核定结果通知被保险人或者受益人；对属于保险责任的，在与被保险人或者受益人达成赔偿或者给付保险金的协议后十日内，履行赔偿或者给付保险金义务。保险合同对赔偿或者给付保险金的期限有约定的，保险人应当按照约定履行赔偿或者给付保险金义务。"以及第24条规定："保险人依照本法第二十三条的规定作出核定后，对不属于保险责任的，应当自作出核定之日起三日内向被保险人或者受益人发出拒绝赔偿或者拒绝给付保险金通知书，并说明理由。"

在被保险人提供完整的索赔资料后，保险公司最晚要在30日内作出核定是否赔付，若要赔付，保险公司应该在与被保险人达成赔偿协议之日起10日内支付保险金，若保险公司要拒赔，也应该在作出核定之日起3日内向被保险人发出拒赔通知书，并说明理由。

二、车险保单"零时起保"条款在司法实践中的效力如何？

1. 前言

在车险保单中，保险期间的起期一般是"次日零时"，也就是说，白天买的保险，要等到晚上12点才起保，这样一来，从买了保险到保险开始起保中间就存在一个"空档期"，然而事情偏偏就是这么凑巧，有不少人在这个"空档期"发生了事故。这时，保险公司往往以事故发生时间不在保险期间内为由拒绝理赔。可是，保险消费者却认为"我明明已经投保而且已经交了保费，保险公司应该理赔"。

针对上述争议焦点，泽良保险法团队检索了全国大量案例发现，在司法实践中，关于车险保单中"零时起保"的条款是否有效，保险公司能不能拒赔，各地法院的裁判观点不一，存在很大争议。

2. 司法实践的观点及案例

当前司法实践主要存在两种观点：

（1）"零时起保"条款有效说。《保险法》第14条规定："保险合同成立后，投保人按照约定交付保险费，保险人按照约定的时间开始承担保险责任。"即保险责任开始的时间是保险人开始承担保险责任的期间，从保险人承担责任开始到终止的期间为保险责任期间。在此期间内发生保险事故，保险人应承担保险责任，在此期间之外发生保险事故，保险人不承担保险责任。保险责任开始的时间才是被保险人真正享受保险合同保障的期间。

但是根据《保险法解释二》第9条规定，免除保险人责任的条款是指保险人提供的格式合同文本中的责任免除条款、免赔额、免赔率、比例赔付或者给付等免除或者减轻保险人责任的条款。而从"次日零时起保条款"的内容来看，该条款所确定的保险期间虽然导致保险标的在一定时间内可能处于脱保状态，不利于被保险人和保险事故受害人的利益，但是，"次日零时起保条款"所指向的保险期间整体周期并没有缩减，只是整体向后发生了延迟，保险公司的责任并未因"次日零时起保条款"的存在而免除或减轻，故该条款并非免责条款，保险公司无需履行明确说明义务。

典型案例如下：

【案例索引】［2017］赣民申975号

【裁决机构】江西省高级人民法院

【裁判观点】本院经审查认为：时某全主张本案应适用《保险法解释二》第4条的规定，该规定适用于保险公司接受投保人提交的投保单并收取保险费，尚未作出是否承保意思表示的情形，而本案时某全向两保险公司缴纳保险费之后，交强险和商业险的保单分别在事故发生之前的2016年6月6日16：49、2016年6月6日18：32生成，此时，应视为靖安支公司、北屯支公司在事故发生之前已经分别就交强险和商业险作出承保的意思表示，在靖安支公司、北屯支公司作出承保的意思表示后，其仅应在保险单载明的保险期间内承担赔偿责任。故本案不具有适用《保险法解释二》第 4 条规定的事实。时某全主张保险公司应对"次日零时起保条款"负明确说明义务，该主张缺乏法律依据。"次日零时起保条款"并未减轻或免除保险公司的责任，靖安支公司、北屯支公司无需向时某全履行明确说明义务。

【案例索引】［2020］豫民申 2685 号

【裁决机构】河南省高级人民法院

【裁判观点】本院经审查认为：根据《合同法》第 39 条第 2 款（现《民法典》第 496 条第 1 款）："格式条款是当事人为了重复使用而预先拟定，并在订立合同时未与对方协商的条款。"在保险合同中，投保人向保险公司投保的时间不确定，保险期间非事先确定且内容不变，亦不能重复使用，所以保险合同中的保险期间不属于格式条款。免责条款是指保险人依据保险合同和保险法律法规，在发生保险事故后，无须对事故造成的损失给予赔付保险金的条款，具有免责的功能。就保险期间而言，投保人交纳一年的保费，保险人的保险责任期间为一年，不存在免除或减轻保险公司责任的情形。因此，保险期间不属于免责条款。至于保险期间的起始时间，投保人可以选择从投保次日零时起算，也可以选择即时起算。本案中，从众品公司盖章的投保单看，该投保单上明确记载了保险期间为自 2017 年 5 月 24 日 0 时起至 2018 年 5 月 23 日 24 时止，并且从众品公司向人保许昌分公司提交的保险事项变更申请书内容来看，保险期间亦为自 2017 年 5 月 24 日起至 2018 年 5 月 23 日止，众品公司并没有对保险期间的起始时间提出异议，并要求即时起算。本案众品公司盖章的投保单与人保许昌分公司出具的保险单上载明的保险期间起止时间一致，可以说明该约定是双方真实意思表示一致的结果。故众品公司主张"次日零时起保"条款属于格式条款和免责条款，且属无效条款的理由亦不成立。案涉保险事故发生于保险责任期间起始之前，按照双方保险合同的约定，人保许昌分公司不应承担保险责任。

（2）"零时起保"条款无效说。保险期间"零时起保条款"属于保险人为了重复使用而预先拟定的格式条款，而且属于免除保险人责任的条款，在投保时保险人应明确告知并提请投保人注意，若保险人未尽到提示说明义务，根据《保险法》第17条的规定，该条款为无效条款，保险公司则不能以此拒赔。

典型案例如下：

【案例索引】［2014］鲁民提字第313号

【裁决机构】山东省高级人民法院

【裁判观点】本院再审认为：阳光保险公司应当承担赔偿责任。其一，本案鲁A×××××肇事车辆于2011年11月25日在阳光保险公司处投保交强险并缴纳了保险费，阳光保险公司向徐波出具保单，视为双方就保险合同的条款达成协议，根据保险合同中的约定，该份保险合同自缴纳保费时生效。其二，保险合同中关于保险期间自2011年11月26日零时起计算的条款，为格式条款，该条款不是投保人徐波真实意思表示，同时排除了其选择保单即时生效的权利，该条款应当认定为无效。首先，保险期间于次日零时起算，是保险公司预先拟定的格式条款，保险人与投保人徐波订立协议时未进行协商约定，将保险责任期间推迟到次日零时起，不是投保人徐某的真实意思表示。根据我国民众的普遍认识水平，在保险公司没有进行特别提示的情况下，往往认为缴纳保费时保单生效，保险责任期间起算，因此该条款排除了投保人在缴纳保费到起保时间之间可能获得期待利益的权利。其次，该条款排除了投保人选择即时生效的权利。中国保险监督管理委员会于2009年3月25日发布《关于加强机动车交强险承保工作管理的通知》，该通知指出，因交强险保单中对保险期间有关投保后次日零时生效的规定，使部分投保人在投保后、保单未正式生效前的时段内得不到保障，为使机动车道路交通事故的受害人得到有效保障，要求各保险公司不得拒绝或者拖延承保，采取适当方式明确保险期间起止时点，以维护被保险人利益。该通知对保险期间作出了要求：一是在保单"特别约定"栏中，就保险期间作特别说明，写明或加盖"即时生效"等字样，使保单自出单时生效；二是公司系统能够支持打印体覆盖印刷体的，出单时在保单中打印"保险期间自×年×月×日×时……"覆盖"保险期间自×年×月×日零时起……"字样，明确写明保险期间起止的具体时点。但本案保单并未采用上述方式对保险期间进行明确，也没有证据证明保险人就保险期间自次日零时起计算以及徐某可以选择即时生效等事项向投保人徐某进行了告知。保险公司作为专业的保险人，有义务提示作为普通保险消费者的投保人选择能充分保障其自身，尤其是不特定受害人之权利的保险期间。因此保险期间自零时起算这一条款排除了投保人徐某选择保险期间即时生效的权利。综上，保险人无权将行业的某些惯例做法沿用于高风险活动的机动车保险活动中，从而加重投保人的责任、排除其权利，本案交强险保单中零时起保制的约定，属于格式条款，在保险公司未尽明确说明义务的情况下该条款应属无效条款。故本案中，阳光保险公司应当承担保险责任。

【案例索引】〔2017〕闽民申 782 号

【裁决机构】福建省高级人民法院

【裁判观点】本院再审认为，根据《保险法》第 13 条第 1 款的规定：投保人提出保险要求，经保险人同意承保，保险合同成立。另根据《保险法》第 13 条第 3 款的规定：依法成立的保险合同，自成立时生效。因此，上诉人中国人民保险公司主张其与被上诉人游某进之间的保险合同并未成立、且未发生效力的上诉理由不能成立。本案保单中的保险期间自 2014 年 12 月 20 日 0 时起至 2015 年 12 月 19 日 24 时止，事先由上诉人保险公司所制定，属于格式条款，上诉人保险公司与投保人订立协议时并未就此进行过协商及约定，上诉人单方将生效时间推迟到"次日零时起"生效，显然不是投保人的真实意思表示，对投保人明显不公平，该条款加重了投保人的责任。而且，根据《合同法》及《保险法》的有关规定，对于保险合同中免除或限制责任的条款，保险人应明确告知并提请对方注意，上诉人保险公司并没有提供证据证明其已尽到了合理的提醒义务，因此，上诉人在保险单上单方自书的保险延期生效时间的条款，即"零时起保制"的约定属于格式条款，在保险公司对投保人未尽到合理的提醒义务下不发生效力。

3. 律师观点

（1）《保险法》第14条规定："保险合同成立后，投保人按照约定交付保险费，保险人按照约定的时间开始承担保险责任。"即保险期间应通过双方约定的形式确定，而保险期间从次日零时起算系保险公司承保系统默认的起算点，系保险公司为重复使用预先拟定的条款，并非保险人与投保人协商约定的结果。所以根据《民法典》第496条第1款"格式条款是当事人为了重复使用而预先拟定，并在订立合同时未与对方协商的条款"的规定，"零时起保条款"应属于格式条款。

（2）《消费者权益保护法》第26条第1款规定，经营者在经营活动中使用格式条款的，应当以显著方式提请消费者注意商品或服务的数量和质量、价款或者费用、履行期限和方式、安全注意事项和风险警示、售后服务、民事责任等与消费者有重大利害关系的内容，并按照消费者的要求予以说明。可见根据《消费者权益保护法》该条内容，在一般的消费合同中，商品或服务的数量和质量、价款或者费用、履行期限和方式、安全注意事项和风险警示、售后服务、民事责任等均属于与消费者有重大利害关系的内容。对于已经脱保的保险消费者来讲，保险期间的确定涉及保险消费者能否从投保后立即获得保险保障，事关被保险人或者保险事故受害人的重要利益，所以"零时起保条款"系与保险消费者有重大利害关系的条款。

（3）《民法典》第 496 条第 2 款规定："采用格式条款订立合同的，提供格式条款的一方应当遵循公平原则确定当事人之间的权利和义务，并采取合理的方式提示对方注意免除或者减轻其责任等与对方有重大利害关系的条款，按照对方的要求，对该条款予以说明。提供格式条款的一方未履行提示或者说明义务的，致使对方没有注意或者理解与其有重大利害关系的条款的，对方可以主张该条款不成为合同的内容。"以及《保险法》第 17 条第 1 款规定："订立保险合同，采用保险人提供的格式条款的，保险人向投保人提供的投保单应当附格式条款，保险人应当向投保人说明合同的内容。"保险公司作为专业的保险人，在与投保人订立保险合同时，特别是针对脱保的保险消费者，对于"零时起保"这样涉及保险受益人重大利害关系的格式条款，应该按照法律规定向投保人作出明确的说明，否则，该条款不成为合同内容，应属无效。反之，若保险人能够举证证明，在订立保险合同时，保险人已就"零时起保"条款，对投保人作了明确说明，投保人已知悉并接受该条款的，则该条款应成为合同内容，具有法律效力。

（4）泽良保险法团队认为"零时起保"条款不属于《保险法》第 17 条第 2 款规定的"免除保险人责任的条款"。根据《保险法解释二》第 9 条的规定，保险人提供的格式合同文本中的责任免除条款、免赔额、免赔率、比例赔付或者给付等免除或者减轻保险人责任的条款，可以认定为《保险法》第 17 条第 2 款规定的"免除保险人责任的条款"。而"零时起保"涉及的是保险期间的起算点往后延迟，并没有缩短一年的保险责任期间，无论是即时起保还是零时起保，保险责任期间均为一年，保险人均应在一年的保险期间内承担保险责任，并不存在免除或减轻保险人责任的情形，故"零时起保"条款不属于免责条款。

4. 律师建议

广大车险消费者应注意自己车辆的保险期限，在保险到期前及时续保，避免车辆脱保带来的风险。若车辆脱保了，在重新投保时，应向保险公司明确，保险期间要即时起保，避免投保后到零时起保这段"空档期"得不到保险保障。

三、保险条款中的"暴雨"应该如何认定？

1. 前言

以车辆损失保险为例，保险合同条款中通常会约定："在保险期间内，被保险人或其允许的合法驾驶人在使用保险车辆过程中，因下列原因造成保险车辆的损失，保险人按照本保险合同的规定负责赔偿：……（四）雷击、暴风、龙卷风、暴雨、洪水、海啸、地陷、冰陷、崖崩、雪崩、雹灾、泥石流、滑坡。"该条款列举了各种自然灾害，其中经常引发争议的便是"暴雨"。那么在司法审判中，所谓的"暴雨"应该如何进行认定？

2. 律师分析

早在 1991 年 7 月 16 日最高人民法院给内蒙古自治区高级人民法院的《关于审理保险合同纠纷案件如何认定暴雨问题的复函》文件中就指出："鉴于 1985 年 8 月 24 日（即 23 日的 20 时至 24 日的 20 时）的降雨量达到暴雨标准，如保险标的物是由于该日降雨量遭受损失的，应由保险人承担相应的赔偿责任。……"该司法复函所指"暴雨标准""24 小时降雨量"隐约指向气象领域的专业术语解释。

2008 年 11 月 1 日实施的《短期天气预报》（GB/T21984-2008），与 2012 年 8 月 1 日实施的《降水量等级》（GB/T28592-2012），上述两个

标准为气象专业标准，皆采用了 12 小时制或 24 小时制，即所谓的"暴雨"是指连续 12 小时降雨量达到 30 毫米以上，或连续 24 小时降雨量达到 50 毫米以上。

因此司法实践中大部分法院认可上述标准，并通过上述专业标准来认定保险事故发生时是否为"暴雨"。

3. 律师建议

（1）在对"暴雨"有所争议的案件中，首先应查看保险条款，确定释义部分是否有对"暴雨"进行约定。有些保险条款中会对"暴雨"进行扩大解释，即不只是"连续 12 小时降雨量达到 30 毫米以上，或连续 24 小时降雨量达到 50 毫米以上"为暴雨，"每小时降雨量达到 16 毫米以上的"也可以被认定为"暴雨"。而依据《保险法解释二》第 17 条规定，该条款释义虽然跟专业标准不完全一样，但条款解释有利于投保人和被保险人，一般也都会予以认可。

（2）可以通过当地气象局出具的气象证明，来证明某个时间点到某个时间点之内，降雨量有达到"暴雨"标准。具体而言可以选择对我们有利的事故前 12 个小时或 24 个小时，只要任一达到标准的，就可以在庭审中举证证明事故时为"暴雨"天气。

（3）如果事故时降雨量够不上"暴雨"标准，则在司法实践中存在争议。大多数法院认为不符合"暴雨"情形；少数法院认为，依据《保险法》30 条，双方对暴雨的定义有所争议，因此法院应当作出有利于被保险人的解释。

四、台风来袭，车辆、厂房等财物受损，保险公司拒赔如何应对?

1. 前言

近年来台风频发，部分地区受灾严重，相关财产保险需求也愈加旺盛。那么台风来了之后，如果车辆、厂房等财物受损，购买保险之后是否绝对可以获得赔偿？

2. 车辆受损情形的保险条款及判例

大家所购买的"车险""全险"通常包括下列险种：机动车损失保险、机动车交通事故责任强制保险（交强险）、机动车第三者责任保险、机动车车上人员责任保险。如果车辆在台风天受损，则属于机动车损失保险赔偿范畴。而在机动车损失保险中，保险责任是这样约定的：

第六条　保险期间内，被保险人或被保险机动车驾驶人（以下简称"驾驶人"）在使用被保险机动车过程中，因自然灾害、意外事故造成被保险机动车直接损失，且不属于免除保险人责任的范围，保险人依照本保险合同的约定负责赔偿。（条款来源：中国保险行业协会机动车商业保险示范条款 2020 版）

同时，条款中对自然灾害的定义是：

自然灾害指对人类以及人类赖以生存的环境造成破坏性影响的自然现象，包括雷击暴风、暴雨、洪水、龙卷风、冰雹、台风、热带风暴、地陷、崖崩、滑坡、泥石流、雪崩、冰陷、暴雪、冰凌、沙尘暴、地震及其次生灾害等。

也就是说，台风属于自然灾害，只要不属于免除保险人责任的情形，保险公司都需要赔偿。那么，免除保险人责任的情形又是哪些呢？

第九条　在上述保险责任范围内，下列情况下，不论任何原因造成被保险机动车的任何损失和费用，保险人均不负责赔偿：

（一）事故发生后，被保险人或驾驶人故意破坏、伪造现场，毁灭证据的。

(二) 驾驶人有下列情形之一者：

1. 交通肇事逃逸；

2. 饮酒、吸食或注射毒品、服用国家管制的精神药品或者麻醉药品；

3. 无驾驶证，驾驶证被依法扣留、暂扣、吊销、注销期间；

4. 驾驶与驾驶证载明的准驾车型不符合的机动车。

(三) 被保险机动车有以下情形之一者：

1. 发生保险事故时被保险机动车行驶证、号牌被注销；

2. 被扣留、收缴、没收期间；

3. 竞赛、测试期间，在营业性场所维修、保养、改装期间；

4. 被保险人或驾驶人故意或重大过失，导致被保险机动车被利用从事犯罪行为。

第十条 下列原因导致的被保险机动车的损失和费用，保险人不负责赔偿：

(一) 战争、军事冲突、恐怖活动、暴乱、污染（含放射性污染）、核反应、核辐射；

(二) 违反安全装载规定；

(三) 被保险机动车被转让、装、加装或改变使用性质等，导致被保险机动车危险度显著增加，且未及时通知保险人，因危险程度显著增加而发生保险事故的；

(四) 投保人、被保险人或驾驶人故意制造保险事故。

第十一条 下列损失和费用，保险人不负责赔偿：

(一) 因市场价格变动造成的贬值、修理后因价值降低引起的减值损失；

(二) 自然磨损、朽蚀、腐蚀、故障、本身质量缺陷；

(三) 投保人被保险人或驾驶人知道保险事故发生后，故意或者因重大过失未及时通知，致使保险事故的性质、原因、损失程度等难以确定的，保险人对无法确定的部分，不承担赔偿责任，但保险人通过其他途径已经知道或者应当及时知道保险事故发生的除外；

（四）因被保险人违反本条款第十五条约定，导致无法确定的损失；

（五）车轮单独损失，无明显碰撞痕迹的车身划痕，以及新增加设备的损失；

（六）非全车盗抢，仅车上零部件或附属设备被盗窃。

简单总结来说，就是存在驾驶证行驶证有问题、逃逸、损失程度难以确认的情形下，保险不承担赔偿责任。但是在实践中，通常存在关联度、发动机进水启动、鉴定、公估等个案不同情况，来看以下几个案例：

【案例索引】［2021］鲁 05 民终 2005 号

【裁判观点】本院认为，通过原告提交的保单可证实原、被告双方形成保险合同关系，该合同系双方真实意思表示，未违反国家法律法规强制性规定，双方均应按照约定行使权利履行义务。关于涉案车辆损失被告应否赔付。本院认为，原告为鲁 E9××××号车辆在被告处投保了机动车损失保险及发动机涉水损失险。涉案事故发生在保险期内，原告主张车辆遇暴雨而遭受损失，提供了 2019 年 8 月 11 日电话报险记录及气象证明等加以证实，且没有相反证据推翻，本院予以确认。经原、被告双方共同通过法院委托鉴定，鲁 E9××××号车辆损失价格为 127 000 元，该鉴定程序合法，鉴定数额客观反映了车辆损失的现状，本院予以采信。

关于被告对鉴定报告中涉案车辆气囊电脑、CD 机、多媒体主机、转向管柱损失提出的异议。本院认为，根据青岛大华保险公估有限公司鉴定人杨亮出庭接受质询的情况，气囊电脑、CD 机、多媒体主机本身具有吸潮的特点，雨水进入驾驶室，加之车辆未及时进行清理、晾晒，车门处于关闭状态，车内雨水经过高温蒸发，以上配件出现锈蚀。根据原告提交的电话保险记录及被告陈述，鲁 E9××××驾驶人李某某在出险后两次联系被告，均无人救援，且查勘员电话无人接听。本院认为，事故发生后，涉案车辆驾驶人及时向被告报案，被告未及时进行现场施救；且假使涉案车辆在出险后及时开窗通风和晾晒，在案证据也不足以认定气囊电脑、CD 机、多媒体主机就可以避免受损。因此，被告抗辩涉案车辆损失应扣除车辆气囊电脑、CD 机、多媒体主机的损失，本院不予支持。

【案例索引】［2020］沪 0112 民初 7308 号

【裁判观点】本院认为，保险合同成立后，投保人按照约定交付保险费，保险人按照约定的时间开始承担保险责任。本案的争议焦点在于因暴雨、台风导致被保险车辆受损是否属于保险理赔范围。首先，根据《中国保险行业协会机动车综合商业保险示范条款》约定，因暴雨、台风导致被保险机动车直接损失的，保险人应按约负责赔偿。原告已有证据证明当时本市受台风"利奇马"影响，降雨达到暴雨标准，原告车辆因此受损符合该条款理赔的约定。其次，虽然保险条款责任免除中有发动机涉水损失险的约定。但若按照被告所述，无论原因如何，只要涉水造成的损坏，保险公司均不赔偿，那么因暴雨致车辆受损属于保险责任的保险条款鲜有使用空间；再次，"发动机进水后导致的发动机损坏"的规定属于免责条款，依据《保险法》的规定，对于免除保险人责任的条款，保险公司应向保险人明确说明，未尽到明确说明义务的，该条款不产生效力，本案中被告保险公司提交的投保过程中，仅显示了手机操作投保的过程，并不能证明进行手机操作的为原告本人，且整个投保过程不足一分钟，即使为原告本人操作，其也无法看完整个保险条款，被告也没有进行特别的说明。因此，本院认为该免责条款对原告不产生效力。最后，因暴雨产生的损失，并不仅仅指发动机的损坏，被告没有提供证据证明原告车辆除发动机外的损失属于保险合同中免责条款，因为被告要求剔除发动机外的损失本院不予支持。

3. 厂房、设备、存货受损情形的保险条款及判例

涉及这类财产险，首先要知道财产险包括财产基本险、财产综合险、财产一切险，这三者的保费不同，保障范围也截然不同。

财产基本险的保险责任如下：

第五条 在保险期间内，由于下列原因造成保险标的的损失，保险人按照本保险合同的约定负责赔偿：（一）火灾；（二）爆炸；（三）雷击；（四）飞行物体及其他空中运行物体坠落。前款原因造成的保险事故发生时，为抢救保险标的或防止灾害蔓延，采取必要的、合理的措施而造成保险标的的损失，保险人按照本保险合同的约定也负责赔偿。

第六条 保险事故发生后，被保险人为防止或减少保险标的的损失所支付的必要的、合理的费用，保险人按照本保险合同的约定也负责赔偿。

也就是说，如果投保的是财产基本险，保险公司无需赔偿台风造成的损失。有很多人觉得基本险比较便宜，不看具体保障范围就投保，如果遇到台风灾害，投保的将是一张白纸，无任何作用。

而财产综合险的保险责任如下：

第五条 在保险期间内，由于下列原因造成保险标的的损失，保险人按照本保险合同的约定负责赔偿：（一）火灾、爆炸；（二）雷击、暴雨、洪水、暴风、龙卷风、冰雹、台风、飓风、暴雪、冰凌、突发性滑坡、崩塌、泥石流、地面突然下陷下沉；（三）飞行物体及其他空中运行物体坠落。前款原因造成的保险事故发生时，为抢救保险标的或防止灾害蔓延，采取必要的、合理的措施而造成保险标的的损失，保险人按照本保险合同的约定也负责赔偿。

可见，综合险是在基本险的基础上，加上了暴雨、洪水、龙卷风、台风等13种自然灾害，台风导致财物受损就可以赔偿了。

再来看看财产一切险，保险责任如下：

第五条　在保险期间内，由于自然灾害或意外事故造成保险标的直接物质损坏或灭失（以下简称"损失"），保险人按照本保险合同的约定负责赔偿。前款原因造成的保险事故发生时，为抢救保险标的或防止灾害蔓延，采取必要的、合理的措施而造成保险标的的损失，保险人按照本保险合同的约定也负责赔偿。

一切险没有采取列举式，而是直接包括了所有的自然灾害或意外事故，保障范围比综合险更加广泛。实践中，综合保费和保障范围，购买财产综合险的数量最多，我们再来看看财产综合险的免责事项：

第八条　下列原因造成的损失、费用，保险人不负责赔偿：（一）投保人、被保险人及其代表的故意或重大过失行为；（二）行政行为或司法行为；（三）战争、类似战争行为、敌对行动、军事行动、武装冲突、罢工、暴乱、暴动、政变、谋反、恐怖活动；（四）地震、海啸及其次生灾害；（五）核辐射、核裂变、核聚变、核污染及其他放射性污染；（六）大气污染、土地污染、水污染及其他非放射性污染，但因保险事故造成的非放射性污染不在此限；（七）保险标的的内在或潜在缺陷、自然磨损、自然损耗，大气（气候或气温）变化、正常水位变化或其他渐变原因，物质本身变化、霉烂、受潮、鼠咬、虫蛀、鸟啄、氧化、锈蚀、渗漏、自燃、烘焙；（八）水箱、水管爆裂；（九）盗窃、抢劫。

第九条　下列损失、费用，保险人也不负责赔偿：（一）保险标的遭受保险事故引起的各种间接损失；（二）广告牌、天线、虹灯、太阳能装置等建筑外部附属设施，存放于露天或简易建筑物内部的保险标的以及简易建筑本身，由于雷击、暴雨、洪水、暴风、龙卷风、冰雹、台风、飓风、暴雪、冰凌、沙尘暴造成的损失；（三）锅炉及压力容器爆炸造成其本身的损失；（四）本保险合同中载明的免赔或按本保险合同中明的免赔率计算的免赔额。

第十条　其他不属于本保险合同责任范围内的损失和费用，保险人不负责赔偿。

总而言之，地震海啸次生灾害、建筑物外部附属设施损失、免赔额、免赔率，都是常见的保险拒赔事项。当然，在实践中，涉及财产损失的案件往往十分复杂，例如涉及自动承保条款、涉幸原则、公估等疑难复杂问题，举几个案例如下：

【案件索引】［2020］最高法民终 226 号

【裁判观点】本院认为……关于太保厦门分公司应承担的保险赔款数额。案涉图途公司厦门仓先后遭受了莫兰蒂、鲇鱼两次台风事故。太保公司、太保厦门分公司认为应当依据三赢公估出具的《公估报告》及三方签订的《定损同意书》作为认定图途公司受损金额。而图途公司认为应当依据鑫八闽公司出具的《价格评估意见书》认定其受损金额。

第一，关于《公估报告》《定损同意书》。从现有证据来看，三赢公估仅对第一次保险事故现场进行过勘察，其《公估报告》载明的受损金额是 5660 万元，该金额与 2016 年 9 月 27 日三方签订的《定损同意书》载明的定损金额 5660 万元一致。鉴于《定损同意书》签订时，第二次保险事故尚未发生，且《定损同意书》未载明 5660 万元包括鲇鱼台风损失的预估，《公估报告》载明 5660 万元损失包括三方对于鲇鱼台风可能遭受损失预估的内容又缺乏任何依据，应当认定 5660 万元是三方确定的莫兰蒂台风事故的受损金额。而厦门仓存货遭受两次台风事故损失，故《公估报告》及《定损同意书》不能作为认定图途公司全部损失的依据。

第二，关于《价格评估意见书》。《保险法》第 21 条规定："投保人、被保险人或者受益人知道保险事故发生后，应当及时通知保险人。故意或者因重大过失未及时通知，致使保险事故的性质、原因、损失程度等难以确定的，保险人对无法确定的部分，不承担赔偿或者给付保险金的责任，但保险人通过其他途径已经及时知道或者应当及时知道保险事故发生的除外。"第 23 条规定："保险人收到被保险人或者受益人的赔偿或者给付保险金的请求后，应当及时作出核定……"据此，保险事故发生后，被保险人具有及时通知保险人的法定义务，同时保险人在知道保险事故后，亦具有及时核定损失的法定义务。图途公司于 2016 年 9 月 30 日致函太保厦门分公司，载明鲇鱼台风导致其存货损失进一步扩大，并要求太保厦门分公司重新定损，但是太保厦门分公司回函予以拒绝。在太保厦门分公司拒绝履行法定核损义务的情况下，图途公司自行委托具有价格评估资质的鑫八闽公司对其损失进行评估并不违反法律规定。鑫八闽公司在现场查勘和市场调查基础上，依照行业规范对图途公司实际损失进行评估，其制作的《价格评估意见书》可以作为本案认定损失的依据。此外，上述《保险法》第 21 条规定只有在因被保险人等未及时通知保险人导致保险事故的性质、原因、损失程度等难以确定的，保险人才对无法确定的部分，不承担赔偿责任。本案中，图途公司已经及时履行报损义务，而太保厦门分公司拒绝履行核定损失的义务，导致本案现在无法再通过其他方式确定损失，此不利后果应当由太保厦门分公司自行承担。对于图途公司厦门总部大店损失，太保厦门分公司同样没有及时履行核定损失的义务。因此，一审法院依据《价格评估意见书》确定图途公司的损失并无不当。

【案件索引】［2019］粤 0608 民初 2042 号

【裁判观点】关于保险赔偿金额的计算问题。双方争议在于是否适用保险金额与保险价值比例进行计算的问题。根据《保险法》第 55 条的规定："投保人和保险人约定保险标的的保险价值在合同中载明的，保

险标的发生损失时，以约定的保险价值为赔偿计算标准。投保人和保险
人未约定保险标的的保险价值的，保险标的发生损失时，以保险事故发
生时保险标的的实际价值为赔偿计算标准。保险金额不得超过保险价
值。超过保险价值的，超过部分无效，保险人应当退还相应的保险费。
保险金额低于保险价值的，除合同另有约定外，保险人按照保险金额与
保险价值比例承担赔偿保险金的责任。"在财产保险合同中，保险金额
是保险人承担赔偿或给付保险金责任的最高限额，也是投保人交付保险
费的依据。保险金额与保险价值的关系非常密切。根据法律规定，当保
险金额低于保险价值的，保险人按照保险金额与保险价值比例承担赔偿
责任。本案中，原告在投保时，保险价值针对建筑物是出险时的重置价
值；产成品一批是出险时的账面余额。经过评估公司的鉴定，投保标的
建筑物的保险价值为 16 021 020 元，保险金额为 10 000 000 元，保险金额
低于保险价值的，其应按照比例为 62.42% 计算；纸箱的湿损状态是已经
包装好了瓷砖的纸箱受损，而投保单针对包装物（纸箱和胶带）是单列
出来的包装物，而已经打包好瓷砖的纸箱已属于产成品的一部分，不属
于包装物一批的性质，因此，本院按照产成品受损进行核算，经鉴定，
产成品投保的保险价值为 67 136 328 元，保险金额为 19 000 000 元，保险
金额低于保险价值，其应按照比例为 28.3% 计算。建筑物的受损金额为
196 443.27 元，残值为 8736.18 元；产成品的受损金额为 1 427 358.25
元，残值为 338 963.25 元；那么，保险公司对建筑物的损失承担为：
（196 443.27 元 - 8736.18 元）×62.42% = 117 166.77 元；保险公司对产成
品的损失承担为（1 427 358.25 元 - 338 963.25 元）×28.3% = 308 015.79
元。赔付金额共计 425 182.56 元（117 166.77 元 + 308 015.79 元）。扣减
免责条款中的免赔金额 106 295.64 元（425 182.56 元 × 25%）。被告保险
公司最终应当承担的赔偿责任金额为：318 886.92 元（425 182.56 元 -
106 295.64 元）。

4. 如何应对？

如果在台风天遇到上述财产损失，该怎么办呢？

（1）马上报案。可以通过保险公司电话、小程序等及时向保险公司报案，因为保险公司通常会约定超过一定时间报案少赔或者拒赔，不要等到台风结束，才进行报案。

（2）现场拍照取证。台风恶劣天气保险查勘人员可能无法及时到现场，在保障自己人身安全的情况下，可以对财产受损情况进行各个角度的拍照、录像，以保存受损证据。

（3）力所能及地救援、减少损失。首先一定要确保自身安全，如果可以的话，对于受损车辆、财物进行简单转移，避免损失的扩大。

（4）配合保险公司进行查勘定损，明确受损价值，为之后争取赔偿做好准备。

（5）通过理赔、诉讼方式获得赔偿款。若保险公司坚持拒绝赔偿，被保险人、受益人应积极准备证据，通过法律诉讼的方式维护自己的合法权益。

五、台风暴雨过后车辆泡水，该如何进行理赔？

1. 前言

近年来全国多地遭遇台风、暴雨、强降水甚至是洪涝灾害，导致道路积水内涝严重，大量车辆被困在水中。那么车辆被淹后的损失该如何通过保险获取赔偿呢？

2. 车辆被淹，车主可以做些什么？

（1）如果车子可以移动，在被淹的更严重前，尽可能将车辆移动到高处，将积水对车辆的损害降到最低。当然，车主应先保障自身安全，必要时呼叫专业救援队来救助车辆。

（2）车辆被水淹过程中，如果引擎熄火，千万不要再次启动发动机，因为再次启动发动机大概率会造成二次损坏，会被保险拒赔。如果车辆自带启停功能，记得关闭，避免车辆自动启动。

（3）对被淹车辆进行摄影、摄像，保留车辆被淹的证据。注意拍摄过程要体现车牌号码以及车辆状态。

（4）不论车辆看起来受损是否严重，及时向保险公司报案，避免保险公司以未及时报案拒赔。

（5）即使车辆被淹看起来不严重，事后也要及时清洗车辆，做一个全面的涉水故障检测，避免留下安全隐患，也避免保险拒赔。

3. 保险的理赔流程

（1）接到报案后进行登记，分派查勘人员，与车主进行联系；

（2）查勘人员现场进行查勘评估，初步确认受损原因与受损部位，与车主协商将车辆拖进维修店；

（3）保险公司与维修店进行定损，确定金额后也会与车主进行确认；

（4）维修店进行维修；

（5）维修完成后车辆返还车主，维修费用由保险公司直接支付给维修公司，无需车主垫付再申请报销。

4. 保险公司能够 100% 赔付吗？

这个问题的答案是未必。在车损险条款中存在很多免责条款，例如驾驶证行驶证有问题、逃逸、损失程度难以确认等。如果出现这些拒赔理由，保险公司甚至不会配合定损，直接出具拒赔通知书。常见的拒赔、少赔理由有：

（1）车辆涉水熄火后二次打火，这会被保险公司认定为人为扩大损失而拒赔、少赔。

（2）车辆改装，车辆自行改装后遭遇事故的，也会被保险公司拒赔、少赔。

（3）延时报案，一般条款中会约定48小时、24小时内要报案，若超过时间报案可能遭受拒赔或者少赔。

（4）车辆改变使用性质导致危险程度显著增加，比如非营运车辆在拉货过程中遭遇台风、暴雨的，保险将拒赔，这也是近年常见的保险拒赔事项。

（5）行驶证过期、未按时年检。

（6）保险公司的定损金额过低，应该全损而定部分损失。

5. 常见理赔问题

（1）报案阶段

第一，水淹车理赔的流程是什么？

答：及时向保险公司报案。告知车辆位置及水淹的程度。可以简单拍摄几张车辆水淹的照片，以备后期确定损失程度时使用。保险公司核定车辆损失金额后，车主无需垫付修车款。

第二，车子被冲走了怎么报案？

答：首先向保险公司报案，待水势退去，第一时间寻找车辆。如果实在找不到车辆，可以找警方出具证明，再找保险公司进行赔付。

第三，车辆泡水最多时没有拍照，目前水退了，如何定损呢？

答：保险公司将根据定损情况结合车内水痕确定赔付情况。

第四，只购买车损险，没有涉水险是否可以赔付？

答：涉水险全称是发动机涉水损失险，2020年9月19日前购买保单如只购买车损险，未购买涉水险则因涉水造成发动机损坏将视情况赔付。2020年9月19日全国实行车险综合改革，改革之后车损险包含发动机涉水险，购买车损险即可。

第五，是否需要车主投保不计免赔率险可以全额赔付？

答：2020 年 9 月 19 日前购买保单需购买不计免赔率险，2020 年 9 月 19 日全国实行车险综合改革，改革之后不计免赔率险合并入车损险，可以全额赔付。

第六，车辆被水泡了，水退之后可以启动吗？

答：建议在这种情况下及时拨打保险公司报案电话，在保险公司正式答复前不要私自启动车辆。

第七，我可以自己喊救援车把车运到维修点吗，费用可以报销吗？

答：建议让保险公司派拖车，或让自己的汽车 4S 店派拖车。如果自己找资源施救，需要提前和保险公司确认好施救费标准，避免产生争议。

第八，没有买车损险，车辆被水泡坏了，保险公司能赔吗？

答：不能。

（2）定损核赔问题

第一，车辆水淹到什么情况可以推定全损？

答：保险公司将根据水淹等级进行确定，一般水淹等级到 5—6 级（具体根据定损情况，5 级参考为水淹高度达到仪表台以上），车辆一般就不具备维修价值了，可以和保险公司协商推定全损后续赔付程序。

第二，车泡了，清洗等费用保险公司负责吗？

答：车辆被淹后产生的施救费用、清洗费用、电器损失等都属于车损保险责任，保险公司会进行赔付。

第三，车泡了，报案之后我又不想走保险，想自己修不计入出险次数可以吗？

答：可以，与承保公司联系注销报案。

第四，我车下雨前坏了，正在店里维修又被水泡了，保险公司会赔吗？

答：车辆维修期间，维修厂家应尽到保管责任，该损失并非被保险人造成损失，建议相关损失与维修厂家进行沟通。

第五，车辆被泡了，但是未到推定全损，是否可以按照全损进行赔付？

答：不可以。

第六，车是否一定要到4S店维修？

答：不是。客户可以依照自身意愿进行选择，但是建议维修前充分与保险公司沟通确定标准，防止后续争议。

第七，水淹车拖到维修厂之后，我需要做什么？

答：及时跟修理厂接待人员沟通，让其配合保险公司对车辆损失进行确定，尽快开始清洗维修。

第八，车辆理赔是否需要提供什么手续？

答：目前根据实际情况简化手续，大部分水淹车不需要提供相关资料，但全损车辆或推定全损车辆需要提供行驶证、登记证书、车主身份证复印件、车辆钥匙等资料用于后续理赔工作。

（3）支付问题

第一，可不可以要求赔款直接打给维修地方？

答：针对本次暴雨受损车辆提供车损险"三免一直"服务，经客户同意后直赔到维修厂或4S店，无需客户垫费。

第二，全损赔多少钱？

答：2020年9月19日前购买保单按照保险合同进行赔偿，2020年9月19日全国实行车险综合改革，按照车损险保额进行赔付。

最后的小建议：台风暴雨天气，选择停车位时需仔细观察周围情况、排水系统等，注意停车场、地下车库的防洪安全，建议将车辆停放在地势较高、空旷的地方，不要停在广告牌、树木、临时建筑和不稳固的围墙边，以免车辆被砸、被淹。

六、农业保险如何赔付？赔付标准如何计算？

1. 前言

什么是农业保险？根据《农业保险条例》第 2 条第 1 款的规定，农业保险，是指保险机构根据农业保险合同，对被保险人在种植业、林业、畜牧业和渔业生产中因保险标的遭受约定的自然灾害、意外事故、疫病、疾病等保险事故所造成的财产损失，承担赔偿保险金责任的保险活动。

投保人通常是农民、农业生产经营组织自行投保，也可以由农业生产经营组织、村民委员会等单位组织农民投保，农业保险一般也有政府补贴性质。而农业保险的赔偿一般是赔偿给保险单中的被保险人，但是如果保险事故发生时被保险人不具有保险利益，例如保险标的发生流转时，则属于享有保险利益者。

2. 农业保险怎么计算损失金额？

一般的农业保险合同会约定：受损面积×保额×不同生长周期赔偿比例，例如：水稻的生长周期分为分蘖期、抽穗期、成熟期，每一个周期赔偿的比例并不相同。对于投保的农民来说，一旦农作物发生意外，需要做的是及时报案，由保险公司查勘，进而认定受损的面积与农作物的生长周期。

中国银保监会《关于印发农业保险承保理赔管理办法的通知》第 21 条具体规定了，接到报案后，保险机构应当在 24 小时内进行查勘，因客观原因难以及时查勘的，应当与报案人联系并说明原因。发生种植业、森林灾害，保险机构可以依照相关农业、林业技术规范，抽取样本测定保险标的损失程度。对于情况复杂、难度较高的，可以委托农业、林业等领域有资质的第三方专业机构协助开展查勘定损。保险机构可以采用无人机、遥感等远程科技手段开展查勘定损工作。发生养殖业灾害，保险机构应当及时查勘。有标识信息的，应当将标识信息录入业务系统，保险机构业务系统应当具备标识唯一性的审核、校验和出险注销等功能。政府对承保标的有无害化处理要求的，保险机构应当将无害化处理作为理赔的前提条件；对于不能确认无害化处理的，不予赔偿。

3. 农业保险是否适用《保险法》相关规定？

农业保险属于财产保险，《保险法》系全国人大常委会制定的法律，《农业保险条例》是国务院制定的行政法规，并且《农业保险条例》第16条规定，本条例对农业保险合同未作规定的，参照适用《保险法》中保险合同的有关规定。因此，农业保险同样适用《保险法》的规定，包括提示说明义务的履行、有利于被保险人解释的相关规定。

4. 农业保险的理赔流程

发生保险事故后，应当第一时间报保险公司出险，提交所需材料，配合保险公司人员进行查勘调查，若保险公司出具的理赔方案过低或者保险拒赔，可再次协商或者委托专业律师直接起诉。

第一节　意外险拒赔大数据报告

一、前言

随着社会经济环境加速变迁，生活工作方式日益丰富，社会公众所面临的意外风险和安全隐患不断增加。无论是传统建筑、制造行业，还是新兴的快递、外卖行业，意外事故发生率始终居高不下。意外伤害保险的普及虽然为万千家庭提供了一层保障，但问题也随之而来。相对于普通人，保险公司家大业大，处于事实上的优势地位，不仅拥有强大的法务团队，还具有丰富的保险拒赔经验，一旦案件稍微存在争议，往往就不会轻易赔付。这也导致了近年来的意外伤害保险合同纠纷案件迅速增加，成为涉诉案件量最高的几种保险案件之一。事实上，保险拒赔并不可怕，法治社会之下，我们完全可以通过法律途径，维护自己应有的权利，争取应得的赔偿。

泽良保险法团队通过分工合作，进行案例检索，制作可视化图例，针对保险拒赔的具体原因进行分析，并附上对应的典型案例，给出专业律师意见。通过对 2017 年 1 月 1 日至 2021 年 12 月 31 日福建省审理意外伤害保险合同纠纷的 104 件案件进行数据分析，管中窥豹般分析整合其中的裁判文书，提出法律风险和对应建议，希望对面临意外险合同纠纷的公民、企业及律师同行有所帮助。

二、大数据报告来源

裁判时间：2017 年 1 月 1 日至 2021 年 12 月 31 日

案例来源：中国裁判文书网

案由：意外伤害保险合同纠纷

地域：福建省

文书类型：判决书

案件数量：104 件（检索得到一审案件 113 件，二审案件 54 件，排除重复案件、历审部分案件、内容明显无关的案件，最终得到有效案件 104 件）

数据采集时间：2023 年 10 月 15 日

三、检索结果

2017 年 1 月 1 日至 2021 年 11 月 15 日期间的意外伤害保险合同纠纷案件中，龙岩市案件量最多为 30 件，莆田市和厦门市案件量最少皆为 4 件。其原因是，在龙岩市部分县区的政策导向下，大量学生和家庭集体购买了"学生、幼儿意外伤害保险"和"计划生育家庭意外伤害保险"，从而导致案件量较多。

城市	意外伤害保险城市案件量（件）
龙岩市	30
漳州市	21

续表

城市	意外伤害保险城市案件量（件）
福州市	11
泉州市	11
南平市	9
宁德市	7
三明市	7
莆田市	4
厦门市	4

在 104 件案件中，法院判决保险公司赔偿（包括部分赔偿）的案件有 76 件，占比约 73%；判决保险公司不承担任何责任的案件为 28 件，占比约 27%。整体来看保险公司赔付率较高，主要在于意外伤害保险是社会群体面对意外事故的一个保障与救济，法院对于保险公司的拒赔理由也会进行较为严格的审查。

判决结果	法院判决保险公司赔偿数量（件）
判决赔偿	76
判决不赔	28

通过阅读、分析案件，笔者归纳了 14 个保险公司拒赔理由，下文将以各理由的案件数量为顺序，对每一个拒赔理由进行具体研究分析，并提出法律风险和对应建议。

保险公司拒赔理由汇总	案件数量（件）
鉴定标准不符	23
不属于意外受伤	23
补偿原则，不得重复获赔	21

保险公司拒赔理由汇总	案件数量（件）
无证驾驶发生意外	15
醉酒状态下发生意外	7
被保险人死亡，家属拒绝尸检	6
职业类别不符合保险约定范围	3
车辆未年检，发生意外	3
高空作业摔伤	2
被保险人被宣告死亡	1
保险期满，工程尚未竣工，发生意外	1
伤残等级七级以下	1
保险赔偿权益转让，受让人获利	1
投保人将被保险人从名单中删除、替换	1

四、法院裁判规则及律师分析建议

（一）伤残等级的鉴定标准不符合保险合同约定

1. 数据分析

保险公司拒赔理由为"鉴定标准不符"的案件共有 23 件，法院判决保险公司赔偿的有 21 件，支持保险拒赔的有 2 件。

2. 争议焦点

在意外险拒赔案件中，保险条款约定的鉴定标准通常为《人身保险伤残评定标准》，而该标准是所有评残标准中最为严苛的。例如，胸锥体压缩性骨折适用《劳动能力鉴定 职工工伤与职业病致残等级》评残可达九级伤残，若适用《人体损伤致残程度分级》评残为十级伤残，若适用《人身保险伤残评定标准》评残则达不到伤残等级。因此，适用哪一鉴定标准直接决定了意外险能否赔偿，以及赔偿金额的高低，也并非只能适用保险条款约定的最严苛的标准来评定伤残等级。

3. 判赔典型案例

【案例索引】［2021］闽 0824 民初 279 号

【裁判观点】《人体损伤致残程度分级》，自 2017 年 1 月 1 日起施行。司法鉴定机构和司法鉴定人进行人体损伤致残程度鉴定统一适用《人体损伤致残程度分级》。其实，《人体损伤致残程度分级》是对各部门、各行业评定标准的整合，两者并不矛盾，甚至后者要求更高、更严。

【案例索引】［2018］闽 0824 民初 2315 号

【裁判观点】关于伤残评定标准适用问题，被告公司主张以保险合同的约定适用《人身保险伤残评定标准》定残，但该评定标准系中国保险行业协会、中国法医学会于 2013 年 6 月 8 日联合发布，属行业规定；而最高人民法院、最高人民检察院、公安部、国家安全部、司法部（即"二院三部"）于 2017 年 1 月 1 日发布实施的《人体损伤致残程度分级》属司法解释性文件，其效力高于《人身保险伤残评定标准》的评定标准，因此，邓某（原告）申请以《人体损伤致残程度分级》标准定残，且被鉴定为十级伤残，并无不当。

【案例索引】［2018］闽 0824 民初 972 号

【裁判观点】原告提供《福建闽西司法鉴定所司法鉴定意见书》依《人体损伤致残程度分级》之规定作出，应当确认合法有效。被告提供中国保险行业协会、中国法医学会联合发布的《人身保险伤残评定标准》，该标准已被《人体损伤致残程度分级》取代，被告主张适用《人身保险伤残评定标准》定残，本院不予采纳。

4. 拒赔典型案例

【案例索引】［2020］闽 0627 民初 1013 号

【裁判观点】保险条款中明确载明"保险人按照《人身保险伤残评定标准》所列给付比例乘以意外伤害保险金额给付伤残保险金",该条款仅是对保险人支付保险金额的一个等级划分,并未减轻或免除保险人在承保范围内应承担的责任,不属于《保险法》第17条第2款中的"免除保险人责任的条款"。且保险人将保险金给付比例与人身保险伤残程度等级相对应,避免了被保险人伤残程度无论轻重均得到等额赔偿的情况,符合《保险法》第11条"遵循公平原则确定各方的权利和义务"的精神。

5. 律师分析及建议

(1)意外险发生的原因包含了交通事故、工伤、自己摔伤等,一般情况下交通事故责任纠纷适用的定残标准为《人体损伤致残程度分级》,工伤纠纷适用的定残标准为《劳动能力鉴定 职工工伤与职业病致残等级》。经过对上述案例研究我们发现,既存在交通事故适用《劳动能力鉴定 职工工伤与职业病致残等级》评残得到法院支持的案例,也存在工伤适用《人体损伤致残程度分级》评残得到法院支持的案例。并没有统一标准,适用上较为混乱。

(2)大部分的法院并没有支持保险公司按照《人身保险伤残评定标准》鉴定的主张。反而支持被保险人适用《人体损伤致残程度分级》《劳动能力鉴定 职工工伤与职业病致残等级》的标准来鉴定,因此被保险人可选择对自己比较有利的鉴定标准来评定伤残等级。

(3)想要适用更为有利的定残标准,要通过法院诉讼的方式,且保险公司必然以鉴定标准不符合保险合同的约定来拒赔。提供下列思路应对保险拒赔:

①保险合同中评定伤残等级标准条款属于免责条款,保险公司是否履行提示及说明义务,包括投保单是否签字盖章、鉴定标准全文是否送

达投保人等。

②《人身保险伤残评定标准》是由中国保险行业协会、中国法医学会于 2013 年 6 月 8 日联合发布，属行业规定，而最高人民法院、最高人民检察院、公安部、国家安全部、司法部（即"二院三部"）于 2017 年 1 月 1 日发布实施的《人体损伤致残程度分级》属司法解释性文件，其效力高于《人身保险伤残评定标准》的评定标准。

③《人体损伤致残程度分级》是对各部门、各行业评定标准的整合，包含了对《人身保险伤残评定标准》的整合。

④意外险一般计算公式为保险金额乘以伤残系数，而〔2020〕闽 0722 民初 1712 号案例支持了人身损害赔偿标准的计算公式，即人均可支配收入×20 年（60 岁以上则多一岁少一年）×伤残系数。如果能够按照这样的标准计算，即使购买的保额低，也能得到较高额的赔偿，值得尝试争取。

（二）不属于意外受伤（不属于保险责任）

1. 数据分析

保险人拒赔理由为"不属于意外受伤"的案件共有 23 件，其中法院判决保险赔偿的有 12 件，判决保险承担部分责任的有 4 件，判决保险不承担责任的有 7 件。

2. 争议焦点

保险合同条款约定的意外伤害，指"遭受外来的、突发的、非本意的、非疾病的使身体受到伤害的客观事件"。司法实践中存在自身疾病受伤、死亡，或者猝死原因难以查明的情形，也存在意外伤害和自身疾病竞合的情形。原告有初步举证的义务，因此保险通常以原告所提供证据无法证明事故属于保险责任来拒赔。

3. 判赔典型案例

【案例索引】［2019］闽 0425 民初 542 号

【裁判观点】关于陈某柒的死亡是否属于合同约定的意外身故还是属于自身疾病身故的问题？三明市第一医院的出院记录及本院作出的［2018］闽 0425 民初 1889 号民事判决书认定的事实可以证实：2017 年 1 月 26 日下午，陈某柒在家摔倒导致右侧基底节出血破入脑室、蛛网膜下腔及术后再出血、3 级高血压（极高危）等，后因脑出血病发抢救无效死亡。该事实可以认定陈某柒的身故系由于意外摔倒诱发高血压死亡，属合同约定的意外身故。

【案例索引】［2019］闽 0881 民初 2088 号

【裁判观点】福建南方司法鉴定中心作出［2019］病鉴字第 106 号鉴定意见书：官某妹生前患有高血压及慢性阻塞性肺疾病，继发肺肾功能不全，终因呼吸循环衰竭而死亡。交通事故损伤致机体活动减少，免疫力降低，对病程迁延存在一定关联性。其参与度约为 25%±5%。因此，官某妹的死亡系多因一果，依法认定交通事故损伤与死因之间存在参与度 25%。

【案例索引】［2020］闽 0304 民初 2984 号

【裁判观点】结合傅某、傅某荣、傅某烟出具的福建科胜司法鉴定所法医病理司法鉴定意见书认定，该交通事故并非直接导致傅某 1 死亡的原因，但也有一定的关联，傅某 1 的死亡情形并非全部在保险范围内，故本院华安财险莆田公司的抗辩有理部分予以支持。现傅某、傅某荣、傅某烟请求华安财险莆田公司支付人身意外伤害保险金 420 000 元，本院酌情予以调整为 42 000 元。

4. 拒赔典型案例

【案例索引】［2020］闽 0824 民初 1988 号

【裁判观点】钟某华因病入住武平县医院治疗，其在住院期间死亡，武平县医院住院病案首页、入院记录、死亡记录中均记载钟某华的死亡原因为猝死（不明原因），其死亡原因不属于保险合同约定的保险金赔偿范围，故原告主张由被告赔偿意外身故保险金的请求，本院不予支持。

5. 律师分析及建议

（1）明确属于保险责任的意外事故发生后，应当及时向保险公司报案，配合调查。同时应积极举证事故发生经过，比如及时报警、证人作证等。

（2）因意外诱发自身疾病死亡的情形，有的法院支持属于意外险全额赔付，有的法院仅参照鉴定机构出具的参与度来认定赔付比例，实践中不同律师开庭效果截然不同。

（三）损失补偿原则，不得重复获赔

1. 数据分析

保险人拒赔理由为"补偿原则，不得重复获赔"的案件共有 21 件，法院判决赔偿的有 21 件。

2. 争议焦点

意外险合同条款通常会约定"发生保险事故时，如果被保险人的损失在有相同保障的其他保险项下也能够获得赔偿，则本保险人按照本保险合同的赔偿限额与其他保险合同及本保险合同的赔偿限额总和的比例承担赔偿责任"，保险公司以此拒赔，并且扩大到第三人侵权（交通事故、故意伤害等）的情形，是否有依据？

3. 判赔典型案例

【案例索引】［2019］闽 0203 民初 14807 号

【裁判观点】在该协议中，关于扣除"基本医疗保险规定的由个人先行自付部分的医疗费用以及基本医疗保险规定之外的应当由个人全额负担的自费费用"的约定,并未以足以引起投保人注意的文字、字体、符号或者其他明显标志作出提示,故该条款不发生法律效力。因此,平安财保厦门分公司主张扣除黄某兰自付部分的医疗费用及其他自费费用,本院不予采信。

【案例索引】[2019]闽 0824 民初 239 号

【裁判观点】被告未能提供证据证明其已履行了对"费用补偿型合同""补偿原则"这些专业术语的明确说明义务,因此该免责条款不产生法律效力。进而,合同条款部分不产生效力。

【案例索引】[2019]闽 0203 民初 14807 号

【裁判观点】根据《保险法解释三》第 18 条之规定,保险人给付费用补偿型的医疗费用保险金时,主张扣减被保险人从公费医疗或者社会医疗保险取得的赔偿金额的,应当证明该保险产品在厘定医疗费用保险费率时已经将公费医疗或者社会医疗保险部分相应扣除,并按照扣减后的标准收取保险费。平安财保厦门分公司未能提交保险费率的厘定证据,因此其主张保险金应扣除社会医疗保险部分金额,不予支持。

【案例索引】[2018]闽 08 民终 383 号

【裁判观点】依照该讼争条款的规制,绝对多数的被保险人将不具有保险权益。《保险法》第 46 条规定:"被保险人因第三者的行为而发生死亡、伤残或者疾病等保险事故的,保险人向被保险人或者受益人给付保险金后,不享有向第三者追偿的权利,但被保险人或者受益人仍有权向第三者请求赔偿。"该讼争条款与《保险法》第 46 条的规定明显相悖,一方面免除其直接给付保险金的义务,另一方面又限制了被保险人直接请求保险人给付保险金的权利。

4. 律师分析及建议

(1)意外险属于人身保险合同范畴,不能直接适用"损失补偿原则"，且根据《保险法》第46条规定，被保险人因第三者的行为而发生死亡、伤残或者疾病等保险事故的，保险人向被保险人或者受益人给付保险金后，不享有向第三者追偿的权利，但被保险人或者受益人仍有权向第三者请求赔偿。该请求赔偿的范围也不局限于残疾赔偿金，应当包含医疗费、住院津贴等，均可"重复赔偿"。

（2）提供下列思路应对保险拒赔：

①保险公司是否履行提示及说明义务。

②《保险法解释三》第18条规定，保险人给付费用补偿型的医疗费用保险金时，主张扣减被保险人从公费医疗或者社会医疗保险取得的赔偿金额的，应当证明该保险产品在厘定医疗费用保险费率时已经将公费医疗或者社会医疗保险部分相应扣除，并按照扣减后的标准收取保险费。

③《保险法》第46条规定："被保险人因第三者的行为而发生死亡、伤残或者疾病等保险事故的，保险人向被保险人或者受益人给付保险金后，不享有向第三者追偿的权利，但被保险人或者受益人仍有权向第三者请求赔偿。"

（四）被保险人无证驾驶发生意外

1. 数据分析

保险公司拒赔理由为"无证驾驶"的案件共有15件，法院判决赔偿的有8件，判决不用赔偿的有7件。

2. 争议焦点

意外险合同条款均约定，保险事故发生时存在"无驾驶证，驾驶证失效或者被依法扣留、暂扣、吊销期间驾驶机动车，驾驶与驾驶证载明的准驾车型不相符合的机动车"情形的，保险公司不承担赔偿责任。无证驾驶本是法律所禁止的行为，看似符合拒赔理由。然而实践中存在许多超标非机动车被认定为机动车，那么保险公司能否拒赔？

3. 判赔典型案例

【案例索引】［2020］闽 0681 民初 1416 号

【裁判观点】从购车发票显示，毛某进是向厦门市爵达电动车行购买的普通电动车，而交警部门经司法鉴定为轻便摩托车，道路交通事故责任认定书上认定为二轮电动车、二轮机动车等，导致原、被告双方对被保险人发生保险事故驾驶的车辆是否属于免责条款所指的机动车存在不同解释。被保险人毛某进主观上没有违反保险人免责条款中相关规定的故意与过失，客观上无法对该车辆进行登记并取得机动车号牌以及相应的驾驶证，基于轻便摩托车生产厂家的产品说明书、产品检验合格证误导，以及被保险人客观上无法取得机动车号牌的事实，作出案涉车辆不属于保险人免责条款中所规定的机动车解释，符合一个普通车辆购买人及使用人的认知标准，应作有利于被保险人的解释，认定案涉车辆不属于保险人免责条款中所规定的机动车，被保险人在不领取驾驶证的情况下驾驶该车辆，亦不属于免责条款规定的无证驾驶情形，毛某进发生保险事故不属于保险免责条款中"无有效驾驶证驾驶或驾驶无有效行驶证的机动车期间"。

【案例索引】［2018］闽 0128 民初 1719 号

【裁判观点】林某兰驾驶电动车的行为，虽经公安机关认定系无证驾驶机动车，但公安机关将涉案电动车纳入机动车范畴进行事故处理，仅是在发生交通事故之后按照《电动自行车通用技术条件》（GB17761-1999）、《机动车运行安全技术条件》（GB7258-2012）等国家或行业标准，对涉案事故电动车作出的技术认定。在实际中，公安部门并未将电动车纳入机动车范畴进行证照许可管理，在事故发生之前电动车不能像摩托车、汽车等其他机动车一样，领取相应的驾驶证、行驶证，亦即涉案林某兰驾驶的电动车客观上不能获得机动交通工具相应的驾驶证和行驶证，不属于涉案保险合同约定的无证驾驶机动车免赔的情形。当然，保险人若想规避因电动车具有与其他机动车相同性能而增加的事故责任风险，基于保险业经营的风险选择原则，可以将驾驶电动车的行为作为免责条款，但应当在保险合同条款中予以特定化。然而，本案保险人人寿保险平潭分公司并未将此种情形在涉案保险合同条款中予以特定化，立足于保险合同的最大诚信原则，应当认定涉案林某兰驾驶电动车的情形不属于涉案保险合同中约定的无证驾驶机动车免赔的范畴。

【案例索引】［2019］闽 0103 民初 210 号

【裁判观点】首先，提示义务是保险人应当主动履行的法定义务，保险人对于免责条款应当主动地、完整地向投保人展示，而平安养老险福建公司提供卡册、条款的链接由投保人自行下载阅读，再以机械化的勾选确认项视为履行提示义务的做法事实上将应当主动履行的法定义务简便化，并将相应责任转嫁到操作人身上，与保险法设定免责条款提示义务的立法本意相悖。其次，网络具有匿名性、自助性特征，激活自助卡的操作人是不是投保人未知，造成所提示的对象不明确，本案亦无法排除由他人代为激活的可能性。因此，平安养老险福建公司将无合法有效驾驶证驾驶、驾驶无有效行驶证的机动车等法律中的禁止性规定情形作为保险合同免责事由未作提示，该条款不产生免除其保险责任的效力。

4. 拒赔典型案例

【裁判观点】无证驾驶与人身伤害之间应当有直接因果关系。根据莆田市公安局涵江分局交警大队作出的道路交通事故认定书记载，黄某烟无驾驶证驾驶轻便两轮摩托车的行为与事故发生没有直接因果关系，因此黄某烟对于事故无责任。因此，黄某烟虽无证驾驶，但与其受到伤害无直接因果关系，并未因此加重保险人的风险，不属于保险免责范围。

【案例索引】［2020］闽 0824 民初 254 号

【裁判观点】认定保险人履行了明确说明义务，免责条款产生效力。本案中既是投保人，又是被保险人的陈某辉因交通事故死亡，但在事故发生时持准驾车型为 A2 类机动车驾驶证驾驶二轮摩托车，驾驶的机动车与驾驶证载明的准驾车型不符，属无有效驾驶证驾驶。

5. 律师分析及建议

（1）若被保险人驾驶车辆本身属于非机动车，因超标被认定为机动车，较大概率可以通过法院诉讼的途径获得赔偿。

（2）机动车与非机动车的判定标准来源于《电动自行车安全技术规范》，电动自行车最高车速不得超过每小时 25 公里；对电动自行车长度、宽度及整车重量均加以限制，规定电动自行车前、后轮中心距不大于1.25 米，车体宽度不大于 0.45 米，整车重量（含电池）不大于 55 千克。

（3）提供下列思路应对保险拒赔：

①保险公司是否履行提示及说明义务。

②保险条款所约定的"机动车"存在两种以上解释：一种是保险公司拒赔认定的超标车辆均属于条款约定的机动车，需要驾驶证；另一种解释为车辆购买时为非机动车，即不符合保险条款约定的机动车，不需要驾驶证，不属于无证驾驶的情形。

③事故的发生与无证驾驶有无因果关系，是否加重保险人的风险。

（五）被保险人醉酒状态下发生意外

1. 数据分析

保险人拒赔理由为"醉酒"的案件共有 7 件，法院判决赔偿的有 3件，判决不用赔偿的有 4 件。

2. 争议焦点

意外险合同条款均约定"醉酒身故""醉酒驾车"属于保险公司拒

赔情形，保险公司能否拒赔？饮酒未达醉酒是否需要赔偿？

3. 判赔典型案例

【案例索引】［2017］闽 0681 民初 3917 号

【裁判观点】本案中李某彬醉酒驾驶是属于违反法律禁止性规定情形，但其投保是由同村村民颜某勇代替完成，且未对保险人免责条款进行提示。证人颜某勇出庭证实上述投保过程，并陈述《投保确认书》上的投保人签名系李某彬所签，且《小额保险电子保险单》是李某彬出事故后才送达李某彬的家属。保险人应当对其履行了提示和明确说明义务负举证责任。

【案例索引】［2019］闽 0103 民初 3634 号

【裁判观点】《福建闽西司法鉴定所司法鉴定意见书》中记载检测投保人吴某春的血液中酒精含量为 256.1 毫克/100 毫升，并作出鉴定结论为其因醉酒状态下，胃内食糜返流被吸入呼吸道，引发急性呼吸功能障碍，最终因呼吸、循环衰竭而致死亡。因此，平安养老保险对于被保险人因醉酒身故属于合同约定的责任免除范围，平安养老保险不承担保险责任的抗辩有事实和法律依据，本院予以采纳。

4. 拒赔典型案例

【案例索引】［2020］闽 0982 民初 364 号

【裁判观点】平安保险人在案涉保险合同中对责任免除条款进行了加粗提示，并以电话方式口头告知敖某曙有关保险合同中责任免除条款的内容，且敖某曙在保险合同组成部分的保障计划确认书上签字确认知悉保险合同内容及免责条款，应当认定平安保险人履行了相应的提示义务，案涉事故系因敖某曙饮酒后驾驶机动车产生，属于保险合同约定的"被保险人酒后驾驶机动车"的保险人责任免除范围，平安保险人不应承担相应赔偿责任。

5. 律师分析及建议

（1）上述案例均为醉酒的状态，若保险公司履行了提示和说明义务，通常可以拒赔。编者团队曾经办理饮酒后正常走路被车辆撞到发生意外的案件，虽保险拒赔，经过谈判调解仍然获得赔偿。因此，重点在于发生意外的原因与饮酒、醉酒是否有直接关联。

（2）若未达到醉酒状态，仅饮酒，保险能否拒赔？很遗憾案例中并没有相似情形，泽良保险法团队倾向于认为保险公司需要承担赔偿责任。

（3）提供以下思路应对：

①保险公司是否履行提示、说明义务。

②意外事故的发生与醉酒是否有直接因果关系，是否符合近因原则。

（六）被保险人死亡，家属拒绝尸检

1. 数据分析

保险人拒赔理由为"拒绝尸检"的案件共有 6 件，法院判决赔偿的有 2 件，判决不用赔偿的有 1 件，判决赔偿 50% 的有 3 件。

2. 争议焦点

司法实践中经常出现被保险人猝死等死亡原因难以查明的情形，需通过尸检才能查清具体死亡原因。此时，保险公司一般会要求家属进行尸检，若家属拒绝，则要求家属签字确认形成书面证据，并以此为由拒赔。那么，家属拒绝尸检，保险公司是否需要承担赔偿责任？

3. 判赔典型案例

【案例索引】［2020］闽 0881 民初 126 号

【裁判观点】投保人郑某攀办理的《国寿贷款借款人保险凭证》上没有投保人郑某攀的签字，没有保险条款合同，也没有人寿公司福建省分公司的经办人员有口头向投保人郑某攀告知意外伤害的免责事由的相关材料，被告未尽到明确的提示和说明义务，该免责条款不产生法律效力。

【案例索引】［2020］闽0623民初294号

【裁判观点】关于死亡原因的举证责任的问题。根据《保险法》规定，被保险人家属、保险人、受益人对被保险人的死因均负有相应的证明责任。本案中，被保险人谢某凤在送往医院的过程中即已死亡，医院出具的诊断书载明"院前死亡"，而公安机关出具的鉴定书的结论为"不排除猝死"，说明谢某凤突发死亡原因尚不明确，也即原告方在向被告申请报案时，仅完成自己的初步证明义务，而后原告又不同意被告方的尸检要求，致使死因认定存在一定的不确定性，应承担相应的责任。至于被告方，被告在接到原告报案后，虽及时发出《事故检验通知书》要求对被保险人谢某凤进行尸检，但基于其在保险合同或在投保人向其投保过程中，均没有作出如果被保险人死亡需要进行尸体检查的合同提示或合同条款，仅在理赔的过程中，才提出要求尸检，又未与家属做好沟通工作，造成死者的家属拒绝尸检要求，亦存在相应的责任。

【案例索引】［2017］闽0582民初7184号

【裁判观点】本案中，方某旺死亡后，其亲属于当日向公安机关报案，并及时通知保险人人保青阳支公司，申请理赔，在整个过程中已尽到合理义务，应认定已经完成了初步证明责任，对本案事故原因无法查明不具有过错。但人保青阳支公司自得知事故发生之日至方某旺尸体火化时止，未向家属主张对被保险人进行尸体解剖，导致引起方某旺死亡的直接的、决定性的原因是什么目前已无法查明，因此，人保青阳支公司应承担相应的后果。根据《保险法解释三》第25条"被保险人的损失系由承保事故或者非承保事故、免责事由造成难以确定，当事人请求保险人给付保险金的，人民法院可以按照相应比例予以支持"的规定，本院酌情确定人保青阳支公司按50%的比例给付保险金。本案保险合同约定的保险金额为 25 万元，按照该比例，则人保青阳支公司应支付保险赔偿金 12.5 万元。

4. 拒赔典型案例

【案例索引】［2019］闽 0111 民初 4515 号

【裁判观点】涉案理赔的前提是意外伤害，且中华联合公司出具条款释文中指出意外伤害指遭受外来的、突发的、非本意的、非疾病的使身体受到伤害的客观事件，该释义没有超出通常理解，本院予以采纳。闽侯县公安局甘蔗派出所出具补充证明，"杨某毛从福州市闽侯县荆溪镇一家工厂加班回出租房（福州市闽侯县甘蔗镇流洋村流洋××-1 号出租房 308）睡觉，至 2019 年 5 月 29 日被警方发现死于房内，经上报闽侯县刑侦大队，指派法医到现场，经尸表检查未见暴力性倾向伤，排除他杀"，即无法确认死亡的原因和性质，也无法证明杨某毛系遭受外来的、突发的、非本意的、非疾病的使身体受到伤害的客观事件所致，被告已在杨某毛火化前告知应进行尸检查明死亡原因，否则无法认定死亡原因需承担不利的法律后果，但原告签收后未进行尸检即进行火化。被告无需承担赔偿责任。

5. 律师分析及建议

（1）保险公司通知死者家属尸检，家属拒绝的情况下，大部分法院判决保险公司赔偿一半，也有少部分法院判决保险公司无需赔偿。

（2）死者家属若拒绝尸检，在拒绝尸检的文件上签字，会直接成为保险公司拒赔的有利证据。

（3）提供以下思路应对：

①保险公司是否履行提示、说明义务；

②保险公司在保险合同或在投保人向其投保过程中，均没有作出如果被保险人死亡需要进行尸体检查的合同提示或合同条款；

③保险公司是否要求过尸检，若没有要求过，一般不得以没有尸检来拒赔。

（七）被保险人的职业类别不符合保险约定范围

1. 争议焦点

在部分保险合同中，保险公司会约定，若被保险人属于某些高危职业类别，发生意外事故后保险公司减轻或免除赔偿责任，保险公司能否拒赔？

2. 判赔典型案例

【案例索引】〔2018〕闽 0205 民初 1697 号

【裁判观点】被告以原告职业类别不属于投保范围为由拒赔，但被告提交记载有此项免责条款的保单抄件及职业类别分类均系被告方的单方文件，被告缺乏证据证明此项免责条款系作为双方保险合同之条款，且被告未举证证明已就免责条款向原告作出书面或口头提示与说明，该免责条款对原告不产生法律上之约束力。

3. 拒赔典型案例

【案例索引】〔2019〕闽 0622 民初 2508 号

【裁判观点】中华联保漳州公司在保险卡手册第 3 条"产品介绍"中对"保险金额"的说明系中华联保漳州公司在承担保险责任时的保险金计算方式，因被保险人的职业类别与其所面临的风险程度以及保险事故发生的概率密切相关，故就其性质而言，按职业类别赔付的约定属于保险人为追求效率与利益、规避风险而对保险合同作出的技术安排，而非免责条款，故林某体、林某艺、林某主张该条款系责任减轻条款，中华联保漳州公司未向其明确说明或提示，未尽告知义务的理由不成立。林某清驾驶摩托车在本次事故中死亡，根据保险合同约定，林某清应被认定为 4 类职业，其类别系数为 0.4。

4. 律师分析及建议

（1）实践中该问题存在争议，有的法院认为该种约定属于免责条款，所以保险公司应尽到提示说明义务。也有法院认为按职业类别赔付的约定属于保险公司对保险合同作出的技术安排，并非免责条款，不适用提示说明义务。

（2）遇到保险以该理由拒赔的，仍然有较大的争取空间。

（八）被保险人驾驶的车辆未年检，发生意外

1. 争议焦点

若车辆未按时年检，发生交通事故，保险公司能否以此拒赔？

2. 判赔典型案例

【案例索引】〔2019〕闽 08 民终 1350 号

【裁判观点】我国法律法规规定对机动车进行定期检验是行政机关对机动车进行管理的一种行政行为，未按规定对车辆进行定期年检，依法应当承担的是行政法律责任，而非民事法律责任，故都邦财保龙岩公司以车辆未年检为由拒赔没有法律依据。号车在保险事故发生时虽未进行机动车年检，但是投保车辆未按时年检并不能必然推出投保车辆安全检验不合格、投保车辆危险程度增加的结论。保险人以事故车辆未按规定期限年检而不予赔偿的主张，也不符合投保人的缔约目的，不符合保险法维护社会公平正义和诚实信用的原则，故都邦财保龙岩公司以被保险车辆未按规定时间办理年检手续为由拒绝理赔的主张，本院不予支持。

【案例索引】〔2017〕闽 06 民终 1807 号

【裁判观点】《道路交通安全法》虽对机动车定期进行安全技术检验有明确确定，但对领取行驶证后未按期进行年检的车辆能否认定为无有效行驶证车辆未作规定，另本案团体意外伤害保险条款（2009 年版）的

免责条款中也未对"无有效行驶证"的情形进一步进行释义，格式合同未对此项尽到概念性释明告知义务。财险诏安支公司对被保险人杨南生驾驶的车辆的年检有效期至 2012 年 1 月 31 日，属于团体意外伤害保险合同约定的免责条款中"无有效行驶证"的情形的抗辩，又未提供证据予以证明，因此财险诏安支公司以该行驶证无效为免责事由不能成立。

3. 律师分析及建议

（1）保险公司是否履行提示及说明义务。

（2）车辆未年检应承担的是行政责任而非民事责任，未年检是否等同于保险合同条款约定的检验不合格。

（3）车辆未年检与交通事故的发生通常上并不存在因果关系。

（4）车辆未年检行为的社会危害性较低，不比无证驾驶等行为。

（九）被保险人高空作业摔伤

1. 争议焦点

在保险公司以被保险人从事工作为"高空作业"为由拒赔，能否得到支持？

2. 判赔典型案例

【案例索引】［2018］闽 0821 民初 1285 号

【裁判观点】本案的争议点为：刘某辉从事的工作是否为保险单中的"高空作业"，新华人寿龙岩支公司对其免赔事由是否尽到了明确的说明义务。《保险法》第 30 条规定采用保险人提供的格式条款订立的保险合同，保险人与投保人、被保险人或者受益人对合同条款有争议的，应当按照通常理解予以解释。对合同条款有两种以上解释的，人民法院或者仲裁机构应当作出有利于被保险人和受益人的解释。对于达到哪个高度为"高空"，现行法律法规规章及行业标准均未对此作出规定，新华人寿龙岩支公司提供的保险单中也未作出明确约定，对该高空可于不同立场作出各种解释。根据新华人寿龙岩支公司提供的现场照片及刘某辉的工作内容，可以断定，刘某辉工作时的坠落高度距离基准面不足3米，按照一个正常人的通常理解，很难将不足3米的高度解释成"高空"；再则，依有利于被保险人和受益人的解释规则，也不应当认定刘某辉工作时的坠落高度为"高空"。所以，刘某辉事故发生时所从事的工作非保险单中的"高空作业"。

（十）被保险人被宣告死亡

1. 争议焦点

被保险人被宣告死亡，而非自然死亡的情况下，保险公司是否需要承担意外险赔偿责任？

2. 判赔典型案例

【案例索引】［2019］闽0430民初41号

【裁判观点】关于赔偿责任问题。1、宣告死亡是推定死亡，从法律上看自然被宣告死亡和自然死亡产生相同的法律后果。我国保险法及相关法律法规并未明确规定人身保险中被保险人死亡仅指自然死亡不包括宣告死亡。《保险法解释三》第24条规定："投保人为被保险人订立以死亡为给付保险金条件的保险合同，被保险人被宣告死亡后，当事人要求保险人按照合同约定给付保险金的，人民法院应予支持。被保险人被宣告死亡之日在保险责任期间之外，但有证据证明下落不明之日在保险责任期间之内，当事人要求保险人按照保险合同约定给付保险金的，人民法院应予支持。"关于保险人提出，本案保险合同中约定的"意外伤害"是指"遭受外来的、突发的、非本意的、非疾病的客观事件直接致使身体受到的伤害"，刘某胜被宣告死亡不属于意外伤害的问题。本院认为，本案中保险合同条款第5条责任免除规定的情形中，明确列举了保险人不承担给付保险金责任的情形，并未包括宣告死亡。保险人对条款中意外伤害死亡没有明确解释也未罗列意外事故死亡的情形，致使双方产生理解歧义。《保险法》规定：采用保险人提供的格式条款订立的保险合同，保险人与投保人、被保险人或者受益人对合同条款有争议的，应当按照通常理解予以解释。对合同条款有两种以上解释的，人民法院或者仲裁机构应当作出有利于被保险人和受益人的解释。

（十一）保险期限届满，工程尚未竣工，发生意外伤害

1. 争议焦点

以工地项目为单位进行投保，目的必然是为了整个工程施工期间能够得到保障，若工程期限超出了原定的保险期间，保险能够拒赔？若约定了可顺延，保险又能否拒赔？

2. 判赔典型案例

【案例索引】［2020］闽 0703 民初 2087 号

【裁判观点】根据保单约定，保险期间为 2019 年 3 月 12 日 00 时至 2019 年 7 月 11 日 24 时止，该时间段为保险人承担保险赔偿责任的期间，对该保险期间以外的时间发生的意外伤害事故，保险人不应负保险赔偿责任。本案中，丁某生发生意外伤害事故的时间为 2019 年 8 月 20 日，已超保单约定的保险期间，涉案工程虽在保险期间届满时未竣工，但丁某生亦未举证证明福建省欣鼎建设工程有限公司在保险期间届满前 30 天向大地财保建阳支公司申请顺延保险合同期间，故丁某生主张大地财保建阳支公司给付意外伤残保险金 30 000 元和意外医疗保险金 5000 元的诉讼请求，无事实和法律依据，本院不予支持。

3. 律师分析及建议

工地竣工日期往往无法准确评估，建议购买保险时，可要求保险公

司增加顺延的条款，条款内容为"本保单如到期后工程未竣工验收，保险期限可申请顺延 90 日，并不因此加收任何附加保险费，但被保险人须提前 30 日通知被保险人"，除了增加补充条款，需要提前 30 日通知保险公司，否则也无法获赔。

（十二）被保险人的伤残等级为七级以下

1. 争议焦点

保险公司提供的条款特别约定，伤残等级七级以下的不在保险责任范围内，若受伤十级伤残，能否赔付？

2. 判赔典型案例

【案例索引】［2020］闽 0111 民初 2889 号

【裁判观点】本案备注条款为保险合同特别约定条款，系福州朝君工贸有限公司与被告泰康保险人的真实意思表示，且不违反法律和行政法规的强制性规定，视为合法有效，对福州朝君工贸有限公司与被告泰康保险人均具有约束力。福州朝君工贸有限公司为包括原告在内的 49 名员工投保，本案原告作为被保险人，亦应受保险合同约束，其伤残程度为八级，不在约定的保险责任范围，故原告诉请被告支付意外伤残保险金180 000 元，缺乏法律及合同依据，本院不予支持。

3. 律师分析及建议

（1）常见的伤残等级就是八级、九级、十级伤残，若购买的意外险约定七级以下不赔付，相当于买了一张废纸。因此，购买保险时一定要仔细看保险合同中约定的伤残等级及对应的赔付比例，常见的还有十级仅赔偿1%的情形，也需要避坑。

（2）若已经购买类似保险并且发生了事故，也可尝试从保险公司是否履行提示及说明义务突破。

（十三）保险赔偿权益转让，受让人获利

1. 争议焦点

员工的意外险通常由公司投保，若发生工伤事故，公司赔偿后通常会要求员工转让意外险保险权益，若公司同时购买了多份保险，保险金超出了公司支出的赔偿，公司能否获赔？

2. 判赔典型案例

【案例索引】［2019］闽 0203 民初 15810 号

【裁判观点】①保险合同乃大地财保公司与俊佑机电公司依意思自治合法自由订立，双方在合同项下形成的债权债务关系，应予以尊重，故当保险事故发生时，大地财保公司负有支付保险赔偿金的义务，对剩余30 万元债务应予清偿；②但民法立法精神旨在填补损失，而非助长牟利。俊佑机电公司在事故发生后及时垫付 103 万元给李某的法定继承人，并随后获得工伤保险基金支付的 827 602 元和大地财保公司支付的 30 万元共计约 112 万元的补偿，已经填补了俊佑机电公司所事先垫付的损失，无再予以法律救济的必要性；③若俊佑机电公司进一步索赔 30 万元的诉讼请求得到支持，俊佑机电公司将在目前已获利的基础上进一步扩大收益。其获益行为实质上是建立在他人（本公司员工）死亡的基础之上，因他人死亡而获益，有违公序良俗之原则；④若法律支持这种因他人死亡而获取利益的行为，无异于认可类似行为的正当性，将在社会上形成一定的道德风险。综上，对于俊佑机电公司请求大地财保公司支付保险金 30 万元的诉求，本院不予支持。

3. 律师分析及建议

（1）事故发生后的保险权益转让一般能够得到支持，但是受让人（特别是公司）不能够因为有员工受伤而获利。即保险赔偿金不超过公司为被保险人的垫付款，则该权益转让有效。如果赔偿金超过了公司的垫付款，则该笔保险赔偿金为自然债权，不具有执行力。

（2）若出现上述案例的情形，仍然可由被保险人一方向保险公司主张赔偿。

（3）意外险的赔偿本不应当抵扣公司应当承担的工伤赔偿责任，泽良保险法团队曾办理过 A 员工在工作期间中发生交通事故，为 A 争取到肇事方交通事故的赔偿+公司的工伤赔偿+保险公司的意外险赔偿，总共三道赔偿。

（十四）投保人将被保险人从名单中删除、替换

1. 争议焦点

在意外险投保人为公司，受益人为员工的情况下，若公司与员工发生矛盾，公司将员工从意外险名单中删减、替换，此时保险是否需要承担赔偿责任？

2. 判赔典型案例

【案例索引】［2018］闽 0802 民初 6827 号

【裁判观点】原告所在公司（厦门市开环保洁工作有限公司龙岩分公司）明知原告发生了保险事故，但仍将其从保险名单中替换成他人，有违诚信原则。被告也未尽到审查义务，导致已发生事故的原告从保险名单中被替换，严重损害了原告的利益。因此，原告所在公司（厦门市开环保洁工作有限公司龙岩分公司）与被告前述名单替换行为对原告不具约束力，该名单替换行为仅在原告所在公司（厦门市开环保洁工作有限公司龙岩分公司）与被告间发生法律效力。

3. 律师分析及建议

替换保险名单有违诚信原则，剥夺了被保险人的合法权益，通常法

院不会支持，并且对该行为予以谴责。

4. 保险的提示、说明义务

（1）通过上述案例可见，保险公司拒赔的理由纷繁多样，而保险公司最避不开的点，就是《保险法》第17条第2款，泽良保险法团队将其称之为"王炸条款"，可以挡住保险公司所有的拒赔理由，原文如下："对保险合同中免除保险人责任的条款，保险人在订立合同时应当在投保单、保险单或者其他保险凭证上作出足以引起投保人注意的提示，并对该条款的内容以书面或者口头形式向投保人作出明确说明；未作提示或者明确说明的，该条款不产生效力。"只要没有履行提示、说明义务，条款就不产生效力，保险也就不能拒赔。

什么叫提示义务，什么叫说明义务呢？《保险法解释二》第11条对这两项义务进行了解释，第13条则明确了该义务是否履行的举证责任由保险公司承担。实践中，保险公司若无法提供投保人签字、盖章的投保单，则会认定保险公司没有履行上述义务，保险条款不生效。若保险公司能够提供投保人签字、盖章的投保单，则举证责任转移，由原告方进一步举证保险公司没有履行提示、说明义务，当然原告方也还有很多方法可以进一步举证证明，比如申请笔迹鉴定、通话录音、证人证言等。

（2）网络投保普遍化，针对网络投保的情形如何认定保险公司履行了提示、说明义务并没有明确法律规定，只有笼统地规定了"通过网络、电话等方式订立的保险合同，保险人以网页、音频、视频等形式对免除保险人责任条款予以提示和明确说明的，人民法院可以认定其履行了提示和明确说明义务"。在［2019］闽0103民初210号案例中，法院认为即使下载了条款，并且勾选了"已经阅读并理解卡册内容和条款内容"，因网络具有匿名性，仍然无法确定操作点击的人是投保人本人。并且保险公司将解释说明的义务转嫁到了投保人身上，由投保人自己去阅读理解条款，这与立法本意相悖，最终认定保险公司没有履行提示、说明义务，需要赔偿。泽良保险法团队比较认可王静在《保险合同法注释书》中的观点，即网络投保认定保险公司是否履行提示、说明义务的关键点在于：①保险所有条款是否主动弹出并且强制要求看完全文后才能点击下一步；②弹出条款中的免责条款是否采用特殊的字体、颜色、标点符号。

（3）若保险公司将法律、行政法规中的禁止性规定情形作为保险合同免责条款的免责事由，则只需要履行提示义务，不需要履行说明义务。法律、行政法规的禁止性规定多种多样，有的社会危害性大，有的社会危害性小。实践中，无证驾驶、醉驾、逃逸等社会危害性大的情形，一般会直接认定不需要履行说明义务，只需要履行提示义务即可生效。超载、车辆未年检等社会危害性小的情形，则同时需要履行提示义务和说明义务之后才生效。福建省对此并没有明文规定，广东省深圳市中级人民法院《关于审理财产保险合同纠纷案件的裁判指引（试行）》明确了此观点。

第二节　保险纠纷中关于"高空作业"相关法律问题研究大数据报告

一、前言

当我们仰望城市上空，是否会注意到这样一群人，他们在高空之上辛勤劳动，通常而言，我们将其称之为"高空作业者"。在全世界最危险的职业列表中，高空作业者始终位居前列，意外事故发生率始终居高不下。因此，越来越多的企业和劳动者，都会选择购买相关保险，来转嫁风险、保障自身与家人的权益，这也导致近年来关于"高空作业"的保险纠纷案件迅速增加。

泽良保险法团队通过分工合作进行案例检索，制作可视化图例，针对保险拒赔的具体原因进行分析，并附上对应的典型案例，给出专业律师意见。通过对近两年全国各地审理的有关"高空作业"保险纠纷的158件案例进行数据分析，研究分析裁判文书，提出法律风险和对应建议，希望对面临相关纠纷的个人、企业及律师同行有所帮助。

二、研析案例来源

案例来源：Alpha

检索条件设置：

（1）裁判时间：2021年2月1日至2023年2月1日

（2）案由：保险纠纷

（3）文书类型：判决书

（4）法院认为：高空作业

案件数量：158件（检索得到案件185件，排除重复案件、历审部分案件、内容明显无关的案件，最终得到有效案件158件）

数据采集时间：2023年7月1日

三、研析案例简况

2021年2月1日至2023年2月1日全国范围内关于"高空作业"的保险纠纷案件中，案涉保险险种主要有四类，由数量多到少进行排序，分别是团体意外险、雇主责任险、个人意外险和安全生产责任险。从险种的数量可以看出，近年来企业的风险意识逐渐增强，多数企业会选择通过保险手段来转嫁风险，降低事故后的企业负担。

保险类型	案例数量（件）
团体意外险	66
雇主责任险	52
个人意外险	34
安全生产责任险	6

通过分析 158 件案件，笔者归纳了 7 个主要的保险公司拒赔理由，下文将以案件数量的多到少为顺序，对每一个拒赔理由进行具体研究分析，并提出法律风险和对应建议。

保险公司拒赔理由汇总	案件数量（件）
两米以上高空作业导致事故	61
未按照行业安全管理规定开展作业	51
职业类别不符合保险约定范围	39
无相关资质证书	27
无保险利益	13
未如实告知	8
未告知危险程度增大	5
未及时报案	5

四、法院裁判规则及律师分析建议

（一）拒赔理由：两米以上高空作业导致事故

1. 争议焦点

高空作业，通常也称为高处作业，指人在一定位置为基准的高处进行的作业。由于特殊的工作环境，其发生事故的风险性势必高于一般职业者。因此若没有投保相关的特殊保险，保险公司通常会在投保单特别约定中载明：本保单不承保坠落高度基准面 2 米以上（含 2 米）高处作业所导致的事故。司法实践中对于案涉事故是否属于高空作业、条款是否属于免责条款、保险公司是否尽到提示说明义务等存在大量争议。

2. 法院判保险公司赔偿案例

（1）保险公司提供证据不足，无法证明案涉事故属于高空作业导致事故。

【案例索引】［2021］黔 03 民终 77 号

【裁判观点】根据双方在保险合同中的约定，高处作业以《高处作业分级》（GB/T3608-2008）中的定义为准，结合《高处作业分级》中关于"3.1 高处作业……在距坠落高度基准面（3.2）2m 或 2m 以上有可能坠落的高处进行的作业。3.2 坠落高度基准面……通过可能坠落范围（3.3）内最低处的水平面。3.3 可能坠落范围……以作业为中心，可能坠落范围半径（3.4）为半径化成的与水平面垂直的柱形空间"以及该标准附录中关于"A.1 可能坠落范围半径的规定……当 5m<h≤15m 时，R 为 4m"的规定，高处作业的界定需要从坠落高度基准面、坠落点与基准面之间的垂直距离和坠落范围等方面去界定。本案中，虽然双方均认可肖某容从 14 层坠落到 12 层外架之间有 6 米，达到高处作业关于垂直距离 2 米以上的标准，但对肖某容踩到木板上开始往外滑到外架坠落点的距离均不知情，人寿财保南明区支公司亦未举证证明肖某容作业的地点属于高处作业的法定半径范围内，故现有证据不能充分证明肖某容的作业地点符合双方合同约定的高处作业标准。

（2）"高空作业免赔"约定属于免责条款，保险公司未尽到提示说明义务，免责条款不产生效力。

【案例索引】［2022］浙 0206 民初 769 号

【裁判观点】本案中，投保单的特别约定应属免责条款。根据《保险

159

法》的规定，对保险合同中免除保险人责任的条款，保险人在订立合同时应当在投保单、保险单或者其他保险凭证上作出足以引起投保人注意的提示，并对该条款的内容以书面或者口头形式向投保人作出明确说明；未作提示或者明确说明的，该条款不产生效力。虽然原告在投保单中投保人签字处盖章，但投保单中特别约定属于免责条款，被告应作出足以引起投保人注意的提示，并对该条款的内容以书面或者口头形式向投保人作出明确说明。然而，投保单中特别约定内容与其他条款内容并无区别，投保人声明中也仅载明对《雇主责任险保险 A》及附加条款中有关免除保险人责任的条款作了明确说明，而《雇主责任险保险 A》及附加条款中没有关于 2 米以上高空作业不予赔偿及雇员实际职业类别高于保单人员清单列明职业类别不承担保险责任的约定，故特别约定条款不产生效力。

【案例索引】［2021］粤 01 民终 13035 号

【裁判观点】本案中，平安保险深圳分公司提供的保险合同为格式合同，其中《平安雇主责任保险 A 版 . 投保单》"特别约定"第 5 点以及保险单第 12 条"特别约定"第 5 点均约定了"高空作业除外，高空作业针对的是在坠落高度基准面 2 米以上（含 2 米）有可能坠落的高处进行作业"，该条约定的内容将高空作业的保险事故排除在保险人承担保险责任的范围之外。根据上述司法解释的规定，该第 5 点约定的内容应属于免除保险人责任的条款……本案中，《平安雇主责任保险 A 版 . 投保单》"特别约定"一栏，其中除"特别约定"这四个字的字体是加粗加黑以外，其余内容均没有作出足以引起投保人注意的文字、字体或符号，也没有使用其他明显标志作出提示。"特别约定"属于投保单第 5 部分标的信息的其中一栏，第 5 部分共有 3 栏，分别为"申请保险期间""特别约定""投保人声明"，而该 3 项栏目的前述名称均是以加粗加黑的字体显示，并无明显区别地标记出"特别约定"栏目中的文字与其他栏目的文字不同，需要引起投保人的特别注意。相反，该投保单的其他条款如投保须知第（1）（2）（3）（4）部分内容"申请保险期间：1年生效日期，以保险单载明时间为准"、投保人声明1.2.条的全部内容等则使用的是加粗加黑的字体进行标记，该文字的表现形式明显区别于其他条款内容，足以引起投保人的注意。由此可见，平安保险深圳分公司并没有就保险合同"特别约定"的内容向安勇达公司履行提示义务……最后，平安保险深圳分公司提供的《平安雇主责任保险A版．投保单》投保须知第（3）项约定："本保险适用条款由《平安雇主责任保险（A款）》及其附加险组成。"该投保单中投保人声明载明："1.上述各项内容填写属实。2.本人确认已收到了适用条款，且贵司已向本人详细介绍了条款的具体内容，特别就该条款中有关免除保险人责任的条款（包括但不限于责任免除、投保人及被保险人义务）做了明确说明，本人已完全理解，并同意投保。"从上述投保单的内容可知，投保人声明确认收到的适用条款应为《平安雇主责任保险（A款）》及其附加险的保险条款，平安保险深圳分公司有就该保险条款的内容向安勇达公司履行明确说明的义务。但是并不能证明平安保险深圳分公司有就特别约定内容中的免责条款内容以书面或者口头形式向安勇达公司履行明确说明的义务，因此"特别约定"中的第5点即"高空作业除外，高空作业针对的是在坠落高度基准面2米以上（含2米）有可能坠落的高处进行作业"对安勇达公司不产生效力。

（3）"高空作业免赔"约定属于保险公司的格式条款，应按照通常理解予以解释，对合同条款有两种以上解释的，应当做出有利于被保险人和受益人的解释。

【案例索引】［2022］鄂11民终3404号

【裁判观点】财保蕲春支公司认为王某系从六楼坠落至五楼楼面受伤，不符合合同约定的"无高空"作业，不在承保范围。一审认为，案涉保险合同条款系由财保蕲春支公司提供的格式条款，对格式条款内容的理解应按通常理解予以解释。高空作业通常应是指利用支撑或悬吊使作业者身体置于一定高度空中作业的情形，王某在六楼楼面预埋管线，因疏忽大意自电梯井口坠落至五楼楼面受伤显然不能理解为高空作业致伤。财保蕲春支公司关于王焰受伤不在承保范围的抗辩，法院不予采信。

【案例索引】［2022］苏 0205 民初 1118 号

【裁判观点】关于保险公司所称的事发时张某刚在二楼所从事的作业属于高空作业，故其在保险范围内免赔的意见，本院认为，上述特别约定系保险公司预先拟定的条款，属于格式条款范畴，合同双方对格式条款的理解发生争议的，应当按照通常理解予以解释，对格式条款有两种以上解释的，应当作不利于提供格式条款一方的解释。现双方对"高空作业"的界定存在分歧，投保单、特别约定及《高处作业分级》（GB/T 3608-2008）亦均未对事发时张某刚的实施的作业情形是否属于"高空作业"进行明确的界定，应当作不利于提供格式条款一方即保险公司一方的解释，且宇伟经营部对事发时张某刚所从事的作业不属于高空作业的解释更具有合理性，故对保险公司的上述抗辩意见，本院亦不予采信。

3. 法院判决保险公司拒赔案例

（1）"高空作业免赔"属于保险合同承保范围的约定条款，案涉事故不属于保险合同的承保范围。

【案例索引】［2021］鲁 05 民终 1817 号

【裁判观点】本院认为，上诉人与被上诉人订立的保险合同，是双方当事人的真实意思表示，保险合同成立并生效。在符合合同约定的保险事故发生的情况下，保险人应当承担赔偿保险金的责任。但就本案而言，双方保险合同中约定的第 15 条特别约定中的第 1-2 项"本保单不承保高空作业人员，高空作业是指：凡在坠落高度基准面 2 米以上（含 2 米）

有可能坠落的高处进行作业",很明显是双方对于保险合同承保范围的约定条款,合同承保范围条款不能简单等同于责任免除条款。发生保险事故后,应当先看保险事故的发生是否在合同约定的承保范围内,然后再谈及责任免除条款的效力问题。本案中,保险事故的发生是高空作业导致的,而双方的合同特别约定明确载明了"本保单不承保高空作业人员,高空作业是指:凡在坠落高度基准面2米以上(含2米)有可能坠落的高处进行作业"。因此,本院认为,本案保险事故的发生不属于保险合同的承保范围。

【案例索引】〔2021〕京74民终764号

【裁判观点】投保人金服联公司与平安财险北分在《雇主责任险明细》进行了特别约定,即在保险条款对雇主责任保险的通常情形之外约定了特殊情形,即"不承保坠落高度基准面2米以上(含2米)高处作业所导致的事故",且该特殊约定记载于《雇主责任险明细》中,上述约定系当事人的真实意思表示,不违反法律、行政法规的强制性规定,应认定为合法有效。而根据已查明的事实,事故发生时许某的作业条件属于坠落高度基准面2米以上(含2米)高处作业,不属于案涉保险的承保范围。

(2)保险公司已尽到提示说明义务,免责条款有效。

【案例索引】〔2021〕甘0123民初2063号

【裁判观点】本院认为,依法成立的合同,对当事人具有法律约束力。原告张某武委托他人为自己投保了安华农业保险股份有限公司"安心无忧人身意外伤害保险",张某武缴纳了保险费,本案双方当事人之间成立保险合同,保险条款对双方具有约束力。本案中,"安心无忧人身意外伤害保险"投保须知中载明"本产品不承担2米以上高空作业的意外责任(高空作业包含室内高空作业、室外高空作业,2米指脚到地面的垂直距离)"。保险单中特别约定"被保险人须在保险事故发生后48小时内拨打电话报案。否则，因延迟报案而导致被保险人对于事故标的、性质、原因、损失程度等等难以确定的，保险人对无法确定的部分，不承担赔偿或者给付保险金的责任"。本案原告张某武存在意外受伤住院的事实，但其受伤原因是从约 5 米高处滚下摔伤，属于合同约定的免赔事由，其受伤后未按约定在 48 小时内拨打电话报案，自身也存在过错，故安华农业保险股份有限公司的抗辩理由可以成立。张某武委托他人为自己购买保险，代理人所实施的法律行为对张某武发生效力，安华农业保险股份有限公司在签订保险合同时在投保须知中对免责条款进行了提示和明确说明，已经履行了告知义务，张某武不能以自己不知晓投保须知为由否认免责条款的效力。

4. 律师分析及建议

（1）对于"高空作业"的具体定义，保险公司通常会在投保单中直接约定"坠落高度基准面 2 米以上（含 2 米）高处作业导致的事故"，部分保险合同则会约定以《高处作业分级》（GB/T3608-2008）中的定义为准，该分级标准中最低也是 2 米以上。实际而言，该类型保险设置的初衷是不承保高空作业所引发的意外事故，虽然可以在发生事故后通过诉讼手段来争取赔偿，但终究具有较大的拒赔风险性。因此若是企业有高空作业的需求，建议购买更加合适的保险。另外投保人是可以和保险公司对"高度"进行约定的，例如可以和保险公司约定"10 米以上高处作业导致的事故保险公司免赔"等，对于部分企业而言，调整合适的高度将更加有保障。

（2）对于在特别约定中的"高空作业免赔条款"，属于免责条款还是承保范围条款，实践中存在一定争议，这也事关保险公司是否需要对该条款尽到提示说明义务。

（3）对于该类型保险拒赔，提供以下思路进行应对：

第一，案涉事故不属于 2 米以上高处作业所导致的事故，保险公司未提供相关证据证明。

第二，"高空作业免赔条款"属于免责条款，保险公司未履行提示及说明义务，包括条款未加粗加黑、投保人声明不包含特别约定部分、保险公司未提供证据证明尽到说明义务等。

第三，"高空作业免赔条款"属于保险公司的格式条款，应按照通常理解予以解释，对合同条款有两种以上解释的，应当做出有利于被保险人和受益人的解释。

（二）拒赔理由：未按照行业安全管理规定开展作业

1. 争议焦点

由于高空作业的高风险性，保险公司通常会在投保单或保险条款约定："被保险人或被保险人员工从事高空作业或楼宇墙外作业时候，必须按照行业的安全管理规定（包括但不限于必须佩戴安全帽、安全带，或者安装防护网架等安全设施设备）开展作业活动，否则保险公司对可能发生的人身伤亡及医疗费用不承担赔偿责任。"现实中发生高空作业意外事故后，保险公司通常会审查是否有未佩戴安全带、未安装护网架等情况，若存在类似违反安全管理规定的情况，则保险公司可能就会选择拒绝赔偿，进而引发大量争议。

2. 法院判保险公司赔偿案例

（1）保险公司证据不足，无法证明案涉事故存在违反安全管理规定的情形。

【案例索引】［2020］苏 1081 民初 4651 号

【裁判观点】被告辩称曾跃在事故发生时未按照高空作业的要求做好安全防范措施，导致意外事故发生，属于保险合同特别约定的保险公司不予赔偿的情形，且原告在事故发生后未报警、未向安监部门报备，亦未能提供公权力机关作出的事故调查认定材料，不能证实事故发生的原因。对此本院认为，原告提供的通话记录显示，原告在事故发生当天即向被告保险公司客服电话报险，2020 年 5 月 24 日，南通市第一人民医院首诊病历中载明"高空坠落致全身多处疼痛 1 小时，1 小时前患者不慎从十几米处坠落，当即出现全身多处疼痛"，该医院出具的死亡医学证明中亦载明死亡原因为多发伤，且根据原告提供的证人陈述，曾跃在施工过程中佩戴了安全帽和安全带，其是在船舶舱口围处作业过程中发生意外坠落，综合上述证据，被告不能证明曾跃发生意外时违反了保险合同约定的安全防范措施开展作业活动，因此被告认为本案属于保险合同特别约定的不予赔偿情形无事实和法律依据。

【案例索引】［2022］粤 20 民终 2570 号

【裁判观点】本案中，根据复星联合中山支公司提交的大童保险公估有限公司出具的公估报告结论显示，该公司经电话咨询欧阳某华，确认其出险时在高空作业有佩戴安全带及安全帽，但因固定位置的安全带捆绑力不足，导致下跌时承受不住下降的重量造成欧阳某华受伤，即在事故发生时欧阳某华已经按照要求佩戴了安全帽及安全带，并不符合涉案保险合同中约定的免责事由，复星联合中山支公司以《团险业务投保特别约定》第 9 条、《保险单》特别约定主张免除其保险责任依据不足，本院不予支持。至于复星联合中山支公司上诉认为因欧阳某华高空作业操作不规范才导致事故发生时出现臀部先着地而受伤的主张，因复星联合中山支公司对此未提交证据予以证明欧阳某华高空作业存在操作不规范的情形，故本院对复星联合中山支公司的该上诉意见不予采纳。

（2）保险公司未尽到提示说明义务，免责条款不产生效力。

【案例索引】［2021］鄂 06 民终 828 号

【裁判观点】本院认为，本案山河建设集团有限公司为周某红在平安财保襄阳中支公司投保，双方成立合法有效的人身保险合同关系以及周某红发生保险事故的事实，均不持异议，本院予以确认。案涉保险单约定"被保险人高空作业时未系安全带导致的保险事故属除外责任"，该条款系免赔条款，平安财保襄阳中支公司未举证证实其对该免赔条款，向投保人履行了提示和说明义务，故依照《保险法》第17条第2款"对保险合同中免除保险人责任的条款，保险人在订立合同时应当在投保单、保险单或者其他保险凭证上作出足以引起投保人注意的提示，并对该条款的内容以书面或者口头形式向投保人作出明确说明；未作提示或者明确说明的，该条款不产生效力"之规定，案涉免赔条款，对投保人不产生法律效力。

【案例索引】［2022］鲁06民终1577号

【裁判观点】从本案一审、二审调查可知，本案是签署的电子保单，在投保单和保险单上载明的特别约定中第8项属于免除保险人责任的条款，而上诉人在投保单及保险单上均未对该项内容采用加黑加粗等足以引起投保人或被保险人注意的方式提示，也未提交充分证据证明就该项内容中"安全防护措施"的具体要求对被上诉人进行了充分说明，而涉案事故发生时被上诉人的雇员徐某杰采取了戴安全帽的防护措施。因此，现有证据无法证明上诉人对投保单和保险单特别约定中免除其责任条款的概念、内容及法律后果以书面或口头形式向上诉人进行了提示和解释说明，以使被上诉人明了该条的含义和法律后果，因此该条款对被上诉人不产生效力，上诉人依据该特别约定第8项主张不予赔付，本院不予支持。

3. 法院判保险公司拒赔案例

保险公司已尽到提示说明义务，被保险人或其员工未按照行业安全管理规定开展作业。

【案例索引】［2021］沪0101民初28564号

【裁判观点】本院认为，安全带作为保护装置，只有在正确固定的情况下才能发挥作用。安全带如并未固定，仅穿着在人身体的某部位，则无法起到安全带的保护作用，亦非合格的系绑安全带的方法。原告作为专门从事高处作业的建设单位，理应清楚知道相关行业安全规范，并对上岗工人进行安全教育培训。通过庭审举证质证，本院已对鲁某在高处作业时未正确固定好安全带的事实予以确认，在此不再赘述。原告称"特别约定内容是佩戴安全帽、安全带或者安装防护网等安全防护措施，只要佩戴了安全带就是符合了特别约定内容"的说法显然与条款含义及相关行业安全规范要求不符，本院不予认可。因此，本院认定事发时，雇员鲁某未正确固定安全带，涉案事故属于保单第9条特别约定第14条载明的除外责任。原告认为被告通过特别约定来免除保险人依法应承担的义务，限缩了保险人的保险责任，该特别约定条款应属无效，但未能提供相关法律依据。从投保单及特别约定确认书可知，被告在原告投保时已特别用加黑、加粗文字对高空作业不符合安全规定的免责后果向原告明确告知，尽到了提示说明义务。故涉案保险单中有关从事高空作业时不符合安全管理规定的免责条款具有法律效力，本院对被告的抗辩意见予以采纳。

4. 律师分析及建议

（1）该类型案件的具体拒赔情形较为多样化，包括未系安全绳、未佩戴安全帽、未设置安全防护网、未按安全流程操作作业等。至于上述情形是否实际存在，大多数法院会通过法庭调查，并根据庭审双方的举证质证，来综合认定是否存在违反行业安全管理规定开展作业的情形。

（2）对于该类型案件保险拒赔，提供以下思路进行应对：

第一，该条款属于免责条款，保险公司未尽到相应的提示说明义务；

第二，举证证明我方不存在违反行业安全管理规定的情形，若保险公司有相反意见理应举证证明。

（三）拒赔理由：职业类别不符合保险约定

1. 争议焦点

根据职业不同，部分职业类别需要承担高于常人的风险，因此在购买保险时，一般的保险产品通常会约定"本产品不承保高风险职业人员，详见《特别职业种类表》若被保险人目前专职或兼职从事属于《特别职业种类表》中所列的职业发生保险事故，本公司不承担赔偿或给付保险金的责任"，或"本保险产品承保的范围为一至四类职业人员"等条款。这也导致事故发生后，对被保险人的职业类别问题产生大量争议。

2. 法院判保险公司赔偿案例

（1）被保险人职业等级属于保险承保范围内。

【案例索引】［2021］豫 15 民终 3206 号

【裁判观点】从一审时太平洋寿险信阳公司提交的答辩状看，保险公司拒赔的理由是"被保险人投保时职业与发生事故时职业并不一致，被保险人变更职业并未向答辩人如实告知，被保险人发生事故时所从事职业为本保险拒保职业"。但是从二审查明的事实来看，刘某于 2020 年 3 月即进入固始方圆路桥有限责任公司，2020 年 5 月 20 日周某群在太平洋寿险信阳公司为刘某投保了"金福人生终生寿险"及附加险、"祥宁幸福保意外伤害保障计划险"，2020 年 10 月 10 日周某群又为刘正投保"守护专享两全保险"及"附加守护专享两全保险""附加守护专享意外伤害保险"，刘某于 2020 年 10 月 17 日在巡检龙门吊过程中，突遇大风导致龙门吊倒塌，将刘某砸伤，其间，刘某并没有变更过职业。刘某的工种是梁场领班人员，对梁场内的事务负有巡查之责，而梁场属施工工地后方，在箱梁制作完成后根据需要由施工单位运至安装现场使用，刘某所从事的并非保险公司所称的高危职业，太平洋寿险信阳公司提供的职业分类表中，刘某的工种应当属于建筑工程业类内勤工作人员，职业等级为"1"级，应属承保范畴。本次事故的发生也是在刘某对梁场进行巡查时，突遇大风将未曾工作的静止状态下的龙门吊刮倒所致，属于双方合同中约定的意外情形，造成刘某死亡的直接原因也确实是此次突遇大风的意外，因此，按照双方合同约定，保险公司应当予以理赔。

（2）保险公司未提供证据证明被保险人从事特种作业。

【案例索引】［2021］沪 0106 民初 2485 号

【裁判观点】本案被保险人在凤岗镇雁田天安数码城 N2 栋楼下停车场出口处进行高空作业摔下来意外去世，符合意外伤害的特征，被告虽认为被保险人的死亡并非意外事故造成，但未能提供证据证明。此外，两被告对"高空作业"持有异议，但亦未能提供证据证明被保险人事发时从事的是保单特别约定中的特种作业。

（3）保险公司未尽到提示说明义务，免责条款不产生效力。

【案例索引】［2022］豫 07 民终 1847 号

【裁判观点】关于人寿保险公司提出辽泰电气公司违反了如实告知被保险人有关情况的法定义务，为被保险人李某根投保的职业类别为三类，职业代码为 081403，是普通工人，该职业类别不包括高空作业的工人，其职业性质变更应告知保险人，按原缴费和应缴费比例计算保险赔偿金，李某根系高空作业坠亡，不符合保险赔付的条件的问题，经查，辽泰电气公司与人寿保险公司所订立的保险合同，并未包含"附录三：职业分类表"。且本案发生的情况亦不属于保险合同中第 6 条的责任免除项"……八、被保险人参加潜水、跳伞、攀岩、驾乘滑翔机或滑翔伞、探险、摔跤、武术比赛、特技表演、赛马、赛车等高风险运动……"中的情况。且保险合同中的"责任免除"条款可以认定为《保险法》第 17 条规定的免除保险人责任的条款，根据相关法律规定，该特别约定的条款，保险人在订立合同时应当在投保单、保险单或者其他保险凭证上作出明确说明，未作出说明的，该条款不发生法律效力。本案中，人寿保险公司仅提供盖有公章的投保单、投保确认函，不能充分证明其将特别约定的条款以及具体职业类别以书面或口头形式向投保人作出明确说明，该保险条款不产生效力。李某根从事的工作内容没有变更，故上诉人人寿保险公司此项主张，本院不予支持。

（4）保险公司未尽到审核义务，合同解除权超过期限已消灭。

【案例索引】［2021］沪 0101 民初 8137 号

【裁判观点】对于原、被告双方均认可的原告从事的工作为砌筑工，在被告的职业分类表上确属第 5 类职业，但被告在接受投保时亦应对投保员工的岗位情况予以核实，而不应该采取放任态度，而事实上原告作为投保人在投保时，被告的保险代理人对于原告是否可作为被保险人投保本产品也并未进行审核。即使投保人未如实告知，保险人享有解除合同的权利，但合同解除权自保险人知道有解除事由之日起，超过 30 日不行使而消灭。本案被告在保险事故发生后就因被保险人从事的工作超出保单约定职业类别范围，且为高空作业时出险，可以确定对解除事由被告已知晓。但被告至今未主张行使合同解除权，已超过期限，故解除权已消灭。因此，在保险合同期间，发生保险事故的，被告应承担给付保险金的责任。

3. 法院判保险公司拒赔案例

（1）职业类别不符合保险约定范围，因此案涉事故不属于保险责任范围。

【案例索引】［2021］川 01 民终 22304 号

【裁判观点】黄某恒在高处作业而又没有采取相应的到安全保障措施，且涉案保险明确约定了黄某恒的工作职责为 4 类职业的沥青操作手。而在保险行业内，5 米以上高处作业通常被纳入 5 类或者 6 类职业。本案中，涉案保险条款约定"本合同有效期内，被保险人职业或工种变更时，应书面通知本公司。被保险人变更后的职业或工种不属于本险种承保范围内的，本公司对职业变更后发生的保险事故不承担给付保险金的责任"。一审法院认为，黄某恒在事故发生时实际从事的工作内容即维修高处的彩钢顶棚，与原保险合同约定的职业相比，黄某恒在10米高空作业的行为将其自身安全处于极为危险的状态下，其人身安全危险程度的显著增加是足以影响保险人决定是否继续承保或是否增加保险费的重要变更事项，且黄某恒的高处作业行为与涉案事故发生有直接因果关系。且事故发生并非合同约定的因搅拌站直接施工导致的事故。因此，一审法院认为，涉案事故的发生不属于涉案保险合同约定的保险责任范围。

（2）职业类别不符合保险约定范围，因此案涉事故不属于保险责任范围。

【案例索引】［2021］渝 0117 民初 5343 号

【裁判观点】本院认为，原告选择网络电子投保方式投保，根据被告举示的电子投保的一般操作流程，需投保人通过手机微信点击链接进入投保界面完成浏览后，在网页尾部填写投保信息并选择缴费计划，投保人点击"立即申请"后，会自动跳出弹窗，上面显示"我已阅读并同意《保险条款》《投保须知及声明》《健康告知》《责任免除》《信息政策》"，需投保人点击"好的，继续"后进入下一步操作流程。被告通过跳出弹窗的方式展示《保险条款》《投保须知及声明》《健康告知》《责任免除》《信息政策》等，并且用显著不同颜色标明，点击相应链接即可明确具体内容，要求投保人浏览并同意后才能进入下一步操作流程，网页中还对相关免责条款内容字体进行了加黑加粗处理，说明保险人已就相关保险合同内容向投保人进行说明，对相关免责条款内容也向投保人予以提示和明确说明。根据《保险法解释二》第 12 条规定"通过网络、电话等方式订立的保险合同，保险人以网页、音频、视频等形式对免除保险人责任条款予以提示和明确说明的，人民法院可以认定其履行了提示和明确说明义务"，故被告举示的投保流程能够证明其就相关保险合同内容及免责条款内容已向投保人尽到了提示和明确说明义务。原告不点击浏览相关材料而直接点击"好的，同意"，系其自身原因，相应后果由其自身承担，该免责条款对原告应产生效力。关于争议焦点二，根据《高处作业分级》（GB/T3608-2008）规定：在距坠落高度基准面2米或2米以上有可能坠落的高处进行的作业，为高处作业。原告在三楼向下倾倒水泥而摔下，坠落高度基准面在2米以上，应属高处作业。属于《特别职业种类表》（2020版）中"其他（任何）高空（2米以上）作业人员"，被告辩称其在此保险事故中不应承担保险金赔付责任，符合法律规定和双方约定，本院予以支持。

4. 律师分析及建议

（1）可以通过在网上搜索了解职业分类的情况，需要注意的是，有些合同是直接约定《特别职业种类表》，该表内的职业种类都不属于保险责任范围；有些则是约定承保几类，但雇主责任险和团体意外险的职业分类是不同的，需要根据险种查看具体的职业分类表。总而言之，只有在投保前了解被保险人或其员工的职业是否适用保险产品，才能避免出现花钱投保却被拒赔的冤枉情况。

（2）对于该类型条款属于免责条款还是保险责任范围条款，实践中存在一定争议，这也事关保险公司是否需要对该条款尽到提示说明义务。

（3）对于该类型保险拒赔，提供以下思路进行应对：

第一，被保险人从事职业为保险合同约定的职业类别，保险公司若有相反意见应举证证明；

第二，保险公司在被保险人投保时未尽到审核义务，合同解除权超过期限已消灭；

第三，职业类别条款属于免责条款，保险公司未尽到提示说明义务，例如保险公司未对特别约定条款或具体的职业类别进行提示与详细说明。

（四）拒赔理由：无特种作业证书

1. 争议焦点

由于特种作业工作人员的特殊性，其必须经专门的安全技术培训并考核合格，取得相应的特种作业操作证后，方可上岗作业。例如高空作业就需要高处作业操作证，是从事登高架设作业或高处安装、维护、拆除作业等工作的人员必须考取的特种作业操作证。投保时部分保险合同的免责条款中也会约定"违法用工，违法施工，无有效资质操作施工设备的情形"。然而司法实践中，很多高处作业的工作人员"无证作业"，这也导致事故发生后产生大量争议。

2. 法院判保险公司赔偿案例

（1）无需取得特种作业证书。

【案例索引】［2022］晋 0224 民初 100 号

【裁判观点】关于大地财保辩称任某从事高空作业，无高空作业证，其具有免责事由，不承担赔偿责任，本院认为，任某从事的是木工，且发生意外伤害时也是在做木工工作，不属于其主张的保险合同条款第 7 条第 1 款：违法用工，违法施工，无有效资质操作施工设备的情形，故对该辩解不予采信。

【案例索引】［2022］京 0106 民初 240 号

【裁判观点】本院认为，第一，从该免责条款的字面意义看，如果被保险人未取得对应的特种作业证书进行特种作业操作造成的损失、费用和责任，保险人不承担给付保险金责任。虽然该免责条款约定的内容极为宽泛，但依据现有证据及当事人陈述，本案中，发生事故时罗某美系工地小工，并非必须取得特种作业证书的工种，其工作内容为帮忙传递钢管，并未进行需持证操作的特种作业，本案事故情形并不符合该条款的字面意义。

（2）免责条款约定不明，不能产生效力。

【案例索引】［2021］苏 0411 民初 7475 号

【裁判观点】被告以投保单中载明未取得特种作业证进行作业发生的意外事故不承担责任，张某顺高空作业没有高空作业证，其主张不承担责任。投保中记载未取得特种作业证为概括性内容，没有具体的免责内容，不能产生免责效力，另外被告也未在保险条款中载明该内容为免责条款，本院对被告以此要求免除其责任的请求不予支持。

（3）保险公司未尽到提示说明义务，免责条款不产生效力。

【案例索引】［2021］苏 0411 民初 5705 号

【裁判观点】被告认为保险条款载明被保险人未取得对应的特种作业证书进行特种作业操作的保险人不承担给付保险金的责任，抗辩因罗某斌高空作业，故其不应承担赔偿责任；本院认为对于高空作业的定义、涵盖工种等被告未向投保人作出明确解释，且投保人为建筑公司，保险人应当知道其职业类别和风险，对于高空作业的范围更应当详尽告知，被告未明确提示及告知的免责条款，无效。

【案例索引】［2022］豫 1628 民初 3024 号

【裁判观点】本案保险条款中"被保险人违法施工、无有效资质操作施工设备，保险人不承担给付保险金责任"，从上述内容可以看出，该条为免除保险人责任的条款。原告称没有保险条款，被告也没有解释说明，主张该条款无效。被告对免责条款尽到解释说明义务依法负有举证责任，而被告提交的投保单仅有原告公司印章，没有负责人或经办人签名，不能证明被告尽到了解释说明义务。原告以此主张该免责条款无效，本院予以支持；被告以张某从事高空作业未取得相应资质，保险人无需承担理赔责任的主张，本院不予采纳。

3. 法院判保险公司拒赔案例

无特种作业证，且保险公司已尽到提示说明义务，保险公司不承担赔偿责任。

【案例索引】［2022］皖 1802 民初 1952 号

【裁判观点】自姜某聪提供材料显示"其系进行 2#墩模板安装施工时，不慎从约 10 米高处支架上跌落至地面受伤"，表明姜某聪事发时从事高空作业。而依据案涉保单特别约定第 5 条、第 7 条约定，从事特种作业应提供特种作业证，且高空作业时应系安全带，否则保险人不承担保险责任。但姜某聪并未提供其事发时系安全带的证据；对于特种作业证，其提供的也仅是使用期至 2012 年 7 月 11 日，该证在事发时已逾期 7 年，且即便在使用期限内，也需要两年一复审，因此姜某聪已非简单的逾期未年审、逾期未办证，应属于无证作业，保险人可据此不承担保险责任。尽管姜某聪庭审中称保险公司对特别约定未黑体加粗提示、未尽明确解释说明义务，不产生法律效力，但特别约定是针对该份保单所作出的不同于其他保单的约定，是双方在订立保险合同时通过充分协商后纳入保险合同的，不同于保单所附保险条款的约定，亦非格式条款，且保险人提供的证据显示其对保险条款及免责事由等已向投保人履行了解释说明及明确告知义务，因此姜某聪诉称理由不成立。

4. 律师分析及建议

对于该类型保险拒赔，提供以下思路进行应对：

第一，被保险人或其员工从事的岗位无需特种作业证书，保险公司若有相反意见应举证证明；

第二，合同条款中未明确约定未取得特种作业证为保险的免责内容，因此不能产生免责效力；

第三，保险公司未尽到提示说明义务，免责条款不产生效力。

（五）拒赔理由：无保险利益

1. 争议焦点

保险利益是指投保人对保险标的具有法律上承认的利益，依据《保险法》第31条，如果订立合同没有保险利益的，保险合同无效。因此在许多雇主责任险、团体意外险案件中，事故发生后保险公司若调查发现被保险人与公司未建立正式的劳动关系，则可能会以无保险利益，保险合同无效为由进行拒赔，由此产生争议。

2. 法院判保险公司赔偿案例

未建立劳动关系并非不具有保险利益，保险合同有效。

【案例索引】［2021］京74民终744号

【裁判观点】关于畅辉公司与陶某之间的关系问题是否影响合同效力一节，《保险法》第31条规定：投保人对下列人员具有保险利益：（1）本人；（2）配偶、子女、父母；（3）前项以外与投保人有抚养、赡养或者扶养关系的家庭其他成员、近亲属；（4）与投保人有劳动关系的劳动者。除前款规定外，被保险人同意投保人为其订立合同的，视为投保人对被保险人具有保险利益。本案中，即使陶某与畅辉公司系劳务关系，但是根据现有证据并无陶某不同意畅辉公司为其订立合同的证据，且陶某的第一顺位继承人亦未对此提出异议，故应认定畅辉公司为陶某投保并未违反法律强制性规定，合同有效。

【案例索引】［2021］黔0402民初3928号

【裁判观点】被告中华联合财产保险股份有限公司贵阳中心支公司辩称死者系第三人的临聘人员，不属于享有本案所涉保险合同利益工作人员的理由，本案的保险合同系针对建筑工程的施工人员所签订的团体意外伤害保险。根据双方保险合同约定，保单的责任范围为安顺开发区幺铺镇红龙村安置房项目施工现场的施工人员，被保险人为不记名的200

人，但并未明确临聘人员不属于施工人员的范围。国务院《关于解决农民工问题的若干意见》（国发〔2006〕5号）对农民工特别是建筑业农民工参加工伤保险提出明确要求，同时《建筑法》也规定建筑施工企业为施工现场从事危险作业的施工人员办理意外伤害保险。死者吴某兵虽未与第三人签订劳动合同，但属于合同约定施工人员的范围，被告的理由，本院不予支持。

3. 律师分析及建议

对于该类型保险拒赔，笔者提供以下思路进行应对：

第一，《保险法》第31条规定：投保人对下列人员具有保险利益：（1）本人；（2）配偶、子女、父母；（3）前项以外与投保人有抚养、赡养或者扶养关系的家庭其他成员、近亲属；（4）与投保人有劳动关系的劳动者。除前款规定外，被保险人同意投保人为其订立合同的，视为投保人对被保险人具有保险利益。由该条文的兜底条款可知，实际上只要被保险人同意，投保人就对被保险人具有保险利益。由此可见，企业并非只能为其建立了劳动关系的正式员工进行投保，若保险公司有相反意见，应提供被保险人不同意为其投保的证据。

第二，国务院《关于解决农民工问题的若干意见》对农民工特别是建筑业农民工参加工伤保险提出明确要求，同时《建筑法》也规定建筑施工企业为施工现场从事危险作业的施工人员办理意外伤害保险，由此可见只要属于施工人员的范围，而非必须是建立劳动关系的正式员工，就可以为其进行投保。

（六）拒赔理由：未如实告知

1. 争议焦点

《保险法》第16条规定了投保人的如实告知义务，即订立保险合同时，保险公司就保险标的或者被保险人的有关情况提出询问的，投保人应当如实告知。因此司法实践中，事故后保险公司若调查发现被保险人存在如无高空作业证、职业种类不符等情形，保险公司可能会以"投保人未尽如实告知义务"为由，拒绝赔偿，由此产生争议。

2. 法院判保险公司赔偿案例

（1）保险公司未举证证明投保时尽到询问、审核的义务。

【案例索引】［2021］苏 0582 民初 9801 号

【裁判观点】本院认为，首先，被告都邦财保公司未提供证据证明其在投保人投保时履行了询问义务，亦未提供充分证据证明原告在申请将闫某要变更为被保险人时闫某要职业为从事高空作业而未如实告知保险人，故应承担举证不能的法律后果。

（2）知晓解除合同事由后，未在规定时间内及时行使合同解除权，合同解除权归于消灭。

【案例索引】［2021］京 74 民终 744 号

【裁判观点】关于太平洋保险公司所述的畅辉公司未如实告知其工作人员有高空作业一节，根据查明的事实太平洋保险公司于 2019 年 5 月知晓涉案保险事故，其在向畅辉公司送达的《不予受理通知书》中明确了拒绝赔偿的理由为该公司未尽如实告知义务，说明太平洋保险公司在 2019 年 5 月即已经知道解除合同事由，其在法律规定的时间内未行使合同解除权，该合同解除权归于消灭。

【案例索引】［2021］沪 0101 民初 8137 号

【裁判观点】对于原、被告双方均认可的原告从事的工作为砌筑工，在被告的职业分类表上确属第 5 类职业，但被告在接受投保时亦应对投保员工的岗位情况予以核实，而不应该采取放任态度，而事实上原告作为投保人在投保时，被告的保险代理人对于原告是否可作为被保险人投保本产品也并未进行审核。即使投保人未如实告知，保险人享有解除合同的权利，但合同解除权自保险人知道有解除事由之日起，超过 30 日不行使而消灭。本案被告在保险事故发生后就因被保险人从事的工作超出保单约定职业类别范围，且为高空作业时出险，可以确定对解除事由被告已知晓。但被告至今未主张行使合同解除权，已超过期限，故解除权已消灭。因此，在保险合同期间，发生保险事故的，被告应承担给付保险金的责任。

3. 律师分析及建议

对于该类型保险拒赔，笔者提供以下思路进行应对：

第一，投保时保险公司未尽询问义务，投保人自然谈不上如实告知，若保险公司有相反意见，应提供证据证明投保时有进行询问；

第二，即使投保人未尽如实告知义务，保险公司有权解除合同，但根据《保险法》第 16 条，该合同解除权自保险公司知道有解除事由之日起算，超过 30 日不行使就消灭。保险公司在知晓解除事由后，已超过期限未行使合同解除权，因此解除权已自动消灭。

（七）拒赔理由：未告知危险程度显著增大

1. 争议焦点

《保险法》第 49 条、第 52 条约定了若保险标的危险程度显著增大，被保险人应及时通知的义务，否则保险公司不承担赔偿责任。司法实践中，若事故后保险公司调查发现，被保险人存在更换高风险工种等情形，保险公司便会以上述理由拒绝赔偿，由此产生争议。

2. 法院判保险公司赔偿案例

（1）证据不足，无法认定保险标的的危险程度显著增加。

【案例索引】〔2021〕鲁 09 民终 904 号

【裁判观点】二审中上诉人认可投保时该公司知道陈某瑞系东平县铭

阳保温材料有限公司的法定代表人。陈某瑞在从事保温材料加工过程中，使用及检查、维修航吊车均属其正常作业范围。现有证据不足以认定陈某瑞的职业/工种发生变更或保险标的的危险程度显著增加。

（2）保险公司始终知晓保险标的的风险程度，因此不存在危险程度显著增加的情形。

【案例索引】［2021］沪 74 民终 1759 号

【裁判观点】关于上诉人人民财保上海分公司认为伤亡员工梁某没有高空作业证而进行高空作业属于保险标的危险程度显著增加，被保险人未能及时通知保险人，因此保险公司不承担赔偿保险金的责任。本院认为，本案保险人所承保的是雇主责任险，保险标的为被保险人所承担的工伤（亡）赔偿责任。上诉人人民财保上海分公司在《保险协议书》中已明确了解安鼎公司所投保人员职业范围为钢结构等高危行业从业人员，其自始至终知晓系争保单项下的风险程度，因此本案不存在危险程度显著增加的情形，对于该项主张本院不予支持。

3. 律师分析及建议

对于该类型保险拒赔，笔者提供以下思路进行应对：

（1）保险公司应该举证证明，案涉保险标的存在危险程度显著增加的情形；

（2）保险公司始终知晓保险标的的风险程度，因此不存在保险标的风险显著增加的情形。

（八）拒赔理由：事故后未及时报案

1. 争议焦点

保险公司通常会在投保单或保险合同中约定报案时限，例如"事故发生后 48 小时内应进行报案"。但司法实践中经常会出现间隔几天甚至间隔十几天才向保险公司报案的情况，保险公司也通常会以报案时间超过合同约定为由拒绝赔偿，进而产生争议。

2. 法院判保险公司赔偿案例

即使未及时报案，案涉事故发生的原因、性质、损失程度能通过证据确定的，保险公司仍需要赔偿。

【案例索引】［2021］粤 01 民终 25155 号

【裁判观点】人保广州公司主张案涉事故发生后，山东浩慎公司一直未向人保广州公司报案，导致人保广州公司无法对事故进行调查，无法对事故发生的性质、原因、损失程度等进行确认，故对不能确认的部分，人保广州公司不应承担保险赔偿责任。《保险法》第 21 条规定："投保人、被保险人或者受益人知道保险事故发生后，应当及时通知保险人。故意或者因重大过失未及时通知，致使保险事故的性质、原因、损失程度等难以确定的，保险人对无法确定的部分，不承担赔偿或者给付保险金的责任，但保险人通过其他途径已经及时知道或者应当及时知道保险事故发生的除外。"根据上述规定内容可知，被保险人及时通知保险人属于被保险人的义务，但并非所有被保险人未履行及时通知义务的，保险人就不需要承担赔偿责任，只有当保险事故的性质、原因、损失程度难以确定时，对无法确定的部分，保险人才不承担赔偿责任，在保险人通过其他途径能够知道并能确定的保险事故，保险人仍应对此承担赔偿责任。本案中，案涉事故发生的原因、性质、损失程度均能通过山东浩慎公司提供的证据确定。人保广州公司主张山东浩慎公司未及时通知，导致人保广州公司对事故情况不能确认，故不应承担保险赔偿责任的意见，理据不足，本院不予支持。

3. 律师分析及建议

（1）保险事故发生后，建议及时向保险公司进行报案，免得事后保险公司以未及时报案为由拒绝赔偿；

（2）假设事故后未及时向保险公司报案，并非就意味着保险公司不用赔偿，而是在未及时报案，保险事故的性质、原因、损失程度难以确定时，对无法确定的部分保险公司才不用赔偿。

（3）事故后应积极收集、保留案涉事故的相关证据，只要证据足以还原案涉事故经过，让保险公司通过其他途径知道并确定保险事故，那么即使未及时报案，保险公司仍应承担赔偿责任。

第三节　猝死在意外伤害保险合同纠纷中焦点问题研析大数据报告

一、前言

意外伤害保险合同是以被保险人遭受意外伤害及由此致残或者死亡为保险标的，在保险事故发生时，保险人向被保险人或受益人给付保险金的保险合同。在大部分意外伤害保险合同中，将意外伤害定义为"外来的、突发的、非本意的、非疾病的客观事件为直接且单独的原因致使身体受到的伤害"，并将猝死排除在意外伤害范围之外。保险条款通常对猝死定义为："指由潜在疾病、身体机能障碍或其他非外来性原因所导致的、在出现急性症状后发生的突然死亡，以医院的诊断或公安、司法机关的鉴定为准。"但由于实践中，对于猝死的定义没有一个统一的标准（主要争议点是猝死是否包含非疾病引发的死亡），保险公司从对其自身有利角度出发，不仅在保险合同中将猝死排除在意外伤害之外，还将猝死列入责任免除条款，所以，当被保险人在医院的诊断书或者《居民死亡医学证明书》上死因为猝死时（现实中大部分为心源性猝死），保险公司一般按照保险合同的约定主张免除自身保险责任，拒绝支付保险金，这就导致此类保险纠纷案件越来越多。

目前法院在处理由猝死引发的意外伤害保险合同纠纷中，在认定保险公司是否应当承担保险责任时，由于医学认知和法律依据的选择不同则会导致不同的裁判结果。为了解近两年司法实践中对意外伤害保险合同纠纷中猝死保险责任如何认定的裁判观点，我们利用 Alpha 案例数据库，以"猝死""意外伤害""一审"为关键字，检索 2021 年至 2022 年全国一审法院审理的 400 余件相关案例，最终筛选出直接涉及猝死争议焦点的裁判文书 120 份，通过分析这 120 份裁判文书，笔者发现此类案件司法实践中主要涉及以下三方面争议问题：

（1）猝死是否属于意外伤害险保险责任范围？

（2）猝死类意外伤害保险合同纠纷中举证证明责任如何分配？

（3）保险公司对免责条款的提示说明义务及有利于被保险人、受益人的解释原则如何认定及适用？

下面笔者将以部分案例为样本，分析以上争议焦点，归纳法院裁判规则，并给出处理类似案件的指导建议，以供参考。

二、猝死是否属于意外伤害险保险责任范围？

1. 猝死属于疾病，并不属于意外伤害，保险人不应承担保险责任。

【案例索引】［2021］鄂 0116 民初 13311 号

【裁判观点】意外伤害是指外来的、突发的、非本意的和非疾病的客观事件为直接且单独的原因导致身体受到的伤害。本案中，医院开具的居民死亡医学证明（推断）书明确记载死亡原因为心源性猝死，显然不是"外来的""非疾病"的原因，而且保单明确约定猝死并非意外伤害。因此，黄某新之死不属于意外伤害保险责任范围。被告在保险事故发生后，根据与保险事故的性质、原因、损失程度等有关的证明和资料作出疾病身故保险理赔，并无不当。

【案例索引】［2021］桂 0921 民初 3988 号

【裁判观点】本院认为，当事人对于自己提出的诉讼请求所依据的事实有责任提供证据加以证明。没有证据或者证据不足以证明当事人的事实主张的，由负有举证责任的当事人承担不利后果。被保险人莫某栩参保的是"广西地区学生意外伤害保险"，该保险合同条款第 27 条说明，"意外伤害"指以外来的、突发的、非本意的和非疾病的客观事件为直接且单独的原因致使身体受到的伤害。本案中，被保险人莫某栩被医院认定为心脏性猝死。《法医学词典》对于猝死的名词解释为："外表似乎健康的人因内在的病变而发生急速的、意外的死亡。"可见，猝死系因病死亡。原告也未能提供充分有效证据证明被保险人莫某栩的死亡符合意外伤害保险约定的保险责任范围。同时，根据涉案保险合同条款第 6 条第 4 款约定，被保险人因"猝死"身故的，保险人不承担给付保险金责任。因此，原告要求被告按照意外伤害保险合同的约定给付保险金 120 000 元的请求，缺乏依据，本院依法不予支持。

【案例索引】［2021］吉 0502 民初 896 号

【裁判观点】本院认为按双方合同释义意外伤害是指以外来的、突发的、非本意的、非疾病的客观事件为直接且主要原因导致的身体伤害，猝死不属于意外伤害。猝死是指貌似健康的人因潜在疾病、机能障碍或其他原因在出现症状后 24 小时内发生的非暴力性突然死亡，属于疾病身故。本案被保险人陈某荣非因外来原因摔倒，根据被保险人死亡记录，被保险人死亡的直接原因应是疾病导致，陈某莉为陈某荣投保的是意外伤害保险，保险条款中约定的意外伤害身故保险金，应为意外伤害为事故的直接原因，本案被保险人死亡不属于保险事故。况且按被保险人摔倒至死亡不足 24 小时，还符合猝死规定的情形，原告申请被告承担保险责任，不予支持。

2. 死是一种死亡表现形式，而非死亡的真实原因，导致猝死的原因，可能是疾病，也有可能是非疾病。根据近因原则，对于近因是意外导致的猝死，保险人应承担保险责任，或者无法证明疾病导致的猝死，保险人也应承担保险责任。

【案例索引】〔2021〕晋 0830 民初 1901 号

【裁判观点】本院认为，本案原、被告争执的主要焦点即为被保险人死因为"猝死"，是否属于保险公司免责范围？猝死的原因，不仅包括疾病，还包括病理性以外的其他因素，不能将猝死等同于疾病死亡。对于猝死的原因，应结合猝死的定义和被保险人的具体情况加以认定。通常认为：猝死是指貌似健康的人，由于机体内潜在的疾病和重要器官发生及性功能障碍，导致的意外的、突然的、非暴力性死亡。由此可见，猝死包括非疾病的意外死亡。被保险人生前因意外摔伤病历中也未显示被保险人患有可能引发死亡的疾病，被告认为猝死即为疾病死亡抗辩不能成立。针对第二个焦点，原告认为：被告应当在主险和附加险范围内承担 132 000 元的赔偿；被告认为：对被保险人意外伤害的医疗费用无异议，对意外死亡不承担赔偿责任。本院认为：被告不能证明被保险人系因疾病引发猝死，应认定本案被保险人猝死属于非疾病原因死亡，符合保险合同约定的赔付条件，应承担相应的赔付责任。

【案例索引】〔2021〕豫 0882 民初 1636 号

【裁判观点】本院认为，段某应与被告签订的平安尊享安心百分百两全保险合同，是双方真实意思表示，内容未违背法律、行政法规的强制性规定，该保险合同合法有效，双方均应按合同履行。从本案查明的事实看，被保险人段某应在跑步摔倒后死亡。舞阳县人民医院为段某应出具居民死亡医学证明书一份，死亡原因为"猝死？（因不详）"，并没有说明导致死亡的原因。因此，被保险人段某应死亡事件的发生，是否属于意外死亡的保险事故，是本案双方当事人争议的焦点问题。首先，被保险人死因无法查明，医院出具的证明是猝死。但是猝死只是死亡的一种表现形式，不是死亡的原因。猝死的原因有多种，有的是疾病，也有的是外力作用导致猝死。本案被告没有证据证实被保险人猝死的原因来自疾病，也没有证据排除系意外伤害导致猝死。

【案例索引】［2021］鄂 0821 民初 1707 号

【裁判观点】本院认为，保险条款作为保险合同的组成部分，对保险责任范围、免除保险人责任的情形等均有明确约定。因此，保险公司是否承担保险责任应当根据保险条款的约定作出判断。本案中被告泰康人寿荆门支公司提交的泰康全能保 C 款两全保险合同的约定，"意外伤害"是指外来的、突然的、非本意的、非疾病的使被保险人身体受到伤害的客观事件，并以此客观事件为直接且单独原因导致被保险人身体蒙受伤害或者身故，猝死、自杀以及自伤均不属于意外伤害。"一般身故"是指非因意外伤害导致身故。原告认为，被保险人郭某辉系意外身故，原告提供的《死亡证明》记载了死亡原因为"呼吸、心脏骤停"。因事发当日是大年初一，原告向被告报案后，被告未告知需要对郭某辉的死亡原因进行鉴定。结合庭审查明的事实，2021 年 2 月 22 日，被告工作人员到事发地做保险事故调查时，被告亦认可郭某辉系下车后绊倒的事实。原告认为郭某辉是因下车绊倒而诱发的死亡，被告应适用意外事故导致死亡给付保险金 18 万元。本院认为，"近因原则"是保险法的基本原则之一，保险公司应该遵循保险合同中的"近因原则"。根据近因原则的释义，郭某辉是因为意外绊倒导致死亡，意外绊倒和心脏、呼吸骤停存在一定的因果关系，因而意外绊倒就是导致死亡的近因。郭某辉的死亡符合保险条款有关"意外伤害"的特征。原告的诉请，本院予以支持。

三、猝死类意外伤害保险合同纠纷中举证证明责任如何分配?

1. 根据《保险法》第 22 条以及最高人民法院《关于适用〈中华人

民共和国民事诉讼法〉的解释》第90条，受益人应提供证据完成初步举证责任，否则将承担举证不能的不利后果。注意：若在事故发生后未通知保险公司直接将尸体火化，导致客观上无法查明死者具体死因，受益人可能要承担不利后果。

【案例索引】〔2021〕渝0105民初1221号

【裁判观点】保险人承保风险的方式中，一切险是承保除列明除外责任以外的一切原因给被保险人造成的保险标的损失，即被保险人无须证明损失具体是由哪种风险所造成，而只要证明确有事故在保险期间发生，就已完成索赔项下的举证责任，只有保险人证明事故确系约定的除外责任之内的原因方可拒赔，例如人身保险合同中的寿险合同。而特定险则对于保险责任采用的是"列明风险"方式，同时列明除外责任，在理赔时，被保险人须首先证明其遭受的损失属于某项列明风险，在对此完成初步举证后，保险人须通过举证证明该项损失属于某项除外责任来拒赔，意外伤害保险即属于这种保险方式。意外身故保险不但要求有被保险人死亡的结果，还要求其必须是意外事故所致，保险金请求权人需证明被保险人系死于合同约定的意外伤害。案涉保险条款中，已明确载明意外伤害是指外来的、突发的、非本意的、非疾病的使身体受到伤害的客观事件，故谭某应当对刘某的死亡具备以上特征完成初步举证责任。本案中，谭某举示的监控视频录像仅能证明刘某突然摔倒的事实，不能证明系遭受意外伤害而身亡。案涉事故发生后，公安部门接警后赶往现场进行勘查，作出了排除他杀的结论，但对于刘某死亡的具体原因没有形成结论性意见。《居民死亡医学证明（推断）书》上虽记载死亡原因为"猝死（跌倒后）"，但该证明书仅是患者死亡的医学临床诊断，可作为尸体火化、户口注销、医疗报销等后续处理相关凭证，不能作为判断患者死亡原因的依据，同时该证明书亦明确说明"死于救治机构以外的死亡原因系死后推断"，120现场确认刘某已死亡，故"猝死"系医疗机构事后推断的死因，要明确真正的死亡原因，必须通过尸体解剖等检查。谭某在《法医学检验后火化通知书》上签字明确要求不予解剖检验，且于刘某死亡6日后才向易安财保公司报案，此时尸体已下葬，导致尸检不能，无法查清死亡原因的责任在谭某一方。再者，根据原被告双方在庭审中举示的两份不同的《重庆市公安局案（事）接报回执》内容，结合谭某妻子的当庭陈述，不能排除刘某的死亡与自身所患疾病相关的合理怀疑，据此，谭某有义务进一步举证证明，刘某的死亡系受到意外伤害、而非疾病的，在其未能举示相应证据对此予以证明时，法庭认为谭某并未完成其自身应有的举证责任，案涉事故是否系保险事故尚待证明，故谭某要求保险人易安财保公司承担保险责任、赔偿保险金及利息、支付医疗费用的诉讼请求，缺乏事实依据和合同依据，于法不应予以支持。

【案例索引】［2021］甘0922民初101号

【裁判观点】投保人吴某亮与被告人寿保险瓜州支公司订立的险种是"国寿安心贷借款人意外伤害保险"，其保险责任是以被保险人因遭受意外伤害导致身体伤残或者死亡为给付保险金条件；该保险条款对"意外伤害"定义为指遭受外来的、突发的、非本意的、非疾病的客观事件直接致使身体受到的伤害。本案中，被保险人吴某亮经医学诊断的死亡原因为主动脉夹层破裂至呼吸心跳骤停，非直接遭受外来伤害所致，原告及被告陈某亦未举证证明吴某亮系遭受外来伤害导致其意外死亡；原告及被告陈某主张吴某亮系意外伤害死亡，证据不足。

【案例索引】［2020］沪0151民初3854号

【裁判观点】本案中，被保险人站不稳倒地，送医抢救不治死亡，虽然救诊记录显示右侧额部有1.5厘米×1.2厘米左右皮肤破损，但现已无法进一步确定其系因自身疾病死亡，还是因倒地后与地面撞击导致死亡。因此，原告仍应就"外来的""非疾病"因素承担举证责任。原告在明知具有涉案保险，且未能确定"猝死"原因的情况下，于2019年12月

11 日将遗体火化，导致无法进一步确定被保险人死亡的具体原因，应对此承担不利后果。

2. 在受益人完成初步举证责任后，保险公司需举证死亡是由于疾病导致而非意外，以及对责任免除条款履行了提示说明义务，否则应当承担举证不能的不利后果。

【案例索引】［2020］豫 1702 民初 11485 号

【裁判观点】本案中，被告保险公司的保险条款未将"猝死不属于意外伤害"中的"猝死"限制解释为"因病理性因素导致的猝死"，根据《民事诉讼法》（2017 年）第 64 条第 1 款规定："当事人对自己提出的主张，有责任提供证据。"五原告亲属张某涛死亡时口鼻流血突发意外死亡已经完成了初步举证责任，被告保险公司作为专职的保险业务的保险公司，应就其主张的猝死免责尽到法定的提示和说明义务进行举证，被告保险公司未提供证据证明尽到提示和说明义务，应当承担举证不能的法律后果，该猝死不赔的免责条款不产生效力。即使按照一般通常理解因病理性因素导致的猝死不赔，被告保险公司在死者亲属已报保险的情况下也应就其主张的张某涛死亡原因做专门鉴定，而非单凭口头主张本案所发生事故系猝死一概不赔，被告保险公司应当承担其举证不能的法律后果。

【案例索引】［2021］内 2921 民初 384 号

【裁判观点】根据《民事诉讼法》（2017 年）第 64 条第 1 款规定："当事人对自己提出的主张，有责任提供证据。"原告对包某某因意外摔倒死亡已经完成了初步举证责任，被告保险公司作为从事专职的保险业务的保险公司，应就其主张的猝死免责尽到法定的提示和说明义务进行举证，被告保险公司未提供证据证明尽到提示和说明义务，应当承担举证不能的法律后果，该猝死不赔的免责条款不产生效力。即使按照一般通常理解因病理性因素导致的猝死不赔，被告保险公司在死者亲属已报保险的情况下也应就其主张的包某某死亡原因做专门鉴定，而非单凭口头主张本案所发生事故系猝死一概不赔，被告保险公司应当承担其举证不能的法律后果。

【案例索引】［2021］鲁 0112 民初 7455 号

【裁判观点】本案保险险种为意外伤害保险，保险合同条款中"意外伤害"是指以外来的、突发的、非本意的、非疾病的客观事件为直接且单独的原因致使身体受到的伤害。从该释义中可以看出，意外伤害是直接且单独的原因、近因且无新的原因介入，通常情况下，"摔倒"或者"坠床"均不会直接导致死亡的结果，本案被保险人的死亡不能排除是因摔倒或者坠床和自身疾病等因素而导致，但是否因自身疾病导致坠床或者摔倒已经无法查证。故，"摔倒"或者"坠床"应属于外来的人身伤害，该种情形下的意外伤害是否直接且单独导致了身体受到的伤害，已无法查证，但保险受益人提交的门诊病历、急救病历等证据已经完成了初步举证，本院对保险受益人主张的意外伤害导致死亡保险事故予以采信。根据《保险法解释二》第 12 条规定："通过网络、电话等方式订立的保险合同，保险人以网页、音频、视频等形式对免除保险人责任条款予以提示和明确说明的，人民法院可以认定其履行了提示和明确说明义务。"保险人未举证证实曾经向投保人履行了保险合同条款及其免责条款的提示、说明义务，且在投保人投保之时未对被保险人进行健康检查或者体检，作为保险条款提供方应当承担不利法律后果。

3. 在死因无法查明的案件中，要特别注意涉及尸检的义务及证明责任问题，保险公司要及时核实或通知尸检，受益人有配合尸检义务，否则应承担相应不利后果。

（1）保险公司承担不利后果。

【案例索引】［2021］渝 0119 民初 226 号

【裁判观点】再根据《平安短期意外伤害保险条款》（备案号：平安财险（备–意外）［2014］主 64 号）"保险人义务，第十三条，保险人收到被保险人的给付保险金的请求后，应当及时作出是否属于保险责任的核定；情形复杂的，保险人将在确定是否属于保险责任的基本材料收集齐全后，尽快作出核定。"2020年8月2日向被告平安财保公司报案，平安财保的工作人员来到达现场后，并未提醒原告要进行尸检查明死亡具体原因，现在被保险人胡某松已于2020年8月10日火化，已经无法进行尸检，无法查明被保险人胡某松的死亡原因，被告未尽到保险人义务，被告也无据证明被保险人胡某松系猝死。

【裁判索引】〔2021〕川0104民初17421号

【裁判观点】平素身体健康或貌似健康的患者，在出乎意料的短时间内，因自然疾病而突然死亡即为猝死。被保险人赵某俊在工地操作时倒地不醒，医院初步诊断"电击伤，猝死"。电击伤，猝死，两者有交叉，为查明赵某俊是否属猝死或电击伤在其死亡原因占比应及时进行尸检，新华人寿四川公司建议对死者尸检，尸检费自然由新华人寿四川公司承担，现新华人寿四川公司没有证据证明赵某俊继承人没有配合尸检，故尸检不能的责任在新华人寿四川公司。由此，本院推定赵某俊因受电击倒地引发突然死亡，属保险合同约定的意外伤害，新华人寿四川公司应承担保险责任。康某英等请求判令新华人寿四川公司、新华人寿支付保险金50万元，符合约定，本院予以支持。

【案例索引】〔2021〕豫0882民初1636号

【裁判观点】本案事故发生于2021年1月15日，同日被保险人亲属向该份保险代理人赵某波报案，应当认定被保险人亲属及时履行了通知义务。因被告在接到报案后，被告如果认为段某应是因疾病死亡，应在接到报案后，及时向受益人提出对段某应进行尸检，以查明是否因疾病死亡，但被保险人报案后，一直询问被告公司工作人员是否需要尸检，得到的回复都是不需要，被保险人家属才将尸体火化。被告接到报案后未作出合理的处理方式，未做尸检，无法查明死亡原因，因此，被告保险公司应当对该起保险事故无法查清死亡原因，承担举证责任，举证不能则不能免除被告保险被告按合同约定的意外身故保险金额承担赔付责任。综上，合同签订后，被保险人段某应按时按期缴纳了保险费，段某应在保险期内意外身故，被告应按意外身故承担 100 万元保险金的责任，原告张某青作为身故保险金受益人，其主张本院予以支持。被告辩称理由不足，本院不予支持。

（2）受益人承担不利后果。

【案例索引】［2021］湘 1124 民初 1290 号

【裁判观点】《保险法》第 22 条第 1 款规定，保险事故发生后，按照保险合同请求保险人赔偿或者给付保险金时，投保人、被保险人或者受益人应当向保险人提供其所能提供的与确认保险事故的性质、原因、损失程度等有关的证明和资料。本案中，刘某涛作为受益人，应当对被保险人刘某卿的死亡符合保险合同约定的意外伤害死亡的理赔条件承担举证责任，在保险人要求进行尸检以查明刘某卿的死亡原因时，应当积极配合。但人民人寿保险湖南省分公司曾先后两次要求进行尸检，刘某涛均予以拒绝，致使刘某卿的死亡原因无法查明，举证不能的责任在原告刘某涛，其应当自行承担举证不能的后果。

【案例索引】［2021］川 0104 民初 9910 号

【裁判观点】原告应举证证明存在保险合同约定的"外来的、突发的、非本意的、非疾病"的因素致使李某林身体受到伤害并导致身故。原告在李某林死亡次日将遗体火化，未进行尸检，导致客观上无法查明死者具体死因。根据最高人民法院《关于适用〈中华人民共和国民事诉讼法〉的解释》第 90 条规定，当事人对自己提出的诉讼请求所依据的事实或者反驳对方诉讼请求所依据的事实，应当提供证据加以证明，但法律另有规定的除外。在作出判决前，当事人未能提供证据或者证据不足以证明其事实主张的，由负有举证证明责任的当事人承担不利的后果。

本案中原告方提供的证据不足以证明李某林的死亡情形属于涉案保险范围，故众安财险公司不承担保险责任。

4. 根据《保险法解释三》第 25 条的规定，部分案件难以查清死因，且无法归责于受益人保险人或者均有过错，法院根据案件情况酌定保险人按相应比例赔付。

【案例索引】［2021］冀 8601 民初 120 号

【裁判观点】根据医院出具的居民死亡医学证明（推断）书、居民死亡殡葬证记载，付某死亡原因"被描述为心脏性猝死"，而可能导致心脏性猝死的疾病有多种，根据本案的证据材料，付某是是因为保险责任约定的"急性心肌梗死"导致心脏性猝死难以界定。根据《保险法解释三》第 25 条"被保险人的损失系由承保事故或者非承保事故、免责事由造成难以确定，当事人请求保险人给付保险金的，人民法院可以按照相应比例予以支持"之规定，并结合本案的实际情况，本院确定由被告承担 50% 的保险责任，即被告应向原告赔偿保险金 13 万元。

【案例索引】［2021］鲁 1122 民初 12 号

【裁判观点】本案被保险人何某 3 已入葬，是否系意外身故已无法查明，且岳某花、何某廷、阳光人寿日照公司均未采取必要的措施对死者进行司法鉴定、医学死亡原因鉴定，导致何某 3 死亡原因无法查明均具有一定的过错，但即使通过司法鉴定等查明死者的死亡原因，也无法确认是不是死亡的近因。阳光人寿日照公司与岳某花、何某廷对造成被保险人何某 3 死因不明均负有责任。根据《保险法解释三》第 25 条"被保险人的损失系由承保事故或者非承保事故、免责事由造成难以确定，当事人请求保险人给付保险金的，人民法院可以按照相应比例予以支持"之规定，酌定原被告双方各自承担 50% 责任，阳光人寿日照公司应向岳某花、何某廷支付保险金 5 万元。

【案例索引】［2021］川 1112 民初 320 号

【裁判观点】综上所述，由于本案余某刚的死亡原因存在争议，其死亡后果系由承保事故或者非承保事故、免责事由造成难以确定，因此，根据保险法的近因原则，对余某刚病发死亡及交通事故作用问题，本院酌情考虑案涉保险金应按比例支付，由寿保五通支公司承担 40%。对于许某云、余某松、余某元的诉讼请求，本院予以部分支持。

四、保险公司对免责条款的提示说明义务及有利于被保险人、受益人的解释原则如何认定及适用？

《保险法》第 17 条规定了保险人的对免责条款的提示说明义务，第 30 条确定了格式条款有利于被保险人、受益人的解释原则。猝死一般也在保险合同责任免除条款当中，未提示说明则不发生效力；注意保险公司的尸检通知书的免责条款也涉及履行提示说明义务问题，同时一并注意保险条款中是否有尸检相关的约定。

【案例索引】［2021］甘 0982 民初 1217 号

【裁判观点】本院认为，王某生与人寿保险敦煌支公司签订的保险合同，系双方当事人的真实意思表示，合法有效，本院予以确认。《保险法》第 17 条规定："订立保险合同，采用保险人提供的格式条款的，保险人向投保人提供的投保单应当附格式条款，保险人应当向投保人说明合同的内容。对保险合同中免除保险人责任的条款，保险人在订立合同时应当在投保单、保险单或者其他保险凭证上作出足以引起投保人注意的提示，并对该条款的内容以书面或者口头形式向投保人作出明确说明；未作提示或者明确说明的，该条款不产生效力。"本案中，王某生与人寿保险敦煌支公司签订的保险合同由第三人七里镇支行代为办理。办理过程中，第三人七里镇支行仅向王某生交付了保险凭证，保险凭证中未列明责任免除相关条款，第三人七里镇支行也未就责任免除相关条款向王某生进行说明，所交付的保险凭证中虽载明了特别约定、投保人告知事项、登录网站查询和阅读相关条款，特别是保险责任和责任免除条款等内容，但均未以足可引起投保人注意的文字、字体、符号或者其他明显标志作出提示，与其他文字、字体无异。故，人寿保险敦煌支公司所主张的责任免除相关条款对王某生不产生效力。

【案例索引】［2021］甘 0723 民初 591 号

【裁判观点】《保险法》第 30 条规定："采用保险人提供的格式条款订立的保险合同，保险人与投保人、被保险人或者受益人对合同条款有争议的，应当按照通常理解予以解释。对合同条款有两种以上解释的，人民法院或者仲裁机构应当作出有利于被保险人和受益人的解释。"根据上述规定，本案的保险合同属格式条款，该条款中约定"意外伤害"指遭受外来的、突发的、非本意的、非疾病的使身体受到伤害的客观事件。在保险双方对合同条款中"意外伤害"的理解产生分歧时，应当结合合同条款、案件事实及从保护被保险人的合法利益出发，作出有利于被保险人及受益人的解释。综上，被保险人丁某 2 坠床后死亡应属于"意外伤害"，对于被告辩解丁某 2 非意外死亡，不属于保险责任的辩解理由不予支持。

【案例索引】［2022］湘 0981 民初 1228 号

【裁判观点】对于被告保险公司提出的被保险人张某某头部没有明显外伤，家属不同意进行尸体解剖检验鉴定，无法证明事故属于保险人范围而拒赔的辩称，经查，被告保险公司仅提供了被保险人头部照片和浴室照片，因被保险人遗体已火化，该组照片不足以反映张某某头部受伤的全貌，不能推翻死亡医学证明（推断）书的上对张某某死因的记载。虽被保险人张某某的家属在事故发生后签署了事故检验通知书，明确表示不同意进行尸体解剖检验鉴定。但尸体解剖检验鉴定并非双方保险合同中约定的意外身故保险金获赔的必要手续，且该事故检验通知书涉及保险公司责任免除的重大事项，原告在签署该通知书时被告保险公司未尽到明确充分的说明义务，故被告保险公司据此不予赔偿的依据不足。

注意：在上述案例中，法院在保险公司是否承担意外伤害保险金责任的裁判理由上，除了具体案件事实，各种裁判理由也是互相交叉引用以强化裁判结果，比如判决保险公司赔偿的理由中，既可能涉及猝死属于保险责任范围，有可能涉及保险公司未完成举证证明责任、未履行提示说明义务等，相反在判决保险公司不承担保险金责任理由中，也可能存在受益人未完成初步举证责任、受益人对死因不明承担不利后果以及保险公司已履行提示说明义务等，具体理由要在个案中予以分析。

五、结语

通过分析上述与猝死有关的意外伤害保险合同纠纷案例，为了避免类似纠纷，保障自身合法权益，笔者对投保人、被保险人、受益人提出如下建议：

1. 在投保时尽量选择可以承保猝死的保险，比如寿险、带身故责任的重疾险、带有猝死责任的意外险，避免购买排除猝死在意外伤害之列或将猝死列为责任免除的意外险。

2. 在投保时，仔细阅读保险条款，尤其是责任免除条款，并且注意保险公司是否对免责条款进行提示说明，互联网投保时注意免责条款页面展示情况。

3. 在发生猝死保险事故时，要及时留存、收集可证明被保险人死于意外的证据，同时及时通知保险公司，在保险公司要求尸检时要尽量予以配合，并留存相关材料。

第四节　重疾险保险拒赔情形及应对指南大数据报告

一、前言

随着现代医疗技术的发展，以及人们生活水平和健康意识的提高，现代人对保险的需求也在逐渐加大，尤其是重疾险。重疾险是人身保险中健康保险的一种，是以特定重大疾病为保险对象，当被保险人确诊患重大疾病时，由保险公司对被保险人按照约定金额给予补偿的商业保险行为。重疾险可以在被保险人患病后提供经济保障，尽可能避免因疾病无法工作而使家庭陷入经济困境，同时可以为被保险人缓解因疾病治疗所花费的高额医疗费用。但是，当被保险人不幸罹患相关重大疾病，为此花费高额的医疗费用，保险公司却以所患疾病不符合承保重疾范围、投保人或被保险人未履行如实告知义务等理由拒绝给付保险金。但是，保险公司的拒赔理由真的合理吗？可以通过法律途径争取到应得的赔偿吗？

编者团队通过分工合作进行案例检索，制作可视化图例，针对保险拒赔的具体原因进行分析，并附上对应的典型案例，给出专业律师意见。通过对近一年全国各地审理有关人身保险合同纠纷的 339 件案件进行数据分析，分析整合裁判文书，提出法律风险和对应建议，希望对面临相关纠纷的个人、企业及律师同行有所帮助。

二、检索结果

2021 年 11 月 18 日至 2022 年 11 月 18 日全国范围内关于"重疾"的人身保险合同纠纷案件中，河南与山东案件数量较多，合计 109 件，占比达 32%。可能主要由于这两个省份人口数量多，购买"重疾险"的人数也较多，故发生相关纠纷的案件数也较多。

保险公司常见拒赔理由	案例数量（件）
非适格当事人	3
保险合同已自然终止	4
过诉讼时效	4
属于责任免除范围	4
未能提供相应理赔材料	5
不存在保险利益	5
已履行提示说明义务	5
等待期确诊	6
患疾在保险失效期间	9
未履行如实告知义务（重复投保）	14
已签署赔付协议并赔付，赔偿责任已终了	16
计算方式异议（免赔额、计算项目、定点医院）	17
不符合重疾范围	146
未履行如实告知义务（既往病史）	159

保险公司拒赔的理由一般包括但不限于所患疾病不符合承保重疾范围、对既往病史及重复投保未履行如实告知义务、等待期确诊、属于责任免除范围等，其中保险公司拒赔最常见的两个理由分别是所患疾病不符合承保重疾范围、对既往病史及重复投保未履行如实告知义务。

而在法院判决保险公司应当理赔的案件中，主要理由是疾病符合重疾险范围以及保险公司未履行提示说明义务，其他判决保险公司赔偿的理由还包括投保前患疾与发生的重疾无因果关系、不具备隐瞒病情的故意和事实、保险未尽审查义务、解除权除斥期间经过等。

法院判决保险公司赔偿理由	案例数量（件）
投保人缴纳保费后复效保险合同继续有效	2
等待期约定有效但已超过	2
未过诉讼时效	3
属于违反法律强制性条款，无效	3
等待期约定无效且已超过	4
知道存在解除事由后仍收取保费，解除权消灭	5
保险未尽审查义务	9
转保保单，享有续保权利	10
解除权除斥期间经过	11
投保前患疾但举证不能	18
保险人认诺	19
投保前患疾与发生的重疾无因果关系	22
投保人的告知义务限于保险人询问的范围和内容	26
不具备隐瞒病情的故意和事实	30
两种解释做出不利于保险人的解释	35
未履行提示说明义务	89
符合重疾险范围	131

虽然了解到了保险公司关于重疾险常见的拒赔理由以及法院判赔的理由，但是如何认定所患疾病是否符合承保的保险合同约定的重大疾病范围？如何判断保险公司是否履行了提示说明义务？如何认定投保人是否履行了健康告知义务？是否可向法院请求解除保险合同或者豁免后续保费？下文将对拒赔理由进行具体研究分析，并提出法律风险和对应建议。

三、大数据报告来源

裁判时间：2021 年 11 月 18 日至 2022 年 11 月 18 日

案例来源：Alpha 案例库

案由：人身保险合同纠纷

地域：全国

文书类型：判决书

案件数量：339 件（一审案件）

数据采集时间：2023 年 7 月 1 日

四、法院裁判规则及律师分析建议

（一）拒赔理由：未履行如实告知义务

1. 保险拒赔依据

（1）《保险法》第 16 条。

（2）保险条款中通常有健康告知事项，需要投保人进行勾选。

（3）保险合同条款约定，举例：某保险合同条款 7.6 订立本合同时，我们会向您明确说明本合同的条款内容，特别是免除责任条款内容；我们会就您、被保险人或受益人的有关情况提出书面询问，您应当如实告知；如果您故意或因重大过失不履行如实告知义务，足以影响我们决定是否同意承保或者提高保险费率的，我们有权解除合同；对于故意不履行如实告知义务的，我们对本合同解除前发生的保险事故，不承担给付保险金责任，并不退还保险费；因重大过失未履行如实告知义务，对保险事故的发生有严重影响的，我们对本合同解除前发生的保险事故，不承担给付保险金的责任，但退还保险费……

2. 法院判保险公司赔偿案例

（1）未告知的疾病与所患重疾不存在因果关系。

【案例索引】［2022］鲁 0683 民初 4048 号案例

【裁判观点】以上事实能够证实，原告于 2022 年 1 月 26 日投保案涉保险时，应知悉自己患有××疾病 20 余年且未系统诊治及已被医疗机构诊断患有肝硬化疾病；但本案中，原告系基于在被告承保期内被诊断的肝恶性肿瘤癌疾病，要求被告履行保险合同约定的给付重大疾病保险金义务，原告虽在投保时未告知其××、肝硬化病史，但当时医疗机构尚未对原告是否患有肝恶性肿瘤癌有明确诊断结论，被告亦未提供该两种疾病与肝恶性肿瘤癌存在直接因果关系并足以影响其决定是否同意承保或者提高保险费率的充分证据予以证实，故本案中，原告要求被告履行保险合同约定的给付重大疾病保险金义务，理由正当，本院依法予以支持；被告的抗辩理由不能成立，本院不予采纳。

（2）身体检查异常发生在一年前，超过了告知书中约定的一年内；不能单凭一次血压值高于正常范围就得出患有高血压的结论。

【案例索引】［2022］浙 0902 民初 81 号

【裁判观点】本院认为，订立保险合同，保险人就保险标的或者被保险人的有关情况提出询问的，投保人应当如实告知。投保人的如实告知义务限于保险人询问的范围和内容。当事人对询问范围及内容有争议的，保险人负举证责任。本案中，保险公司抗辩王某能在投保时故意不履行告知义务，即故意不向保险公司告知其在投保前身体检查有高血压、肝酶高、心电图异常、脂肪肝、血脂高等事实，与其个人在《个人情况告知书》对所列举的"一年内是否有过身体检查结果异常""您是否患有或被怀疑患有高血压"等告知事项所作否定勾选不符，足以影响到保险公司是否同意其投保。对于王某能在投保前是否存在上述身体异常或病症，未向保险公司告知，是否违反了投保人的如实告知义务？首先，保险公司举证 2019 年 10 月 18 日王某能在舟山广安医院体检报告电子版，拟证明王某能体检异常结果包括肝酶高、心电图异常、脂肪肝、血脂高等，但根据体检报告日期，发生在王某能投保即 2020 年 11 月 10 日的一年前，不符合《个人情况告知书》中表述的"一年内是否有过身体检查结果异常"的条件，保险公司以此抗辩王某能未尽如实告知义务，本院不予采纳。其次，保险公司举证一组配药记录截屏件以及 2019 年 10 月 19 日的体检报告拟证明王某能患有高血压，属于《个人情况告知书》所列举的应当如实告知的情形。王某能否认该组证据真实性与合法性，并补充提供了其个人于 2021 年 3 月 18 日体检报告拟证明其血压属正常。从证据规则角度出发，保险公司对抗辩王某能在投保时患有高血压而未如实告知，应承担举证责任，但其提供的王某能配药记录截屏件，并非盖有医疗机构公章以及医生签名的疾病诊断证明，也不是能反映王某能血压异常的专业检测报告。另对保险公司提供的王某能体检报告，仅能证明在体检当日存在舒张压偏高的情形，体检建议其定期复测血压，追踪血压变化以明确诊断，故该份体检报告也非明确诊断结论。对于高血压的判断，不能单凭一次血压值高于正常范围就得出患有高血压的结论。就保险公司针对王某能在投保时患有高血压一节事实的举证，尚不足以达到证明目的，本院不能予以确认。

（3）兜底性、概括性条款不能视为保险公司的询问，保险公司不能以投保人对该问题没有如实回答解除合同。

【案例索引】［2021］京 0102 民初 35733 号

【裁判观点】瑞泰人寿公司的询问是否系概括性条款，是否具体明确。本案中，瑞泰人寿公司在健康告知事项部分询问："被保险人是否近一年有新发或以往既有以下症状？反复头痛或眩晕、晕厥、咯血、胸痛、呼吸困难、呕血、黄疸、便血、听力下降、反复耳鸣、复视、视力明显下降、原因不明的皮肤和黏膜及齿龈出血、原因不明发热、原因不明的肌肉萎缩、原因不明的包块、结节或肿物、身体的其他感觉异常或活动障碍？"并主张秦某木未告知的左侧面部疼痛和三叉神经痛属于"身体的其他感觉异常或活动障碍"。对此本院认为，《保险法解释二》第6条规定，投保人的告知义务限于保险人询问的范围和内容。当事人对询问范围及内容有争议的，保险人负举证责任。保险人以投保人违反了对投保单询问表中所列概括性条款的如实告知义务为由请求解除合同的，人民法院不予支持。所谓概括性条款，是指缺乏具体内涵、外延难以界定的条款。实践中，概括性条款一般是以"其他""除此以外"等兜底条款的方式出现。本案中，瑞泰人寿公司在该问题中在"反复头痛或眩晕、晕厥、咯血、胸痛"等具体症状之后所列"身体的其他感觉异常或活动障碍"，该内容是对上述病症之外的兜底性条款，未列明异常的部位，缺乏具体内容，属于概括性条款。对于这种询问，投保人无法做到真正如实告知。故该概括性条款不能视为保险人的询问，保险人不能以投保人对该问题没有如实回答解除合同。

（4）电子投保单的"健康信息告知"均系保险人为了重复使用而预先拟定的条款，不能证明被告对上述询问事项均向原告进行了询问。

保险公司在决定投保前就应该且可能查询到投保人是否具有足以影响保险人决定是否同意承保的相关住院病历资料等，而不应在出现保险事故后，才进行查询来达到拒赔的目的。

【案例索引】［2022］辽1302民初2089号

【裁判观点】本院认为，本案的争议焦点为案涉的电子投保单是否有效、原告投保时是否存在故意不履行如实告知义务及被告是否应当承担赔偿责任的问题。原告张某萍与被告阳光人寿公司签订的《健康福·重疾1号（大病版）赠险》电子投保单及保险条款均系双方当事人真实意思表示，且不违反法律规定，合法有效，被告要求解除合同的辩解意见，证据及依据不足，本院不予采纳。因案涉电子投保单为格式合同，保险公司应对需要投保人告知的重要事项进行明确说明，以便投保人知道如实告知的重要性及不履行告知义务的法律后果。案涉赠险通过电子投保方式完成，投保告知项目较多，原告主张投保时被告未尽到说明义务，被告阳光人寿公司辩称原告未如实告知且已被诊断糖尿病多年属于非健康体，为带病投保。投保人的告知义务限于保险人询问的范围和内容。当事人对询问范围及内容有争议的，保险人负举证责任。投保人与保险人签订保险合同时，投保人承担如实告知义务应以保险人向投保人提出了明确、具体的询问为前提，即保险人主张投保人未尽如实告知义务时，应首先就其对投保人进行了健康告知询问进行举证。被告提交的双方签订的合同及相互宝大病互助计划客户须告知内容、电子投保单的"健康信息告知"均系保险人为了重复使用而预先拟定的条款，不能证明被告对上述询问事项均向原告进行了询问。被告在审核理赔时调取的原告的相关门诊病历、复诊病例及体检报告，被告保险公司对于投保人是否符合承保的条件具有审核义务，既然被告已经决定承保，根据电子投保单中投保人/被保险人/法定监护人声明及授权书第7条约定："本人授权贵公司可以从任何单位、组织和个人就有关保险事宜查询、索取与本人有关的资料和证明，作为审核本投保申请及评估相关理赔申请的依据……"保险公司在决定投保前就应该且可能查询到投保人是否具有足以影响保险人决定是否同意承保的相关住院病历资料等，而不应在出现保险事故后，才进行查询来达到拒赔的目的。综上，被告未能提供充分有效的证据证明在张学萍投保时，对投保人就健康事项进行了询问及详细了解和审核，亦未能证明原告在投保时存在故意不履行如实告知的义务，且在被告承保后也未提出过异议，原告在保险期间内经医院确诊患有乳腺恶性肿瘤（右），原告所患疾病属于保险合同约定的重大疾病范畴，亦不属于保险责任的免除事项，故被告应承担给付原告重大疾病保险金4万元的赔偿责任。综上所述，原告要求被告给付重大疾病保险金 4 万元的诉讼请求，具有事实根据及法律依据，本院予以支持。

（5）作为一个不懂医的普通人，在自己年轻力壮、医生没有通知、身体没有任何异常的情况下，对体检报告不重视，向保险公司选择"否"，也在情理之中。

【案例索引】［2022］川 1703 民初 374 号

【裁判观点】一、关于原告第一次投保时是否存在隐瞒病情的事实。2019 年 9 月 4 日，原告确实在达州市中心医院做过体检，当时，体检报告记载，原告甲状腺彩超显示：甲状腺右侧叶底回声结节，TI-RADS 分类：4b 类。由于当时该医院体检医生没有电话通知原告复查，原告也看不懂内容，并且当时原告 34 岁，人年轻，也没有注意到此事。所以，原告第一次向被告投保时，在被告制定的《人身保险投保书》"健康告知及其他说明"的询问反馈中："8. 您是否在一年内接受或医生建议检查、治疗、用药、住院、手术？"原告选"否"。本院认为，原告作为一个不懂医的普通人，在自己年轻力壮、医生没有通知、身体没有任何异常的情况下，对体检报告不重视，向保险公司选择"否"，也在情理之中，由此推断，原告没有隐瞒病情的故意，故不存在隐瞒病情的事实。

二、关于原告是否存在骗保的事实。2021 年 10 月 18 日至 27 日，原告因"甲状腺右叶乳头状癌"在成都高新博力医院住院治疗。原告出院后向被告理赔，期间，2021 年 11 月 18 日原告向被告提供本人于 2021 年 9 月 7 日在达州市中心医院的体检报告（内有原告于 2019 年 9 月 4 日的体检记录），导致被告发现原告在第一次投保前就有：甲状腺疾病。从前述事实不难看出，如果原告存在骗保，绝对不会向被告提供自己的体检报告，从而让被告知道原告在第一次投保前的病情。反之，原告向被告提供了自己的体检报告，说明原告是诚实的，不存在骗保的事实。

三、关于被告为什么不履行解除权的问题。2020 年 1 月 14 日原告第二次向被告投保时，经被告组织体检发现原告患有甲状腺疾病。当时，被告认为可能是原告在 2019 年 11 月 9 日第一次投保后得的病。然而，2021 年 11 月 18 日原告向被告提交了体检报告，使被告知道原告在第一次投保前，即（2019 年 9 月 4 日）就患有甲状腺疾病，当时已过两年零九天。根据《保险法》第 16 条第 2 款"投保人故意或者因重大过失未履行前款规定的如实告知义务，足以影响保险人决定是否同意承保或者提高保险费率的，保险人有权解除合同"，第 3 款"前款规定的合同解除权，自保险人知道有解除事由之日起，超过三十日不行使而消灭。自合同成立之日起超过二年的，保险人不得解除合同；发生保险事故的，保险人应当承担赔偿或者给付保险金的责任"规定，不难看出，被告发现原告有解除合同的事由时，已超过了二年的解除权期限，所以被告没有履行解除权。

四、关于保险合同的效力。从原告在第一次投保前确实患有甲状腺疾病和被告没有履行解除权的法定理由来看：一是原告不知病情、没有隐瞒病情、没有骗保故意，可以推断本案保险合同具有部分有效的情形；二是两年后被告知道原告在第一次投保前就患有甲状腺疾病，可以推断本案保险合同具有部分无效的情形。依照《民法典》第 156 条"民事法律行为部分无效，不影响其他部分效力的，其他部分仍然有效"的规定，本院认为，原、被告签订的保险合同部分有效。

五、本案的责任划分。因原告在第一次投保前确实患有甲状腺疾病，当时处于初发阶段，原告没有感觉，也没有体会病变的严重性。假设原告没有投保，仍要面对疾病的治疗；虽然原告投了保，也不能完全依赖保险，原告要面对人生、面对疾病、积极医疗。根据原告病情的固有程度，原告应承担保险的次要责任。被告作为保险公司除了具有保险责任外，还应具有社会责任，故在本案查明原告没有隐瞒病情，没有骗保的情况下，应当承担保险的主要责任。依照《民法典》第177条"二人以上依法承担按份责任，能够确定责任大小的，各自承担相应的责任；难以确定责任大小的，平均承担责任"的规定，即原告承担30%的责任，即20万元×30%＝6万元；被告承担70%的责任，即20万元×70%＝14万元。

（6）保险人未在法定期限内行使解除权，其合同解除权已经消灭，保险人之后再以原告未履行如实告知义务解除合同，不发生解除合同的效力，保险人仍应当按照保险合同的约定履行义务。

【案例索引】［2022］粤0303民初8790号

【裁判观点】本院认为，本案为人身保险合同纠纷，黄某润为原告投保了《人保健康鑫享如意重大疾病保险》《人保健康悠享保个人医疗保险》，原告作为被保险人享有保险合同项下的保险利益。本案争议的焦点为：（1）投保人是否违反了如实告知义务。（2）被告通知原告解除保险合同是否超过了法定期限。

关于争议焦点1：《保险法》第16条第1、2款规定，订立保险合同，保险人就保险标的或者被保险人的有关情况提出询问的，投保人应当如实告知。投保人故意或者因重大过失未履行前款规定的如实告知义务，足以影响保险人决定是否同意承保或者提高保险费率的，保险人有权解除合同。本案从原告的就诊病历显示，其自2016年3月2日至2021年10月20日在深圳市康宁医院多次就诊，并遵医嘱服药，服药期超过了30天。案涉的保险单号20201023××××××E号的保险投保日期在2020年10月23日、保险单号20201013××××××E号的保险投保日期在2020年10月23日，续保日期在2021年8月31日，则案涉保险投保时被保险人原告在两年内存在需遵医嘱服药超过30天的情形，投保人在网上投保过程中，投保流程设置有健康告知环节，健康告知环节中设置了需投保人确认被保险人是否存在"过去2年内，因病遵医嘱需连续服药超过30天"

的情况，该环节即为投保健康询问环节，投保人有义务核实被保险人健康情况并如实告知保险人，投保人辩称其不清楚父亲的病情不能成为其未如实告知的合理辩解。投保人作为被保险人的儿子，未能如实告知上述情况，足以影响保险人决定是否同意承保或提高保险费率，故被告有权解除合同。

关于争议焦点 2：《保险法》第 16 条第 3 款规定，投保人未履行如实告知义务，保险人有权解除合同的，合同解除权自保险人知道有解除事由之日起，超过 30 天不行使而消灭。被告确认其于 2021 年 11 月 26 日获知被保险人就医的情况，即自该日被告知晓有解除事由，被告行使解除权应自该日起 30 天内完成，即应于 2021 年 12 月 26 日前解除合同，否则解除权消灭。被告现有证据显示，其直至 2022 年 1 月 14 日才通知原告解除合同，显然已经超过了 30 天的期限，被告虽辩称其于之前通过电话告知原告解除，但未能举证予以证明，原告亦不予确认，故对于被告辩称电话解除的事实本院不予采信。被告因未在法定期限内行使解除权，其合同解除权已经消灭，被告之后再以原告未履行如实告知义务解除合同，不发生解除合同的效力，被告仍应当按照保险合同的约定履行义务。

原告患膀胱肿瘤，属于人保健康鑫享如意重大疾病保险约定的赔付范围，被告应当按基本保险金额的 30% 向原告支付轻症疾病保险金90 000元。

原告作为被保险人，其具有案涉保险合同的保险利益，原告有权要求被告继续履行案涉保险合同。保险费的交纳属于投保人的义务，豁免保险费应属于投保人的权利，原告作为被保险人无权代投保人主张该项权利，故原告主张豁免保险费，本院不予支持。

（7）入院记录仅是依据患者自述，并非医生客观诊断，不能以此推断未如实告知。

【案例索引】［2021］京 0105 民初 32366 号

【裁判观点】本案中，双方对弘康人寿是否向王某展示过《被保险人健康告知》存在争议。依据王某提供的微信聊天记录可知，王某需要通过扫描二维码进行投保，而王某提供的案涉保险合同中《被保险人健康告知》系作为合同的一部分，且其中载明了王某部分已告知内容，故本院对弘康人寿主张向王某展示过《被保险人健康告知》的意见予以采信。弘康人寿在《被保险人健康告知》中询问的内容为"是否曾经目前有黑痣增大或破溃"，故判断王某是否在客观上未告知的关键点在于王某在投保时是否现实存在"曾经或目前有黑痣增大或破溃"的情况。依据王某在北京京西肿瘤医院入院记录记载内容，王某系在就诊3个月前自觉肿物较前增大的情况下在医院就诊，不能仅凭入院记录描述的"黑痣逐渐增大"认定王某在投保时即存在黑痣逐渐增大的客观事实，需结合整体情况进行综合判断。入院记录在描述"黑痣逐渐增大"前描述的内容为"患者就诊2年前无意中发现左足底内侧缘黑痣，当时无疼痛，无发热，具体大小不详，故未进行治疗"，该段内容应系依据患者自述发现黑痣的自身感受而进行的描述，非医生的客观诊断。以普通谨慎人士的正常注意度，若自发现黑痣即存在逐渐增大情况，即应进行就诊，而王某的就诊时间为发现黑痣2年后，故该段描述的"黑痣逐渐增大"应为王某意识到此种情况与正常身体情况不符而采取就诊时的状况。王某投保涉案保险的时间在其实际就诊前近一年半时间，故仅凭上述入院记录记载内容不能证明王某足底在投保时即存在黑痣逐渐增大的客观事实。其次，从主观方面而言。依据《保险法解释二》第5条之规定，所谓"应当如实告知"系指保险合同订立时，投保人明知的与保险标的或者被保险人有关的情况。故《保险法》第16条的"故意"应指明知而未告知，"重大过失"应指应知而未告知。无论明知或应知，均应从投保人对与保险标的或者被保险人有关的情况，即"客观事实"认识角度分析。按照北京京西肿瘤医院入院记录记载内容，王某2年前发现足底黑痣时，并无任何其他身体不适症状，按照普通谨慎人士对疾病的认知亦无法对于此类情况归因于疾病，故其未将足底出现黑痣向弘康人寿告知亦不属于上述重大过失或故意之情形。故综合主客观两方面，本院认为王某在投保时不存在未履行如实告知义务的情形，弘康人寿据此拒赔并解除保险合同无事实及法律依据。

（8）保险公司并未对健康告知中的肿瘤进行明确定义，投保人在投保时选择该项疾病为"否"并未违反如实告知义务。

【案例索引】［2022］苏1081民初1905号

【裁判观点】本院认为，依法成立的保险合同，自成立时生效，保险人按照约定的时间开始承担保险责任。本案中，原、被告双方签订的健康福重疾险保险合同系双方真实意思表示，内容不违反法律规定，依法成立并已生效。被告认为原告投保时未履行如实告知义务，未向被告告知其曾患有肿瘤疾病，但根据原告投保前的体检结论和彩超报告，原告仅存在卵巢囊肿和宫颈多发纳囊的情况，且病理性质待定，被告未举证证明原告在投保前患有肿瘤疾病，且在原告投保时被告并未对健康告知中的肿瘤进行明确定义，原告在投保时选择该项疾病为"否"并未违反如实告知义务，被告以此为由通知原告解除保险合同无事实依据，并不发生合同解除的效力。根据本案保险条款的约定，在保险期间内原告经医院诊断的疾病属于个人一百种重大疾病保险责任范围，被告作为保险人应按照保险合同及保险条款的约定承担保险赔偿责任，向原告支付保险金300 000元。原告要求被告承担延期赔付利息11 550元，对此保险合同并未约定，也不属于保险责任范围，本院对此不予支持。

综上所述，对原告要求被告给付保险金300 000元的诉讼请求，本院依法予以支持。

（9）续保时投保人无需再次接受健康问询，保险公司以违反了投保单询问表中所列概括性条款的如实告知义务为由解除合同无理。

【案例索引】［2022］闽 0802 民初 404 号

【裁判观点】本院对本案的争议焦点分析如下：泰康保险公司拒绝赔付保险金并解除案涉保险合同理由是否能够成立。泰康保险公司针对许某 1 及其家属出具拒赔通知书，主要理由是：主张被保险人此次出险情况不符合合同中重大疾病或轻症疾病责任给付约定，并且投保前在保险公司（含本公司）投保的重疾保险产品保额累计超过 100 万元；出生时宫内窘迫，而在投保时未告知，严重影响了本公司的承保决定，故解除保险合同并拒绝赔付。根据《保险法解释二》第 6 条规定："投保人的告知义务限于保险人询问的范围和内容。当事人对询问范围及内容有争议的，保险人负举证责任。保险人以投保人违反了对投保单询问表中所列概括性条款的如实告知义务为由请求解除合同的，人民法院不予支持。但该概括性条款有具体内容的除外。"本案 2021 年 2 月 21 日生成保险单号为 6000005100720213Z011024698×××× 的保单系《微医保·重疾险》（2020 版）续保，该保单系泰康保险公司自动从投保人许某 2 账户中划扣除保费而形成，续保时投保人无需再次接受健康问询，因此，泰康保险公司以许某 1 父亲许某 2 违反了投保单询问表中所列概括性条款的如实告知义务为由解除合同无理。许某 1 的疾病已委托福建闽西司法鉴定所评定许某 1 所患疾病后遗症是否符合泰康保险公司"微医保重疾险（2020版）"《个人重大疾病保险（F 款）条款》所规定的情形。经鉴定许某 1 因患脊髓性肌萎缩症后遗症符合泰康在线财产保险股份有限公司《微医保·重疾险》（2020 版）《个人重大疾病保险（F 款）条款》8.1 重大疾病（二十二）"严重运动神经元病"条款所规定的情形。因此，许某 1 要求泰康保险公司支付重大疾病保险金 500 000 元，于法有据，本院予以支持。

（10）即使患有乳腺结节和肺部结节，从投保流程可以证明按照实际状况选择仍然可以通过健康评估，完成投保。

【案例索引】［2021］沪 0110 民初 20605 号

【裁判观点】关于争议焦点二，被告抗辩称原告方在投保前已经患有肺部结节以及乳腺结节，在投保时未履行如实告知义务，故被告有权依据《保险法》第 16 条的规定解除合同并拒绝理赔。对此，本院分析如下：第一，通过手机从支付宝平台上投保案涉保险，在投保流程中选择智能核保进行健康评估，即使患有乳腺结节和肺部结节，并不必然导致投保失败。从原告提供的投保流程截屏来看，按照原告的身体状况选择相应的选项，仍可通过健康评估，完成投保。第二，被告未能举证证明其在原告投保时对案涉合同中免除保险人责任的条款内容，以书面或口头形式向原告做出明确说明，故免责条款不产生法律效力。第三，被告虽于 2021 年 7 月 8 日向原告发出《保险合同解除通知书》，但 2021 年 8 月 22 日又为原告办理了续保手续，生成了新的保单，故案涉保险合同实际并未解除。被告拒绝理赔的理由不能成立，本院不予支持。综上，原、被告签订的健康福重疾险保险合同真实、合法、有效，双方均应按照合同约定履行义务，被告向原告发出的《拒赔通知书》和《保险合同解除通知书》不具法律效力，被告应当继续履行保险合同。原告要求被告支付保险金 50 万元的诉讼请求，具有事实和法律依据，本院予以支持。

（11）手术是合同约定的保险事宜时，确诊时间未逾 2 年但手术时间距离保险合同成立已逾 2 年的情况下，保险公司不得解除合同，应承担赔偿责任。

【案例索引】［2021］浙 0702 民初 9405 号

【裁判观点】本院认为，原、被告双方的人身保险合同合法有效，被告在保险期间因心脏瓣膜病进行心脏瓣膜置换术，属于保险合同约定的保险事故，双方对此均无异议。本案的争议焦点在于，原告是否存在投保时未如实告知，被告是否因此享有合同解除权。原告于 2018 年 5 月在义乌市中心医院心脏彩超检查提示主动脉瓣病变，主动脉瓣轻度狭窄伴中度关闭不全，升主动脉扩张，左心增大伴二尖瓣轻度反流，被诊断为心脏瓣膜病，其在同年 12 月 18 日投保时却对针对此的询问事项回答否，可认定原告未如实告知且系故意。该未如实告知的事项足以影响被告的承保决定。依据《保险法》第 16 条第 3 款之规定，保险人自知道解除事由之日起超过 30 日不行使而消灭，自合同成立之日起超过 2 年的，保险人不得解除合同，发生保险事故的，保险人应当承担赔偿或给付保险金的责任。本案中，被告于 2021 年 9 月 29 日即以本次申请理赔疾病非保期内初次发生为由作出不给付通知书，说明被告此时已知道解除事由，其于 2021 年 11 月 12 日才作出解除合同通知，已超过 30 日。原告于 2018年 5 月被诊断为心脏瓣膜病，但该诊断结论并非保险合同约定的保险事故，只有为治疗心脏瓣膜疾病，实际实施了开胸进行的心脏瓣膜置换或修复的手术才是合同约定的保险事故，而原告于 2021 年 7 月 9 日进行主动脉瓣机械瓣膜置换术，此时距离保险合同成立已逾 2 年。被告主张保险合同成立之前保险事故已发生，本院不予采信。故被告保险合同解除权已消灭。原告要求被告支付保险金的请求，本院依法予以支持。

3. 法院判保险公司不赔案例

（1）带病投保未履行如实告知义务，保险人在法定期间行使解除权。

【案例索引】［2021］鄂 1102 民初 4507 号

【裁判观点】本院认为，当事人应当依法行使权利。庭审中，原告对被告提交的个人保险投保单有异议。本院经审查认为，该投保单尾部签字为原告亲自书写，另有原被告之间的电话回访录音印证，可以证明其真实性，本院予以采信。现就当事人争议的焦点问题进行如下详细阐述：

第一，投保单问题及健康告知是否属于概括性询问。原告主张，询问列表中并无冠状动脉粥样硬化、空间隔小缺损、胸腔积液等内容，存在概括性询问。本院经审查认为，被告设计的询问内容中含有近两年是否有医生建议服药、住院；近五年内是否作 CT 检查且结果异常；心脏的结构损伤或功能障碍；是否患有或治疗过心脏病、先天性疾病、遗传性疾病。询问内容能够让一般人理解，若如实回答，能够通过进一步询问如实反映投保人的身体情况，不存在歧义或概括性询问。若对保险人的询问过于苛责，有违诚实信用原则。故对原告的主张，本院不予支持。

第二，原告是否尽到如实告知义务。本院经审查认为，被告提交的武汉亚洲心脏病医院的 CT 报告单及武汉大学中南医院手术科室住院志，显示原告在投保前患有冠状动脉粥样硬化、右冠状动脉起源变异、左前降支中断心肌桥、肌部室间隔小缺损及先天性心脏病。原告表示无法确认该证据的真实性，但未否认其患有上述疾病，并提交证据予以推翻。故对上述证据，本院予以采信。综上，原告明知自身情况，却没有如实填写健康告知事项，未尽到如实告知的义务，存在带病投保的故意。

第三，被告是否有权解除合同，并不退保费。被告辩称，原告存在冠状动脉粥样硬化、右冠状动脉起源变异、左前降支中断心肌桥、肌部室间隔小缺损的异常情形，影响其承保或提高保险费率，依据保险合同第 20 条之约定，其有权解除合同，并不退保费。本院经审查认为，原告患有的疾病在保险合同第 27 条重大疾病中存在对应情形，足以影响被告承保或提高保险费率。依据保险合同第 20 条之约定，被告有权解除合同，并不退保费。因被告在法定期间内及时行使了解除权，故本案保险合同已解除。对原告的诉请一及诉请二，本院不予支持。

原告主张，左甲状腺恶性肿瘤乳头状癌属于应予理赔的疾病。被告拒赔的冠状动脉粥样硬化、右冠状动脉起源变异、左前降支中断心肌桥、肌部室间隔小缺损，不影响本案理赔。本院经审查认为，法律赋予保险公司解除权，就是为了督促投保人如实告知自身身体状况，维护双方的合法权益。本案中，原告带病投保，且未如实向被告反映真实身体情况，足以影响被告承保或提高保险费率，应按照合同约定承担相应的法律后果。故对原告的主张，本院不予采信。

（2）投保时故意不如实告知，违背保险作为社会稳定器的价值和保险产品的设计初衷，足以影响保险人决定是否同意承保或者提高保险费率。

【案例索引】［2021］浙 0726 民初 3851 号

【裁判观点】郑某波在投保书（电子版）上签名，应视为投保人、被保险人的真实意思表示，原告及其丈夫郑某波明知在案涉保险合同订立前原告已在多家保险公司投保重大疾病险，应当认定其故意未履行如实告知义务。被告主张投保前原告进行过甲状腺疾病诊疗的依据不足，故不予认定。原告主张投保时被告知道上述原告多家投保的事实，被告予以否认，原告亦未提交证据证明，故不予认定。本案保险合同约定对投保人故意未履行如实告知义务，被告有权解除合同，对于合同解除前的保险事故，不承担给付保险金的责任，并不退还保险费。《保险法》第16 条规定："订立保险合同，保险人就保险标的或者被保险人的有关情况提出询问的，投保人应当如实告知。投保人故意或者因重大过失未履行前款规定的如实告知义务，足以影响保险人决定是否同意承保或者提高保险费率的，保险人有权解除合同。……投保人故意不履行如实告知义务的，保险人对于合同解除前发生的保险事故，不承担赔偿或者给付保险金的责任，并不退还保险费。……"保险合同属最大诚信合同，保险人在接受投保人申请时必须对所承担的风险作出正确估计，并依此决定是否承保或者提高保险费率。如果投保人不如实告知，保险人不能掌握保险标的的真实风险程度，无法正确测定风险和计算保险费率。原告在不同保险公司，密集投保重大疾病保险并且累计保险金额巨大，原告及其丈夫投保案涉保险时故意不如实告知被告，违背保险作为社会稳定器的价值和保险产品的设计初衷，足以影响被告决定是否同意承保或者提高保险费率。被告主张解除保单号码、合同号码为 80880000341×××××××

号，险种为君康多倍宝（至尊版）重大疾病保险合同，拒赔并不退还保
险费；及主张保单号码、合同号码为 80880000234××××××号，险种为君
康多倍宝（至尊版）重大疾病保险合同有效、拒赔，本院均予以采纳。
综上，原告的诉讼请求中，确认《君康多倍宝（至尊版）重大疾病保险
合同》（投保单号、合同号为 80880000234××××××）继续有效的诉请，
本院予以支持；原告的其他诉请应予驳回。

（3）《保险法》第 16 条的"故意"应指明知而未告知，"重大过失"
应指应知而未告知。

【案例索引】［2021］京 0105 民初 57626 号

【裁判观点】本案的争议焦点为郭某是否存在未履行如实告知义务的
情形。《保险法》第 16 条第 1、2 款规定："订立保险合同，保险人就保
险标的或者被保险人的有关情况提出询问的，投保人应当如实告知。投
保人故意或者因重大过失未履行前款规定的如实告知义务，足以影响保
险人决定是否同意承保或者提高保险费率的，保险人有权解除合同。"结
合上述规定，本院认为认定投保人是否未履行如实告知义务应从以下三
方面进行分析：其一，客观上存在未告知的行为；其二，主观上存在故
意或者重大过失；其三，主客观条件均满足后影响保险人决定是否同意
承保或者提高保险费率。首先，就客观方面而言。依据《保险法解释二》
第 6 条第 1 款之规定，投保人的告知义务限于保险人询问的范围和内容。
故所谓客观上存在未告知的行为应指投保人对于保险人询问的内容未告
知。本案中，案涉保险条款后附的《网络行销保险投保书》可知，百年
人寿北分在郭某投保时已向其询问"是否目前患有或曾经患有性质不明
的肿瘤或肿块、甲状腺疾病""是否近 1 年有新发或以往既有原因不明的
包块或肿物、结节"，郭某在 2016 年于中国人民解放军总医院第八医学
中心门诊的病历显示其存在甲状腺肿，2016 年、2017 年在爱康国宾北京
西直门体检分院体检报告显示其存在甲状腺左侧单发结节，郭某在投保

时对百年人寿北分询问的上述事项均勾选为否，故从客观上而言，郭某存在未告知的行为。其次，从主观方面而言。依据《保险法解释二》第5条之规定，所谓"应当如实告知"系指保险合同订立时，投保人明知的与保险标的或者被保险人有关的情况。故《保险法》第16条的"故意"应指明知而未告知，"重大过失"应指应知而未告知。郭某在庭审中一方面主张其在投保时并未回忆起2016年、2017年体检出存在甲状腺结节的情况，一方面主张其并未收到公司发放的体检报告，即郭某主张知晓自身存在甲状腺结节但投保时未回忆起与未收到体检报告而不知晓存在甲状腺结节的两种陈述存在矛盾。从一般普通人行为习惯看，体检后应当知晓并关注体检结果，郭某提供的2份证明仅能说明公司未向员工发放报告，不能证明其不知晓体检结果，故本院认定郭某在2016年、2017年体检后即知晓自身存在甲状腺结节的情况，此为其一。其二，从郭某2016年、2017年体检进行甲状腺超声检查的结果看，甲状腺结节在1年内存在明显增大的情况，故郭某在2018年体检未进行甲状腺超声检查不能排除其应当知晓自身存在甲状腺结节事实。考虑郭某投保时间距离2017年体检有近1年半时间，故从主观方面而言，本院认定郭某存在因重大过失未告知的情形。再次，从因果关系而言，郭某未告知的上述事项确与保险人决定承保或提供保险费率存在因果关系。综上，在郭某未履行如实告知义务的情形下，百年人寿北分依据合同约定及法律规定解除案涉保险合同具有事实及法律依据，郭某要求百年人寿北分支付保险金并赔偿利息的诉讼请求，无事实及法律依据，本院不予支持。

（4）概括性条款一般是以"其他""除此以外"等兜底条款的方式出现，如果范围足够明确具体，不应免除投保人的告知义务。

【案例索引】［2020］京0102民初7848号

【裁判观点】信美人寿的询问是否系概括性条款，是否具体明确。《保险法解释二》第6条第2款规定："保险人以投保人违反了对投保单询问表中所列概括性条款的如实告知义务为由请求解除合同的，人民法院不予支持。但该概括性条款有具体内容的除外。"所谓概括性条款，是指缺乏具体内涵、外延难以界定的条款。实践中，概括性条款一般是以"其他""除此以外"等兜底条款的方式出现，如果范围足够明确具体，不应免除投保人的告知义务。本案中，信美人寿在健康告知事项部分询问被保险人"是否有未明确诊断为良性的息肉、结节、囊肿、肿块"，有较为明确的指向和范围，即被保险人是否有结节，如有结节，是否被诊断为良性的结节。杨某军主张该询问不够具体明确，缺乏事实依据。

4. 律师建议

（1）未如实告知保险公司有权解除合同的构成要件为：①保险人提出询问；②投保人故意或者因重大过失未履行如实告知义务；③应告知的事项足以影响保险人决定是否同意承保或提高保险费率。应当由保险公司承担举证责任。

（2）保险公司想要解除合同，必须在知道有解除事由之日起30日内行使解除权，超过30日不行使而消灭，30日系除斥期间，不因任何原因而中断、中止或延长。

（3）自合同成立之日至保险事故发生之日超过2年的，保险公司也不能解除合同，保险公司应当赔偿。该两年也是除斥期间，不因任何原因而中断、中止或延长。如果保险公司未发出解除通知，或者没有在除斥期间内发出解除通知，则保险公司的解除权消灭，需要承担赔偿责任。

（4）保险公司收到赔偿请求后，30日内应当做出核定，达成赔偿协议后10日内应当付款。

（5）如实告知的范围是保险公司询问的范围，也就是问了的才要答，没问的不用答，问了什么内容，也由保险公司承担举证责任。

（6）如果保险公司询问的内容是不清楚的、概括性的，比如其他身体疼痛等，保险公司不能以此拒赔。

（7）电子投保单的"健康信息告知"是否为保险公司为了重复使用而预先拟定的条款，不能证明对询问事项均进行了询问。

（8）保险公司在决定投保前就应该且可能查询到投保人是否具有足以影响其决定是否同意承保的相关住院病历资料等，而不应在出现保险事故后，才进行查询来达到拒赔的目的。

（9）这类拒赔案件数量大，案件争议大，甚至相同情形存在不同判决，因此选择保险专业领域律师尤其重要。

4. 涉及法律法规

（1）《保险法》第16条、第23条。

（2）《保险法解释二》第6条、第7条、第8条、第15条。

（3）《保险法解释三》第5条。

（4）福建省高级人民法院民事审判第二庭《关于审理保险合同纠纷案件的规范指引》第14条、第15条、第16条。

（二）拒赔理由：不符合重疾险范围

1. 保险拒赔依据

不在重疾险约定的重疾范围，比如：《百年多康多保终身重大疾病保险条款》约定的重症疾病的情形8.2.28严重冠心病指的是经心脏科专科医生根据冠状动脉造影检查结果确诊的三支主要血管严重狭窄性病变，董某心脏造影和手术记录显示，其不符合8.2.28严重冠心病。

2. 法院判决保险赔偿案例

（1）疾病范围条款没有加黑加粗及阴影处理，且保险公司当庭提供的电话回访录音因语速过快，能够认定上述条款未能引起原告的注意，应视为被告未尽到提示、说明义务。

【案例索引】［2021］鲁 0404 民初 2114 号

【裁判观点】纵观《阳光人寿附加臻逸重大疾病保险条款》看，该保险条款将纳入保险的疾病分为轻症重疾与重大疾病两大类，轻症重疾给付基本保险金额的 20%，本附加合同有效期内累计给付保险金以五次为限；仅给付重大疾病保险金后，本附加合同效力终止。上述保险条款将肠道类轻症重疾定义为中度溃疡性结肠炎，将肠道类重大疾病定义为严重溃疡性结肠炎、小肠移植、严重肠道疾病并发症，涉及的条款为 3.2.22、3.4.1.34、3.4.1.49、3.4.1.54，上述四个条款既没有加黑加粗及阴影处理，且被告当庭提供的电话回访录音因语速过快，原告称没有听清，能够认定上述条款未能引起原告的注意，应视为被告未尽到提示、说明义务。将原告的病症与上述保险条款作比对，本着公平原则，原告的病症未达到重大疾病定义的严重溃疡性结肠炎、小肠移植、严重肠道疾病并发症的严重程度，对于上述条款仅对肠道类疾病中的中度溃疡性结肠炎定义为轻症重疾的问题，排除了被保险人依法享有的权利，且被告又未尽到提示、说明义务，本案中原告所患病症可认定为案涉保险合同中的轻症重疾类疾病。

（2）条款对恶性肿瘤的定义具有极高的专业认知标准，如果保险公司认为不属于重疾应当在条款中予以列举，同时保险公司采用格式条款订立合同，对合同条款有两种以上解释的，应当作出有利于被保险人和受益人的解释。

【案例索引】［2022］苏 0813 民初 473 号

【裁判观点】对于第二个焦点问题，对于原告罹患的右侧甲状腺乳头状癌是否为重大疾病，本院认为应以保险合同条款中的明确约定为基准并结合社会的普遍认知来认定。在被告提供的《东吴盛朗康顺重大疾病保险（2018）条款》第 2.4 条保险责任重大疾病保险金项目中载明"我们提供的重大疾病共有 100 种，分为以下 5 组"，其中第一组即为"与恶性肿瘤相关的疾病"。该合同 9.10 重大疾病条款对恶性肿瘤进行了定义：指恶性细胞不受控制的进行性增长和扩散，浸润和破坏周围正常组织，可以经血管、淋巴管和体腔扩散转移到身体其他部位的疾病。该定义具有极高的专业认知标准，基于此本院认为如被告认为原告所患疾病不属于重大疾病应当在 9.10 条款"下列疾病不在保障范围内"予以列举，但甲状腺乳头状癌并未在该条款列举的 6 类疾病中。同样，在 9.8 轻症疾病条款所列举的四十种疾病中也不包括甲状腺乳头状癌。同时，案涉合同系被告提供的格式合同，《保险法》第 30 条规定："采用保险人提供的格式条款订立的保险合同，保险人与投保人、被保险人或者受益人对合同条款有争议的，应当按照通常理解予以解释。对合同条款有两种以上解释的，人民法院或者仲裁机构应当作出有利于被保险人和受益人的解释。"因此，本院认为原告罹患的甲状腺乳头状癌属于案涉合同约定的重大疾病范畴。

（3）不能以治疗方法没有放化疗而推测疾病不属于恶性肿瘤。

【案例索引】［2021］京 0102 民初 13551 号

【裁判观点】本案的争议焦点为，刘某章所患疾病是否属于保险条款约定的恶性肿瘤。刘某章病理检验载明：送检组织内子宫内膜样腺体增生伴鳞化，呈现纤维瘤形态，部分区域腺体密集增生，考虑子宫内膜样交界性肿瘤伴癌变。2019 年 4 月 3 日，中国人民解放军总医院出具病理会诊报告单，会诊意见为右卵巢交界性子宫内膜样线纤维瘤伴癌变。刘某章的病灶部位经病理检验及会诊，结论为右卵巢交界性子宫内膜样线纤维瘤伴癌变，刘某章的疾病已经病理学检查结果明确诊断为癌变，即排除了良性肿物的可能，而治疗的方法需要结合病情及术后情况由医生确定，不能以治疗方法没有放化疗而推测疾病不属于恶性肿瘤。故平安保险北分仅以诊断证明中未明确写明系"恶性肿瘤"，刘某章未进行放化疗治疗而主张刘某章所患疾病不属于保险范围缺乏依据，本院不予采纳。

（4）自 2021 年 2 月 1 日起，各保险公司不得再销售不符合《2020 版定义》的重大疾病保险产品。

【案例索引】［2021］鲁 0283 民初 10020 号

【裁判观点】被告依据中国保险行业协会与中国医师协会共同制定了《重大疾病保险的疾病定义使用规范》（2020 年修订版）中"3.3.5 甲状腺癌的 TNM 分期"的规定，为甲状腺癌 I 期，认为原告所患疾病不属于保险条款约定的"重大疾病——恶性肿瘤"的情形。对于《重大疾病保险的疾病定义使用规范》（2020 年修订版）的适用，中国银保监会办公厅《关于使用重大疾病保险的疾病定义有关事项的通知》（银保监办便函［2020］1452 号）第 2 条规定："《2020 版定义》发布前已经审批或者备案的重大疾病保险产品，在 2021 年 1 月 31 日之前可以继续销售。自 2021 年 2 月 1 日起，各保险公司不得再销售不符合《2020 版定义》的重大疾病保险产品。"为充分保护消费者权益，华夏保险还推出重大疾病保险产品"理赔择优"方案，对于持有华夏保险长期重大疾病保险产品有效保单的客户，如于"2020 版重疾规范"发布之日［2020 年 11 月 5 日（含）］后首次确诊保险产品条款中列明的重大疾病，在该重大疾病理赔时，可在"2007 版重疾规范"与"2020 版重疾规范"中择优选择该疾病所对应的疾病定义作为赔付依据。除该疾病定义择优选择外，原保险合同疾病种类、保险责任及其他约定等内容保持不变。根据上述原则，TNM 分期为一期的甲状腺癌，属于恶性肿瘤，符合重大疾病，应当依据 2007 版重疾规范赔付重大疾病。

（5）治疗重疾的手术方式不同，功效是一样的，不能仅以手术方式来限定重疾范围，未来保险条款约定的手术方式也可能会被更新迭代，以手术方式确定重大疾病显然不符合医学的发展规律，对被保险人来说也不合理。

按照日常生活中人们对"重大疾病"的理解，应当是指病情严重且

223

危及患者生命健康和生活的疾病，"重大疾病保险"保的是在患重大疾病时被保险人无力支付巨额医疗费用的风险。在非专业人员理解和人们一般的认识水平的通常理解中，重大疾病并不会与某种具体的手术方式相联系。对于被保险人来说，其在患有重大疾病时，期望采用先进的、科学的、合理的、风险更小的手术方式得到有效的治疗，而不会想到为确保重大疾病保险金的给付而采取保险人限定的手术方式。从医生治疗的角度来看，也会根据患者的具体情况，采取风险小而效果好的手术方式。虽然手术方式的具体名称不同，但功效是一样的，以名称确定的具体手术方式限定重大疾病范围将会产生被保险人合理的投保期待无法实现的结果，使重大疾病保险徒具形式。原告投保的重大疾病保险的保险期间为终身，在如此长的时间内，医学必定会不断发展变化，对某种重大疾病的治疗手术也会更新换代，以被保险人投保时的手术方式来限定若干年后被保险人患重大疾病时施行的手术，显然不符合医学的发展规律，对被保险人来说也不合理。故如果仅仅因为施行的手术方式与合同约定不符，就认定原告所患疾病不属于保险合同约定的重大疾病范围，显然是不符合人们的通常理解和被保险人的合理期待的。结合原告多次住院病历，原告被确诊为急性重症坏死性胰腺炎、胆源性胰腺炎、胆囊结石胆囊炎、感染性休克重症急性胰腺炎，在考虑原告身体状况可以承受的前提下行腹腔镜下胆囊切除术进行治疗，足以认定原告认为自己的疾病符合保险合同约定的重大疾病——急性出血坏死性胰腺炎。结合《民法典》和《保险法》的规定，本院认定保险合同中"经腹腔镜手术进行的治疗不在保障范围内"的格式条款约定对原告不利，对原告田某丽不产生效力，本院按照对提供格式条款一方不利即对被告不利的解释进行认定，被告应当按照保险合同的约定向原告给付重大疾病保险金 100 000 元。

（6）保险公司对"先天性畸形、变形或染色体异常"进行释义时表述的仅为"先天性畸形、变形和染色体异常依照世界卫生组织《疾病和有关健康问题的国际统计分类》（ICD-10）确定"，并未对何为"先天性畸形"等进行解释说明。"先天性畸形"为医学专业术语，且种类繁多，原告孙某 2 作为普通人难以对其概念、内容等有准确的理解，也没有证据保险公司提供了《疾病和有关健康问题的国际统计分类》（ICD-10），认定为未履行提示和明确说明义务。

【案例索引】［2022］湘 1202 民初 597 号

【裁判观点】被告以原告所患脑动静脉畸形属于先天性畸形的情形触发保险合同约定的免责条款，拒绝给付保险金。本院认为被告主张合同的所有免责条款都是黑体、加粗，与合同其他内容有明显的区别，且原告孙某 2 在《电子投保确认书》和《人身保险投保提示书》中签名确认，已经履行了对保险合同的免责条款内容进行明确说明义务，但是被告并未提交确实充分的证据证明其在原告购买保险产品时已经对其中的免责条款进行了明确说明，原告虽然在《电子投保确认书》和《人身保险投保提示书》中签名，但是原告并没有手写被告已经对责任免除条款履行了明确说明义务等内容。并且被告在对"先天性畸形、变形或染色体异常"进行释义时表述的仅为"先天性畸形、变形和染色体异常依照世界卫生组织《疾病和有关健康问题的国际统计分类》（ICD-10）确定"，并未对何为"先天性畸形"等进行解释说明。"先天性畸形"为医学专业术语，且种类繁多，原告孙某 2 作为普通人难以对其概念、内容等有准确的理解。《保险法》第 17 条第 2 款规定："对保险合同中免除保险人责任的条款，保险人在订立合同时应当在投保单、保险单或者其他保险凭证上作出足以引起投保人注意的提示，并对该条款的内容以书面或者口头形式向投保人作出明确说明；未作提示或者明确说明的，该条款不产生效力。"被告中国人寿保险股份有限公司湖南省分公司应当对"先天性畸形"的概念、内容及法律后果向孙某 2 作出常人能够理解的说明。现没有证据证明原告在投保时，被告中国人寿保险股份有限公司湖南省分公司向其提供了《疾病和有关健康问题的国际统计分类》（ICD-10），并针对本案所涉的免赔情形进行了提示和明确说明，故被告中国人寿保险股份有限公司湖南省分公司所称的免赔条款对原告不产生效力。

（7）保险公司要求在确诊该疾病后还需同时满足五项情形方能赔付，其进行二次限定符合免责条款的特征。

【案例索引】［2021］京0102民初35120号

【裁判观点】被保险人张某1主张重大疾病保险金的条件是否成就，其所患的肝豆状核变性（Wilson病）是否属于保险责任范围。双方主要争议在于：案涉保险合同约定发生符合保险条款定义的"重大疾病"时，保险人按照本附加险合同基本保险金额给付重大疾病保险金，而保险条款"8重大疾病释义"中除确诊肝豆状核变性（Wilson病）外，还要求同时满足（1）临床表现包括：进行性加剧的肢体震颤，肌强直，吞咽及发音困难，精神异常；（2）角膜色素环（K-F环）；（3）血清铜和血清铜蓝蛋白降低，尿铜增加；（4）食管静脉曲张；（5）腹水。人寿北京分公司以张某1尚未同时满足（1）至（5）项情况为由，主张保险事故尚未发生。从张某1提交的医学说明看，肝豆状核变性（Wilson病）系基因突变导致的铜代谢障碍性疾病，该病不经治疗可出现严重的肝脏或神经系统损害，病死率比一般人群高5%～6.1%。该疾病具有相当的危险性，从常人理解亦达到了重大疾病的程度。人寿北京分公司要求在确诊该疾病后还需同时满足五种情形方能赔付，其进行的二次限定符合免责条款的特征，且属于人寿北京分公司提供的格式条款，人寿北京分公司应对该条款进行明确说明，否则不产生效力。人寿北京分公司对该疾病进行的二次限定，超出了一般投保人对重大疾病的理解，且未向本院举证证明已就二次限定的情形向投保人作出过明确解释说明，其主张未达到理赔条件，本院不予采纳。张某1要求人寿北京分公司给付重大疾病保险金 130 万元的诉讼请求，本院予以支持。

（8）重大疾病是一个内涵、外延难以确定的不确定概念，通常理解，应当指对患者健康及生活构成重大影响的疾病。该解释系被告提供的格式条款，对重大疾病的解释具有医学领域上的专业定义，属于专业的医学术语，并非一般人所能理解。原、被告双方就该病是否属于重大疾病有争议的，应当作出有利于原告的解释。

【案例索引】〔2022〕豫 1602 民初 256 号

【裁判观点】本案中，原告与被告签订的保险合同，是由被告提供的格式合同，采用保险人提供的格式条款订立的保险合同，对合同条款有争议的应当作出有利于被保险人和受益人的解释。原告所患病情是否属于重症的问题，保险合同条款第 10.9 条第 3 项脑中风后遗症指因脑血管的突发病变引起的脑血管出血、栓塞或梗塞，并导致神经系统永久性功能障碍。神经系统永久性的功能障碍，指疾病确诊 180 天后，仍遗留下列一种或一种以上障碍：①一肢或一肢以上肢体技能完全丧失；②语言能力或咀嚼吞咽能力完全丧失；③自主生活能力完全丧失，无法独立完成六项基本日常生活活动中的三项或三项以上。就保险合同而言，重大疾病是一个内涵、外延难以确定的不确定概念，通常理解，应当指对患者健康及生活构成重大影响的疾病。该解释系被告提供的格式条款，对重大疾病的解释具有医学领域上的专业定义，属于专业的医学术语，并非一般人所能理解。原、被告双方就该病是否属于重大疾病有争议的，应当作出有利于原告的解释。故关于被告的抗辩理由，本院不予采纳。原告要求被告支付保险金 200 000 元的请求，本院予以支持。

（9）仅凭投保人在保单声明投保人签字处签名，不足以认定投保时保险人向投保人对合同中关于重大疾病的概念、合同内容及法律后果等以书面或口头形式作出明确说明，使投保人明了该合同条款的真实含义及法律后果。

【案例索引】〔2021〕豫 1702 民初 15800 号

【裁判观点】投保单声明与授权栏为格式提示内容，仅凭伍某荣在投保单声明投保人签字处签名，不足以认定投保时保险人天安人寿驻马店公司向投保人伍某荣对合同中关于重大疾病的概念、合同内容及法律后果等以书面或口头形式作出明确说明，使投保人伍某荣明了该合同条款的真实含义及法律后果。根据伍某荣提供的病历可以认定其患有Ⅱ型糖尿病并视网膜病变，应属于一般人能够理解的属重大疾病范畴，天安人寿驻马店公司应依法承担给付天安人寿健康源（悦享）终身重大疾病保险金的保险责任。

3. 法院判保险公司不赔案例

（1）未植入心脏起搏器，不符合重疾保险条款。

【案例索引】〔2021〕京 0101 民初 23377 号

【裁判观点】关于原告所患疾病是否属于保险合同约定理赔范围，多倍保障重大疾病保险 6.4.13 植入心脏起搏器条款和 6.5.60 肺淋巴管肌瘤病条款不违反法律法规的强制性规定，原告自述其未实际植入心脏起搏器，故不符合多倍保障重大疾病保险 6.4.13 植入心脏起搏器条款约定的理赔条件，根据原告提交的病历资料及当事人当庭陈述，本院认定原告主张其所患的神经纤维瘤不属于多倍保障重大疾病保险 6.5.60 肺淋巴管肌瘤病条款约定的理赔范围。

（2）三个条件是对胰岛素依赖型糖尿病严重性的常规描述，不是免责条款，原则上若未能证明其病情存在任一条件，则需要承担举证不能的不利后果。

【案例索引】〔2021〕粤 0607 民初 6523 号

【裁判观点】本院认为，保险合同国寿附加少儿国寿福提前给付重大疾病保险（至尊版）利益条款第 5 条对保险人承保的重大疾病范围所做的定义是对保险范围的约定，其中严重胰岛素依赖型糖尿病被定义为由于胰岛素分泌绝对不足引起的慢性血糖升高，经血胰岛素测定、血 c 肽测定或尿 c 肽测定结果证实，且已经持续性的依赖外源性胰岛素维持 180 天以上；须至少满足下列一个条件：（1）已出现增殖性视网膜病变；（2）须植入心脏起搏器治疗心脏病；（3）因坏疽需切除至少一个脚趾。从该行文可知，合同项下的严重胰岛素依赖型糖尿病需同时符合三个条件：其一、由于胰岛素分泌绝对不足引起慢性血糖升高，且上述病症已经血胰岛素测定、血 c 肽测定或尿 c 肽测定结果证实；其二、被保险人已持续性的依赖外源性胰岛素维持 180 天以上；其三、被保险人至少存在①已出现增殖性视网膜病变；②须植入心脏起搏器治疗心脏病；③因坏疽需切除至少一个脚趾，以上三种情形之一。该定义与一般认知的严重胰岛素依赖型糖尿病并无明显偏离，其中第三个条件是对胰岛素依赖型糖尿病严重性的常规描述，不能认定为是免责条款或者霸王条款。本案中，邓某先后被佛山市三水区人民医院、广州市妇女儿童医疗中心诊断患有 I 型糖尿病，相关检查结果显示邓某经血 c 肽测定其体内胰岛素分泌明显不足，引起了慢性血糖升高。根据上述两家医院给出的治疗方案可知，邓某需持续依赖外源性胰岛素。结合该疾病的特征，自 2021 年 1 月 26 日被诊断患有 I 型糖尿病起，邓某持续注射胰岛素已是显而易见的事实，故中国人寿广东分公司以邓某无证据证明其已持续 180 天以上依赖外源性胰岛素为由拒绝理赔，无事实依据。但由于邓某未能证实其病情已存在以下任一情形：①已出现增殖性视网膜病变；②须植入心脏起搏器治疗心脏病；③因坏疽需切除至少一个脚趾。最高人民法院《关于适用〈中华人民共和国民事诉讼法〉的解释》第 90 条规定："当事人对自己提出的诉讼请求所依据的事实或者反驳对方诉讼请求所依据的事实，应当提供证据加以证明，但法律另有规定的除外。在作出判决前，当事人未能提供证据或者证据不足以证明其事实主张的，由负有举证证明责任的当事人承担不利的后果。"邓某应对其举证不能承担不利的后果,其要求中国人寿广东分公司支付保险赔偿金 300 000 元的诉请,本院不予支持。

(3) 主治医生采用的治疗手段和方式,不能作为确认该疾病属于"重大疾病"的依据,司法鉴定机构可以鉴定是否属于"重大疾病"。

【案例索引】[2022] 浙 0291 民初 32 号

【裁判观点】本案争议焦点在于原告韦某远所患疾病是否系原被告双方保险合同约定的"重大疾病"。原被告签署的《人身保险合同》,系双方真实意思表示,不违反法律法规的强制性规定,依法成立并生效,双方应当依照合同约定,享受权利并承担义务。合同中约定,恶性肿瘤属于重大疾病的范畴,且对恶性肿瘤的解释为"恶性细胞不受控制的进行性增长和扩散,浸润和破坏周围正常组织,可以经血管、淋巴管和体腔扩散转移到身体其他部位的疾病。经病理学检查结果明确诊断,临床诊断属于世界卫生组织《疾病和有关健康问题的国际统计分类》(ICD-10)的恶性肿瘤范畴。"根据该条款,是否属于"重大疾病",需根据病理学检查结果,结合 ICD-10 来判断。原告韦某远所患疾病,根据《病理诊断报告》内容,为"(膀胱)潜在低度恶性尿路上皮乳头状瘤",该瘤在 ICD-10 中对应为"动态未定肿瘤",并非恶性肿瘤。"恶性肿瘤"是医学专业术语,当专业术语进入保险条款时,应当按照医学领域通行的概念与定义进行解释,故本院委托专业的司法鉴定机构进行鉴定。浙江绿城医院司法鉴定所已出具《司法鉴定意见书》,明确原告韦某远所患疾病,其目前情况不属于保险合同约定的"重大疾病"范畴,其鉴定意见具有权威性,因此对原告韦某远主张的,《疾病诊断证明意见书》《出院记录》《门诊病历》、医保记录和门诊特病政策均证明其所患疾病为恶性肿瘤的意见,本院难以采信。对于主治医生采用的治疗手段和方式,也不能作为确认该疾病属于"重大疾病"的依据。综上,依据双方合同的明确约定的范围，无法明确判断原告韦某远所患疾病是否为恶性肿瘤，而司法鉴定机构又有明确鉴定意见认为该疾病不属于双方约定的"重大疾病"，故本院对原告韦某远的诉讼请求，难以支持。

4. 律师建议

（1）保险公司通常以不符合重疾险约定的重疾来拒赔或者在重疾后面再加上具体的时间期限、治疗手段等特殊限制，如果不符合《疾病和有关健康问题的国际统计分类》（ICD-10），通常会被判赔。

（2）有部分法院认为重大疾病的描述同样属于免责条款，需要保险公司履行提示、说明义务后生效。

（3）保险条款中通常涉及专业书籍、其他专业条款、专业名称，保险公司是否送达过这些文件。

（4）治疗方式是否属于医疗科技发展，或者自身身体原因无法手术，重疾险保障的范围应当是疾病本身，而非治疗方式。

（5）重疾名称生涩难懂，条款密密麻麻，需要详细的对应条款、书籍找到对应的重疾后进行理赔，原告通常首先要证明所患疾病属于重疾范围，即属于保险责任。

（6）保险公司以不属于重疾范围拒赔时，拒赔理由有保险条款作为依据，也有不少法院支持保险公司的拒赔意见，建议委托保险领域专业律师进行争取，不同律师开庭效果差异巨大。

5. 涉及法律法规

（1）《保险法》第30条。

（2）中国银保监会办公厅《关于使用重大疾病保险的疾病定义有关事项的通知》。

（3）《健康保险管理办法》第22条、第23条。

（三）拒赔理由：已签署赔偿协议，赔偿责任终结

1. 保险拒赔依据

双方签署了赔付协议书/解除合同协议书

2. 法院判保险公司赔偿案例

投保人已经交纳了长期保险费且延期交保费时间并不长久的情况下，有关合同复效一年内赔付标准降低的约定增加了投保人的负担，属于免责条款。

【案例索引】［2022］闽 0702 民初 1757 号

【裁判观点】本院认为，林某生与新华人寿保险公司签订的人身保险合同系双方真实意思表示，且未违反法律法规的禁止性规定，合法有效，双方应当按照约定全面履行各自的义务。双方签订的保险合同约定，交纳保险费用的时间为每年的 10 月 31 日，如到期未交纳，自保险单所载明的交费日期的次日零时起 60 日为宽限期（即 11 月 1 日至 12 月 30 日）。逾宽限期仍未交纳续期保险费的，合同自宽限期满的次日零时起效力中止，合同效力中止后二年内，投保人可以申请恢复合同效力。经新华人寿保险公司与投保人协商并达成协议，自投保人补交保险费之日起，合同效力恢复。本案林某生于 2020 年 12 月 31 日交纳当期保费，逾宽限期一天。新华人寿保险公司抗辩称，林某生逾宽限期交纳保险费，合同于 2020 年 12 月 31 日零时恢复效力，应按附加 08 定期重大疾病保险条款 2.3 约定："被保险人于本合同生效（或合同效力恢复）之日起一年内，由本公司认可医院（详见释义）的专科医生（详见释义）确诊初次发生本合同所指的重大疾病（详见释义），本公司按以下二者之和给付重大疾病保险金，本合同终止。1. 保险金的 10%；2. 本保险实际交纳的保险费。"进行赔付，即赔付保险金 41 568 元。本院认为从条款文义上理解，该条款本质上是在一定期间内对保险公司的保险责任减轻，应属于免除保险人责任的条款。《保险法》第 17 条规定："订立保险合同，采用保险人提供的格式条款的，保险人向投保人提供的投保单应当附格式条款，保险人应当向投保人说明合同的内容。对保险合同中免除保险人责任的条款，保险人在订立合同时应当在投保单、保险单或者其他保险凭证上作出足以引起投保人注意的提示，并对该条款的内容以书面或者口头形式向投保人作出明确说明；未作提示或者明确说明的，该条款不产生效力。"《保险法解释二》第9条第1款规定：保险人提供的格式合同文本中的责任免除条款、免赔额、免赔率、比例赔付或者给付等免除或者减轻保险人责任的条款，可以认定为《保险法》第17条第2款规定的"免除保险人责任的条款"。涉案保险合同对附加08定期重大疾病保险条款中关于重大疾病保险金的保险责任内容的字体未加粗加黑，而是采用了和其他条款相同的字体进行表述，不足以引起投保人的注意，且新华人寿保险公司提交的证据亦未能证明已对该部分条款内容履行了提示或者说明义务。因此可以推定保险人未对投保人尽到提示义务。在投保人已经交纳了长期保险费且延期交保费时间并不长久的情况下，有关合同复效一年内赔付标准降低的约定增加了投保人的负担，新华人寿保险公司亦未就该免责条款尽到提示或者说明义务。故新华人寿保险公司应按保险合同的基本保险金额120 000元进行理赔。扣除已赔付林某生保险金41 568元，新华人寿保险公司还应支付保险金78 432元（120 000元－41 568元）。故林某生要求新华人寿保险公司支付保险理赔款，依据充分，予以支持。对于林某生要求新华人寿保险公司支付利息及律师费的诉讼请求，无法律及合同依据，本院不予支持。

3. 法院判保险公司不赔案例

超过撤销权行使期限。

【案例索引】［2022］皖0111民初5388号

【裁判观点】案中《理赔给付协议书》于2019年3月27日签订，原告王某于 2022 年 2 月 14 日向法院申请撤销该协议书，超过了撤销权的行使期限，本院不予支持。同时原告主张被告继续履行原保险合同，并支付原告剩余保险赔偿款 179 630.31 元及利息（以剩余保险赔偿款为基数，按照全国银行间同业拆借中心公布的同期贷款市场报价利率从 2019 年 3 月 27 日计算至款清之日止），亦没有相应的依据，本院不予支持。

4. 律师建议

（1）人寿保险的诉讼时效为 5 年，从知道或者应当知道保险事故发生之日起计算。

（2）要撤销协议不仅要举证重大误解、胁迫或者显失公平，还要在撤销期限内申请撤销，难度较大，因此不要轻易签署对自己不利的协议，签署前也可以咨询专业律师。

（3）长期性合同要按时缴纳保费，如果中断时间较短（一般宽限期为 60 天内），仍然在保障范围之内，有的保险条款约定宽限期内按照比例赔付，有可能被认定为无效条款或者免责条款。

5. 涉及法律法规

（1）《民法典》第 152 条。

（2）《保险法》第 26 条、第 59 条。

（四）拒赔理由：恶意重复投保

1. 保险拒赔依据

询问"您目前是否已有或正在申请其他保险公司的人身保险？若是，请在说明栏中详述投保险种、保险金额、承保公司和生效日期"。

2. 法院判决保险公司赔偿案例

保险公司未明确多家保险的最低底线到底是几家，故不得以此解除合同。

【案例索引】［2021］黑 1181 民初 3603 号

【裁判依据】所以在专业医疗机构作出诊疗前，不能苛责要求任何公民对自身的健康状况作出准确判断，宋某革在 2017 年 11 月 13 日至 11 月 16 日宋某革因右侧多发肋骨骨折在北安市农垦中心医院住院治疗，在 2017 年 11 月 14 日 CT 报告单中，医生提示肝脏弥漫改变，因此君康保险不能证明宋某革作为投保人在订立合同时，出于故意或重大过失未履行如实告知义务，君康保险同时主张宋某革购买了多家保险，在投保时未如实告知，也是君康保险作出拒赔理由之一，宋某革在生前投保了 3 家保险属实，但君康保险并未明确多家保险的最低底线，故君康保险不应以此为由解除合同。

3. 法院判决保险公司不赔案例

（1）原告在不同保险公司，密集投保重大疾病保险并且累计保险金额巨大，原告及其丈夫投保案涉保险时故意不如实告知被告，违背保险作为社会稳定器的价值和保险产品的设计初衷，足以影响被告决定是否同意承保或者提高保险费率。

【案例索引】［2021］浙 0726 民初 3851 号

【裁判依据】保险合同属最大诚信合同，保险人在接受投保人申请时必须对所承担的风险作出正确估计，并依此决定是否承保或者提高保险费率。如果投保人不如实告知，保险人不能掌握保险标的的真实风险程度，无法正确测定风险和计算保险费率。原告在不同保险公司，密集投保重大疾病保险并且累计保险金额巨大，原告及其丈夫投保案涉保险时故意不如实告知被告，违背保险作为社会稳定器的价值和保险产品的设计初衷，足以影响被告决定是否同意承保或者提高保险费率。被告主张解除保单号码、合同号码为 80880000341×××××号，险种为君康多倍宝（至尊版）重大疾病保险合同，拒赔并不退还保险费；及主张保单号码、合同号码为 80880000234×××××号，险种为君康多倍宝（至尊版）重大疾病保险合同有效、拒赔，本院均予以采纳。

（2）仅告知了相隔较远时间购买的保额 10 万元的重疾险，而对其在投保前一年内多次、密集投保的事项未告知，属于故意未履行如实告知义务的情形，且该情形足以影响爱心人寿北分决定是否同意承保或者提高保险费率，故爱心人寿北分有权解除合同、拒绝赔付。

【案例索引】［2021］京 0105 民初 14831 号

【裁判依据】关于争议焦点二，《保险法》第 16 条规定，订立保险合同，保险人就保险标的或者被保险人的有关情况提出询问的，投保人应当如实告知。投保人故意或者因重大过失未履行前款规定的如实告知义务，足以影响保险人决定是否同意承保或者提高保险费率的，保险人有权解除合同。投保人故意不履行如实告知义务的，保险人对于合同解除前发生的保险事故，不承担赔偿或者给付保险金的责任，并不退还保险费。本案中，根据黎某莉所填电子投保单，爱心人寿北分在黎某莉投保时，已向黎某莉询问了是否已经或正在投保其他保险公司的人身保险，黎某莉选择"是"，并在下方"告知说明及备注栏"填写"健康福星增额（2014）重大疾病，保额 10 万元，XXX，购买与 2015 年 6 月 13 日"。上述询问具体明确，投保人应能理解，且从黎某莉在"告知说明及备注栏"填写了一家保险公司的情况看，黎某莉对在该位置详细备注已投保的保险详情是已知的。根据已查明事实，黎某莉在 2018 年 12 月 20 日后、投保案涉保险前，已在其他保险公司投保了 10 份人身保险，保额高达数百万，上述投保情况属于黎某莉明知、应知事项，在爱心人寿北分对此询问时，投保人应当予以告知，但黎某莉仅告知了相隔较远时间（于 2015 年 6 月 13 日）在 XXX 购买的保额 10 万元的重疾险，而对其在投保前一年内多次、密集投保的事项未告知，属于故意未履行如实告知义务的情形，且该情形足以影响爱心人寿北分决定是否同意承保或者提高保险费率，故爱心人寿北分有权解除合同、拒绝赔付。黎某莉于 2020 年 3 月 3 日向爱心人寿北分提出理赔申请书，爱心人寿北分在合理期间审核后作出解除合同的决定，行使了合同解除权。现黎某莉主张爱心人寿北分赔偿保险金、保险合同继续有效等相关诉讼请求，无合同及法律依据，本院均难以支持。

4. 律师建议

一般这个拒赔理由是跟未如实告知结合的，如果确实检查出疾病后连续投保多份重疾险，法院会支持保险公司解除合同并且不退还保费。如果没有任何疾病，只是单纯的投保了多份重疾险未告知，还是有比较大的争取空间。

（五）拒赔理由：等待期确诊

（1）法院判保险公司赔偿案例：被确诊应是指经病理学检查后由保险公司认可的医院的专科医生明确诊断。

【案例索引】［2021］豫 1081 民初 6324 号

【裁判依据】原告程某盈确诊患甲状腺乳头状癌时是否已经超过 90 天等待期？对此，原告认为根据河南省肿瘤医院 2021 年 5 月 5 日出具病理诊断报告单、2021 年 5 月 7 日出具《诊断证明书》，程某盈确诊患甲状腺乳头状癌时已超过 90 天等待期；被告则认为病理报告单仅供临床医师参考、2021 年 5 月 7 日出具《诊断证明书》没有医院加盖公章不具有法律效力，原告诊断为患甲状腺乳头状癌的时间应为住院当天即 2021 年 4 月 28 日，在约定的等待期 90 天内。本院审查后认为，原告提供的病理诊断报告单已有审核医师签字确认、与诊断证明书是其从医院复印的病历中部分内容，已加盖病历复印章，合法有效，本院对该两份证据予以采信。根据案涉保险合同条款第 5 条——基本部分（三）重大疾病保险给付中的最后一段约定："该疾病、疾病状态或疾病手术应当由我们认可的医院的专科医生明确诊断"、第 30 条重大疾病的定义中约定："恶性肿瘤指恶性细胞不受控制的进行性增长和扩散，浸润或破坏周围正常组织，可以经血管、淋巴管和体腔扩散转移到身体其他部位的疾病。经病理学检查结果明确诊断，临床诊断属于世界卫生组织《疾病和有关健康问题的国际统计分类》（ICD-10）的恶性肿瘤范畴"。被确诊应是指经病理学检查后由保险公司认可的医院的专科医生明确诊断，本案程某盈 2021 年 5 月 5 日的病理结果显示（右侧甲状腺叶）微小乳头状癌，2021 年 5 月 7 日临床诊断为甲状腺恶性肿瘤乳头状癌，故其确诊时间应为河南省肿瘤医院出具诊断证明书当天即 2021 年 5 月 7 日，已超过等待期 90 日。

（2）法院判保险公司不赔案例：等待期内因病生故，保险公司不承担赔偿责任。

【案例索引】［2022］湘 0111 民初 3818 号

【裁判依据】案涉"阳光人寿 i 客保终身重大疾病保险"为健康保险，按照行为惯例，健康保险产品通常设置了保险责任等待期条款，表示保险合同生效后一段时间内如果发生保险事故，保险人不承担责任，其目的是防止投保人明知或预知近期可能发生保险事故而投保以获取赔偿的道德风险。《健康保险管理办法》第 27 条规定："疾病保险、医疗保险、护理保险产品的等待期不得超过 180 天。"《保险法》第 17 条规定："订立保险合同，采用保险人提供的格式条款的，保险人向投保人提供的投保单应当附格式条款，保险人应当向投保人说明合同的内容。对保险合同中免除保险人责任的条款，保险人在订立合同时应当在投保单、保险单或者保险凭证上作出足以引起投保人注意的提示，并对该条款的内容以书面或口头形式向投保人作出明确说明；未作提示或者明确说明的，该条款不产生效力。"《保险法解释二》第 12 条规定："通过网络、电话等方式订立的保险合同，保险人以网页、音频、视频等形式对免除保险人责任条款予以提示和明确说明的，人民法院可以认定其履行了提示和明确说明义务。"据此，保险人在订立保险合同时向投保人就责任免除条款作提示和明确说明系法定义务，非合同约定义务，目的在于使投保人认识到特定的法律后果，在公平、合理的前提下缔结保险合同。涉案保险合同系以网络方式订立，保险条款以灰底加黑字体载明"被保险人在180天的等待期内发生保险合同约定的疾病和身故，或因导致合同约定疾病的相关疾病就诊，被告阳光人寿公司不承担保险责任"，与其他合同条款有明显区别，被告阳光人寿公司客服人员又通过电话形式对该免责格式条款对投保人作出了提示及明确说明后，才承保并出具《保险合同》，该条款对投保人产生效力。现被保险人杨某在等待期内因疾病身故，根据《保险合同》约定，被告阳光人寿公司不承担保险责任。故原告陈某、杨某放、黄某辉要求被告阳光人寿公司、阳光人寿湖南分公司给付被保险人杨某的身故保险金 200 000 元，本院不予支持。

（六）关于豁免保费

除了保险拒赔外，我们通过对大量数据的研究发现，原告除了诉求重疾险的赔偿外，如果购买了附加豁免险，还可以请求豁免后续保费，很多原告都遗漏了这点，认为赔了钱保险合同就终止了，其实不然。

1. 什么叫豁免？

保险期间内，如果投保人或被保险人不幸发生了豁免保险条款中的事故，投保人就可以不用再缴纳之后的保费，但是保险合同继续有效。

2. 能豁免多少钱？

如果年缴费 5000 元，缴费 20 年第 1 年出现的话，可以豁免保费 19 年，即 5000 元×19 年＝95 000 元

3. 法院怎么判（即诉求怎么列）？

【案例索引】［2021］苏 0282 民初 9944 号

【裁判观点】编号为 88081××××的《个人保险合同》继续有效，保

险公司应豁免××上述《个人保险合同》余下各期保险费

【案例索引】［2021］冀 0606 民初 9649 号

【裁判观点】判令被告豁免保险合同编号分别为：88081×××、88081
×××、8808121732056×××的三份保险合同主合同及其附加保险合同自
2021 年 7 月 29 日以后的各期保险费，保险合同继续有效

4. 法院会支持豁免吗？

经过检索发现，在 339 个重疾险案件中，仅 37 件起诉豁免保险，37
个案件中有 31 个支持了豁免保费，仅有 6 个因未如实告知导致保险合同
解除等情形没有支持豁免保费。

典型案例

【案例索引】［2022］豫 1202 民初 819 号

【裁判观点】关于原告李某安诉请继续履行与原告签署的《阳光人寿
臻欣 2019 终身重大疾病保险》（保险单号：80269000147×××××），并豁
免该保险后期所有费用，依照双方签订的保险合同 2.3.5：轻症重疾或中
症重疾豁免保险费：若被保险人经我们认可的医院专科医生确诊首次患本
合同约定的轻症重疾或中症重疾，我们将豁免自确诊之日起本合同应交且
未交的保险费，被豁免的保险费视为您已交纳的保险费，本合同继续有效。
故被告阳光人保三门峡中支给付保险金后，双方签订的《保险合同》应当
继续有效，原告李某安不再缴纳剩余应交未交的保险费。

【案例索引】［2022］鲁 0391 民初 209 号

【裁判观点】根据保险条款，原告被诊断为甲状腺癌（左）
（T3N0M0），即为首次患本主险合同定义的重大疾病，被告应当给付康健
无忧重大疾病保险（2019 版）保险金 500 000 元，本项保险责任终止，
本主险合同继续有效，该合同期限为终身，被告应当继续履行该合同，
并豁免原告自其被确诊重大疾病之日即 2020 年 7 月 9 日起应交的本主险

合同续期保险费；原告首次患本附加合同定义的重大疾病，被告应当给付第1次多倍保重大疾病保险金1850元，该重大疾病所属组别的重大疾病保险金给付责任终止，本附加合同继续有效，该合同期限为终身，被告应当继续履行该合同，并豁免原告自2020年7月9日起应交的本附加合同续期保险费。

第五节　货拉拉车辆保险拒赔情形及应对指南大数据报告

一、前言

"货拉拉"是一家同城货运叫车平台，2013年成立于香港，截至2022年8月，货拉拉业务范围已覆盖352座中国内地城市，月活司机达66万，月活用户达950万。在当下，许多车主注册成为"货拉拉"司机，通过线上接单、线下送货的方式，借助于网络平台将家庭自用汽车从事全职或者兼职短途货物运输服务，以赚取一定的服务费。在此背景下，从事货拉拉运输服务的车辆发生车损或人损事故时，大多数保险公司会以案涉车辆改变使用性质导致危险程度显著增加等理由拒绝给付保险金，这也导致近年来关于此类事故的保险纠纷案件显著增加。但事实上，保险公司的拒赔理由真的合理吗？可以通过法律途径争取到应得的赔偿吗？

泽良保险法团队通过分工合作进行案例检索，制作可视化图例，针对保险拒赔的具体原因进行分析，并附上对应的典型案例，给出专业律师意见。通过对2018年2月13日至2022年10月30日全国各地审理有关"货拉拉"机动车交通事故责任纠纷、保险人代位求偿权纠纷、保险合同纠纷的172件案件进行数据分析，分析整合裁判文书，提出法律风险和对应建议，希望对面临相关纠纷的个人、企业及律师同行有所帮助。

二、大数据报告来源

裁判时间：2018 年 2 月 13 日至 2022 年 10 月 30 日

案例来源：Alpha 案例库

案由：机动车交通事故责任纠纷、保险人代位求偿权纠纷、保险合同纠纷

地域：全国

文书类型：判决书

案件数量：172 件（一审案件）

数据采集时间：2023 年 6 月 1 日

三、检索结果

2018 年 2 月 13 日至 2022 年 10 月 30 日期间全国范围内的有关"货拉拉"机动车交通事故纠纷以及保险纠纷案件中，广东省最多，有 68 件，其次是江苏、浙江、山东、北京等省市，究其原因，主要是因为"货拉拉"2013 年在香港成立，2014 年进入大陆市场，其率先在大湾区等城市拓展业务。

通过对近五年的案件数量逐年统计发现，有关"货拉拉"机动车交通事故责任纠纷、保险人代位求偿权纠纷、保险合同纠纷等案件在 2018 年至 2021 年每年成倍增加，2022 年截至 10 月份的生效裁判案件也已经达 50 件。

近五年案件	案例数量（件）
2018 年	5
2019 年	13

续表

近五年案件	案例数量（件）
2020 年	38
2021 年	66
2022 年	50

在这 172 件案件当中，法院判决保险公司赔偿（包括部分赔偿）的案件有 102 件，占比 59%；判决保险公司不承担任何责任的案件 70 件，占比 41%。整体来看保险公司赔付率略高，但明显这类型案件保险公司的拒赔率已经算是比较高的了。

法院判决保险公司赔偿情况	案例比例
判决部分不赔 3 件	2%
判决不赔 70 件	41%
判决赔偿 99 件	57%

通过检索、分析案件，笔者归纳涉及货拉拉的案件，保险公司拒赔理由 90%基本是"改变使用性质等导致危险程度显著增加"，其余 10%主要有"不具备道路运输从业资格证""违反安全装载""事故后逃逸或离开现场"以及"不承担停运损失"等。但是改变车辆使用性质是否导致保险标的危险程度显著增加？车辆使用性质与保险事故因果关系如何认定？下文将对拒赔理由进行具体研究分析，并提出法律风险和对应建议。

四、法院裁判规则及律师分析建议

（一）拒赔理由：使用非营运车辆进行营运，改变使用性质导致
　　　危险程度显著增加

1. 数据分析

在172个案件中，有151个案件保险公司拒赔理由为驾驶员驾驶非营运车辆，却注册使用"货拉拉"营运车辆，属于改变车辆使用性质，这是涉及货拉拉车辆保险拒赔的第一大理由，在151个案件中，有90个案件法院判决需要赔偿，有61个案件法院判决保险拒赔。

2. 保险拒赔依据

（1）《保险法》第52条。

在合同有效期内，保险标的的危险程度显著增加的，被保险人应当按照合同约定及时通知保险人，保险人可以按照合同约定增加保险费或者解除合同。保险人解除合同的，应当将已收取的保险费，按照合同约定扣除自保险责任开始之日起至合同解除之日止应收的部分后，退还投保人。被保险人未履行前款规定的通知义务的，因保险标的的危险程度显著增加而发生的保险事故，保险人不承担赔偿保险金的责任。

（2）《机动车综合商业保险条款》。

被保险机动车被转让、改装、加装或者改变使用性质等，被保险人、受让人未及时通知保险人，且因转让、改装、加装或者改变使用性质等导致被保险机动车危险程度显著增加，保险人不负责赔偿。

3. 法院通过哪些证据来认定车辆改变营运性质？

通常货拉拉司机都是用自己的手机进行接单、载货，要拿到司机使用车辆进行营运并不容易，如果仅凭借车身外贴着"货拉拉"标志，法

院一般不会认定车辆改变营运性质，需要结合其他证据，比如，驾驶员在庭审中自认、驾驶员在交警大队的笔录确认在接单、手机中货拉拉 App 截图、货拉拉公司提供的车辆订单信息（需要调查令调取）、通过庭审发问确认、载货数量明显超过自用时可推断在载货营运。需要强调的是，此时举证责任在保险公司，若保险公司无法提供有效证据证明车辆改变营运性质，则判决保险公司需要承担赔偿责任。

（1）认定车辆改变营运性质案例。

【案例索引】［2020］渝 0120 民初 5696 号

【裁判观点】渝×××号车的使用性质为非营运，但在车身侧面及后面均显示有"货拉拉"字样，驾驶室后座椅拆除。发生本次事故时，装载有大量的桶装食用油。重庆市璧山区公安局交通巡逻警察支队作出的道路交通事故认定书认定，刘某擅自改变机动车已登记的结构、构造且载客汽车违反规定载货，并且认为是导致此次事故发生的次要原因之一。所以被告刘某擅自改装渝×××号车、改变车辆使用性质，未及时通知保险人，且因改装车辆、改变车辆使用性质致被保险机动车危险程度显著增加，其情形符合保险合同条款第 25 条第 3 项的约定。

【案例索引】［2020］粤 0306 民初 12728 号

【裁判观点】为查明案件事实，本院依前海联合财险深圳分公司申请向案外人深圳依时货拉拉科技有限公司去函询问，深圳依时货拉拉科技有限公司于 2021 年 5 月 25 日出具《情况说明》，载明：经后台查询，朱某越（身份证号码 4115031988××××××××）于 2018 年 3 月 7 日使用车牌号粤 B×××××号车辆注册加入"货拉拉-司机版"App 平台。目前该司机已销户。该司机于 2019 年 3 月 29 日 14：13：28 通过该平台抢接货运订单 1539×××8776，并于当日 16：23：13 完成订单任务。

【案例索引】［2021］粤 0304 民初 23566 号

【裁判观点】本案中，根据被告提交的电话录音显示，被告在事故发生后通过电话向原告核实事故发生的情况，原告在电话中自认在事故发生时"是帮别人送货回来，300 多块一趟"，被告工作人员问"你是帮自己送货的还是在货拉拉、快狗打车那里帮别人拉的货"，原告回答"帮别人拉的"。结合涉案车辆在发生事故时，车身贴有"快狗打车拉货搬家运东西"的标志，可以认定发生涉案事故时，涉案车辆处于营运状态。

（2）无法认定车辆改变营运性质案例。

【案例索引】［2020］浙 0402 民初 6101 号

【裁判观点】考虑本案情形，原告所有的涉案车辆本身即为货车，运送货物系该类型车辆的正常用途，被告未提供充分证据证明被保险车辆改变了使用性质，且因此危险程度显著增加。至于被告主张车辆非营运投保，实际从事营运活动的问题，所谓营业运输，根据保险条款释义及社会通常理解判断，需被保险人或其允许的合法驾驶人以车辆常态化从事社会运输牟利为目的，从本案现有证据看，被告现有举证亦不足以作出相关认定。

【案例索引】［2021］陕 0116 民初 13849 号

【裁判观点】被告泰山财保陕西分公司辩称由于原告改变了车辆用途，与投保时不符，故其公司在商业险中不予赔付。但其仅提供了事故发生时的车辆照片，系孤证，不足以证明其辩称理由的成立，故本院依法对其辩称理由不予采信。

【案例索引】［2018］川 0112 民初 3707 号

【裁判观点】本院认为，被告张某胜驾驶的渝 C×号车尽管在车辆侧面及后挡风玻璃处贴有"货拉拉"标识，但仅是被告张某胜依约对货拉拉进行相应的宣传，并未改变车辆使用性质，且事发时渝 C×号车上并未载有货物，事发时并不存在拉货行为，无证据证明渝 C×号车长期存在营运行为，被告保险公司提交的证据不能达到证明目的，故对被告保险公司抗辩在商业险范围免赔的意见本院不予支持。

4. 如何认定危险程度显著增加?

《保险法解释四》第4条规定,人民法院认定保险标的是否构成《保险法》第49条、第52条规定的"危险程度显著增加"时,应当综合考虑以下因素:(1)保险标的用途的改变;(2)保险标的使用范围的改变;(3)保险标的所处环境的变化;(4)保险标的因改装等原因引起的变化;(5)保险标的使用人或者管理人的改变;(6)危险程度增加持续的时间;(7)其他可能导致危险程度显著增加的因素。保险标的危险程度虽然增加,但增加的危险属于保险合同订立时保险人预见或者应当预见的保险合同承保范围内,不构成危险程度显著增加。

即使有司法解释规定,在法院认定上仍然存在较大的自主裁量性。有的法院认为改变了车辆使用性质,必然导致危险程度显著增加,有的法院根据频率来认定危险程度显著增加,有的法院则认为营运不必然导致危险程度显著增加,有的法院认为从事货拉拉业务是在合理使用车辆。

(1)认定改变营运性质必然导致危险程度显著增加案例

【案例索引】〔2020〕粤1972民初11048号

【裁判观点】因被告徐某山驾驶粤S×××××号货车用于替他人送货,导致出行路线不固定,出行频率提高,在途时间加长,使用范围及行驶区域扩大,势必显著增加车辆的危险程度,事故概率也会显著提高,被告徐某山改变了粤S×××××号货车的使用性质导致危险程度增加。

【案例索引】〔2020〕京0105民初63701号

【裁判观点】案中,吕某波将×××车辆用于货拉拉运营,且属于常态化运营,案涉事故前1天(7月14日)该车接单达5次,事故前3天累计接单达10次。亚太北分有理由认为因保险标的的危险程度显著增加而发生了保险事故,进而拒赔。

【案例索引】〔2021〕粤0605民初27213号

【裁判观点】该车在实际使用过程中，从事了网约货物运输行为，对比车辆登记信息及投保信息，属擅自改变被保险车辆的非营运性质，这种改变具有重要性、持续性的状态，并非一时变化。本起事故发生在夜晚22时53分，虽然现有证据不足以证明陈某鸿在事发时从事网约车营运服务，但是由于网约车属于营运车辆，事发之前的业务量可能会影响驾驶人的身体精力，进而使得被保险车辆危险程度显著增加。综上，被告陈某鸿的行为足以构成擅自改变车辆用途致危险程度显著增加的情形。

（2）即使改变性质也无法认定危险程度显著增加案例。

【案例索引】［2022］赣0123民初1191号

【裁判观点】本院认为，被告甘某文承认是营运，但不能认定增加了风险，在出事当时也是在拉货出事，符合该货车经营性质，况且被告渤海公司商业保险单上只是写了改变性质，车主只负通知义务，没有免责条款，保单背面也没有保险条款，没有尽到告知义务，被告渤海公司辩称不承担商业第三者责任险赔偿责任不予支持。

【案例索引】［2020］浙0782民初11479号

【裁判观点】被告辩称原告驾驶的车辆从事营业性货运，属商业险免赔范围，对此，本院认为，原告所有的涉案车辆本身属于货车，原告自己从事拉货业务系合理使用投保货车，并未导致该车危险程度显著增加从而引发事故。

【案例索引】［2022］粤0112民初5955号

【裁判观点】本院认为，案涉粤A×××××号车辆种类为轻型厢式货车，其设计用途就是运载货物，是否用于营运并不能明显导致其危险程度显著增加。

5. 只要改变了车辆营运性质保险公司就能拒赔，还是车辆在营运过程中发生事故保险公司才能拒赔？

认定了车辆确实属于改变营运性质，危险程度也显著增加后，问题又来了，是否需要事故发生时车辆在营运过程中保险公司才能拒赔？有的法院认为只要从事过营运活动，车辆发生事故的概率就变大，无论事故发生时是否在营运保险公司都能拒赔。有的法院则认为，事故发生时若车辆没有在营运，风险就没有增大，保险也就不能拒赔。

（1）只要改变营运性质，无需事故发生时正在营运的案例。

【案例索引】［2021］京 0106 民初 25579 号

【裁判观点】在当前车辆保险领域中，保险公司根据被保险车辆的用途，将其分为家庭自用和营运车辆两种，并设置了不同的保险费费率。相较于家庭自用车辆，营运车辆的运行里程多，使用频率高，故无论从社会常识的角度还是保险公司对风险的预估角度，营运车辆发生保险事故的概率更大，因而营运车辆的保费远高于家庭自用的车辆保费。以家庭自用名义投保的车辆，从事营运活动，致使车辆的风险显著增加，投保人应当及时通知保险公司，保险公司可以增加保费或者解除合同并返还剩余保费。

【案例索引】［2021］粤 0304 民初 35208 号

【裁判观点】不论发生事故当时车辆是否处于营运状态，都可能导致车辆使用频率增加、使用范围扩大，进而可能使车辆的危险程度显著增加。原告辩称涉案车辆在事故发生时未处于营运状态，故危险程度未增加，理由不成立，本院不予采纳。

（2）事故发生时车辆正在营运保险公司才能拒赔的案例。

【案例索引】［2020］粤 0606 民初 1934 号

【裁判观点】虽然保险条款约定擅自改变车辆使用性质造成的损失不

予赔偿，但是根据庭审查明的事实，虽然被告莫某信平时有使用粤X×××××号小型面包车进行货运，但事发时正在接送其小孩上学，并不属于营运状态，车辆的危险程度并没有增加，不属于保险条款约定的免赔情形，因此被告保险公司应在商业保险限额内对超出交强险赔偿限额的损失进行赔偿。

【案例索引】［2021］粤 0604 民初 18584 号

【裁判观点】本案中，案涉交通事故发生于 2020 年 12 月 24 日，根据深圳货拉拉科技有限公司向本院函复的内容可见，案涉车辆于 2020 年 12 月 24 日不存在订单记录，两被告亦确认案涉车辆在事故发生时处于空车状态，则案涉事故并不同时具备前述两个条件。综上，因被告平安顺德支公司未能证明案涉事故属于保险标的的危险程度增加而发生的事故，则被告平安顺德支公司称其在三者险范围内应予以免责的辩解理据不足，本院不予采纳，被告平安顺德支公司应对案涉事故在三者险范围内承担保险责任。

【案例索引】［2021］粤 0306 民初 2697 号

【裁判观点】据被告货拉拉公司所提交事故发生当天被告陈某宽在货拉拉平台的订单状态，其中显示陈某宽在 2020 年 9 月 1 日 20 时 3 分完成送货订单，后截止至事故发生时其均未在货拉拉平台上再次承接任何订单，保险合同条款第 25 条第 3 项虽约定"被保险机动车……改变使用性质导致被保险机动车危险程度显著增加"，保险人不负责赔偿，但本案中被告陈某宽在事故发生时并未在货运平台上承接运输订单，并不符合保险合同条款约定的免赔情形。

6. 车辆改变性质如果不是交通事故产生的近因，保险是否能够拒赔？

所谓近因是指保险损害结果发生之前，在一系列的原因当中筛选得出的，对造成损失起到最直接、最有效的，起主导作用或支配性作用的原因。在案例检索中发现，有少部分法院认为即使改变了车辆使用性质，与事故发生也没有因果关系，因此不支持保险免赔。

【案例索引】［2020］浙 0402 民初 6101 号

【裁判观点】其次，本案交通事故经交警部门认定，由原告负次要责任。换言之，即使被保险车辆改变了使用性质，但也不属于导致保险事故发生的主要原因，对保险人承担保险责任并不具有决定性因果关系。因此本案情形不符合上述条件，不能适用保险公司的免责条款，被告关于免赔的相关抗辩意见，本院不予采纳。

【案例索引】［2021］闽 0181 民初 3963 号

【裁判观点】现有证据并不足以证明谢某姜拆除车辆座位导致闽 A5×××的小型面包车危险程度显著增加，福清市公安局交通警察大队作出的道路交通事故认定书中也未认定谢某姜拆除座位装载面包的行为与本次事故发生存在因果关系，阳光福州公司的免责主张缺乏依据，故对阳光福州公司的上述抗辩意见，本院依法不予采纳。

【案例索引】［2020］渝 0112 民初 29427 号

【裁判观点】本院认为，第一，案涉车辆虽在货拉拉平台上注册，但被告蓝某于 2020 年 6 月 11 日之后便未在货拉拉平台接单，本案中无证据能够证明事故发生时蓝某正在从事营运行为；第二，保险合同关于何种情况属于"机动车改装"情形约定不明，即使案涉车辆的座椅被拆卸，但并无证据能够证明案涉车辆因座椅被拆卸导致危险程度显著增加；第三，本次事故的发生是蓝某的不当驾驶行为导致，本案中没有证据能够证明车辆座椅的拆卸与交通事故的发生存在因果关系。故被告都邦保险公司不能以此作为商业险免赔的理由，其主张不能成立。

7. 《保险法》第 52 条属于法律规定，保险公司是否需要履行提示说明义务？

《保险法》第 52 条给了保险公司拒赔的法律依据，同时保险合同条款中也会有相应的条款约定，基本是照搬法律规定，那么在法律明确规定的基础上，保险公司以此拒赔是否还需要履行提示、说明义务才能拒赔？大部分法院仍然认为保险公司需要履行提示说明义务才能拒赔，少部分法院认为法律规定无需履行提示说明义务。

（1）无需履行提示说明义务就能拒赔的案例。

【案例索引】［2022］浙 0281 民初 2138 号

【裁判观点】本院认为，关于被保险人未履行通知义务，因保险标的的危险程度显著增加而发生的保险事故，保险人不承担保险金的责任的规定，系《保险法》第 52 条赋予保险人的法定抗辩权，该条款效力并不因保险人是否尽到提示或者明确说明义务受到影响。

【案例索引】［2021］苏 1204 民初 4184 号

【裁判观点】本案中被告施某的车辆由非营运车辆改变为货拉拉营运车辆，其用途的变更使保险标的的危险程度显著增加，应适《保险法》第 52 条规定，被告施某与被告人寿南通港闸公司可以增加保险费或解除合同，从而可以确定两被告之间享有合同解除权。《保险法解释二》第 9 条第 2 款的规定，享有解除合同权利的条款不属于免除保险人责任的条款，而确定了被保险人车辆性质的变更，法定义务是被保险人通知保险人。最高人民法院公报案例，裁判理由主要是从营运活动与家庭自用的区别加以论述，并未提及免责条款问题，可见，最高院也不认为涉案条款系免责条款。本案被告施某在人寿南通港闸公司投保时属于非营业用车，但其改变车辆使用性质时未通知人寿南通港闸公司，案涉车辆被改变成营运车辆，导致其服务人群扩大，超出自用范围，必然导致车辆行驶次数和里程、载重、范围等改变，导致车辆危险程度显著增加，依据《保险法》第 52 条规定，被告施某玉、施某应承担对己不利的法律后果，被告人寿南通港闸公司在本案中不承担商业险的赔偿责任。

（2）仍然需要履行提示说明义务的案例。

【案例索引】［2022］鲁 0682 民初 2386 号

【裁判观点】本院认为，从被告保险公司提交的机动车商业保险条款来看，已将"被保险机动车被转让、改装、加装或改变使用性质等，导致被保险机动车危险程度显著增加，且未及时通知保险人，因危险程度显著增加而发生保险事故的"作为责任免除条款列入其格式条款中，但被告保险公司无证据证实已将上述保险条款交付投保人，且投保人聂某圣称不知道保险条款，故保险公司提供的证据不足以证实其对保险合同中有关免除保险人责任条款的概念、内容及其法律后果向投保人作出常人能够理解的解释说明，不应当认定保险公司履行了《保险法》第 17 条第 2 款规定的明确说明义务，该条款不产生效力。对被告保险公司商业险拒赔的答辩意见，本院不予采纳。

【案例索引】［2021］粤 0306 民初 2697 号

【裁判观点】被告太平洋保险公司提交了电子保单以证明被告陈某宽在《投保人声明》中签字确认已收到保险条款及保险人已明确说明了免除保险人责任的条款，但诉讼过程中被告陈某宽表示对该条款并不知晓。本院认为，上述免责条款属于减轻保险人责任并与被保险人有重大利害关系的格式条款，保险公司理应履行提示说明义务，但电子保单中并未以特殊字体或者文字形式提示被保险人注意相关免责条款，也没有采用加粗下划线等方式要求被保险人注意相关内容，亦未明确提示投保车辆若用于营运将导致保险免赔，故其并没有尽到重点提示说明义务，依据《合同法》第 39 条第 1 款、第 40 条规定，该格式条款内容应属无效。因此本案中即使被告陈某宽在事故发生时将车辆用于营运，该免责条款也应属无效。综上，被告太平洋保险公司主张商业险免赔，本院不予支持。

8. 承保前车辆就在营运货拉拉，保险公司能否拒赔？

如果是承保前车辆就已经在营运货拉拉了，部分法院认为增加的危险属于保险合同订立时保险人预见或者应当预见的保险合同承保范围，不构成危险程度显著增加，保险公司也就不能以此拒赔。

【案例索引】〔2021〕浙 0803 民初 2678 号

【裁判观点】本院分析认为，保险公司办理保险时应当根据车辆种类、使用性质等收取承保的相应险种的保费。保险标的的危险程度显著增加应综合考虑保险标的用途、使用范围、所处环境、使用人或管理人等因素的改变等，且保险标的危险程度虽然增加，但增加的危险属于保险合同订立时保险人预见或者应当预见的保险合同承保范围的，不构成危险程度显著增加，结合当事人陈述，被告罗某彬在办理保险合同前已经在货拉拉平台从事货物运输服务，且其在发生事故时也并非处于运输货物期间，故不能认定保险合同有效期内危险程度显著增加。

【案例索引】〔2020〕粤 0303 民初 38796 号

【裁判观点】根据当事人陈述，涉案车辆并非在保险期间改变使用性质，而是在投保时即为营运车辆，不存在危险程度显著增加的情形，且被告中华联合财产保险股份有限公司深圳分公司在知道涉案车辆的使用性质后，未在法定期间行使合同解除权，直接在本案诉讼中以投保人未如实告知为由，主张拒赔，没有事实和法律依据，本院不予支持。

9. 4500 千克以下车辆统一登记为非营运车辆，不存在改变营运性质，保险能否拒赔？

常见的货拉拉车辆都是小型面包车，大部分质量在 4500 千克以下，根据《道路运输条例》第 24 条第 3 款的规定，使用总质量 4500 千克及以下普通货运车辆从事普通货运经营的，无需按照本条规定申请取得道路运输经营许可证及车辆营运证。也就是说，4500 千克以下的车辆即使从事营运，也可以登记成非营运车辆。案例中也有部分法院采纳这一观点，认为从事经营性货运业务不属于改变车辆使用性质，保险公司也就不能以此拒赔。

【案例索引】［2021］苏 0481 民初 8736 号

【裁判观点】登记为非营运与是否从事经营行为并无必然对应关系，案涉轻型栏板货车从事货物运输行为未变更使用性质。2019 年 3 月 2 日新修订的《道路运输条例》第 24 条第 3 款规定，使用总质量 4500 千克及以下普通货运车辆从事普通货运经营的，无需按照本条规定申请取得道路运输经营许可证及车辆营运证。根据该条，对于总质量 4500 千克以下的货运车辆，无论为自己还是不特定他人从事运输行为，行驶证都不需要登记为"营运"。即登记为"营运"或"非营运"仅为运管部门基于道路运输管理需要而进行的区分，与是否从事经营性行为并无必然对应关系。故案涉轻型栏板货车总质量为 3495 千克，登记为非营运车辆并无不当，其从事经营性的货物运输业务不属于车辆使用性质的变更。

【案例索引】［2022］鲁 0983 民初 1945 号

【裁判观点】对于总质量 4500 千克以下的货运车辆，无论是为自己还是不特定他人从事运输行为，行驶证都不需要登记为"营运"或办理登记经营手续。即登记为"营运"或"非营运"仅为运管部门基于道路运输管理需要而进行的区分，与是否从事经营性行为并无必然对应关系。本案中，涉案轻型栏板货车载重 2315 千克，无须办理营运证，故本案轻型栏板货车从事经营性货运业务不属于改变车辆使用性质，不符合《机动车商业保险免责事项说明书》约定的情形。

10. 律师分析及建议

如果案件中遇到了保险公司以"改变使用性质导致危险程度显著增加"为拒赔理由，律师提供以下思路应对：

（1）保险公司是否履行提示、说明义务；

从举证责任的角度应当由保险公司来证明车辆改变了营运性质，保险公司所提供证据是否能够证明，如果仅仅是凭车身所贴标志无法达到证明目的。

（2）保险公司还需要举证"危险程度显著增加"，即营运车辆必然会导致危险程度显著增加吗？

事故发生的原因是什么，改变营运性质是否属于事故发生近因，是否符合保险公司的免赔条款。即保险公司不承担赔偿责任必须同时满足三个条件：①被保险车辆改变使用性质；②改变使用性质导致被保险车辆危险程度显著增加；③事故的发生是因为被保险车辆危险程度显著增加所致。

即使车辆从事过营运行为，事故发生时未在营运状态是否符合保险公司的免赔条款。

保险一年一买，投保时是否就在跑货拉拉了，保险公司是否尽到相应审查义务，以及是否属于改变营运性质。

车辆是否因为质量 4500 千克以下才登记为非营运性质，该登记无法直接证明车辆性质，面包车/货车本身就应该用来运输货物，不属于改变营运性质。

（二）拒赔理由：驾驶营运车辆而不具备道路货物运输驾驶员从业资格证

1. 数据分析

172 个案件中，有 5 个案件保险公司拒赔理由为驾驶员不具备道路运输从业资格证，而 5 个案件中仅 1 件判决保险公司拒赔，有 4 件判决结果为保险公司需要赔偿。4 件中有 3 件因保险公司未履行提示说明义务而判赔，另 1 件判赔理由为未尽审查义务。

2. 保险拒赔依据

（1）《道路运输从业人员管理规定》第 6 条。经营性道路客货运输驾驶员和道路危险货物运输从业人员必须取得相应从业资格，方可从事相应的道路运输活动。

（2）《机动车综合商业保险条款》规定："下列情况下，不论何种原因造成的人身伤害、财产损失和费用，保险人均不负责赔偿：……（二）驾驶人有下列情形之一者：……6、驾驶出租机动车或营业性机动车无交通运输管理部门核发的许可证书或其他必备证书。"

3. 保险拒赔案例

【案例索引】［2018］苏 0507 民初 7132 号

【裁判观点】故本院根据上述证据认定，国泰财保上海分公司对商业险免责条款已向投保人力丰公司尽到提示和明确说明义务，因事故发生时力丰公司的驾驶员董某领驾驶营运车辆而不具备道路货物运输驾驶员从业资格证，故国泰财保上海分公司就商业险部分拒赔理由成立。

4. 法院判决赔偿案例

【案例索引】［2020］鄂 0105 民初 5137 号

【裁判观点】被告人保财险武汉市分公司抗辩主张被告邱某红无货运从业资格证，保险公司在商业险范围内不承担赔偿责任。虽然保险合同条款第 24 条中约定了驾驶出租机动车或营业性机动车无交通运输管理部门核发的许可证书或其他必备证书，保险人不负责赔偿，但该条款并未明确说明"许可证书或其他必备证书"是何证书，且被告人保财险武汉市分公司提供的"投保人声明"显示，投保人被告中新建筑公司盖章时间为 2019 年 1 月 17 日，与投保签单时间（2019 年 7 月 10 日）不符，故不能认定被告人保财险武汉市分公司就驾驶员必须取得货运从业资格证向投保人履行了明确说明义务。该免责条款不产生效力。对被告人保财险武汉市分公司抗辩主张本院不予以采纳。

【案例索引】［2019］粤 0306 民初 10814 号

【裁判观点】关于被告紫金财产保险公司以涉案车辆没有营运证、肇事司机即被告曾丰城没有从业人员资格证为由，主张免除承担保险责任的问题。本院认为，被告紫金财产保险公司作为专业保险公司，明知营业性机动车的驾驶员需要具备相关从业资格证，其在接受商业三者险投保时就应当对投保人是否取得相关许可证书进行审查，而不是在发生保险事故时才要求投保人提供相关材料。其未能提供证据证明其尽到了承保前的审查义务，故其关于在三者险限额内免除保险责任的抗辩理由不能成立，本院不予采纳。

5. 律师分析及建议

这类拒赔理由经常出现在货车、拖挂车案件中，这类拒赔案件笔者经办案例非常多，除了上述裁判规则，还可以从以下角度突破：

（1）保险免责条款效力问题。

①《保险法》第19条规定，保险条款中关于驾驶人无交通运输管理部门核发的许可证书或其他必备证书时保险人免责的规定，事实上属于免除己方责任、加重对方责任、排除对方主要权利的条款，违背了公平原则，应为无效，不能据此免除保险人责任。

②《保险法》第17条规定，保险公司应当举证其就免责条款履行了提示、明确说明义务。

（2）从保险条款的理解和解释来看，交通运输管理部门核发的许可证书或其他必备证书并不必然指向道路运输从业资格证，应当作出不利于保险公司的解释。

（3）中国银保监会发布的《关于实施车险综合改革的指导意见》于2020年9月19日正式实施，实施后，"驾驶出租机动车或营业性机动车无交通运输管理部门核发的许可证书或其他必备证书"已经被删除。

（4）根据保险法近因原则，未持有道路从业运输资格证并不是导致事故发生的直接原因，道路运输从业资格证与本次事故的成因及损害大小没有因果关系。

（三）其他拒赔理由：超载、违反安全装载、不承担停运损失

这两类案件量少，法院判决基本以保险公司是否履行提示、明确说明义务作为分水岭，履行了则判决保险公司可以拒赔，没有履行则判决保险公司赔偿。

【案例索引】［2020］浙 0402 民初 6101 号

【裁判观点】关于车损，被告抗辩主张应增加 10% 的绝对免赔率，本院认为原告车辆超载情况属实，且保险条款对该情形有明确约定，原告亦不持异议，故其抗辩意见成立，车损理赔款按 2160 元予以支持。

【案例索引】［2019］粤 0307 民初 23140 号

【裁判观点】本院认为，被告阳光财产保险公司未提交证据证明本案事故的发生与其所称的超高有直接关系，《交通事故认定书》并未认定涉案车辆存在超高并违反安全装载规定，且保险条款中未对违反安全装载作出明确的说明，庭审中，被告阳光财产保险公司陈述已在交强险内赔偿原告财产损失 2000 元，因此，被告阳光财产保险公司还应在机动车商业第三者责任险限额内支付原告华裕丰公司维修费、货物损失等赔偿款共计人民币 9786.4 元。

【案例索引】［2021］苏 0509 民初 10472 号

【裁判观点】被告李某艳驾驶的苏 N×××××重型半挂牵引车虽在被告平安保险宿迁支公司处投保了交强险和商业险，事故发生在保险期间内，但营运损失属于间接损失，不属于交强险赔偿范围。《中国保险行业协会机动车商业保险示范条款》（2020 版）约定，因被保险车辆发生交通事故造成他人停驶等间接损失的，保险人不负责赔偿责任，该条款采用加黑印刷，且投保人李某豪通过电子方式签名确认已经收到保险条款，认可由保险人明确说明了免除保险人责任条款的内容及法律后果，故应当

认定保险人履行了明确说明义务，该免责条款合法有效，被告平安保险宿迁支公司在商业险范围内免除赔偿责任。

第六节　火灾保险拒赔情形及应对指南大数据报告

一、前言

2022 年 11 月 21 日，河南安阳发生一起特大火灾事故，造成 38 人不幸丧生。这场火灾使无数家庭付出了无法弥补的痛苦和苦难，也再次提醒我们，重视安全生产是我们的首要任务，同时提前购买火灾保险也是至关重要的。火灾的突发性和毁灭性无疑是我们面临的巨大风险之一。无论是居民楼、商业大厦，还是工厂、仓库，都有可能成为火灾的发生地。一旦发生火灾，不仅会造成人员伤亡，还会导致巨大的财产损失。而购买火灾保险的好处不仅仅在于赔偿损失，还可以为受灾家庭或企业提供安心和保障。因此，火灾事故发生后是否可以得到应得的足额的保险赔偿款，也是火灾保险案件的核心要点。

泽良保险法团队通过分工合作进行案例检索，对近三年全国各地审理的火灾保险纠纷的 181 件案例进行研究，在本节中对火灾保险的相关争议焦点进行分析，附上对应的典型案例，提出法律风险和对应建议，希望对面临相关纠纷的个人、企业及律师同行有所帮助。

二、大数据报告来源

案例来源： Alpha

检索条件设置：

（1）裁判时间：2020 年 6 月 1 日至 2023 年 6 月 1 日

（2）案由：财产损失保险合同纠纷、责任保险合同纠纷

（3）守方当事人包含：保险

（4）文书类型：判决书

（5）法院认为包含：火灾

（6）审理程序：一审

案件数量：181件（检索得到案件181件，排除重复案件、跟火灾无关的案件，最终得到有效案件152件）

数据采集时间：2023年6月2日

三、检索结果

通过阅读2020年6月1日至2023年6月1日全国范围内关于"火灾"的保险纠纷的一审案件，可以发现火灾保险案件存在以下特点：

第一，随着保险意识的增强及转移风险的需要，近年来的火灾保险诉讼案件量呈现逐年增长的趋势；

第二，保险标的物种类丰富，既有常见的机动车、房屋、公司、工厂、机器设备等，还存在林地、鸡舍、某个行政区域范围内的人口等特殊标的。其中保险标的为机动车的案件数量最多，高达95件。究其原因在于，考虑到车辆可能遭受的风险和保护车主及第三方的需要，绝大部分的车主会购买商业险来增加保险保障，降低事故后的个人负担；

第三，保险产品类型丰富。基于多类型的保险标的物种类，保险产品的类型也呈现多样化，包括机动车相关保险、财产相关保险、家庭财产保险、公共责任险、物流相关保险、货物相关保险等。还有一些小众的保险产品，例如林木火灾保险、灾害民生综合保险等。其中数量最多的是机动车相关保险案件，高达84件，原因在于标的物为机动车的保险案件数量最多。其次是数量为31件的财产基本、综合、一切险案件，原

因在于财产相关保险的标的物种类范围大，包括可动财产如办公设备、机器设备、库存商品、车辆，也包括不可动财产如房屋、工厂、仓库等固定建筑物。

保险产品种类	案件数量（件）
机动车相关保险	84
财产基本、综合、一切险	31
家庭财产保险	7
公共责任险	7
物流相关保险	6
货物相关保险	6
其他	11

接下来编者将归纳常见的保险公司火灾保险拒赔理由及常见案件争议焦点，通过对案件的具体研究分析，提出法律风险和对应建议。

四、法院裁判规则及律师分析建议

（一）拒赔理由：不明原因火灾

1. 前言

火灾事故后，在部分情况下，即使消防部门介入调查，最终仍然无法查清具体的火灾原因，对于该种情形，我们通常称之为不明原因火灾。对此在一般的货物运输保险、机动车损失险等保险产品中，其保险合同通常会约定，不明原因火灾属于保险公司免赔的情形，以此来拒绝赔偿。司法实践中，对于保险公司或被保险人是否存在过错、保险公司是否需要尽到提示说明义务等具有大量争议。

2. 法院判保险公司赔偿案例

（1）"不明原因火灾免赔"的条款属于免责条款，保险公司未尽到提示说明义务，免责条款不产生效力。

【案例索引】［2020］皖 1124 民初 1225 号：

【裁判观点】《中国人民财产保险股份有限公司机动车综合商业保险条款》第 6 条约定，保险期间内发生火灾、爆炸等，人保苏州分公司应予赔偿，虽然其以第九条进行抗辩，经审查，该条款属于免责条款，《保险法》第 17 条规定："订立保险合同，采用保险人提供的格式条款的，保险人向投保人提供的投保单应当附格式条款，保险人应当向投保人说明合同的内容。对保险合同中免除保险人责任的条款，保险人在订立合同时应当在投保单、保险单或者其他保险凭证上作出足以引起投保人注意的提示，并对该条款的内容以书面或者口头形式向投保人作出明确说明；未作提示或者明确说明的，该条款不产生效力。"本案中，人保苏州分公司未提供证据证明其就免责条款向刘某毛履行了提示或者明确说明义务，故该免责条款不产生效力，本院对人保苏州分公司的辩论意见不予采纳。

（2）被保险人已尽到了应尽的义务，即使案涉火灾性质、原因不能确定，也非其原因所致，不能以此作为拒赔依据。

【案例索引】［2020］苏 0505 民初 5679 号

【裁判观点】本案中，被告认可案涉车辆损失系由火灾导致，同时原告为保险理赔在事故发生当天即报险，消防人员在起火后第一时间到达事故现场，就原告自身能力而言已经提供了其所能提供的全部证明和资料，消防部门未就火灾原因作出认定书，并非原告所致，也非原告能力所及。此外，案涉事故发生后，原告第一时间向被告报险，已履行及时通知义务，而被告自火灾事故发生到本案诉讼，有足够的时间对车辆是否系自燃、被保险车辆是否因此受损作出核定并收集固定证据，但其未能及时调查履职。因此，即使案涉火灾性质、原因不能确定，也非原告原因所致，不能以此作为拒赔依据。综上所述，本案中，原告投保了车损险和自燃险，根据原告所提供的证据，能够确认案涉车辆发生火灾损坏的事实，属于被告的保险责任范围，被告的拒赔理由均不能成立，应当承担相应赔付责任。

3. 法院判保险公司拒赔案例

（1）因被保险人过错导致火灾原因无法查明。

【案例索引】［2020］鲁 0104 民初 3191 号：

【裁判观点】原告白某彬在投保时签署有《机动车辆保险投保提示书》及"投保人声明"，确认被告太平财险公司已对相应免除保险人责任条款，已进行明确说明和特别提示；原告在新安县消防救援大队 2020 年 7 月 25 日《询问笔录》中，回答亦显示其知晓车辆保险条款及免责条款的相关规定，并表示"没必要火调了"。在新安县消防救援大队于 2020 年 8 月 7 日，作出火灾事故认定书后，将着火车辆处理，致使无法查明车辆着火原因及评定车辆损失，且根据其提交的证据材料，显示处理时间在本案审理过程中。根据新安县消防救援大队于 2020 年 8 月 7 日，作出的新消火认字［2020］第 0015 号火灾事故认定书，不能确定车辆的着火原因，亦不能进一步确定属于被告太平财险公司应当承担赔偿责任的范围。综上，原告白某彬要求被告太平财险公司赔礼道歉、赔偿损失的诉求，证据不足，不予支持。

【案例索引】［2021］粤 0606 民初 28387 号

【裁判观点】案涉火灾事故发生在 2018 年 8 月 5 日，原告灭火后，没有报警，隔天清理场地后继续开工，至 2018 年 8 月 16 日才向原告报案，在安监部门笔录中，除赵某德称看见起火经过外，其余接受询问的人员均表示不清楚起火原因或当时不在场，赵某德的陈述为其单方陈述，没有其他证据佐证，不足以证实火灾起火的经过、原因，根据本案现有证据，无法证实火灾事故的发生原因，原告在保险事故发生后未及时通知被告并清理了现场，导致火灾原因无法查明，对此存在重大过错。

4. 律师分析及建议

（1）在不明原因火灾的案件中，法院倾向于关注被保险人、保险公司是否存在过错。若由于是某一方过错导致火灾原因无法查明，法院可能会作出对过错方不利的判决。

（2）对于该类型案件保险拒赔，笔者提供以下思路进行应对：

第一，该条款属于免责条款，保险公司未尽到相应的提示说明义务；

第二，被保险人已尽到了应尽的义务，即使案涉火灾性质、原因不能确定，也并非被保险人的原因所致，保险公司不能以此作为拒赔依据。

（二）拒赔理由：车辆自燃

1. 前言

车辆自燃指没有外界火源，保险车辆也没有发生碰撞、倾覆的情况下，由于保险车辆本车漏油或电器、线路、供油系统、载运的货物等自身发生问题引起的火灾。对于购买机动车商业险或损失险的消费者而言，若车辆发生自燃情况，保险公司通常会予以拒赔，原因在于前述保险合同中通常会特别排除车辆自燃所引起的损失或责任赔偿，除非消费者另外投保了车辆自燃保险。司法实践中对于事故是否属于自燃、条款是否属于免责条款、保险公司是否需要尽到提示说明义务等存在大量争议。

2. 法院判保险公司赔偿案例

（1）案涉车辆发生火灾事故的原因不属于自燃。

【案例索引】［2021］新2324民初181号

【裁判观点】事故认定书载明车辆起火的原因是车右侧轮胎爆裂导致

着火。永安财险昌吉支公司认为起火原因系右后轮轮胎爆胎，车速过快轮胎皮磨掉脱落，右后轮钢圈与地面碰撞摩擦后起火，因火势太大将油箱引燃。中国保险监督管理委员会《关于机动车辆保险条款中"自燃"解释的复函》第1条规定："《机动车辆保险条款解释》（保监发〔2001〕102号）关于自燃的定义是：'没有外界火源，保险车辆也没有发生碰撞、倾覆的情况下，由于保险车辆本车漏油或电器、线路、供油系统、载运的货物等自身发生问题引起的火灾'。因此，自燃不仅指单纯的供油系统发生故障引起的燃烧。"该复函第3条规定："自燃定义中'等'字指前文'保险车辆本车漏油或电器、线路、供油系统、载运的货物'四种情况，无更多内涵。"可见，判断车辆起火是否属于自燃，就是要确定起火原因是否属于以上四种情况。本案车辆起火原因为右侧轮胎爆裂导致着火，而这一原因并不属于以上确认属于自燃的几种情况之一。被告辩称车辆损失是自燃所导致不负赔偿责任，没有事实和法律依据，本院不予支持。

【案例索引】〔2021〕黔03民终77号

【裁判观点】本案中，被告辩称本案车辆属于自燃，因原告未投保自燃险，故不承担保险责任，但根据常熟市消防救援大队出具的《火灾事故认定书》认定，起火原因为车头下方挂住布料遇发动机排气管高温引起火灾所致，并未认定为自燃，且被告未提交证据证明本案是自燃引发的火灾事故，故对被告的辩称意见，本院不予采信。

【案例索引】〔2020〕川0683民初1412号

【裁判观点】诉讼过程中，原告申请对川M0×××挂半挂车的车辆损失进行鉴定，被告申请对川M0×××挂半挂车燃烧原因及是否属于自燃进行鉴定。结合荣诚公司出具的鉴定意见书，案涉车辆燃烧排除了外界火源、电器、线路、油气系统的因素及所载货物自身原因引起，是由于车轮制动器发生"制动发咬"产生高温导致轮胎失火，不属于自燃所指的五种情况，即案涉车辆起火原因并非自燃，不属于保险责任免除情形。

（2）"自燃免赔"约定属于免责条款，保险公司未尽到提示说明义务，免责条款不产生效力。

【案例索引】［2020］云 2329 民初 1195 号

【裁判观点】《保险法》第 17 条第 2 款规定："对保险合同中免除保险人责任的条款，保险人在订立合同时应当在投保单、保险单或者其他保险凭证上作出足以引起投保人注意的提示，并对该条款的内容以书面或者口头形式向投保人作出明确说明；未作提示或者明确说明的，该条款不产生效力。"在本案中，没有证据证明被告在签订合同时对该条款作出引起原告注意的提示和明确的说明，故本案免责条款的约定不发生法律效力，被告不能以该格式条款作为免除自己责任的依据。

【案例索引】［2020］豫 0204 民初 1091 号

【裁判观点】本院认为，根据"火灾"的汉语解释是指在时间上或空间上失去控制的燃烧所造成的灾害。被告保险条款中对火灾的释义是常人所理解的火灾范围的缩小，即对保险人免责范围的扩大。作为提供格式合同的被告，应当就该限责的具体内容向投保人做特别解释和说明，但被告现有证据不能证明被告以书面或口头形式向原告送达机动车综合商业保险条款或明确说明免责条款，故该免责条款对原告也不产生法律效力。

（3）"自燃免赔"约定属于保险公司的格式条款，应按照通常理解予以解释，对合同条款有两种以上解释的，应当做出有利于被保险人和受益人的解释。

【案例索引】［2022］赣 1126 民初 492 号

【裁判观点】案涉保险合同系采用格式条款的合同，对合同格式条款的理解发生争议，应作出不利于提供格式条款一方的解释。被告以原告未单独投保自燃险，根据《机动车综合商业保险示范条款》第 9 条第 3

款规定，不承担保险赔付责任等，其证据不足，理由不成立，本院不予支持。

【案例索引】［2020］云 2329 民初 1195 号

【裁判观点】原、被告对存在矛盾和歧义的格式条款的理解发生争议，应按通常理解及格式合同应当作出不利于提供格式条款一方的解释的原则，自燃应属火灾的一种，以火灾发生原因作为免除自己责任，排除对方权利的约定应为无效条款。

3. 法院判决保险公司拒赔案例

属于自燃情况，未投保自燃损失险，保险公司已尽到提示说明义务，无需赔偿。

【案例索引】［2020］津 0116 民初 25189 号

【裁判观点】原告该车并未在被告处投保自燃险。依据天津市滨海新区消防救援支队（大港）出具的火灾事故认定书认定，原告车辆系因自燃引起火灾事故导致受损。因自燃险作为一个单独险种，原告并未投保，所以本院对于原告主张的车辆损失不予支持。其次，原告庭审中陈述在对该车进行投保时因其不懂而未投保自燃险，并且认为被告对原告就投保事宜未尽到告知和提示义务。但是被告庭后又提交了该车投保单一份，据该份投保单显示投保人为天津市金凯瑞科技发展有限公司，被保险人为袁某，本次火灾事故也发生在保险期间内。保险人在投保人声明处以加粗加黑的方式对相关投保事项进行了说明，投保人亦加盖了公章，足以证明被告已经在投保时尽到了提示和告知义务。原告在庭审中陈述的其保单和保险条款的原件无法找到且对保险人的提示和告知并不知情的理由不能成立。

【案例索引】［2020］津 0116 民初 10618 号

【裁判观点】本院认为，自燃是指可燃物在空气中没有外来火源作用下，自热或外热而引发燃烧的现象。通过天津市滨海新区公安消防支队2019 年 7 月 25 日作出的火灾事故认定书认定，起火原因为：可排除外来火源、排除遗留火种、排除雷击、排除人为纵火发生火灾，不排除该车辆电气线路故障引燃周围可燃物发生火灾。该事故认定书可以确认，该车燃烧排除了外来火源的作用，不排除该车辆电气线路故障引燃周围可燃物发生燃烧，符合自燃的现象，应当认定该车为自燃。原告并未投保自燃损失险，原告坚持以该车辆系火灾不是自燃应属于车辆损失险范畴获得理赔主张权利，未提供充足的证据证实，没有事实和法律依据，本院不予支持。

4. 律师分析及建议

（1）依据《关于机动车辆保险条款中"自燃"解释的复函》，"自燃"的定义其实就是没有外界火源，保险车辆也没有发生碰撞、倾覆的情况下，由于保险车辆本车漏油或电器、线路、供油系统、载运的货物等自身发生问题引起的火灾。具体而言其实就是限定在四种情形：其一，本车漏油或电器引发的火灾；其二，线路引发的火灾；其三，供油系统引发的火灾；其四，载运的货物引发的火灾。

（2）法院一般都是通过消防部门出具的《火灾事故认定书》和鉴定公司出具的《鉴定意见书》，来对火灾事故发生的原因进行认定。

（3）对于该类型保险拒赔，提供以下思路进行应对：

第一，案涉车辆火灾的原因不属于自燃，保险公司也未提供相关证据证明属于自燃。

第二，"自燃免赔条款"属于免责条款，保险公司未履行提示及说明义务，包括条款未加粗加黑、投保人声明不包含特别约定部分、保险公司未提供证据证明尽到说明义务等。

第三，"自燃免赔条款"属于保险公司的格式条款，应按照通常理解予以解释，对合同条款有两种以上解释的，应当做出有利于被保险人和受益人的解释。

（三）拒赔理由：第三人侵权

1. 前言

在第三人侵权导致火灾事故的情况下，部分保险公司认为被保险人应该直接向侵权的第三方主张赔偿，因此拒绝保险理赔，进而产生诉讼纠纷。

2. 法院判保险公司赔偿案例

无需先行向侵权人主张赔偿，可直接由保险公司理赔。

【案例索引】［2020］豫 0192 民初 2677 号

【裁判观点】本院认为，原、被告签订的保险合同系双方当事人真实意思表示，内容不违反法律、行政法规的强制性规定，合同合法有效，双方当事人均应按合同约定履行各自义务。事故发生在保险期间内，被告应按保险合同的约定进行理赔。被告辩称，该起事故火灾系被其他车辆引燃，原告应向侵权的第三方主张，该理由并非被告基于合同关系的免责事由，被告应当在赔偿限额内赔偿原告车辆损失。

【案例索引】［2020］川 1528 民初 1393 号

【裁判观点】本案中，原告在被告处投保机动车损失保险及机动车损失保险无法找到第三方特约险，在保险期间内，被告承保的川 Q×××××号小型轿车发生火灾造成被保险机动车的直接损失，且不属于免除保险人责任的范围，被告应当承担保险责任。被告主张本案不属于其保险责任范围，但未提供相应证据证明，本院不予采纳。

3. 律师分析及建议

（1）财产保险案件适用损失填补原则，该原则是《保险法》四大基本原则之一。该原则具体指在财产保险中，当保险事故发生导致被保险人经济损失时，保险公司给予被保险人经济损失赔偿，使其恢复到遭受保险事故前的经济状况。也就是说被保险人从保险人处所能获得的赔偿只能以其实际损失为限，被保险人不能因保险关系而获得额外利益。该原则也体现在《保险法》第60条的代位求偿权规定上。如果被保险人已经从第三者取得损害赔偿的，保险人赔偿保险金时，可以相应扣减被保险人从第三人已经取得的赔偿金额。

（2）对于该类型保险拒赔，提供以下思路进行应对：

第一，保险合同系双方当事人真实意思表示，内容不违反法律、行政法规的强制性规定，合同合法有效，事故发生在保险期间内，保险公司应按保险合同的约定进行理赔。

第二，被保险人尚未从侵权第三方获得赔偿（或未获得足额赔偿）。

第三，法律并未规定被保险人需要直接向侵权人索赔，也可基于保险合同关系直接向保险公司索赔。

（四）拒赔理由：投保人、被保险人的故意或重大过失行为

1. 前言

在火灾保险合同中，通常会约定事故发生原因源于投保人、被保险人的故意或重大过失行为的，保险公司不负责赔偿。也因此在被保险人存在一定过失的情况下，保险公司就会以该条款来拒绝理赔，进而产生诉讼纠纷。司法实践中，对于投保人、被保险人是否存在故意或重大过失行为、保险公司是否尽到提示说明义务等具有争议。

2. 法院判保险公司赔偿案例

（1）事故原因并非源于投保人、被保险人的重大过失行为。

【案例索引】［2020］甘7101民初556号

【裁判观点】本案中，在运输货物过程中，因金凤凰公司工作人员发

现运输车辆顶部漏雨，进行维修时，焊接产生的火花进入车体，导致药品的泡沫箱外包装着火发生火灾，致使运输的部分药品全部毁损。金凤凰公司为其承运的货物在人寿公司处投保物流责任保险，在承运过程中发生火灾事故导致货物损失的，人寿公司应按保险合同约定，在承保限额内承担保险赔偿责任。关于人寿公司辩称金凤凰公司工作人员存在重大过失，属于免责情形的意见，本院认为，金凤凰公司工作人员发现承运车辆漏雨，遂进行维修，操作不慎，导致发生火灾，应由人寿公司承担保险责任，故对金凤凰公司的辩解意见，不予采纳。

（2）"重大过失免赔"约定属于免责条款，保险公司未尽到提示说明义务，免责条款不产生效力。

【案例索引】［2021］皖 0881 民初 586 号

【裁判观点】天安保险股份有限公司的《国内水路、陆路货物运输保险条款》（2008 版）第 3 章第 4 条第 4 项规定被保险人的故意行为或过失造成保险货物损失的，保险人不负赔偿责任。该免责条款若未详细向保险人提示和说明，该免责条款对保险人不发生法律效力。被告虽然提供了投保过程确认函，但该承诺函仅盖有原告单位公章，没有自然人签名和签字时间，承诺函的内容过于笼统、说明不够明确，且该承诺函是否针对本次投保标的进行免责说明或者提示不确定，从形式和内容均不符合上述法律规定，该免责条款对原告不产生法律效力。被告的抗辩不成立，本院不予采信。

3. 律师分析及建议

对于该类型保险拒赔，提供以下思路进行应对：

第一，火灾事故原因并非源于投保人或被保险人的故意或重大过失行为。

第二，"故意或重大过失免赔"属于免责条款，保险公司未履行提示及说明义务，包括条款未加粗加黑、保险公司未提供证据证明尽到说明义务等。

（五）拒赔理由：未告知危险程度显著增加

1. 前言

《保险法》第 49 条、第 52 条规定了若保险标的危险程度显著增大，被保险人应及时通知的义务，否则保险公司不承担赔偿责任。司法实践中，若事故后保险公司调查发现，被保险人存在部分导致危险程度显著增大，而被保险人又未通知告知的行为，保险公司便会拒绝理赔，由此产生争议。

2. 法院判保险公司拒赔案例

被保险人行为导致危险程度显著增大，并且未告知保险公司。

【案例索引】［2021］粤 0606 民初 6990 号

【裁判观点】案涉公众责任险是对被保险人在合同载明的场所发生意外事故造成他人人身伤亡或财产损失予以赔偿的保险，原告将部分厂房提供给他人使用，必然导致在场所内他人所有的财产长期、大量存在，必然导致保险标的的危险程度显著增加，依据《公众责任险条款》第 23 条的约定，被告不承担赔偿保险金的责任。

3. 律师分析及建议

对于该类型保险拒赔，笔者提供以下思路进行应对：

第一，保险公司应该举证证明，案涉保险标的存在危险程度显著增加的情形。

第二，保险公司始终知晓保险标的的风险程度，因此不存在保险标的显著增加的情形。

（六）拒赔理由：案涉标的不符合保险约定

1. 前言

火灾保险合同中通常会限制承保标的，例如在部分财产险中，可能明确约定不承保钢结构或砖木结构的房屋。也因此出现了许多在火灾事故发生后，才发现承保标的不符合保险合同规定的情况。进而保险公司拒绝赔偿，产生诉讼纠纷。

2. 法院判保险公司赔偿案例

（1）保险公司未尽到提示说明义务，免责条款不产生效力。

【案例索引】［2020］鲁 1323 民初 2835 号

【裁判观点】本在原告投保次日，被告公司即到投保场所进行查勘，其对原告公司经营场所的建筑结构应当明知，在火灾事故发生后，被告公司以建筑结构不符合投保要求为由拒绝承担保险责任。原、被告双方的保单等材料系通过电子邮件方式传达，且先支付保险费的时间早于电子保单生成的时间，被告未提供证据证明其对保单及保险条款中的保险责任及责任免除向原告进行了详细说明，即未给投保人尽到提示和明确说明义务，该保险合同中免责条款对原告不发生法律效力。

（2）投保时保险公司未尽到询问、审核的义务。

【案例索引】［2020］内 7104 民初 278 号

【裁判观点】被告大地财险通辽公司在庭审中也自认，如按照正常的投保及承保程序，保险公司应派员至现场确认保险标的实际状况，或要求投保人提供房屋产权证及房屋照片以确定是否符合承保条件。本案中，被告作为经营保险业务的专业机构，在承保业务时未能尽到基本的审核义务，以原告所有的砖木结构房屋为保险标的承保了家庭财产综合保险，原告唐某友也支付了保险费，被告大地财险通辽公司在保险合同成立后又以房屋结构不符合条款约定为由拒绝承担保险责任的行为，明显违反了保险的诚实信用原则。

3. 法院判决保险公司拒赔案例

相关条款属于确定保险人责任范围的条款，不涉及提示说明义务。

【案例索引】［2022］内 7104 民初 51 号

【裁判观点】案涉保险单特别约定第 3 条载明，本保险产品承保范围限于被保险人拥有合法产权的、建筑结构为钢混或砖混且用于居住的商品房，不承保村房、自建房、小产权房、经营用途的房屋及其室内财产。原告提出该条款属于免除保险人责任的条款，而保险人未就该条款尽到提示及明确说明义务，故该条款在本案中不发生效力。对此本院认为，免除保险人责任的条款，应以保险人需要承担保险责任为条件，只有先确定保险人承担责任的范围才能在该范围内确定责任免除的部分，保险人责任条款是确定免除保险人责任条款的前提。只有保险人依据保险责任条款需要承担保险责任，才可能存在免除保险人责任的问题。《保险法》第 18 条规定，保险合同应当包括下列事项：保险标的。案涉保险合同特别约定第 3 条本质是对保险标的范围的约定，该条款的目的在于明确承保范围，确定哪些标的物发生事故可以产生保险责任，属于确定保险人责任范围的条款，而非免除保险人责任的条款，该条款在案涉保险合同成立时即应生效，对合同当事人具有约束力。故对原告提出的上述主张，不予采纳。在本案中，因保险合同已明确约定承保范围限于居住房屋，经营用途的房屋不在承保范围之内，原告房屋发生火灾不属于保险事故范畴，被告不应向原告承担保险责任。

4. 律师分析及建议

（1）对于保险合同中承保标的的约定，属于免责条款还是承保范围条款，实践中存在一定争议，这也事关保险公司是否需要对该条款尽到提示说明义务。

（2）对于该类型保险拒赔，提供以下思路进行应对：

第一，投保时保险公司未尽询问、核实的义务。

第二，保险合同对于承保标的的约定属于免责条款，保险公司未履行提示及说明义务，包括条款未加粗加黑、保险公司未提供证据证明尽到说明义务等，因此该条款不产生效力。

（七）保险合同中免赔额等约定是否适用

1. 争议焦点

保险合同中的免赔额是指在发生保险事故时，由被保险人承担的一定金额或比例的损失，保险公司在赔偿之前，会先扣除免赔额后的金额。免赔额的设定旨在确保保险公司在小额损失上不予赔偿，以减少保险公司的风险和成本。免赔额的金额通常在保险合同中明确规定，并且可以是固定金额，也可以是基于一定比例或公式计算的金额。例如，如果免赔额为 1000 元，当保险事故发生并产生 8000 元的损失时，保险公司只会赔偿 7000 元，即 8000 元减去 1000 元的免赔额。那么在火灾事故发生后保险公司理赔时，免赔额是否可以直接扣减，在司法实践中存在一定的争议。

2. 法院不支持保险公司的案例

保险公司未尽到提示说明义务，免赔额相关条款不产生效力。

【案例索引】［2021］鲁 0786 民初 4139 号

【裁判观点】保险人提供的格式合同文本中的责任免除条款、免赔额、免赔率、比例赔付或者给付等免除或者减轻保险人责任的条款，可以认定为《保险法》第 17 条规定的"免除保险人责任的条款"。对免除保险人责任的条款，保险人在订立合同时应当在投保单、保险单或者其他保险凭证上以足以引起投保人注意的文字、字体、符号或者其他明显标志作出提示，并对该条款的概念、内容及其法律后果以书面或者口头形式向投保人作出常人能够理解的解释说明，未作提示或者明确说明的，该条款不产生效力。保险人对其履行了明确说明义务负有举证责任。具体到本案中，本院认为原、被告双方签订的国内货物运输预约保险协议书属于被告方提供的格式合同文本，该协议书中有关于免赔率/额的约定，该属于保险合同中免除或减轻保险人责任的条款，按照上述规定，保险公司应对该部分免赔率/额约定向投保人尽到提示和明确说明义务。被告在国内货物运输预约保险协议中对于该部分约定以字体加大的方式作出了足以引起投保人注意的提示，无论投保人是否收到该协议书，投保人作为合同的相对方在该协议书末页加盖公章，都应视为保险人就该免赔率/额条款向投保人尽到了提示义务。至于被告是否就免赔率/额条款向投保人尽到了明确说明义务，根据被告提交的国内货物预约保险协议书以及投保单来看，虽然广顺物流公司也加盖了公章，但投保单中并未载明以上免赔率/额约定，投保人声明部分的内容均是保险人提前印制好的格式文本，声明内容只字未提免责条款的具体内容，也未对免责条款的概念和内容作出解释和说明，不足以引起投保人的注意，仅有原告在投保人签名处加盖公章，无经办人员签字确认，不能证明被告向投保人履行了明确说明义务，故该免赔率/额条款对投保人不发生效力，被告要求对原告的损失免赔30%的请求不成立，本院不予支持。

【案例索引】［2019］沪0101民初25535号

【裁判观点】至于被告要求扣除免赔额一节，根据法律规定，保险人提供的格式合同文本中的责任免除条款、免赔额、免赔率、比例赔付或者给付等免除或者减轻保险人责任的条款，可以认定为"免除保险人责任的条款"，在订立合同时应当在投保单、保险单或者其他保险凭证上作出足以引起投保人注意的提示，并对该条款的内容以书面或者口头形式向投保人作出明确说明；未作提示或者明确说明的，该条款不产生效力。本案中，被告并无证据证明其对涉案合同中的免赔额内容向原告履行了说明义务，故其要求"如承担赔偿责任应扣除免赔额"依据不足。

3. 法院支持保险公司的案例

（1）应根据合同约定，扣减免赔额。

【案例索引】［2021］粤 0303 民初 3453 号

【裁判观点】免赔额，涉案保险合同约定，每次事故绝对免赔额 10 000 元或损失金额的 10%，两者以高者为准。被告主张应当扣除 10% 的免赔额，原告亦无异议，本院予以确认。

4. 律师分析及建议

（1）对于保险合同中约定的免赔额，并非每个法院都会对其进行详细的审查。

（2）但免赔额的问题是可以通过诉讼将其打掉的，因此诉讼过程中应积极抗辩免赔额的问题，强调保险公司未履行提示及说明义务，相关免赔额条款等不产生效力。

（八）鉴定费、公估费用等承担问题

1. 争议焦点

火灾事故发生后，为了评估损失财产的价值和损失程度，往往需要通过鉴定或评估的方式来确定相关费用。而在火灾保险诉讼案件中，最终的鉴定费或评估费谁来承担，也是一个极为常见的争议焦点。

2. 法院不支持保险公司的案例

（1）鉴定费用属于保险公司未及时理赔导致的，属于被保险人受到的损失，应由保险公司承担。

【案例索引】［2022］鲁 0704 民初 3301 号

【裁判观点】被告泰山保险虽认为属于保险合同条款第 6 条"其他不属于本保险责任范围内的一切损失、费用和责任，保险人不负责赔付"

范围，但该条款并未明确列明。《保险法》第 23 条第 2 款规定，保险人未及时履行前款规定义务的，除支付保险金外，应当赔偿被保险人或者受益人因此受到的损失。本案诉讼系因被告泰山保险未及时理赔导致，鉴定费属于原告欣泰物业的损失，依法应由被告泰山保险承担。

（2）公估费是为查明和确定保险事故的性质、原因和保险标的的损失程度所支付的必要的、合理的费用，应由保险公司承担。

【案例索引】［2019］浙 0482 民初 3935 号

【裁判观点】本院认为，原告在委托浙江新东方保险公估有限公司对事故致车上运输的曲轴损失进行公估时，浙江新东方保险公估有限公司发函被告要求其至现场对评估对象勘察评估，但其未予配合。原告公估所支付的公估费系原告为查明和确定保险事故的性质、原因和保险标的的损失程度所支付的必要的、合理的费用，应由被告承担，故原告的该项诉请，本院予以支持。

3. 律师分析及建议

司法实践中，在保险公司败诉的情况下，大多数情况下法院倾向于由保险公司承担相应的鉴定费或公估费：

第一，根据《保险法》第 23 条第 2 款，该费用属于保险公司未及时理赔导致的，属于被保险人受到的损失。

第二，该费用也是为查明和确定保险事故的性质、原因和保险标的的损失程度所支付的必要的、合理的费用。因此相关费用应由保险公司承担。

（九）庭审中是否可以重新进行公估、鉴定程序

1. 争议焦点

火灾事故发生后，保险公司往往会通过鉴定、公估的方式，来评估损失财产的价值和程度，那么在被保险人对公估、鉴定结果不满的情况

下，是否可以重新进行鉴定和公估程度呢？

2. 相关案例

（1）开庭前一方已做鉴定或公估，庭审中另一方请求法院重新鉴定或公估的，法院一般会支持。

【案例索引】［2019］内 0783 民初 1337 号

【裁判观点】在审理过程中，途伴教育公司向法院提出对途伴教育公司损毁资产进行评估及对第三者森兰康源种植农民合作社火灾损失价值进行评估，法院委托呼伦贝尔市盛信资产评估事务所并于 2019 年 7 月 10 日作出呼盛评字［21］号资产评估报告书。

【案例索引】［2019］内 0783 民初 1337 号

【裁判观点】泰山财产保险股份有限公司委托山东鲁伟保险公估股份有限公司对欣泰物业保险合同项下"中阳水岸嘉园小区"2022 年 2 月 21 日因弱电管道井起火导致第三者财产受损事宜进行鉴定。2022 年 6 月 17 日，山东鲁伟保险公估股份有限公司作出保险公估报告，诉讼过程中，欣泰物业申请对火灾造成的损失进行鉴定，本院依法委托青岛市大华保险公估有限公司进行了鉴定。2023 年 1 月 12 日，青岛市大华保险公估有限公司作出［2022］鲁 0704 法鉴字 640 号鉴定报告。

（2）开庭前一方已做鉴定或公估，庭审中另一方未提出重新鉴定或公估的，法院一般会根据现有鉴定或公估结果进行判决。

【案例索引】［2020］鲁 0212 民初 26777 号

【裁判观点】安诚保险公司虽不认可福客来公司提交的公估报告，但本案中不对火灾造成的损失申请重新鉴定评估。在此基础上，综合本案现有证据，对公估公司受福客来公司委托出具的公估报告中对于损失数额等内容的认定，予以采信。

【案例索引】［2021］鲁 1491 民初 1264 号

【裁判观点】对滨州市路通顺机动车鉴定评估有限公司作出的评估意见，渤海财保德州公司对其真实性无异议，但称报告记载的驾驶室烧毁严重并非发生在事故期间，对火灾在鉴定损失中的参与度有重大异议。但根据报告记载，除去驾驶室过火外，辽HJ36××号重型半挂牵引车的其他部件均毁损严重，已无修复价值，且渤海财保德州公司亦未在期限内提出异议或火灾参与度重新鉴定的申请，视为其放弃该抗辩，故本院对其主张，不予采纳。本院对该评估意见依法予以采纳，即涉案车辆因保险事故所造成的损失价值为302 422元。

3. 律师分析及建议

（1）火灾案件中，公估或鉴定报告是对财产损失价值和程度的认定结果，也是法官判决最主要的依据，将直接影响判决保险公司赔偿的金额，因此应非常重视。

（2）司法实践中，开庭前一方已做鉴定或公估，庭审中另一方请求法院重新鉴定或公估的，法院一般会支持；但若在庭审中未请求重新鉴定或公估的，法院一般会根据现有鉴定或公估结果进行判决。

（3）因此庭审前的鉴定或公估结果出来后，建议尽快联络专业人士对该报告的内容进行评估。若内容对我方不利，应挑出报告中不合理的程序或内容，在庭审中请求重新进行鉴定或公估。

（十）是否支持利息损失

1. 争议焦点

火灾事故发生后，保险公司因某些原因拒绝赔偿，那么被保险人是否可以在诉讼中请求赔偿保险公司拒赔期间的利息损失？

2. 法院不支持保险公司的案例

保险公司未履行或怠于履行损失核定及赔偿义务，因此应赔偿相应利息损失。

【案例索引】［2019］沪 0101 民初 25535 号

【裁判观点】关于原告主张自以银行同期贷款基准利率计算自 2019 年 5 月 8 日起至实际清偿之日止的利息的请求，已经调整到公估报告出具一个月之后，较之被告主张以最后一笔赔款赔付之日后的一个月计算为晚，原告认为被告怠于履行合同义务，应赔偿原告相应的利息损失，合情合理，应予支持。

【案例索引】［2020］黔 0524 民初 5384 号

【裁判观点】在事故发生后，被告未履行损失核定和赔偿的义务，现原告要求被告支付利息符合法律规定；结合本案中原告自行维修车辆后修理厂出具修理费发票时间，本院依法支持为：以原告垫付修理费及损失为基数，自 2020 年 11 月 13 日起按全国银行间同业拆借中心公布的一年期贷款市场报价利率标准支付利息。

3. 法院支持保险公司的案例

（1）双方对火灾原因及其造成的损失存在争议，且被保险人未及时提供相关证明和资料，因此不支持利息损失。

【案例索引】［2019］浙 0482 民初 3935 号

【裁判观点】关于原告主张的延期利息，本院认为，保险事故发生后，原告按照保险合同请求被告赔偿时，应当向被告提供其所能提供的与确认保险事故的性质、原因、损失程度等有关的证明和资料。虽然事故发生后，原告即向被告报案，但因双方对火灾原因及其造成的损失存在争议，原告亦未能及时提供相关证明和资料，故原告要求被告支付延期利息的诉请，本院不予支持。

（2）保险单等材料中未约定利息，因此不支持利息损失。

【案例索引】［2020］鲁 0212 民初 26777 号

【裁判观点】关于福客来公司主张的利息，双方在保险单等材料中并未约定利息，且针对福客来公司损失本案中已支持上述理赔款项，福客来公司该主张缺少依据，不予支持。

（3）利息损失属于事故发生后产生的间接损失，因此不予支持。

【案例索引】［2020］甘 7101 民初 556 号

【裁判观点】关于金凤凰公司主张的利息损失，为事故发生后产生的间接损失，故对金凤凰公司主张的利息损失，本院不予支持。

4. 律师分析及建议

对于利息损失部分，司法实践中争议较大。但作为被保险人方，建议在提起诉讼时，主动增加关于利息损失的诉求，这样，有一定机会得到法院认可。

最高人民法院指导性案例解析

一、指导案例 19 号：赵某明等诉烟台市福山区汽车运输公司、卫某平等机动车交通事故责任纠纷案

审理法院：上海市第二中级人民法院

案　　　号：［2010］沪二中民一（民）终字第 1353 号

案　　　由：机动车交通事故责任纠纷

裁判日期：2010 年 8 月 5 日

泽良简析：

本案案情如下，林某东驾驶货车在高速公路上行驶，与周某平驾驶的客车发生了碰撞，导致客车内的乘客冯某死亡。经交警认定，货车司机林某东负主要责任，客车司机周某平负次要责任。后来发现，肇事货车其实套用了其他货车的车牌，肇事货车的实际所有人是卫某平，而车牌所属货车的所有人是福山公司，实际所有人是卫某辉。事实上就是卫某辉将车牌出借给了卫某平，并收取了相应的套牌费。最终经过审判，法院判决肇事货车司机林某和实际所有人卫某平应就本案事故损失连带承担主要赔偿责任。而出借车牌的福山公司和卫某辉，由于明知他人套用车牌而不予阻止，反而提供方便，纵容套牌货车在公路上行驶，属于

出借车牌给他人使用情形，明显违反相关法律规定，危及公共安全，因此福山公司和卫某辉应对卫某平和林某东一方的赔偿责任承担连带责任。

通过本指导案例，法院确立了以下裁判规则：机动车所有人或者管理人将机动车号牌出借他人套牌使用，或者明知他人套牌使用其机动车号牌不予制止，套牌机动车发生交通事故造成他人损害的，机动车所有人或者管理人应当与套牌机动车所有人或者管理人承担连带责任。

判决书原文：

2008 年 11 月 25 日 5 时 30 分许，被告林某东驾驶套牌的鲁 F41×××货车在同三高速公路某段行驶时，与同向行驶的被告周某平驾驶的客车相撞，两车冲下路基，客车翻滚致车内乘客冯某菊当场死亡。经交警部门认定，货车司机林某东负主要责任，客车司机周某平负次要责任，冯某菊不负事故责任。原告赵某明、赵某某、冯某某、侯某某分别系死者冯某菊的丈夫、儿子、父亲和母亲。

鲁 F41×××号牌在车辆管理部门登记的货车并非肇事货车，该号牌登记货车的所有人系被告烟台市福山区汽车运输公司（以下简称"福山公司"），实际所有人系被告卫某平，该货车在被告永安财产保险股份有限公司烟台中心支公司（以下简称"永安保险公司"）投保机动车第三者责任强制保险。

套牌使用鲁 F41×××号牌的货车（肇事货车）实际所有人为被告卫某辉，林某东系卫某辉雇佣的司机。据车辆管理部门登记信息反映，鲁 F41×××号牌登记货车自 2004 年 4 月 26 日至 2008 年 7 月 2 日，先后 15 次被以损坏或灭失为由申请补领号牌和行驶证。2007 年 8 月 23 日卫某辉申请补领行驶证的申请表上有福山公司的签章。事发后，福山公司曾派人到交警部门处理相关事宜。审理中，卫某辉表示，卫某平对套牌事宜知情并收取套牌费，事发后卫某辉还向卫某平借用鲁 F41×××号牌登记货车的保单去处理事故，保单仍在卫某辉处。

发生事故的客车的登记所有人系被告朱某明，但该车辆几经转手，现实际所有人系周某平，朱某明对该客车既不支配也未从该车运营中获益。被告上海腾飞建设工程有限公司（以下简称"腾飞公司"）系周某平的雇主，但事发时周某平并非履行职务。该客车在中国人民财产保险股份有限公司上海市分公司（以下简称"人保公司"）投保了机动车第三者责任强制保险。

上海市宝山区人民法院于 2010 年 5 月 18 日作出〔2009〕宝民一（民）初字第 1128 号民事判决：（1）被告卫某辉、林某东赔偿四原告丧葬费、精神损害抚慰金、死亡赔偿金、交通费、误工费、住宿费、被扶养人生活费和律师费共计 396 863 元；（2）被告周某平赔偿四原告丧葬费、精神损害抚慰金、死亡赔偿金、交通费、误工费、住宿费、被扶养人生活费和律师费共计 170 084 元；（3）被告福山公司、卫某平对上述判决主文第一项的赔偿义务承担连带责任；被告卫某辉、林某东、周某平对上述判决主文第一、二项的赔偿义务互负连带责任；（4）驳回四原告的其余诉讼请求。宣判后，卫某平提起上诉。上海市第二中级人民法院于 2010 年 8 月 5 日作出〔2010〕沪二中民一（民）终字第 1353 号民事判决：驳回上诉，维持原判。

法院生效裁判认为：根据本案交通事故责任认定，肇事货车司机林某东负事故主要责任，而卫某辉是肇事货车的实际所有人，也是林某东的雇主，故卫某辉和林某东应就本案事故损失连带承担主要赔偿责任。永安保险公司承保的鲁 F41×××货车并非实际肇事货车，其也不知道鲁 F41×××机动车号牌被肇事货车套牌，故永安保险公司对本案事故不承担赔偿责任。根据交通事故责任认定，本案客车司机周某平对事故负次要责任，周某平也是该客车的实际所有人，故周某平应对本案事故损失承担次要赔偿责任。朱某明虽系该客车的登记所有人，但该客车已几经转手，朱某明既不支配该车，也未从该车运营中获益，故其对本案事故不承担责任。周某平虽受雇于腾飞公司，但本案事发时周某平并非在为腾飞公司履行职务，故腾飞公司对本案亦不承担责任。至于承保该客车的人保公司，因死者冯某菊系车内人员，依法不适用机动车交通事故责任强制保险，故人保公司对本案不承担责任。另，卫某辉和林某东一方、周某平一方虽各自应承担的责任比例有所不同，但车祸的发生系两方的共同侵权行为所致，故卫某辉、林某东对于周某平的应负责任份额、周某平对于卫某辉、林某东的应负责任份额，均应互负连带责任。

鲁 F41×××货车的登记所有人福山公司和实际所有人卫某平，明知卫某辉等人套用自己的机动车号牌而不予阻止，且提供方便，纵容套牌货车在公路上行驶，福山公司与卫某平的行为已属于出借机动车号牌给他人使用的情形，该行为违反了《道路交通安全法》等有关机动车管理的法律规定。将机动车号牌出借他人套牌使用，将会纵容不符合安全技术标准的机动车通过套牌在道路上行驶，增加道路交通的危险性，危及公共安全。套牌机动车发生交通事故造成损害，号牌出借人同样存在过错，对于肇事的套牌车一方应负的赔偿责任，号牌出借人应当承担连带责任。故福山公司和卫某平应对卫某辉与林某东一方的赔偿责任份额承担连带责任。

二、指导案例 24 号：荣某英诉王某、永诚财产保险股份有限公司江阴支公司机动车交通事故责任纠纷案

审理法院：江苏省无锡市中级人民法院

案　　号：[2013] 锡民终字第 497 号

案　　由：机动车交通事故责任纠纷

裁判日期：2013 年 06 月 21 日

泽良简析：

2012 年 2 月 10 日，王某驾驶轿车在道路上行驶时，于人行横道处碰

擦路人荣某，导致荣某英受伤。隔天，交警作出道路事故认定书，认定王某负事故全部责任，荣某英无责。由于王某的轿车投保了交强险，因此保险公司应在保险限额内予以赔偿。但保险公司辩称，由于荣某英的鉴定意见结论中载明，在此次损伤中，荣某英的个人体质因素（骨质疏松）占25%，因此保险公司只需承担75%的残疾赔偿金。一审法院支持了保险公司的观点，但在二审中得到了纠正。二审法院认为，《侵权责任法》（当时有效）第26条规定，被侵权人对损害的发生也有过错的，可以减轻侵权人的责任，虽然本案中荣某英的个人体质状况对损害后果的发生有一定影响，但并不属于法律规定的过错，因此不存在侵权人可以减轻责任的情形，保险公司应该全额进行赔偿。

通过本指导案例，法院确立了以下裁判规则：交通事故的受害人没有过错，其体质状况对损害后果的影响不属于可以减轻侵权人责任的法定情形。换句话说，只要受害人没有过错，无论受害人患有什么疾病，从而导致交通事故的后果更加严重，但侵权人都不可以以此为理由减轻责任。

判决书原文：

原告荣某英诉称：被告王某驾驶轿车与其发生剐擦，致其受伤。该事故经江苏省无锡市公安局交通巡逻警察支队滨湖大队（简称"滨湖交警大队"）认定：王某负事故的全部责任，荣某英无责。原告要求下述两被告赔偿医疗费用30 006元、住院伙食补助费414元、营养费1620元、残疾赔偿金27 658.05元、护理费6000元、交通费800元、精神损害抚慰金10 500元，并承担本案诉讼费用及鉴定费用。

被告永诚财产保险股份有限公司江阴支公司（简称"永诚保险公司"）辩称：对于事故经过及责任认定没有异议，其愿意在交强险限额范围内予以赔偿；对于医疗费用30 006元、住院伙食补助费414元没有异议；因鉴定意见结论中载明"损伤参与度评定为75%，其个人体质的因素占25%"，故确定残疾赔偿金应当乘以损伤参与度系数0.75，认可

20 743.54 元；对于营养费认可 1350 元，护理费认可 3300 元，交通费认可 400 元，鉴定费用不予承担。

被告王某辩称：对于事故经过及责任认定没有异议，原告的损失应当由永诚保险公司在交强险限额范围内优先予以赔偿；鉴定费用请求法院依法判决，其余各项费用同意保险公司意见；其已向原告赔偿 20 000元。

法院经审理查明：2012 年 2 月 10 日 14 时 45 分许，王某驾驶号牌为苏 MT1×××的轿车，沿江苏省无锡市滨湖区蠡湖大道由北往南行驶至蠡湖大道大通路口人行横道线时，碰擦行人荣某英致其受伤。2 月 11 日，滨湖交警大队作出《道路交通事故认定书》，认定王某负事故的全部责任，荣某英无责。事故发生当天，荣某英即被送往医院治疗，发生医疗费用 30 006 元，王某垫付 20 000 元。荣某英治疗恢复期间，以每月 2200 元聘请一名家政服务人员。号牌苏 MT1×××轿车在永诚保险公司投保了机动车交通事故责任强制保险，保险期间为 2011 年 8 月 17 日 0 时起至 2012 年 8 月 16 日 24 时止。原、被告一致确认荣某英的医疗费用为 30 006 元、住院伙食补助费为 414 元、精神损害抚慰金为 10 500 元。

荣某英申请并经无锡市中西医结合医院司法鉴定所鉴定，结论为：（1）荣某英左桡骨远端骨折的伤残等级评定为十级；左下肢损伤的伤残等级评定为九级。损伤参与度评定为75%，其个人体质的因素占25%。（2）荣某英的误工期评定为 150 日，护理期评定为 60 日，营养期评定为 90 日。一审法院据此确认残疾赔偿金 27 658.05 元扣减 25% 为 20 743.54元。

江苏省无锡市滨湖区人民法院于 2013 年 2 月 8 日作出［2012］锡滨民初字第 1138 号判决：（1）被告永诚保险公司于本判决生效后 10 日内赔偿荣某英医疗费用、住院伙食补助费、营养费、残疾赔偿金、护理费、交通费、精神损害抚慰金共计 45 343.54 元。（2）被告王某于本判决生效后 10 日内赔偿荣某英医疗费用、住院伙食补助费、营养费、鉴定费共计 4040 元。（3）驳回原告荣某英的其他诉讼请求。宣判后，荣某英向江苏省无锡市中级人民法院提出上诉。无锡市中级人民法院经审理于 2013 年 6 月 21 日以原审适用法律错误为由作出〔2013〕锡民终字第 497 号民事判决：（1）撤销无锡市滨湖区人民法院〔2012〕锡滨民初字第 1138 号民事判决；（2）被告永诚保险公司于本判决生效后 10 日内赔偿荣某英 52 258.05 元；（3）被告王某于本判决生效后 10 日内赔偿荣某英 4040 元。（4）驳回原告荣某英的其他诉讼请求。

法院生效裁判认为：《侵权责任法》第 26 条规定："被侵权人对损害的发生也有过错的，可以减轻侵权人的责任。"《道路交通安全法》（2011 年）第 76 条第 1 款第 2 项规定，机动车与非机动车驾驶人、行人之间发生交通事故，非机动车驾驶人、行人没有过错的，由机动车一方承担赔偿责任；有证据证明非机动车驾驶人、行人有过错的，根据过错程度适当减轻机动车一方的赔偿责任。因此，交通事故中在计算残疾赔偿金是否应当扣减时应当根据受害人对损失的发生或扩大是否存在过错进行分析。本案中，虽然原告荣某英的个人体质状况对损害后果的发生具有一定的影响，但这不是《侵权责任法》等法律规定的过错，荣某英不应因个人体质状况对交通事故导致的伤残存在一定影响而自负相应责任，原审判决以伤残等级鉴定结论中将荣某英个人体质状况"损伤参与度评定为 25%"为由，在计算残疾赔偿金时作相应扣减属适用法律错误，应予纠正。

从交通事故受害人发生损伤及造成损害后果的因果关系看，本起交通事故的引发系肇事者王某驾驶机动车穿越人行横道线时，未尽到安全注意义务碰擦行人荣某英所致；本起交通事故造成的损害后果系受害人荣某英被机动车碰撞、跌倒发生骨折所致，事故责任认定荣某英对本起事故不负责任，其对事故的发生及损害后果的造成均无过错。虽然荣某英年事已高，但其年老骨质疏松仅是事故造成后果的客观因素，并无法律上的因果关系。因此，受害人荣某英对于损害的发生或者扩大没有过错，不存在减轻或者免除加害人赔偿责任的法定情形。同时，机动车应当遵守文明行车、礼让行人的一般交通规则和社会公德。本案所涉事故发生在人行横道线上，正常行走的荣某英对将被机动车碰撞这一事件无法预见，而王某驾驶机动车在路经人行横道线时未依法减速慢行、避让行人，导致事故发生。因此，依法应当由机动车一方承担事故引发的全部赔偿责任。

根据我国道路交通安全法的相关规定，机动车发生交通事故造成人身伤亡、财产损失的，由保险公司在机动车第三者责任强制保险责任限额范围内予以赔偿。而我国交强险立法并未规定在确定交强险责任时应依据受害人体质状况对损害后果的影响作相应扣减，保险公司的免责事由也仅限于受害人故意造成交通事故的情形，即便是投保机动车无责，保险公司也应在交强险无责限额内予以赔偿。因此，对于受害人符合法律规定的赔偿项目和标准的损失，均属交强险的赔偿范围，参照"损伤参与度"确定损害赔偿责任和交强险责任均没有法律依据。

三、指导案例 25 号：华泰财产保险有限公司北京分公司诉李某贵、天安财产保险股份有限公司河北省分公司张家口支公司保险人代位求偿权纠纷案

审理法院：北京市东城区人民法院

案　　号：[2012] 东民初字第 13663 号

案　　由：保险人代位求偿权纠纷

裁判日期：2012 年 12 月 17 日

泽良简析：

2011 年时，亚大锦都餐饮公司对名下的轿车向华泰保险公司投保了

机动车车辆保险。当年11月，陈某某驾驶该车在机场高速公路上，与李某某的车辆碰撞发生交通事故。事故后经交警部门认定，李某贵负事故的全部责任。事故发生后，华泰保险公司根据保险合同约定，直接向亚大锦都餐饮公司赔偿保险金，并依法取得了代位求偿权。随后华泰保险公司便起诉了肇事司机李某贵和其车辆的保险公司，由于肇事车辆的行驶证记载所有人的住址为北京市东城区，华泰保险公司便向北京市东城区法院起诉。但东城区法院最终裁定案件不予受理，原因在于法院认为保险人代位求偿权并非来源于保险合同约定的权利，而是源于法律直接规定，应根据保险人所代为的被保险人与第三人之间的法律关系来确定管辖法院。本案中李某实施了道路交通侵权行为，因此应当依据《民事诉讼法》第28条规定，由侵权行为地或被告住所地法院管辖。而两被告的住所地及侵权行为地都不在北京市东城区，因此东城区法院没有管辖权。

通过本指导案例，法院确立了以下关于管辖的裁判规则：因第三者对保险标的的损害造成保险事故，保险人向被保险人赔偿保险金后，代位行使被保险人对第三者请求赔偿的权利而提起诉讼的，应当根据保险人所代位的被保险人与第三者之间的法律关系，而不应当根据保险合同法律关系确定管辖法院。第三者侵害被保险人合法权益的，由侵权行为地或者被告住所地法院管辖。

判决书原文：

2011年6月1日，华泰财产保险有限公司北京分公司（以下简称"华泰保险公司"）与北京亚大锦都餐饮管理有限公司（以下简称"亚大锦都餐饮公司"）签订机动车辆保险合同，被保险车辆的车牌号为京A82×××，保险期间自2011年6月5日0时起至2012年6月4日24时止。2011年11月18日，陈某某驾驶被保险车辆行驶至北京市朝阳区机场高速公路上时，与李某贵驾驶的车牌号为冀GA9×××的车辆发生交通事故，造成被保险车辆受损。经交管部门认定，李某贵负事故全部责任。事故发生后，华泰保险公司依照保险合同的约定，向被保险人亚大锦都餐饮公司赔偿保险金 83 878 元，并依法取得代位求偿权。基于肇事车辆系在天安财产保险股份有限公司河北省分公司张家口支公司（以下简称"天安保险公司"）投保了机动车交通事故责任强制保险，华泰保险公司于 2012 年 10 月诉至北京市东城区人民法院，请求判令被告肇事司机李某贵和天安保险公司赔偿 83 878 元，并承担诉讼费用。

被告李某贵的住所地为河北省张家口市怀来县沙城镇，被告天安保险公司的住所地为张家口市怀来县沙城镇燕京路东××号，保险事故发生地为北京市朝阳区机场高速公路上，被保险车辆行驶证记载所有人的住址为北京市东城区工体北路新中西街×号。

北京市东城区人民法院于 2012 年 12 月 17 日作出［2012］东民初字第 13663 号民事裁定：对华泰保险公司的起诉不予受理。宣判后，当事人未上诉，裁定已发生法律效力。

法院生效裁判认为：根据《保险法》第 60 条的规定，保险人的代位求偿权是指保险人依法享有的，代位行使被保险人向造成保险标的损害负有赔偿责任的第三者请求赔偿的权利。保险人代位求偿权源于法律的直接规定，属于保险人的法定权利，并非基于保险合同而产生的约定权利。因第三者对保险标的的损害造成保险事故，保险人向被保险人赔偿保险金后，代位行使被保险人对第三者请求赔偿的权利而提起诉讼的，应根据保险人所代位的被保险人与第三者之间的法律关系确定管辖法院。第三者侵害被保险人合法权益，因侵权行为提起的诉讼，依据《民事诉讼法》第 28 条的规定，由侵权行为地或者被告住所地法院管辖，而不适用财产保险合同纠纷管辖的规定，不应以保险标的物所在地作为管辖依据。本案中，第三者实施了道路交通侵权行为，造成保险事故，被保险人对第三者有侵权损害赔偿请求权；保险人行使代位权起诉第三者的，应当由侵权行为地或者被告住所地法院管辖。现二被告的住所地及侵权行为地均不在北京市东城区，故北京市东城区人民法院对该起诉没有管辖权，应裁定不予受理。

四、指导案例 52 号：海南丰海粮油工业有限公司诉中国人民财产保险股份有限公司海南省分公司海上货物运输保险合同纠纷案

审理法院：最高人民法院

案　　号：［2003］民四提字第 5 号

案　　由：保险纠纷

裁判日期：2004 年 7 月 13 日

泽良简析：

1995 年时，丰海公司委托"哈卡"轮船运送棕榈油，并对这批货物向保险公司投保了一切险，根据保险条款规定，一切险的承保范围除包括平安险和水渍险外，还负责"被保险货物在运输途中由于外来原因所致的全部或部分损失"。后来"哈卡"轮船的所有人与期租船人之间因船舶租金发生纠纷，"哈卡"轮船便中止了约定的航程，将货物运走销售和走私，导致货物全损。丰海公司便向保险公司索赔，保险公司以不在保险范围内拒绝赔偿。最终法院认定该情形属于保险条款约定的"运输途中由于外来原因所致的损失"，保险公司应予以赔偿。

通过本指导案例，法院确立了以下裁判规则：海上货物运输保险合同中的"一切险"，除包括平安险和水渍险的各项责任外，还包括被保险货物在运输途中由于外来原因所致的全部或部分损失。在被保险人不存在故意或者过失的情况下，由于相关保险合同中除外责任条款所列明情形之外的其他原因，造成被保险货物损失的，可以认定属于导致被保险货物损失的"外来原因"，保险人应当承担运输途中由该外来原因所致的

一切损失。

判决书原文：

1995 年 11 月 28 日，海南丰海粮油工业有限公司（以下简称"丰海公司"）在中国人民财产保险股份有限公司海南省分公司（以下简称"海南人保"）投保了由印度尼西亚籍"哈卡"轮（HAGAAG）所运载的自印度尼西亚杜迈港至中国洋浦港的 4999.85 吨桶装棕榈油，投保险别为一切险，货价为 3 574 892.75 美元，保险金额为 3 951 258 美元，保险费为 18 966 美元。投保后，丰海公司依约向海南人保支付了保险费，海南人保向丰海公司发出了起运通知，签发了海洋货物运输保险单，并将海洋货物运输保险条款附于保单之后。根据保险条款规定，一切险的承保范围除包括平安险和水渍险的各项责任外，海南人保还"负责被保险货物在运输途中由于外来原因所致的全部或部分损失"。该条款还规定了 5 项除外责任。上述投保货物是由丰海公司以 CNF 价格向新加坡丰益私人有限公司（以下简称"丰益公司"）购买的。根据买卖合同约定，发货人丰益公司与船东代理梁国际代理有限公司（以下简称"梁国际"）签订一份租约。该租约约定由"哈卡"轮将丰海公司投保的货物约 5000 吨棕榈油运至中国洋浦港，将另 1000 吨棕榈油运往香港。

1995 年 11 月 29 日，"哈卡"轮的期租船人、该批货物的实际承运人印度尼西亚 PT. SAMUDERA INDRA 公司（以下简称"PSI 公司"）签发了编号为 DM/YPU/1490/95 的已装船提单。该提单载明船舶为"哈卡"轮，装货港为印度尼西亚杜迈港，卸货港为中国洋浦港，货物唛头为 BATCH NO. 80211/95，装货数量为 4999.85 吨，清洁、运费已付。据查，发货人丰益公司将运费支付给梁国际，梁国际已将运费支付给 PSI 公司。1995 年 12 月 14 日，丰海公司向其开证银行付款赎单，取得了上述投保货物的全套（3 份）正本提单。1995 年 11 月 23 日至 29 日，"哈卡"轮在杜迈港装载 31 623 桶、净重 5999.82 吨四海牌棕榈油启航后，由于"哈卡"

轮船东印度尼西亚 PT. PERUSAHAAN PELAYARAN BAHTERA BINTANG SELATAN 公司（以下简称"BBS 公司"）与该轮的期租船人 PSI 公司之间因船舶租金发生纠纷，"哈卡"轮中止了提单约定的航程并对外封锁了该轮的动态情况。

为避免投保货物的损失，丰益公司、丰海公司、海南人保多次派代表参加"哈卡"轮船东与期租船人之间的协商，但由于船东以未收到租金为由不肯透露"哈卡"轮行踪，多方会谈未果。此后，丰益公司、丰海公司通过多种渠道交涉并多方查找"哈卡"轮行踪，海南人保亦通过其驻外机构协助查找"哈卡"轮。直至 1996 年 4 月，"哈卡"轮走私至中国汕尾被我海警查获。根据广州市人民检察院穗检刑免字〔1996〕64号《免予起诉决定书》的认定，1996 年 1 月至 3 月，"哈卡"轮船长埃里斯·伦巴克根据 BBS 公司指令，指挥船员将其中 11 325 桶、2100 多吨棕榈油转载到属同一船公司的"依瓦那"和"萨拉哈"货船上运走销售，又让船员将船名"哈卡"轮涂改为"伊莉莎 2"号（ELIZA Ⅱ）。1996 年 4 月，更改为"伊莉莎 2"号的货船载剩余货物 20298 桶棕榈油走私至中国汕尾，4 月 16 日被我海警查获。上述 20 298 桶棕榈油已被广东省检察机关作为走私货物没收上缴国库。1996 年 6 月 6 日丰海公司向海南人保递交索赔报告书，8 月 20 日丰海公司再次向海南人保提出书面索赔申请，海南人保明确表示拒赔。丰海公司遂诉至海口海事法院。

丰海公司是海南丰源贸易发展有限公司和新加坡海源国际有限公司于 1995 年 8 月 14 日开办的中外合资经营企业。该公司成立后，就与海南人保建立了业务关系。1995 年 10 月 1 日至同年 11 月 28 日（本案保险单签发前）就发生了 4 笔进口棕榈油保险业务，其中 3 笔投保的险别为一切险，另 1 笔为"一切险附加战争险"。该 4 笔保险均发生索赔，其中有因为一切险范围内的货物短少、破漏发生的赔付。

海口海事法院于 1996 年 12 月 25 日作出〔1996〕海商初字第 096 号

民事判决：（1）海南人保应赔偿丰海公司保险价值损失 3 593 858.75 美元；（2）驳回丰海公司的其他诉讼请求。宣判后，海南人保提出上诉。海南省高级人民法院于 1997 年 10 月 27 日作出［1997］琼经终字第 44 号民事判决：撤销一审判决，驳回丰海公司的诉讼请求。丰海公司向最高人民法院申请再审。最高人民法院于 2003 年 8 月 11 日以［2003］民四监字第 35 号民事裁定，决定对本案进行提审，并于 2004 年 7 月 13 日作出［2003］民四提字第 5 号民事判决：（1）撤销海南省高级人民法院［1997］琼经终字第 44 号民事判决；（2）维持海口海事法院［1996］海商初字第 096 号民事判决。

最高人民法院认为：本案为国际海上货物运输保险合同纠纷，被保险人、保险货物的目的港等均在中华人民共和国境内，原审以中华人民共和国法律作为解决本案纠纷的准据法正确，双方当事人亦无异议。

丰海公司与海南人保之间订立的保险合同合法有效，双方的权利义务应受保险单及所附保险条款的约束。本案保险标的已经发生实际全损，对此发货人丰益公司没有过错，亦无证据证明被保险人丰海公司存在故意或过失。保险标的的损失是由于"哈卡"轮船东 BBS 公司与期租船人之间的租金纠纷，将船载货物运走销售和走私行为造成的。本案争议的焦点在于如何理解涉案保险条款中一切险的责任范围。

二审审理中，海南省高级人民法院认为，根据保险单所附的保险条款和保险行业惯例，一切险的责任范围包括平安险、水渍险和普通附加险（即偷窃提货不着险、淡水雨淋险、短量险、沾污险、渗漏险、碰损破碎险、串味险、受潮受热险、钩损险、包装破损险和锈损险），中国人民银行《关于〈海洋运输货物"一切险"条款解释的请示〉的复函》亦作了相同的明确规定。可见，丰海公司投保货物的损失不属于一切险的责任范围。此外，鉴于海南人保与丰海公司有长期的保险业务关系，在本案纠纷发生前，双方曾多次签订保险合同，并且海南人保还做过一切险范围内的赔付，所以丰海公司对本案保险合同的主要内容、免责条款及一切险的责任范围应该是清楚的，故认定一审判决适用法律错误。

根据涉案"海洋运输货物保险条款"的规定，一切险除了包括平安险、水渍险的各项责任外，还负责被保险货物在运输过程中由于各种外来原因所造成的损失。同时保险条款中还明确列明了五种除外责任，即：①被保险人的故意行为或过失所造成的损失；②属于发货人责任所引起的损失；③在保险责任开始前，被保险货物已存在的品质不良或数量短差所造成的损失；④被保险货物的自然损耗、本质缺陷、特性以及市价跌落、运输迟延所引起的损失；⑤本公司海洋运输货物战争险条款和货物运输罢工险条款规定的责任范围和除外责任。从上述保险条款的规定看，海洋运输货物保险条款中的一切险条款具有如下特点：

（1）一切险并非列明风险，而是非列明风险。在海洋运输货物保险条款中，平安险、水渍险为列明的风险，而一切险则为平安险、水渍险再加上未列明的运输途中由于外来原因造成的保险标的的损失。

（2）保险标的的损失必须是外来原因造成的。被保险人在向保险人要求保险赔偿时，必须证明保险标的的损失是因为运输途中外来原因引起的。外来原因可以是自然原因，亦可以是人为的意外事故。但是一切险承保的风险具有不确定性，要求是不能确定的、意外的、无法列举的承保风险。对于那些预期的、确定的、正常的危险，则不属于外来原因的责任范围。

（3）外来原因应当限于运输途中发生的，排除了运输发生以前和运输结束后发生的事故。只要被保险人证明损失并非因其自身原因，而是由于运输途中的意外事故造成的，保险人就应当承担保险赔偿责任。

根据《保险法》的规定，保险合同中规定有关于保险人责任免除条款的，保险人在订立合同时应当向投保人明确说明，未明确说明的，该条款仍然不能产生效力。据此，保险条款中列明的除外责任虽然不在保险人赔偿之列，但是应当以签订保险合同时，保险人已将除外责任条款明确告知被保险人为前提。否则，该除外责任条款不能约束被保险人。

关于中国人民银行的复函意见。在保监委成立之前，中国人民银行系保险行业的行政主管机关。1997 年 5 月 1 日，中国人民银行致中国人民保险公司《关于〈海洋运输货物保险"一切险"条款解释的请示〉的复函》中，认为一切险承保的范围是平安险、水渍险及被保险货物在运输途中由于外来原因所致的全部或部分损失。并且进一步提出：外来原因仅指偷窃、提货不着、淡水雨淋等。1998 年 11 月 27 日，中国人民银行在对《中保财产保险有限公司关于海洋运输货物保险条款解释》的复函中，再次明确一切险的责任范围包括平安险、水渍险及被保险货物在运输途中由于外来原因所致的全部或部分损失。其中外来原因所致的全部或部分损失是指 11 种一般附加险。鉴于中国人民银行的上述复函不是法律法规，亦不属于行政规章。根据《立法法》的规定，国务院各部、委员会、中国人民银行、审计署以及具有行政管理职能的直属机构，可以根据法律和国务院的行政法规、决定、命令，在本部门的权限范围内，制定规章；部门规章规定的事项应当属于执行法律或者国务院的行政法规、决定、命令的事项。因此，保险条款亦不在职能部门有权制定的规章范围之内，故中国人民银行对保险条款的解释不能作为约束被保险人的依据。另外，中国人民银行关于一切险的复函属于对保险合同条款的解释。而对于平等主体之间签订的保险合同，依法只有人民法院和仲裁机构才有权作出约束当事人的解释。为此，上述复函不能约束被保险人。要使该复函所做解释成为约束被保险人的合同条款，只能是将其作为保险合同的内容附在保险单中。之所以产生中国人民保险公司向主管机关请示一切险的责任范围，主管机关对此作出答复，恰恰说明对于一切险的理解存在争议。而依据《保险法》第 31 条的规定，对于保险合同的条款，保险人与投保人、被保险人或者受益人有争议时，人民法院或者仲裁机关应当作有利于被保险人和受益人的解释。作为行业主管机关作出对本行业有利的解释，不能适用于非本行业的合同当事人。

综上，应认定本案保险事故属一切险的责任范围。二审法院认为丰海公司投保货物的损失不属一切险的责任范围错误，应予纠正。丰海公司的再审申请理由依据充分，应予支持。

五、指导案例74号：中国平安财产保险股份有限公司江苏分公司诉江苏镇江安装集团有限公司保险人代位求偿权纠纷案

审理法院：江苏省高级人民法院

案　　号：[2012] 苏商再提字第 0035 号

案　　由：保险人代位求偿权纠纷

裁判日期：2014 年 5 月 30 日

泽良简析：

2008 年 10 月 28 日华东制罐公司、华东制罐第二公司（以下简称"两公司"）与镇江安装公司签订《建设工程施工合同》，约定由镇江安装公司负责两公司的整厂机器设备迁建安装等工作；承包人不得将本工程进行分包施工。2008 年 11 月 16 日，镇江安装公司与亚民运输公司签订《工程分包合同》，将前述合同中的设备吊装、运输分包给亚民运输公司。2008 年 11 月 20 日，就上述整厂迁建设备安装工程，两公司向保险公司投保了安装工程一切险。2008 年 12 月 19 日，亚民运输公司驾驶员姜某才驾驶重型半挂车，在路上运输彩印机时，彩印机侧翻滑落地面损伤。后交通警察现场勘查，认定姜某才负事故全部责任。此后保险公司赔偿两公司经过评估的损失将近 150 万元，两公司也将赔偿部分保险标的的一切权益转让给保险公司，保险公司便用自己的名义向镇江安装公司起诉至法院。争议焦点在于，《保险法》第 60 条第 1 款规定了保险代

位求偿权，但该条文往往用于关于侵权损害赔偿的情形，但本案中镇江安装公司并非侵权方，而是违约方，那么因为违约造成的损害，是否同样可以适用上述条文？最终法院认定，保险人行使代位求偿权，应以被保险人对第三者享有损害赔偿请求权为前提，这里的赔偿请求权既可因第三者对保险标的实施的侵权行为而产生，也可以基于第三者的违约行为等产生，不应仅限于侵权赔偿请求权。而两公司与镇江安装公司的《建设工程施工合同》约定了不能进行分包，因此无论镇江安装公司有无过错，都已经违约，需要承担责任。

通过本指导案例，法院确立了以下裁判规则：因第三者的违约行为给被保险人的保险标的造成损害的，可以认定为属于《保险法》第 60 条第 1 款规定的"第三者对保险标的的损害"的情形。保险人由此依法向第三者行使代位求偿权的，人民法院应予支持。

判决书原文：

2008 年 10 月 28 日，被保险人华东联合制罐有限公司（以下简称"华东制罐公司"）、华东联合制罐第二有限公司（以下简称"华东制罐第二公司"）与被告江苏镇江安装集团有限公司（以下简称"镇江安装公司"）签订《建设工程施工合同》，约定由镇江安装公司负责被保险人整厂机器设备迁建安装等工作。《建设工程施工合同》第二部分"通用条款"第 38 条约定："承包人按专用条款的约定分包所承包的部分工程，并与分包单位签订分包合同，未经发包人同意，承包人不得将承包工程的任何部分分包"；"工程分包不能解除承包人任何责任与义务。承包人应在分包场地派驻相应管理人员，保证本合同的履行。分包单位的任何违约行为或疏忽导致工程损害或给发包人造成其他损失，承包人承担连带责任"。《建设工程施工合同》第三部分"专用条款"第 14 条第（1）项约定"承包人不得将本工程进行分包施工"。"通用条款"第 40 条约定："工程开工前，发包人为建设工程和施工场地内的自有人员及第三人人员生命财产办理保险，支付保险费用"；"运至施工场地内用于工程的材料和待安装设备，由发包人办理保险，并支付保险费用"；"发包人可以将有关保险事项委托承包人办理，费用由发包人承担"；"承包人必须为从事危险作业的职工办理意外伤害保险，并为施工场地内自有人员生命财产和施工机械设备办理保险，支付保险费用"。

2008年11月16日，镇江安装公司与镇江亚民大件起重有限公司（以下简称"亚民运输公司"）签订《工程分包合同》，将前述合同中的设备吊装、运输分包给亚民运输公司。2008年11月20日，就上述整厂迁建设备安装工程，华东制罐公司、华东制罐第二公司向中国平安财产保险股份有限公司江苏分公司（以下简称"平安财险公司"）投保了安装工程一切险。投保单中记载被保险人为华东制罐公司及华东制罐第二公司，并明确记载承包人镇江安装公司不是被保险人。投保单"物质损失投保项目和投保金额"栏载明"安装项目投保金额为177 465 335.56元"。附加险中，还投保有"内陆运输扩展条款A"，约定每次事故财产损失赔偿限额为200万元。投保期限从2008年11月20日起至2009年7月31日止。投保单附有被安装机器设备的清单，其中包括：SEQUA彩印机2台，合计原值为29 894 340.88元。投保单所附保险条款中，对"内陆运输扩展条款A"作如下说明：经双方同意，鉴于被保险人已按约定交付了附加的保险费，保险公司负责赔偿被保险人的保险财产在中华人民共和国境内供货地点到保险单中列明的工地，除水运和空运以外的内陆运输途中因自然灾害或意外事故引起的损失，但被保险财产在运输时必须有合格的包装及装载。

2008年12月19日10时30分许，亚民运输公司驾驶员姜某才驾驶苏L06×××、苏L0×××挂重型半挂车，从旧厂区承运彩印机至新厂区的途中，在转弯时车上钢丝绳断裂，造成彩印机侧翻滑落地面损坏。平安财险公司接险后，对受损标的确定了清单。经镇江市公安局交通巡逻警察支队现场查勘，认定姜某才负事故全部责任。后华东制罐公司、华东制罐第二公司、平安财险公司、镇江安装公司及亚民运输公司共同委托泛华保险公估有限公司（以下简称"泛华公估公司"）对出险事故损失进行公估，并均同意认可泛华公估公司的最终理算结果。2010 年 3 月 9 日，泛华公估公司出具了公估报告，结论：出险原因系设备运输途中翻落（意外事故）；保单责任成立；定损金额总损 1 518 431. 32 元、净损 1 498 431. 32 元；理算金额 1 498 431. 32 元。泛华公估公司收取了平安财险公司支付的 47 900 元公估费用。

2009 年 12 月 2 日，华东制罐公司及华东制罐第二公司向镇江安装公司发出《索赔函》，称"该事故导致的全部损失应由贵司与亚民运输公司共同承担。我方已经向投保的中国平安财产保险股份有限公司镇江中心支公司报险。一旦损失金额确定，投保公司核实并先行赔付后，对赔付限额内的权益，将由我方让渡给投保公司行使。对赔付不足部分，我方将另行向贵司与亚民运输公司主张"。

2010 年 5 月 12 日，华东制罐公司、华东制罐第二公司向平安财险公司出具赔款收据及权益转让书，载明：已收到平安财险公司赔付的 1 498 431. 32 元。同意将上述赔款部分保险标的的一切权益转让给平安财险公司，同意平安财险公司以平安财险公司的名义向责任方追偿。后平安财险公司诉至法院，请求判令镇江安装公司支付赔偿款和公估费。

江苏省镇江市京口区人民法院于 2011 年 2 月 16 日作出［2010］京商初字第 1822 号民事判决：（1）江苏镇江安装集团有限公司于判决生效后 10 日内给付中国平安财产保险股份有限公司江苏分公司 1 498 431. 32 元；（2）驳回中国平安财产保险股份有限公司江苏分公司关于给付 47 900 元公估费的诉讼请求。一审宣判后，江苏镇江安装集团有限公司向江苏省镇江市中级人民法院提起上诉。江苏省镇江市中级人民法院于 2011 年 4 月 12 日作出［2011］镇商终字第 0133 号民事判决：（1）撤销镇江市京口区人民法院〔2010〕京商初字第 1822 号民事判决；（2）驳回中国平安财产保险股份有限公司江苏分公司对江苏镇江安装集团有限公司的诉讼请求。二审宣判后，中国平安财产保险股份有限公司江苏分公司向江苏省高级人民法院申请再审。江苏省高级人民法院于 2014 年 5 月 30 日作出〔2012〕苏商再提字第 0035 号民事判决：（1）撤销江苏省镇江市中级人民法院〔2011〕镇商终字第 0133 号民事判决；（2）维持镇江市京口区人民法院〔2010〕京商初字第 1822 号民事判决。

法院生效裁判认为，本案的焦点问题是：（1）保险代位求偿权的适用范围是否限于侵权损害赔偿请求权；（2）镇江安装公司能否以华东制罐公司、华东制罐第二公司已购买相关财产损失险为由，拒绝保险人对其行使保险代位求偿权。

关于第一个争议焦点。《保险法》第 60 条第 1 款规定："因第三者对保险标的的损害而造成保险事故的，保险人自向被保险人赔偿保险金之日起，在赔偿金额范围内代位行使被保险人对第三者请求赔偿的权利。"该款使用的是"因第三者对保险标的的损害而造成保险事故"的表述，并未限制规定为"因第三者对保险标的的侵权损害而造成保险事故"。将保险代位求偿权的权利范围理解为限于侵权损害赔偿请求权，没有法律依据。从立法目的看，规定保险代位求偿权制度，在于避免财产保险的被保险人因保险事故的发生，分别从保险人及第三者获得赔偿，取得超出实际损失的不当利益，并因此增加道德风险。将《保险法》第 60 条第 1 款中的"损害"理解为仅指"侵权损害"，不符合保险代位求偿权制度设立的目的。故保险人行使代位求偿权，应以被保险人对第三者享有损害赔偿请求权为前提，这里的赔偿请求权既可因第三者对保险标的实施的侵权行为而产生，亦可基于第三者的违约行为等产生，不应仅限于侵权赔偿请求权。本案平安财险公司是基于镇江安装公司的违约行为而非侵权行为行使代位求偿权，镇江安装公司对保险事故的发生是否有过错，对案件的处理并无影响。并且,《建设工程施工合同》约定"承包人不得将本工程进行分包施工"。因此,镇江安装公司关于其对保险事故的发生没有过错因而不应承担责任的答辩意见,不能成立。平安财险公司向镇江安装公司主张权利,主体适格,并无不当。

关于第二个争议焦点。镇江安装公司提出,在发包人与其签订的建设工程施工合同通用条款第 40 条中约定,待安装设备由发包人办理保险,并支付保险费用。从该约定可以看出,就工厂搬迁及设备的拆解安装事项,发包人与镇江安装公司共同商定办理保险,虽然保险费用由发包人承担,但该约定在双方的合同条款中体现,即该费用系双方承担,或者说,镇江安装公司在总承包费用中已经就保险费用作出了让步。由发包人向平安财险公司投保的业务,承包人也应当是被保险人。关于镇江安装公司的上述抗辩意见,《保险法》第 12 条第 2 款、第 6 款分别规定:"财产保险的被保险人在保险事故发生时,对保险标的应当具有保险利益";"保险利益是指投保人或者被保险人对保险标的具有的法律上承认的利益"。据此,不同主体对于同一保险标的可以具有不同的保险利益,可就同一保险标的投保与其保险利益相对应的保险险种,成立不同的保险合同,并在各自的保险利益范围内获得保险保障,从而实现利用保险制度分散各自风险的目的。因发包人和承包人对保险标的具有不同的保险利益,只有分别投保与其保险利益相对应的财产保险类别,才能获得相应的保险保障,二者不能相互替代。发包人华东制罐公司和华东制罐第二公司作为保险标的的所有权人,其投保的安装工程一切险是基于对保险标的享有的所有权保险利益而投保的险种,旨在分散保险标的的损坏或灭失风险,性质上属于财产损失保险;附加险中投保的"内陆运输扩展条款 A"约定"保险公司负责赔偿被保险人的保险财产在中华人民共和国境内供货地点到保险单中列明的工地,除水运和空运以外的内陆运输途中因自然灾害或意外事故引起的损失",该项附加险在性质上亦属财产损失保险。镇江安装公司并非案涉保险标的所有权人，不享有所有权保险利益，其作为承包人对案涉保险标的享有责任保险利益，欲将施工过程中可能产生的损害赔偿责任转由保险人承担，应当投保相关责任保险，而不能借由发包人投保的财产损失保险免除自己应负的赔偿责任。其次，发包人不认可承包人的被保险人地位，案涉《安装工程一切险投保单》中记载的被保险人为华东制罐公司及华东制罐第二公司，并明确记载承包人镇江安装公司不是被保险人。因此，镇江安装公司关于"由发包人向平安财险公司投保的业务，承包人也应当是被保险人"的答辩意见，不能成立。《建设工程施工合同》明确约定"运至施工场地内用于工程的材料和待安装设备，由发包人办理保险，并支付保险费用"及"工程分包不能解除承包人任何责任与义务，分包单位的任何违约行为或疏忽导致工程损害或给发包人造成其他损失，承包人承担连带责任"。由此可见，发包人从未作出在保险赔偿范围内免除承包人赔偿责任的意思表示，双方并未约定在保险赔偿范围内免除承包人的赔偿责任。再次，在保险事故发生后，被保险人积极向承包人索赔并向平安财险公司出具了权益转让书。根据以上情况，镇江安装公司以其对保险标的也具有保险利益，且保险标的所有权人华东制罐公司和华东制罐第二公司已投保财产损失保险为由，主张免除其依建设工程施工合同应对两制罐公司承担的违约损害赔偿责任，并进而拒绝平安财险公司行使代位求偿权，没有法律依据，不予支持。

综上理由作出如上判决。

保险法律法规全汇编

一、中华人民共和国保险法

制定机关：全国人大常委会

发文字号：中华人民共和国主席令第 26 号

发文日期：2015 年 4 月 24 日

施行日期：2015 年 4 月 24 日

效力位阶：法律

（1995 年 6 月 30 日第八届全国人民代表大会常务委员会第十四次会议通过　根据 2002 年 10 月 28 日第九届全国人民代表大会常务委员会第三十次会议《关于修改〈中华人民共和国保险法〉的决定》第一次修正　2009 年 2 月 28 日第十一届全国人民代表大会常务委员会第七次会议修订　根据 2014 年 8 月 31 日第十二届全国人民代表大会常务委员会第十次会议《关于修改〈中华人民共和国保险法〉等五部法律的决定》第二次修正　根据 2015 年 4 月 24 日第十二届全国人民代表大会常务委员会第十四次会议《关于修改〈中华人民共和国计量法〉等五部法律的决定》第三次修正）

第一章　总　则

第一条　为了规范保险活动，保护保险活动当事人的合法权益，加强对保险业的监督管理，维护社会经济秩序和社会公共利益，促进保险事业的健康发展，制定本法。

第二条　本法所称保险，是指投保人根据合同约定，向保险人支付保险费，保险人对于合同约定的可能发生的事故因其发生所造成的财产损失承担赔偿保险金责任，或者当被保险人死亡、伤残、疾病或者达到合同约定的年龄、期限等条件时承担给付保险金责任的商业保险行为。

第三条　在中华人民共和国境内从事保险活动，适用本法。

第四条　从事保险活动必须遵守法律、行政法规，尊重社会公德，不得损害社会公共利益。

第五条　保险活动当事人行使权利、履行义务应当遵循诚实信用原则。

第六条　保险业务由依照本法设立的保险公司以及法律、行政法规规定的其他保险组织经营，其他单位和个人不得经营保险业务。

第七条　在中华人民共和国境内的法人和其他组织需要办理境内保险的，应当向中华人民共和国境内的保险公司投保。

第八条　保险业和银行业、证券业、信托业实行分业经营、分业管理，保险公司与银行、证券、信托业务机构分别设立。国家另有规定的除外。

第九条　国务院保险监督管理机构依法对保险业实施监督管理。

国务院保险监督管理机构根据履行职责的需要设立派出机构。派出机构按照国务院保险监督管理机构的授权履行监督管理职责。

第二章　保险合同

第一节　一般规定

第十条　保险合同是投保人与保险人约定保险权利义务关系的协议。

投保人是指与保险人订立保险合同，并按照合同约定负有支付保险费义务的人。

保险人是指与投保人订立保险合同，并按照合同约定承担赔偿或者给付保险金责任的保险公司。

第十一条　订立保险合同，应当协商一致，遵循公平原则确定各方的权利和义务。

除法律、行政法规规定必须保险的外，保险合同自愿订立。

第十二条　人身保险的投保人在保险合同订立时，对被保险人应当具有保险利益。

财产保险的被保险人在保险事故发生时，对保险标的应当具有保险利益。

人身保险是以人的寿命和身体为保险标的的保险。

财产保险是以财产及其有关利益为保险标的的保险。

被保险人是指其财产或者人身受保险合同保障，享有保险金请求权的人。投保人可以为被保险人。

保险利益是指投保人或者被保险人对保险标的具有的法律上承认的利益。

第十三条　投保人提出保险要求，经保险人同意承保，保险合同成立。保险人应当及时向投保人签发保险单或者其他保险凭证。

保险单或者其他保险凭证应当载明当事人双方约定的合同内容。当事人也可以约定采用其他书面形式载明合同内容。

依法成立的保险合同，自成立时生效。投保人和保险人可以对合同的效力约定附条件或者附期限。

第十四条 保险合同成立后，投保人按照约定交付保险费，保险人按照约定的时间开始承担保险责任。

第十五条 除本法另有规定或者保险合同另有约定外，保险合同成立后，投保人可以解除合同，保险人不得解除合同。

第十六条 订立保险合同，保险人就保险标的或者被保险人的有关情况提出询问的，投保人应当如实告知。

投保人故意或者因重大过失未履行前款规定的如实告知义务，足以影响保险人决定是否同意承保或者提高保险费率的，保险人有权解除合同。

前款规定的合同解除权，自保险人知道有解除事由之日起，超过三十日不行使而消灭。自合同成立之日起超过二年的，保险人不得解除合同；发生保险事故的，保险人应当承担赔偿或者给付保险金的责任。

投保人故意不履行如实告知义务的，保险人对于合同解除前发生的保险事故，不承担赔偿或者给付保险金的责任，并不退还保险费。

投保人因重大过失未履行如实告知义务，对保险事故的发生有严重影响的，保险人对于合同解除前发生的保险事故，不承担赔偿或者给付保险金的责任，但应当退还保险费。

保险人在合同订立时已经知道投保人未如实告知的情况的，保险人不得解除合同；发生保险事故的，保险人应当承担赔偿或者给付保险金的责任。

保险事故是指保险合同约定的保险责任范围内的事故。

第十七条 订立保险合同，采用保险人提供的格式条款的，保险人向投保人提供的投保单应当附格式条款，保险人应当向投保人说明合同的内容。

对保险合同中免除保险人责任的条款，保险人在订立合同时应当在投保单、保险单或者其他保险凭证上作出足以引起投保人注意的提示，并对该条款的内容以书面或者口头形式向投保人作出明确说明；未作提示或者明确说明的，该条款不产生效力。

第十八条　保险合同应当包括下列事项：

（一）保险人的名称和住所；

（二）投保人、被保险人的姓名或者名称、住所，以及人身保险的受益人的姓名或者名称、住所；

（三）保险标的；

（四）保险责任和责任免除；

（五）保险期间和保险责任开始时间；

（六）保险金额；

（七）保险费以及支付办法；

（八）保险金赔偿或者给付办法；

（九）违约责任和争议处理；

（十）订立合同的年、月、日。

投保人和保险人可以约定与保险有关的其他事项。

受益人是指人身保险合同中由被保险人或者投保人指定的享有保险金请求权的人。投保人、被保险人可以为受益人。

保险金额是指保险人承担赔偿或者给付保险金责任的最高限额。

第十九条　采用保险人提供的格式条款订立的保险合同中的下列条款无效：

（一）免除保险人依法应承担的义务或者加重投保人、被保险人责任的；

（二）排除投保人、被保险人或者受益人依法享有的权利的。

第二十条　投保人和保险人可以协商变更合同内容。

变更保险合同的，应当由保险人在保险单或者其他保险凭证上批注或者附贴批单，或者由投保人和保险人订立变更的书面协议。

第二十一条 投保人、被保险人或者受益人知道保险事故发生后，应当及时通知保险人。故意或者因重大过失未及时通知，致使保险事故的性质、原因、损失程度等难以确定的，保险人对无法确定的部分，不承担赔偿或者给付保险金的责任，但保险人通过其他途径已经及时知道或者应当及时知道保险事故发生的除外。

第二十二条 保险事故发生后，按照保险合同请求保险人赔偿或者给付保险金时，投保人、被保险人或者受益人应当向保险人提供其所能提供的与确认保险事故的性质、原因、损失程度等有关的证明和资料。

保险人按照合同的约定，认为有关的证明和资料不完整的，应当及时一次性通知投保人、被保险人或者受益人补充提供。

第二十三条 保险人收到被保险人或者受益人的赔偿或者给付保险金的请求后，应当及时作出核定；情形复杂的，应当在三十日内作出核定，但合同另有约定的除外。保险人应当将核定结果通知被保险人或者受益人；对属于保险责任的，在与被保险人或者受益人达成赔偿或者给付保险金的协议后十日内，履行赔偿或者给付保险金义务。保险合同对赔偿或者给付保险金的期限有约定的，保险人应当按照约定履行赔偿或者给付保险金义务。

保险人未及时履行前款规定义务的，除支付保险金外，应当赔偿被保险人或者受益人因此受到的损失。

任何单位和个人不得非法干预保险人履行赔偿或者给付保险金的义务，也不得限制被保险人或者受益人取得保险金的权利。

第二十四条 保险人依照本法第二十三条的规定作出核定后，对不属于保险责任的，应当自作出核定之日起三日内向被保险人或者受益人发出拒绝赔偿或者拒绝给付保险金通知书，并说明理由。

第二十五条　保险人自收到赔偿或者给付保险金的请求和有关证明、资料之日起六十日内，对其赔偿或者给付保险金的数额不能确定的，应当根据已有证明和资料可以确定的数额先予支付；保险人最终确定赔偿或者给付保险金的数额后，应当支付相应的差额。

第二十六条　人寿保险以外的其他保险的被保险人或者受益人，向保险人请求赔偿或者给付保险金的诉讼时效期间为二年，自其知道或者应当知道保险事故发生之日起计算。

人寿保险的被保险人或者受益人向保险人请求给付保险金的诉讼时效期间为五年，自其知道或者应当知道保险事故发生之日起计算。

第二十七条　未发生保险事故，被保险人或者受益人谎称发生了保险事故，向保险人提出赔偿或者给付保险金请求的，保险人有权解除合同，并不退还保险费。

投保人、被保险人故意制造保险事故的，保险人有权解除合同，不承担赔偿或者给付保险金的责任；除本法第四十三条规定外，不退还保险费。

保险事故发生后，投保人、被保险人或者受益人以伪造、变造的有关证明、资料或者其他证据，编造虚假的事故原因或者夸大损失程度的，保险人对其虚报的部分不承担赔偿或者给付保险金的责任。

投保人、被保险人或者受益人有前三款规定行为之一，致使保险人支付保险金或者支出费用的，应当退回或者赔偿。

第二十八条　保险人将其承担的保险业务，以分保形式部分转移给其他保险人的，为再保险。

应再保险接受人的要求，再保险分出人应当将其自负责任及原保险的有关情况书面告知再保险接受人。

第二十九条　再保险接受人不得向原保险的投保人要求支付保险费。

原保险的被保险人或者受益人不得向再保险接受人提出赔偿或者给

付保险金的请求。

再保险分出人不得以再保险接受人未履行再保险责任为由，拒绝履行或者迟延履行其原保险责任。

第三十条　采用保险人提供的格式条款订立的保险合同，保险人与投保人、被保险人或者受益人对合同条款有争议的，应当按照通常理解予以解释。对合同条款有两种以上解释的，人民法院或者仲裁机构应当作出有利于被保险人和受益人的解释。

第二节　人身保险合同

第三十一条　投保人对下列人员具有保险利益：

（一）本人；

（二）配偶、子女、父母；

（三）前项以外与投保人有抚养、赡养或者扶养关系的家庭其他成员、近亲属；

（四）与投保人有劳动关系的劳动者。

除前款规定外，被保险人同意投保人为其订立合同的，视为投保人对被保险人具有保险利益。

订立合同时，投保人对被保险人不具有保险利益的，合同无效。

第三十二条　投保人申报的被保险人年龄不真实，并且其真实年龄不符合合同约定的年龄限制的，保险人可以解除合同，并按照合同约定退还保险单的现金价值。保险人行使合同解除权，适用本法第十六条第三款、第六款的规定。

投保人申报的被保险人年龄不真实，致使投保人支付的保险费少于应付保险费的，保险人有权更正并要求投保人补交保险费，或者在给付保险金时按照实付保险费与应付保险费的比例支付。

投保人申报的被保险人年龄不真实，致使投保人支付的保险费多于应付保险费的，保险人应当将多收的保险费退还投保人。

第三十三条　投保人不得为无民事行为能力人投保以死亡为给付保险金条件的人身保险，保险人也不得承保。

父母为其未成年子女投保的人身保险，不受前款规定限制。但是，因被保险人死亡给付的保险金总和不得超过国务院保险监督管理机构规定的限额。

第三十四条　以死亡为给付保险金条件的合同，未经被保险人同意并认可保险金额的，合同无效。

按照以死亡为给付保险金条件的合同所签发的保险单，未经被保险人书面同意，不得转让或者质押。

父母为其未成年子女投保的人身保险，不受本条第一款规定限制。

第三十五条　投保人可以按照合同约定向保险人一次支付全部保险费或者分期支付保险费。

第三十六条　合同约定分期支付保险费，投保人支付首期保险费后，除合同另有约定外，投保人自保险人催告之日起超过三十日未支付当期保险费，或者超过约定的期限六十日未支付当期保险费的，合同效力中止，或者由保险人按照合同约定的条件减少保险金额。

被保险人在前款规定期限内发生保险事故的，保险人应当按照合同约定给付保险金，但可以扣减欠交的保险费。

第三十七条　合同效力依照本法第三十六条规定中止的，经保险人与投保人协商并达成协议，在投保人补交保险费后，合同效力恢复。但是，自合同效力中止之日起满二年双方未达成协议的，保险人有权解除合同。

保险人依照前款规定解除合同的，应当按照合同约定退还保险单的现金价值。

第三十八条　保险人对人寿保险的保险费，不得用诉讼方式要求投保人支付。

第三十九条 人身保险的受益人由被保险人或者投保人指定。

投保人指定受益人时须经被保险人同意。投保人为与其有劳动关系的劳动者投保人身保险,不得指定被保险人及其近亲属以外的人为受益人。

被保险人为无民事行为能力人或者限制民事行为能力人的,可以由其监护人指定受益人。

第四十条 被保险人或者投保人可以指定一人或者数人为受益人。

受益人为数人的,被保险人或者投保人可以确定受益顺序和受益份额;未确定受益份额的,受益人按照相等份额享有受益权。

第四十一条 被保险人或者投保人可以变更受益人并书面通知保险人。保险人收到变更受益人的书面通知后,应当在保险单或者其他保险凭证上批注或者附贴批单。

投保人变更受益人时须经被保险人同意。

第四十二条 被保险人死亡后,有下列情形之一的,保险金作为被保险人的遗产,由保险人依照《中华人民共和国继承法》的规定履行给付保险金的义务:

(一)没有指定受益人,或者受益人指定不明无法确定的;

(二)受益人先于被保险人死亡,没有其他受益人的;

(三)受益人依法丧失受益权或者放弃受益权,没有其他受益人的。

受益人与被保险人在同一事件中死亡,且不能确定死亡先后顺序的,推定受益人死亡在先。

第四十三条 投保人故意造成被保险人死亡、伤残或者疾病的,保险人不承担给付保险金的责任。投保人已交足二年以上保险费的,保险人应当按照合同约定向其他权利人退还保险单的现金价值。

受益人故意造成被保险人死亡、伤残、疾病的,或者故意杀害被保险人未遂的，该受益人丧失受益权。

第四十四条　以被保险人死亡为给付保险金条件的合同，自合同成立或者合同效力恢复之日起二年内，被保险人自杀的，保险人不承担给付保险金的责任，但被保险人自杀时为无民事行为能力人的除外。

保险人依照前款规定不承担给付保险金责任的，应当按照合同约定退还保险单的现金价值。

第四十五条　因被保险人故意犯罪或者抗拒依法采取的刑事强制措施导致其伤残或者死亡的，保险人不承担给付保险金的责任。投保人已交足二年以上保险费的，保险人应当按照合同约定退还保险单的现金价值。

第四十六条　被保险人因第三者的行为而发生死亡、伤残或者疾病等保险事故的，保险人向被保险人或者受益人给付保险金后，不享有向第三者追偿的权利，但被保险人或者受益人仍有权向第三者请求赔偿。

第四十七条　投保人解除合同的，保险人应当自收到解除合同通知之日起三十日内，按照合同约定退还保险单的现金价值。

第三节　财产保险合同

第四十八条　保险事故发生时，被保险人对保险标的不具有保险利益的，不得向保险人请求赔偿保险金。

第四十九条　保险标的转让的，保险标的的受让人承继被保险人的权利和义务。

保险标的转让的，被保险人或者受让人应当及时通知保险人，但货物运输保险合同和另有约定的合同除外。

因保险标的转让导致危险程度显著增加的，保险人自收到前款规定的通知之日起三十日内，可以按照合同约定增加保险费或者解除合同。保险人解除合同的，应当将已收取的保险费，按照合同约定扣除自保险责任开始之日起至合同解除之日止应收的部分后，退还投保人。

被保险人、受让人未履行本条第二款规定的通知义务的，因转让导致保险标的危险程度显著增加而发生的保险事故，保险人不承担赔偿保险金的责任。

第五十条 货物运输保险合同和运输工具航程保险合同，保险责任开始后，合同当事人不得解除合同。

第五十一条 被保险人应当遵守国家有关消防、安全、生产操作、劳动保护等方面的规定，维护保险标的的安全。

保险人可以按照合同约定对保险标的的安全状况进行检查，及时向投保人、被保险人提出消除不安全因素和隐患的书面建议。

投保人、被保险人未按照约定履行其对保险标的的安全应尽责任的，保险人有权要求增加保险费或者解除合同。

保险人为维护保险标的的安全，经被保险人同意，可以采取安全预防措施。

第五十二条 在合同有效期内，保险标的的危险程度显著增加的，被保险人应当按照合同约定及时通知保险人，保险人可以按照合同约定增加保险费或者解除合同。保险人解除合同的，应当将已收取的保险费，按照合同约定扣除自保险责任开始之日起至合同解除之日止应收的部分后，退还投保人。

被保险人未履行前款规定的通知义务的，因保险标的的危险程度显著增加而发生的保险事故，保险人不承担赔偿保险金的责任。

第五十三条 有下列情形之一的，除合同另有约定外，保险人应当降低保险费，并按日计算退还相应的保险费：

（一）据以确定保险费率的有关情况发生变化，保险标的的危险程度明显减少的；

（二）保险标的的保险价值明显减少的。

第五十四条　保险责任开始前，投保人要求解除合同的，应当按照合同约定向保险人支付手续费，保险人应当退还保险费。保险责任开始后，投保人要求解除合同的，保险人应当将已收取的保险费，按照合同约定扣除自保险责任开始之日起至合同解除之日止应收的部分后，退还投保人。

第五十五条　投保人和保险人约定保险标的的保险价值并在合同中载明的，保险标的发生损失时，以约定的保险价值为赔偿计算标准。

投保人和保险人未约定保险标的的保险价值的，保险标的发生损失时，以保险事故发生时保险标的的实际价值为赔偿计算标准。

保险金额不得超过保险价值。超过保险价值的，超过部分无效，保险人应当退还相应的保险费。

保险金额低于保险价值的，除合同另有约定外，保险人按照保险金额与保险价值的比例承担赔偿保险金的责任。

第五十六条　重复保险的投保人应当将重复保险的有关情况通知各保险人。

重复保险的各保险人赔偿保险金的总和不得超过保险价值。除合同另有约定外，各保险人按照其保险金额与保险金额总和的比例承担赔偿保险金的责任。

重复保险的投保人可以就保险金额总和超过保险价值的部分，请求各保险人按比例返还保险费。

重复保险是指投保人对同一保险标的、同一保险利益、同一保险事故分别与两个以上保险人订立保险合同，且保险金额总和超过保险价值的保险。

第五十七条　保险事故发生时，被保险人应当尽力采取必要的措施，防止或者减少损失。

保险事故发生后，被保险人为防止或者减少保险标的的损失所支付的必要的、合理的费用，由保险人承担；保险人所承担的费用数额在保险标的损失赔偿金额以外另行计算，最高不超过保险金额的数额。

第五十八条　保险标的发生部分损失的，自保险人赔偿之日起三十日内，投保人可以解除合同；除合同另有约定外，保险人也可以解除合同，但应当提前十五日通知投保人。

合同解除的，保险人应当将保险标的未受损失部分的保险费，按照合同约定扣除自保险责任开始之日起至合同解除之日止应收的部分后，退还投保人。

第五十九条　保险事故发生后，保险人已支付了全部保险金额，并且保险金额等于保险价值的，受损保险标的的全部权利归于保险人；保险金额低于保险价值的，保险人按照保险金额与保险价值的比例取得受损保险标的的部分权利。

第六十条　因第三者对保险标的的损害而造成保险事故的，保险人自向被保险人赔偿保险金之日起，在赔偿金额范围内代位行使被保险人对第三者请求赔偿的权利。

前款规定的保险事故发生后，被保险人已经从第三者取得损害赔偿的，保险人赔偿保险金时，可以相应扣减被保险人从第三者已取得的赔偿金额。

保险人依照本条第一款规定行使代位请求赔偿的权利，不影响被保险人就未取得赔偿的部分向第三者请求赔偿的权利。

第六十一条　保险事故发生后，保险人未赔偿保险金之前，被保险人放弃对第三者请求赔偿的权利的，保险人不承担赔偿保险金的责任。

保险人向被保险人赔偿保险金后，被保险人未经保险人同意放弃对第三者请求赔偿的权利的，该行为无效。

被保险人故意或者因重大过失致使保险人不能行使代位请求赔偿的权利的，保险人可以扣减或者要求返还相应的保险金。

第六十二条　除被保险人的家庭成员或者其组成人员故意造成本法第六十条第一款规定的保险事故外，保险人不得对被保险人的家庭成员或者其组成人员行使代位请求赔偿的权利。

第六十三条　保险人向第三者行使代位请求赔偿的权利时，被保险人应当向保险人提供必要的文件和所知道的有关情况。

第六十四条　保险人、被保险人为查明和确定保险事故的性质、原因和保险标的的损失程度所支付的必要的、合理的费用，由保险人承担。

第六十五条　保险人对责任保险的被保险人给第三者造成的损害，可以依照法律的规定或者合同的约定，直接向该第三者赔偿保险金。

责任保险的被保险人给第三者造成损害，被保险人对第三者应负的赔偿责任确定的，根据被保险人的请求，保险人应当直接向该第三者赔偿保险金。被保险人怠于请求的，第三者有权就其应获赔偿部分直接向保险人请求赔偿保险金。

责任保险的被保险人给第三者造成损害，被保险人未向该第三者赔偿的，保险人不得向被保险人赔偿保险金。

责任保险是指以被保险人对第三者依法应负的赔偿责任为保险标的的保险。

第六十六条　责任保险的被保险人因给第三者造成损害的保险事故而被提起仲裁或者诉讼的，被保险人支付的仲裁或者诉讼费用以及其他必要的、合理的费用，除合同另有约定外，由保险人承担。

第三章　保险公司

第六十七条　设立保险公司应当经国务院保险监督管理机构批准。

国务院保险监督管理机构审查保险公司的设立申请时，应当考虑保险业的发展和公平竞争的需要。

第六十八条　设立保险公司应当具备下列条件：

（一）主要股东具有持续盈利能力，信誉良好，最近三年内无重大违法违规记录，净资产不低于人民币二亿元；

（二）有符合本法和《中华人民共和国公司法》规定的章程；

（三）有符合本法规定的注册资本；

（四）有具备任职专业知识和业务工作经验的董事、监事和高级管理人员；

（五）有健全的组织机构和管理制度；

（六）有符合要求的营业场所和与经营业务有关的其他设施；

（七）法律、行政法规和国务院保险监督管理机构规定的其他条件。

第六十九条 设立保险公司，其注册资本的最低限额为人民币二亿元。

国务院保险监督管理机构根据保险公司的业务范围、经营规模，可以调整其注册资本的最低限额，但不得低于本条第一款规定的限额。

保险公司的注册资本必须为实缴货币资本。

第七十条 申请设立保险公司，应当向国务院保险监督管理机构提出书面申请，并提交下列材料：

（一）设立申请书，申请书应当载明拟设立的保险公司的名称、注册资本、业务范围等；

（二）可行性研究报告；

（三）筹建方案；

（四）投资人的营业执照或者其他背景资料，经会计师事务所审计的上一年度财务会计报告；

（五）投资人认可的筹备组负责人和拟任董事长、经理名单及本人认可证明；

（六）国务院保险监督管理机构规定的其他材料。

第七十一条 国务院保险监督管理机构应当对设立保险公司的申请

进行审查，自受理之日起六个月内作出批准或者不批准筹建的决定，并书面通知申请人。决定不批准的，应当书面说明理由。

第七十二条 申请人应当自收到批准筹建通知之日起一年内完成筹建工作；筹建期间不得从事保险经营活动。

第七十三条 筹建工作完成后，申请人具备本法第六十八条规定的设立条件的，可以向国务院保险监督管理机构提出开业申请。

国务院保险监督管理机构应当自受理开业申请之日起六十日内，作出批准或者不批准开业的决定。决定批准的，颁发经营保险业务许可证；决定不批准的，应当书面通知申请人并说明理由。

第七十四条 保险公司在中华人民共和国境内设立分支机构，应当经保险监督管理机构批准。

保险公司分支机构不具有法人资格，其民事责任由保险公司承担。

第七十五条 保险公司申请设立分支机构，应当向保险监督管理机构提出书面申请，并提交下列材料：

（一）设立申请书；

（二）拟设机构三年业务发展规划和市场分析材料；

（三）拟任高级管理人员的简历及相关证明材料；

（四）国务院保险监督管理机构规定的其他材料。

第七十六条 保险监督管理机构应当对保险公司设立分支机构的申请进行审查，自受理之日起六十日内作出批准或者不批准的决定。决定批准的，颁发分支机构经营保险业务许可证；决定不批准的，应当书面通知申请人并说明理由。

第七十七条 经批准设立的保险公司及其分支机构，凭经营保险业务许可证向工商行政管理机关办理登记，领取营业执照。

第七十八条 保险公司及其分支机构自取得经营保险业务许可证之日起六个月内，无正当理由未向工商行政管理机关办理登记的，其经营保险业务许可证失效。

第七十九条　保险公司在中华人民共和国境外设立子公司、分支机构，应当经国务院保险监督管理机构批准。

第八十条　外国保险机构在中华人民共和国境内设立代表机构，应当经国务院保险监督管理机构批准。代表机构不得从事保险经营活动。

第八十一条　保险公司的董事、监事和高级管理人员，应当品行良好，熟悉与保险相关的法律、行政法规，具有履行职责所需的经营管理能力，并在任职前取得保险监督管理机构核准的任职资格。

保险公司高级管理人员的范围由国务院保险监督管理机构规定。

第八十二条　有《中华人民共和国公司法》第一百四十六条规定的情形或者下列情形之一的，不得担任保险公司的董事、监事、高级管理人员：

（一）因违法行为或者违纪行为被金融监督管理机构取消任职资格的金融机构的董事、监事、高级管理人员，自被取消任职资格之日起未逾五年的；

（二）因违法行为或者违纪行为被吊销执业资格的律师、注册会计师或者资产评估机构、验证机构等机构的专业人员，自被吊销执业资格之日起未逾五年的。

第八十三条　保险公司的董事、监事、高级管理人员执行公司职务时违反法律、行政法规或者公司章程的规定，给公司造成损失的，应当承担赔偿责任。

第八十四条　保险公司有下列情形之一的，应当经保险监督管理机构批准：

（一）变更名称；

（二）变更注册资本；

（三）变更公司或者分支机构的营业场所；

（四）撤销分支机构；

（五）公司分立或者合并；

（六）修改公司章程；

（七）变更出资额占有限责任公司资本总额百分之五以上的股东，或者变更持有股份有限公司股份百分之五以上的股东；

（八）国务院保险监督管理机构规定的其他情形。

第八十五条　保险公司应当聘用专业人员，建立精算报告制度和合规报告制度。

第八十六条　保险公司应当按照保险监督管理机构的规定，报送有关报告、报表、文件和资料。

保险公司的偿付能力报告、财务会计报告、精算报告、合规报告及其他有关报告、报表、文件和资料必须如实记录保险业务事项，不得有虚假记载、误导性陈述和重大遗漏。

第八十七条　保险公司应当按照国务院保险监督管理机构的规定妥善保管业务经营活动的完整账簿、原始凭证和有关资料。

前款规定的账簿、原始凭证和有关资料的保管期限，自保险合同终止之日起计算，保险期间在一年以下的不得少于五年，保险期间超过一年的不得少于十年。

第八十八条　保险公司聘请或者解聘会计师事务所、资产评估机构、资信评级机构等中介服务机构，应当向保险监督管理机构报告；解聘会计师事务所、资产评估机构、资信评级机构等中介服务机构，应当说明理由。

第八十九条　保险公司因分立、合并需要解散，或者股东会、股东大会决议解散，或者公司章程规定的解散事由出现，经国务院保险监督管理机构批准后解散。

经营有人寿保险业务的保险公司，除因分立、合并或者被依法撤销外，不得解散。

保险公司解散，应当依法成立清算组进行清算。

第九十条 保险公司有《中华人民共和国企业破产法》第二条规定情形的，经国务院保险监督管理机构同意，保险公司或者其债权人可以依法向人民法院申请重整、和解或者破产清算；国务院保险监督管理机构也可以依法向人民法院申请对该保险公司进行重整或者破产清算。

第九十一条 破产财产在优先清偿破产费用和共益债务后，按照下列顺序清偿：

（一）所欠职工工资和医疗、伤残补助、抚恤费用，所欠应当划入职工个人账户的基本养老保险、基本医疗保险费用，以及法律、行政法规规定应当支付给职工的补偿金；

（二）赔偿或者给付保险金；

（三）保险公司欠缴的除第（一）项规定以外的社会保险费用和所欠税款；

（四）普通破产债权。

破产财产不足以清偿同一顺序的清偿要求的，按照比例分配。

破产保险公司的董事、监事和高级管理人员的工资，按照该公司职工的平均工资计算。

第九十二条 经营有人寿保险业务的保险公司被依法撤销或者被依法宣告破产的，其持有的人寿保险合同及责任准备金，必须转让给其他经营有人寿保险业务的保险公司；不能同其他保险公司达成转让协议的，由国务院保险监督管理机构指定经营有人寿保险业务的保险公司接受转让。

转让或者由国务院保险监督管理机构指定接受转让前款规定的人寿保险合同及责任准备金的，应当维护被保险人、受益人的合法权益。

第九十三条 保险公司依法终止其业务活动，应当注销其经营保险业务许可证。

第九十四条　保险公司，除本法另有规定外，适用《中华人民共和国公司法》的规定。

第四章　保险经营规则

第九十五条　保险公司的业务范围：

（一）人身保险业务，包括人寿保险、健康保险、意外伤害保险等保险业务；

（二）财产保险业务，包括财产损失保险、责任保险、信用保险、保证保险等保险业务；

（三）国务院保险监督管理机构批准的与保险有关的其他业务。

保险人不得兼营人身保险业务和财产保险业务。但是，经营财产保险业务的保险公司经国务院保险监督管理机构批准，可以经营短期健康保险业务和意外伤害保险业务。

保险公司应当在国务院保险监督管理机构依法批准的业务范围内从事保险经营活动。

第九十六条　经国务院保险监督管理机构批准，保险公司可以经营本法第九十五条规定的保险业务的下列再保险业务：

（一）分出保险；

（二）分入保险。

第九十七条　保险公司应当按照其注册资本总额的百分之二十提取保证金，存入国务院保险监督管理机构指定的银行，除公司清算时用于清偿债务外，不得动用。

第九十八条　保险公司应当根据保障被保险人利益、保证偿付能力的原则，提取各项责任准备金。

保险公司提取和结转责任准备金的具体办法，由国务院保险监督管理机构制定。

第九十九条 保险公司应当依法提取公积金。

第一百条 保险公司应当缴纳保险保障基金。

保险保障基金应当集中管理，并在下列情形下统筹使用：

（一）在保险公司被撤销或者被宣告破产时，向投保人、被保险人或者受益人提供救济；

（二）在保险公司被撤销或者被宣告破产时，向依法接受其人寿保险合同的保险公司提供救济；

（三）国务院规定的其他情形。

保险保障基金筹集、管理和使用的具体办法，由国务院制定。

第一百零一条 保险公司应当具有与其业务规模和风险程度相适应的最低偿付能力。保险公司的认可资产减去认可负债的差额不得低于国务院保险监督管理机构规定的数额；低于规定数额的，应当按照国务院保险监督管理机构的要求采取相应措施达到规定的数额。

第一百零二条 经营财产保险业务的保险公司当年自留保险费，不得超过其实有资本金加公积金总和的四倍。

第一百零三条 保险公司对每一危险单位，即对一次保险事故可能造成的最大损失范围所承担的责任，不得超过其实有资本金加公积金总和的百分之十；超过的部分应当办理再保险。

保险公司对危险单位的划分应当符合国务院保险监督管理机构的规定。

第一百零四条 保险公司对危险单位的划分方法和巨灾风险安排方案，应当报国务院保险监督管理机构备案。

第一百零五条 保险公司应当按照国务院保险监督管理机构的规定办理再保险，并审慎选择再保险接受人。

第一百零六条 保险公司的资金运用必须稳健，遵循安全性原则。

保险公司的资金运用限于下列形式：

（一）银行存款；

（二）买卖债券、股票、证券投资基金份额等有价证券；

（三）投资不动产；

（四）国务院规定的其他资金运用形式。

保险公司资金运用的具体管理办法，由国务院保险监督管理机构依照前两款的规定制定。

第一百零七条 经国务院保险监督管理机构会同国务院证券监督管理机构批准，保险公司可以设立保险资产管理公司。

保险资产管理公司从事证券投资活动，应当遵守《中华人民共和国证券法》等法律、行政法规的规定。

保险资产管理公司的管理办法，由国务院保险监督管理机构会同国务院有关部门制定。

第一百零八条 保险公司应当按照国务院保险监督管理机构的规定，建立对关联交易的管理和信息披露制度。

第一百零九条 保险公司的控股股东、实际控制人、董事、监事、高级管理人员不得利用关联交易损害公司的利益。

第一百一十条 保险公司应当按照国务院保险监督管理机构的规定，真实、准确、完整地披露财务会计报告、风险管理状况、保险产品经营情况等重大事项。

第一百一十一条 保险公司从事保险销售的人员应当品行良好，具有保险销售所需的专业能力。保险销售人员的行为规范和管理办法，由国务院保险监督管理机构规定。

第一百一十二条 保险公司应当建立保险代理人登记管理制度，加强对保险代理人的培训和管理，不得唆使、诱导保险代理人进行违背诚信义务的活动。

第一百一十三条 保险公司及其分支机构应当依法使用经营保险业务许可证，不得转让、出租、出借经营保险业务许可证。

第一百一十四条 保险公司应当按照国务院保险监督管理机构的规定，公平、合理拟订保险条款和保险费率，不得损害投保人、被保险人和受益人的合法权益。

保险公司应当按照合同约定和本法规定，及时履行赔偿或者给付保险金义务。

第一百一十五条 保险公司开展业务，应当遵循公平竞争的原则，不得从事不正当竞争。

第一百一十六条 保险公司及其工作人员在保险业务活动中不得有下列行为：

（一）欺骗投保人、被保险人或者受益人；

（二）对投保人隐瞒与保险合同有关的重要情况；

（三）阻碍投保人履行本法规定的如实告知义务，或者诱导其不履行本法规定的如实告知义务；

（四）给予或者承诺给予投保人、被保险人、受益人保险合同约定以外的保险费回扣或者其他利益；

（五）拒不依法履行保险合同约定的赔偿或者给付保险金义务；

（六）故意编造未曾发生的保险事故、虚构保险合同或者故意夸大已经发生的保险事故的损失程度进行虚假理赔，骗取保险金或者牟取其他不正当利益；

（七）挪用、截留、侵占保险费；

（八）委托未取得合法资格的机构从事保险销售活动；

（九）利用开展保险业务为其他机构或者个人牟取不正当利益；

（十）利用保险代理人、保险经纪人或者保险评估机构，从事以虚构保险中介业务或者编造退保等方式套取费用等违法活动；

（十一）以捏造、散布虚假事实等方式损害竞争对手的商业信誉，或者以其他不正当竞争行为扰乱保险市场秩序；

（十二）泄露在业务活动中知悉的投保人、被保险人的商业秘密；

（十三）违反法律、行政法规和国务院保险监督管理机构规定的其他行为。

第五章　保险代理人和保险经纪人

第一百一十七条　保险代理人是根据保险人的委托，向保险人收取佣金，并在保险人授权的范围内代为办理保险业务的机构或者个人。

保险代理机构包括专门从事保险代理业务的保险专业代理机构和兼营保险代理业务的保险兼业代理机构。

第一百一十八条　保险经纪人是基于投保人的利益，为投保人与保险人订立保险合同提供中介服务，并依法收取佣金的机构。

第一百一十九条　保险代理机构、保险经纪人应当具备国务院保险监督管理机构规定的条件，取得保险监督管理机构颁发的经营保险代理业务许可证、保险经纪业务许可证。

第一百二十条　以公司形式设立保险专业代理机构、保险经纪人，其注册资本最低限额适用《中华人民共和国公司法》的规定。

国务院保险监督管理机构根据保险专业代理机构、保险经纪人的业务范围和经营规模，可以调整其注册资本的最低限额，但不得低于《中华人民共和国公司法》规定的限额。

保险专业代理机构、保险经纪人的注册资本或者出资额必须为实缴货币资本。

第一百二十一条　保险专业代理机构、保险经纪人的高级管理人员，应当品行良好，熟悉保险法律、行政法规，具有履行职责所需的经营管理能力，并在任前取得保险监督管理机构核准的任职资格。

第一百二十二条 个人保险代理人、保险代理机构的代理从业人员、保险经纪人的经纪从业人员，应当品行良好，具有从事保险代理业务或者保险经纪业务所需的专业能力。

第一百二十三条 保险代理机构、保险经纪人应当有自己的经营场所，设立专门账簿记载保险代理业务、经纪业务的收支情况。

第一百二十四条 保险代理机构、保险经纪人应当按照国务院保险监督管理机构的规定缴存保证金或者投保职业责任保险。

第一百二十五条 个人保险代理人在代为办理人寿保险业务时，不得同时接受两个以上保险人的委托。

第一百二十六条 保险人委托保险代理人代为办理保险业务，应当与保险代理人签订委托代理协议，依法约定双方的权利和义务。

第一百二十七条 保险代理人根据保险人的授权代为办理保险业务的行为，由保险人承担责任。

保险代理人没有代理权、超越代理权或者代理权终止后以保险人名义订立合同，使投保人有理由相信其有代理权的，该代理行为有效。保险人可以依法追究越权的保险代理人的责任。

第一百二十八条 保险经纪人因过错给投保人、被保险人造成损失的，依法承担赔偿责任。

第一百二十九条 保险活动当事人可以委托保险公估机构等依法设立的独立评估机构或者具有相关专业知识的人员，对保险事故进行评估和鉴定。

接受委托对保险事故进行评估和鉴定的机构和人员，应当依法、独立、客观、公正地进行评估和鉴定，任何单位和个人不得干涉。

前款规定的机构和人员，因故意或者过失给保险人或者被保险人造成损失的，依法承担赔偿责任。

第一百三十条 保险佣金只限于向保险代理人、保险经纪人支付，不得向其他人支付。

第一百三十一条 保险代理人、保险经纪人及其从业人员在办理保险业务活动中不得有下列行为：

（一）欺骗保险人、投保人、被保险人或者受益人；

（二）隐瞒与保险合同有关的重要情况；

（三）阻碍投保人履行本法规定的如实告知义务，或者诱导其不履行本法规定的如实告知义务；

（四）给予或者承诺给予投保人、被保险人或者受益人保险合同约定以外的利益；

（五）利用行政权力、职务或者职业便利以及其他不正当手段强迫、引诱或者限制投保人订立保险合同；

（六）伪造、擅自变更保险合同，或者为保险合同当事人提供虚假证明材料；

（七）挪用、截留、侵占保险费或者保险金；

（八）利用业务便利为其他机构或者个人牟取不正当利益；

（九）串通投保人、被保险人或者受益人，骗取保险金；

（十）泄露在业务活动中知悉的保险人、投保人、被保险人的商业秘密。

第一百三十二条 本法第八十六条第一款、第一百一十三条的规定，适用于保险代理机构和保险经纪人。

第六章 保险业监督管理

第一百三十三条 保险监督管理机构依照本法和国务院规定的职责，遵循依法、公开、公正的原则，对保险业实施监督管理，维护保险市场秩序，保护投保人、被保险人和受益人的合法权益。

第一百三十四条 国务院保险监督管理机构依照法律、行政法规制定并发布有关保险业监督管理的规章。

第一百三十五条 关系社会公众利益的保险险种、依法实行强制保险的险种和新开发的人寿保险险种等的保险条款和保险费率，应当报国务院保险监督管理机构批准。国务院保险监督管理机构审批时，应当遵循保护社会公众利益和防止不正当竞争的原则。其他保险险种的保险条款和保险费率，应当报保险监督管理机构备案。

保险条款和保险费率审批、备案的具体办法，由国务院保险监督管理机构依照前款规定制定。

第一百三十六条 保险公司使用的保险条款和保险费率违反法律、行政法规或者国务院保险监督管理机构的有关规定的，由保险监督管理机构责令停止使用，限期修改；情节严重的，可以在一定期限内禁止申报新的保险条款和保险费率。

第一百三十七条 国务院保险监督管理机构应当建立健全保险公司偿付能力监管体系，对保险公司的偿付能力实施监控。

第一百三十八条 对偿付能力不足的保险公司，国务院保险监督管理机构应当将其列为重点监管对象，并可以根据具体情况采取下列措施：

（一）责令增加资本金、办理再保险；

（二）限制业务范围；

（三）限制向股东分红；

（四）限制固定资产购置或者经营费用规模；

（五）限制资金运用的形式、比例；

（六）限制增设分支机构；

（七）责令拍卖不良资产、转让保险业务；

（八）限制董事、监事、高级管理人员的薪酬水平；

（九）限制商业性广告；

（十）责令停止接受新业务。

第一百三十九条　保险公司未依照本法规定提取或者结转各项责任准备金，或者未依照本法规定办理再保险，或者严重违反本法关于资金运用的规定的，由保险监督管理机构责令限期改正，并可以责令调整负责人及有关管理人员。

第一百四十条　保险监督管理机构依照本法第一百三十九条的规定作出限期改正的决定后，保险公司逾期未改正的，国务院保险监督管理机构可以决定选派保险专业人员和指定该保险公司的有关人员组成整顿组，对公司进行整顿。

整顿决定应当载明被整顿公司的名称、整顿理由、整顿组成员和整顿期限，并予以公告。

第一百四十一条　整顿组有权监督被整顿保险公司的日常业务。被整顿公司的负责人及有关管理人员应当在整顿组的监督下行使职权。

第一百四十二条　整顿过程中，被整顿保险公司的原有业务继续进行。但是，国务院保险监督管理机构可以责令被整顿公司停止部分原有业务、停止接受新业务，调整资金运用。

第一百四十三条　被整顿保险公司经整顿已纠正其违反本法规定的行为，恢复正常经营状况的，由整顿组提出报告，经国务院保险监督管理机构批准，结束整顿，并由国务院保险监督管理机构予以公告。

第一百四十四条　保险公司有下列情形之一的，国务院保险监督管理机构可以对其实行接管：

（一）公司的偿付能力严重不足的；

（二）违反本法规定，损害社会公共利益，可能严重危及或者已经严重危及公司的偿付能力的。

被接管的保险公司的债权债务关系不因接管而变化。

第一百四十五条　接管组的组成和接管的实施办法，由国务院保险监督管理机构决定，并予以公告。

第一百四十六条　接管期限届满，国务院保险监督管理机构可以决定延长接管期限，但接管期限最长不得超过二年。

第一百四十七条　接管期限届满，被接管的保险公司已恢复正常经营能力的，由国务院保险监督管理机构决定终止接管，并予以公告。

第一百四十八条　被整顿、被接管的保险公司有《中华人民共和国企业破产法》第二条规定情形的，国务院保险监督管理机构可以依法向人民法院申请对该保险公司进行重整或者破产清算。

第一百四十九条　保险公司因违法经营被依法吊销经营保险业务许可证的，或者偿付能力低于国务院保险监督管理机构规定标准，不予撤销将严重危害保险市场秩序、损害公共利益的，由国务院保险监督管理机构予以撤销并公告，依法及时组织清算组进行清算。

第一百五十条　国务院保险监督管理机构有权要求保险公司股东、实际控制人在指定的期限内提供有关信息和资料。

第一百五十一条　保险公司的股东利用关联交易严重损害公司利益，危及公司偿付能力的，由国务院保险监督管理机构责令改正。在按照要求改正前，国务院保险监督管理机构可以限制其股东权利；拒不改正的，可以责令其转让所持的保险公司股权。

第一百五十二条　保险监督管理机构根据履行监督管理职责的需要，可以与保险公司董事、监事和高级管理人员进行监督管理谈话，要求其就公司的业务活动和风险管理的重大事项作出说明。

第一百五十三条　保险公司在整顿、接管、撤销清算期间，或者出现重大风险时，国务院保险监督管理机构可以对该公司直接负责的董事、监事、高级管理人员和其他直接责任人员采取以下措施：

（一）通知出境管理机关依法阻止其出境；

（二）申请司法机关禁止其转移、转让或者以其他方式处分财产，或者在财产上设定其他权利。

第一百五十四条　保险监督管理机构依法履行职责，可以采取下列措施：

（一）对保险公司、保险代理人、保险经纪人、保险资产管理公司、外国保险机构的代表机构进行现场检查；

（二）进入涉嫌违法行为发生场所调查取证；

（三）询问当事人及与被调查事件有关的单位和个人，要求其对与被调查事件有关的事项作出说明；

（四）查阅、复制与被调查事件有关的财产权登记等资料；

（五）查阅、复制保险公司、保险代理人、保险经纪人、保险资产管理公司、外国保险机构的代表机构以及与被调查事件有关的单位和个人的财务会计资料及其他相关文件和资料；对可能被转移、隐匿或者毁损的文件和资料予以封存；

（六）查询涉嫌违法经营的保险公司、保险代理人、保险经纪人、保险资产管理公司、外国保险机构的代表机构以及与涉嫌违法事项有关的单位和个人的银行账户；

（七）对有证据证明已经或者可能转移、隐匿违法资金等涉案财产或者隐匿、伪造、毁损重要证据的，经保险监督管理机构主要负责人批准，申请人民法院予以冻结或者查封。

保险监督管理机构采取前款第（一）项、第（二）项、第（五）项措施的，应当经保险监督管理机构负责人批准；采取第（六）项措施的，应当经国务院保险监督管理机构负责人批准。

保险监督管理机构依法进行监督检查或者调查，其监督检查、调查的人员不得少于二人，并应当出示合法证件和监督检查、调查通知书；监督检查、调查的人员少于二人或者未出示合法证件和监督检查、调查通知书的，被检查、调查的单位和个人有权拒绝。

第一百五十五条　保险监督管理机构依法履行职责，被检查、调查的单位和个人应当配合。

第一百五十六条 保险监督管理机构工作人员应当忠于职守，依法办事，公正廉洁，不得利用职务便利牟取不正当利益，不得泄露所知悉的有关单位和个人的商业秘密。

第一百五十七条 国务院保险监督管理机构应当与中国人民银行、国务院其他金融监督管理机构建立监督管理信息共享机制。

保险监督管理机构依法履行职责，进行监督检查、调查时，有关部门应当予以配合。

第七章　法律责任

第一百五十八条 违反本法规定，擅自设立保险公司、保险资产管理公司或者非法经营商业保险业务的，由保险监督管理机构予以取缔，没收违法所得，并处违法所得一倍以上五倍以下的罚款；没有违法所得或者违法所得不足二十万元的，处二十万元以上一百万元以下的罚款。

第一百五十九条 违反本法规定，擅自设立保险专业代理机构、保险经纪人，或者未取得经营保险代理业务许可证、保险经纪业务许可证从事保险代理业务、保险经纪业务的，由保险监督管理机构予以取缔，没收违法所得，并处违法所得一倍以上五倍以下的罚款；没有违法所得或者违法所得不足五万元的，处五万元以上三十万元以下的罚款。

第一百六十条 保险公司违反本法规定，超出批准的业务范围经营的，由保险监督管理机构责令限期改正，没收违法所得，并处违法所得一倍以上五倍以下的罚款；没有违法所得或者违法所得不足十万元的，处十万元以上五十万元以下的罚款。逾期不改正或者造成严重后果的，责令停业整顿或者吊销业务许可证。

第一百六十一条 保险公司有本法第一百一十六条规定行为之一的，由保险监督管理机构责令改正，处五万元以上三十万元以下的罚款；情节严重的，限制其业务范围、责令停止接受新业务或者吊销业务许可证。

第一百六十二条　保险公司违反本法第八十四条规定的，由保险监督管理机构责令改正，处一万元以上十万元以下的罚款。

第一百六十三条　保险公司违反本法规定，有下列行为之一的，由保险监督管理机构责令改正，处五万元以上三十万元以下的罚款：

（一）超额承保，情节严重的；

（二）为无民事行为能力人承保以死亡为给付保险金条件的保险的。

第一百六十四条　违反本法规定，有下列行为之一的，由保险监督管理机构责令改正，处五万元以上三十万元以下的罚款；情节严重的，可以限制其业务范围、责令停止接受新业务或者吊销业务许可证：

（一）未按照规定提存保证金或者违反规定动用保证金的；

（二）未按照规定提取或者结转各项责任准备金的；

（三）未按照规定缴纳保险保障基金或者提取公积金的；

（四）未按照规定办理再保险的；

（五）未按照规定运用保险公司资金的；

（六）未经批准设立分支机构的；

（七）未按照规定申请批准保险条款、保险费率的。

第一百六十五条　保险代理机构、保险经纪人有本法第一百三十一条规定行为之一的，由保险监督管理机构责令改正，处五万元以上三十万元以下的罚款；情节严重的，吊销业务许可证。

第一百六十六条　保险代理机构、保险经纪人违反本法规定，有下列行为之一的，由保险监督管理机构责令改正，处二万元以上十万元以下的罚款；情节严重的，责令停业整顿或者吊销业务许可证：

（一）未按照规定缴存保证金或者投保职业责任保险的；

（二）未按照规定设立专门账簿记载业务收支情况的。

第一百六十七条　违反本法规定，聘任不具有任职资格的人员的，由保险监督管理机构责令改正，处二万元以上十万元以下的罚款。

第一百六十八条 违反本法规定，转让、出租、出借业务许可证的，由保险监督管理机构处一万元以上十万元以下的罚款；情节严重的，责令停业整顿或者吊销业务许可证。

第一百六十九条 违反本法规定，有下列行为之一的，由保险监督管理机构责令限期改正；逾期不改正的，处一万元以上十万元以下的罚款：

（一）未按照规定报送或者保管报告、报表、文件、资料的，或者未按照规定提供有关信息、资料的；

（二）未按照规定报送保险条款、保险费率备案的；

（三）未按照规定披露信息的。

第一百七十条 违反本法规定，有下列行为之一的，由保险监督管理机构责令改正，处十万元以上五十万元以下的罚款；情节严重的，可以限制其业务范围、责令停止接受新业务或者吊销业务许可证：

（一）编制或者提供虚假的报告、报表、文件、资料的；

（二）拒绝或者妨碍依法监督检查的；

（三）未按照规定使用经批准或者备案的保险条款、保险费率的。

第一百七十一条 保险公司、保险资产管理公司、保险专业代理机构、保险经纪人违反本法规定的，保险监督管理机构除分别依照本法第一百六十条至第一百七十条的规定对该单位给予处罚外，对其直接负责的主管人员和其他直接责任人员给予警告，并处一万元以上十万元以下的罚款；情节严重的，撤销任职资格。

第一百七十二条 个人保险代理人违反本法规定的，由保险监督管理机构给予警告，可以并处二万元以下的罚款；情节严重的，处二万元以上十万元以下的罚款。

第一百七十三条 外国保险机构未经国务院保险监督管理机构批准，

擅自在中华人民共和国境内设立代表机构的，由国务院保险监督管理机构予以取缔，处五万元以上三十万元以下的罚款。

外国保险机构在中华人民共和国境内设立的代表机构从事保险经营活动的，由保险监督管理机构责令改正，没收违法所得，并处违法所得一倍以上五倍以下的罚款；没有违法所得或者违法所得不足二十万元的，处二十万元以上一百万元以下的罚款；对其首席代表可以责令撤换；情节严重的，撤销其代表机构。

第一百七十四条　投保人、被保险人或者受益人有下列行为之一，进行保险诈骗活动，尚不构成犯罪的，依法给予行政处罚：

（一）投保人故意虚构保险标的，骗取保险金的；

（二）编造未曾发生的保险事故，或者编造虚假的事故原因或者夸大损失程度，骗取保险金的；

（三）故意造成保险事故，骗取保险金的。

保险事故的鉴定人、评估人、证明人故意提供虚假的证明文件，为投保人、被保险人或者受益人进行保险诈骗提供条件的，依照前款规定给予处罚。

第一百七十五条　违反本法规定，给他人造成损害的，依法承担民事责任。

第一百七十六条　拒绝、阻碍保险监督管理机构及其工作人员依法行使监督检查、调查职权，未使用暴力、威胁方法的，依法给予治安管理处罚。

第一百七十七条　违反法律、行政法规的规定，情节严重的，国务院保险监督管理机构可以禁止有关责任人员一定期限直至终身进入保险业。

第一百七十八条　保险监督管理机构从事监督管理工作的人员有下列情形之一的，依法给予处分：

（一）违反规定批准机构的设立的；

（二）违反规定进行保险条款、保险费率审批的；

（三）违反规定进行现场检查的；

（四）违反规定查询账户或者冻结资金的；

（五）泄露其知悉的有关单位和个人的商业秘密的；

（六）违反规定实施行政处罚的；

（七）滥用职权、玩忽职守的其他行为。

第一百七十九条 违反本法规定，构成犯罪的，依法追究刑事责任。

第八章　附则

第一百八十条 保险公司应当加入保险行业协会。保险代理人、保险经纪人、保险公估机构可以加入保险行业协会。

保险行业协会是保险业的自律性组织，是社会团体法人。

第一百八十一条 保险公司以外的其他依法设立的保险组织经营的商业保险业务，适用本法。

第一百八十二条 海上保险适用《中华人民共和国海商法》的有关规定；《中华人民共和国海商法》未规定的，适用本法的有关规定。

第一百八十三条 中外合资保险公司、外资独资保险公司、外国保险公司分公司适用本法规定；法律、行政法规另有规定的，适用其规定。

第一百八十四条 国家支持发展为农业生产服务的保险事业。农业保险由法律、行政法规另行规定。

强制保险，法律、行政法规另有规定的，适用其规定。

第一百八十五条 本法自 2009 年 10 月 1 日起施行。

二、最高人民法院关于适用《中华人民共和国保险法》若干问题的解释（一）

制定机关：最高人民法院

发文字号：法释〔2009〕12 号

发文日期：2009 年 9 月 21 日

施行日期：2009 年 10 月 01 日

效力位阶：司法解释

最高人民法院《关于适用〈中华人民共和国保险法〉若干问题的解释（一）》已于 2009 年 9 月 14 日由最高人民法院审判委员会第 1473 次会议通过，现予公布，自 2009 年 10 月 1 日起施行。

为正确审理保险合同纠纷案件，切实维护当事人的合法权益，现就人民法院适用 2009 年 2 月 28 日第十一届全国人大常委会第七次会议修订的《中华人民共和国保险法》（以下简称保险法）的有关问题规定如下：

第一条 保险法施行后成立的保险合同发生的纠纷，适用保险法的规定。保险法施行前成立的保险合同发生的纠纷，除本解释另有规定外，适用当时的法律规定；当时的法律没有规定的，参照适用保险法的有关规定。

认定保险合同是否成立，适用合同订立时的法律。

第二条 对于保险法施行前成立的保险合同，适用当时的法律认定无效而适用保险法认定有效的，适用保险法的规定。

第三条 保险合同成立于保险法施行前而保险标的转让、保险事故、理赔、代位求偿等行为或事件，发生于保险法施行后的，适用保险法的规定。

第四条 保险合同成立于保险法施行前，保险法施行后，保险人以投保人未履行如实告知义务或者申报被保险人年龄不真实为由，主张解除合同的，适用保险法的规定。

第五条　保险法施行前成立的保险合同，下列情形下的期间自 2009 年 10 月 1 日起计算：

（一）保险法施行前，保险人收到赔偿或者给付保险金的请求，保险法施行后，适用保险法第二十三条规定的三十日的；

（二）保险法施行前，保险人知道解除事由，保险法施行后，按照保险法第十六条、第三十二条的规定行使解除权，适用保险法第十六条规定的三十日的；

（三）保险法施行后，保险人按照保险法第十六条第二款的规定请求解除合同，适用保险法第十六条规定的二年的；

（四）保险法施行前，保险人收到保险标的转让通知，保险法施行后，以保险标的转让导致危险程度显著增加为由请求按照合同约定增加保险费或者解除合同，适用保险法第四十九条规定的三十日的。

第六条　保险法施行前已经终审的案件，当事人申请再审或者按照审判监督程序提起再审的案件，不适用保险法的规定。

三、最高人民法院关于适用《中华人民共和国保险法》若干问题的解释（二）

制定机关：最高人民法院

发文字号：法释〔2020〕18 号

发文日期：2020 年 12 月 29 日

施行日期：2021 年 1 月 01 日

效力级别：司法解释

（2013 年 5 月 6 日最高人民法院审判委员会第 1577 次会议通过，根据 2020 年 12 月 23 日最高人民法院审判委员会第 1823 次会议通过的《最高人民法院关于修改〈最高人民法院关于破产企业国有划拨土地使用权应否列入破产财产等问题的批复〉等二十九件商事类司法解释的决定》修正）

为正确审理保险合同纠纷案件，切实维护当事人的合法权益，根据《中华人民共和国民法典》《中华人民共和国保险法》《中华人民共和国民事诉讼法》等法律规定，结合审判实践，就保险法中关于保险合同一般规定部分有关法律适用问题解释如下：

第一条 财产保险中，不同投保人就同一保险标的分别投保，保险事故发生后，被保险人在其保险利益范围内依据保险合同主张保险赔偿的，人民法院应予支持。

第二条 人身保险中，因投保人对被保险人不具有保险利益导致保险合同无效，投保人主张保险人退还扣减相应手续费后的保险费的，人民法院应予支持。

第三条 投保人或者投保人的代理人订立保险合同时没有亲自签字或者盖章，而由保险人或者保险人的代理人代为签字或者盖章的，对投保人不生效。但投保人已经交纳保险费的，视为其对代签字或者盖章行为的追认。

保险人或者保险人的代理人代为填写保险单证后经投保人签字或者盖章确认的，代为填写的内容视为投保人的真实意思表示。但有证据证明保险人或者保险人的代理人存在保险法第一百一十六条、第一百三十一条相关规定情形的除外。

第四条 保险人接受了投保人提交的投保单并收取了保险费，尚未作出是否承保的意思表示，发生保险事故，被保险人或者受益人请求保险人按照保险合同承担赔偿或者给付保险金责任，符合承保条件的，人民法院应予支持；不符合承保条件的，保险人不承担保险责任，但应当退还已经收取的保险费。

保险人主张不符合承保条件的，应承担举证责任。

第五条 保险合同订立时，投保人明知的与保险标的或者被保险人有关的情况，属于保险法第十六条第一款规定的投保人"应当如实告知"的内容。

第六条 投保人的告知义务限于保险人询问的范围和内容。当事人对询问范围及内容有争议的，保险人负举证责任。

保险人以投保人违反了对投保单询问表中所列概括性条款的如实告知义务为由请求解除合同的，人民法院不予支持。但该概括性条款有具体内容的除外。

第七条 保险人在保险合同成立后知道或者应当知道投保人未履行如实告知义务，仍然收取保险费，又依照保险法第十六条第二款的规定主张解除合同的，人民法院不予支持。

第八条 保险人未行使合同解除权，直接以存在保险法第十六条第四款、第五款规定的情形为由拒绝赔偿的，人民法院不予支持。但当事人就拒绝赔偿事宜及保险合同存续另行达成一致的情况除外。

第九条 保险人提供的格式合同文本中的责任免除条款、免赔额、免赔率、比例赔付或者给付等免除或者减轻保险人责任的条款，可以认定为保险法第十七条第二款规定的"免除保险人责任的条款"。

保险人因投保人、被保险人违反法定或者约定义务，享有解除合同权利的条款，不属于保险法第十七条第二款规定的"免除保险人责任的条款"。

第十条 保险人将法律、行政法规中的禁止性规定情形作为保险合同免责条款的免责事由，保险人对该条款作出提示后，投保人、被保险人或者受益人以保险人未履行明确说明义务为由主张该条款不成为合同内容的，人民法院不予支持。

第十一条　保险合同订立时，保险人在投保单或者保险单等其他保险凭证上，对保险合同中免除保险人责任的条款，以足以引起投保人注意的文字、字体、符号或者其他明显标志作出提示的，人民法院应当认定其履行了保险法第十七条第二款规定的提示义务。

保险人对保险合同中有关免除保险人责任条款的概念、内容及其法律后果以书面或者口头形式向投保人作出常人能够理解的解释说明的，人民法院应当认定保险人履行了保险法第十七条第二款规定的明确说明义务。

第十二条　通过网络、电话等方式订立的保险合同，保险人以网页、音频、视频等形式对免除保险人责任条款予以提示和明确说明的，人民法院可以认定其履行了提示和明确说明义务。

第十三条　保险人对其履行了明确说明义务负举证责任。

投保人对保险人履行了符合本解释第十一条第二款要求的明确说明义务在相关文书上签字、盖章或者以其他形式予以确认的，应当认定保险人履行了该项义务。但另有证据证明保险人未履行明确说明义务的除外。

第十四条　保险合同中记载的内容不一致的，按照下列规则认定：

（一）投保单与保险单或者其他保险凭证不一致的，以投保单为准。但不一致的情形系经保险人说明并经投保人同意的，以投保人签收的保险单或者其他保险凭证载明的内容为准；

（二）非格式条款与格式条款不一致的，以非格式条款为准；

（三）保险凭证记载的时间不同的，以形成时间在后的为准；

（四）保险凭证存在手写和打印两种方式的，以双方签字、盖章的手写部分的内容为准。

第十五条　保险法第二十三条规定的三十日核定期间，应自保险人初次收到索赔请求及投保人、被保险人或者受益人提供的有关证明和资料之日起算。

保险人主张扣除投保人、被保险人或者受益人补充提供有关证明和资料期间的，人民法院应予支持。扣除期间自保险人根据保险法第二十二条规定作出的通知到达投保人、被保险人或者受益人之日起，至投保人、被保险人或者受益人按照通知要求补充提供的有关证明和资料到达保险人之日止。

第十六条 保险人应以自己的名义行使保险代位求偿权。

根据保险法第六十条第一款的规定，保险人代位求偿权的诉讼时效期间应自其取得代位求偿权之日起算。

第十七条 保险人在其提供的保险合同格式条款中对非保险术语所作的解释符合专业意义，或者虽不符合专业意义，但有利于投保人、被保险人或者受益人的，人民法院应予认可。

第十八条 行政管理部门依据法律规定制作的交通事故认定书、火灾事故认定书等，人民法院应当依法审查并确认其相应的证明力，但有相反证据能够推翻的除外。

第十九条 保险事故发生后，被保险人或者受益人起诉保险人，保险人以被保险人或者受益人未要求第三者承担责任为由抗辩不承担保险责任的，人民法院不予支持。

财产保险事故发生后，被保险人就其所受损失从第三者取得赔偿后的不足部分提起诉讼，请求保险人赔偿的，人民法院应予依法受理。

第二十条 保险公司依法设立并取得营业执照的分支机构属于《中华人民共和国民事诉讼法》第四十八条规定的其他组织，可以作为保险合同纠纷案件的当事人参加诉讼。

第二十一条 本解释施行后尚未终审的保险合同纠纷案件，适用本解释；本解释施行前已经终审，当事人申请再审或者按照审判监督程序决定再审的案件，不适用本解释。

四、最高人民法院关于适用《中华人民共和国保险法》若干问题的解释（三）

制定机关：最高人民法院

发文字号：法释〔2020〕18 号

发文日期：2020 年 12 月 29 日

施行日期：2021 年 1 月 01 日

效力位阶：司法解释

（2015 年 9 月 21 日最高人民法院审判委员会第 1661 次会议通过，根据 2020 年 12 月 23 日最高人民法院审判委员会第 1823 次会议通过的《最高人民法院关于修改〈最高人民法院关于破产企业国有划拨土地使用权应否列入破产财产等问题的批复〉等二十九件商事类司法解释的决定》修正）

为正确审理保险合同纠纷案件，切实维护当事人的合法权益，根据《中华人民共和国民法典》《中华人民共和国保险法》《中华人民共和国民事诉讼法》等法律规定，结合审判实践，就保险法中关于保险合同章人身保险部分有关法律适用问题解释如下：

第一条　当事人订立以死亡为给付保险金条件的合同，根据保险法第三十四条的规定，"被保险人同意并认可保险金额"可以采取书面形式、口头形式或者其他形式；可以在合同订立时作出，也可以在合同订立后追认。

有下列情形之一的，应认定为被保险人同意投保人为其订立保险合同并认可保险金额：

（一）被保险人明知他人代其签名同意而未表示异议的；

（二）被保险人同意投保人指定的受益人的；

（三）有证据足以认定被保险人同意投保人为其投保的其他情形。

第二条 被保险人以书面形式通知保险人和投保人撤销其依据保险法第三十四条第一款规定所作出的同意意思表示的，可认定为保险合同解除。

第三条 人民法院审理人身保险合同纠纷案件时，应主动审查投保人订立保险合同时是否具有保险利益，以及以死亡为给付保险金条件的合同是否经过被保险人同意并认可保险金额。

第四条 保险合同订立后，因投保人丧失对被保险人的保险利益，当事人主张保险合同无效的，人民法院不予支持。

第五条 保险人在合同订立时指定医疗机构对被保险人体检，当事人主张投保人如实告知义务免除的，人民法院不予支持。

保险人知道被保险人的体检结果，仍以投保人未就相关情况履行如实告知义务为由要求解除合同的，人民法院不予支持。

第六条 未成年人父母之外的其他履行监护职责的人为未成年人订立以死亡为给付保险金条件的合同，当事人主张参照保险法第三十三条第二款、第三十四条第三款的规定认定该合同有效的，人民法院不予支持，但经未成年人父母同意的除外。

第七条 当事人以被保险人、受益人或者他人已经代为支付保险费为由，主张投保人对应的交费义务已经履行的，人民法院应予支持。

第八条 保险合同效力依照保险法第三十六条规定中止，投保人提出恢复效力申请并同意补交保险费的，除被保险人的危险程度在中止期间显著增加外，保险人拒绝恢复效力的，人民法院不予支持。

保险人在收到恢复效力申请后，三十日内未明确拒绝的，应认定为同意恢复效力。

保险合同自投保人补交保险费之日恢复效力。保险人要求投保人补交相应利息的，人民法院应予支持。

第九条　投保人指定受益人未经被保险人同意的，人民法院应认定指定行为无效。

当事人对保险合同约定的受益人存在争议，除投保人、被保险人在保险合同之外另有约定外，按以下情形分别处理：

（一）受益人约定为"法定"或者"法定继承人"的，以民法典规定的法定继承人为受益人；

（二）受益人仅约定为身份关系的，投保人与被保险人为同一主体时，根据保险事故发生时与被保险人的身份关系确定受益人；投保人与被保险人为不同主体时，根据保险合同成立时与被保险人的身份关系确定受益人；

（三）约定的受益人包括姓名和身份关系，保险事故发生时身份关系发生变化的，认定为未指定受益人。

第十条　投保人或者被保险人变更受益人，当事人主张变更行为自变更意思表示发出时生效的，人民法院应予支持。

投保人或者被保险人变更受益人未通知保险人，保险人主张变更对其不发生效力的，人民法院应予支持。

投保人变更受益人未经被保险人同意，人民法院应认定变更行为无效。

第十一条　投保人或者被保险人在保险事故发生后变更受益人，变更后的受益人请求保险人给付保险金的，人民法院不予支持。

第十二条　投保人或者被保险人指定数人为受益人，部分受益人在保险事故发生前死亡、放弃受益权或者依法丧失受益权的，该受益人应得的受益份额按照保险合同的约定处理；保险合同没有约定或者约定不明的，该受益人应得的受益份额按照以下情形分别处理：

（一）未约定受益顺序及受益份额的，由其他受益人平均享有；

（二）未约定受益顺序但约定受益份额的，由其他受益人按照相应比例享有；

（三）约定受益顺序但未约定受益份额的，由同顺序的其他受益人平均享有；同一顺序没有其他受益人的，由后一顺序的受益人平均享有；

（四）约定受益顺序及受益份额的，由同顺序的其他受益人按照相应比例享有；同一顺序没有其他受益人的，由后一顺序的受益人按照相应比例享有。

第十三条　保险事故发生后，受益人将与本次保险事故相对应的全部或者部分保险金请求权转让给第三人，当事人主张该转让行为有效的，人民法院应予支持，但根据合同性质、当事人约定或者法律规定不得转让的除外。

第十四条　保险金根据保险法第四十二条规定作为被保险人遗产，被保险人的继承人要求保险人给付保险金，保险人以其已向持有保险单的被保险人的其他继承人给付保险金为由抗辩的，人民法院应予支持。

第十五条　受益人与被保险人存在继承关系，在同一事件中死亡且不能确定死亡先后顺序的，人民法院应依据保险法第四十二条第二款推定受益人死亡在先，并按照保险法及本解释的相关规定确定保险金归属。

第十六条　人身保险合同解除时，投保人与被保险人、受益人为不同主体，被保险人或者受益人要求退还保险单的现金价值的，人民法院不予支持，但保险合同另有约定的除外。

投保人故意造成被保险人死亡、伤残或者疾病，保险人依照保险法第四十三条规定退还保险单的现金价值的，其他权利人按照被保险人、被保险人的继承人的顺序确定。

第十七条　投保人解除保险合同，当事人以其解除合同未经被保险人或者受益人同意为由主张解除行为无效的，人民法院不予支持，但被保险人或者受益人已向投保人支付相当于保险单现金价值的款项并通知保险人的除外。

第十八条　保险人给付费用补偿型的医疗费用保险金时，主张扣减被保险人从公费医疗或者社会医疗保险取得的赔偿金额的，应当证明该保险产品在厘定医疗费用保险费率时已经将公费医疗或者社会医疗保险部分相应扣除，并按照扣减后的标准收取保险费。

第十九条　保险合同约定按照基本医疗保险的标准核定医疗费用，保险人以被保险人的医疗支出超出基本医疗保险范围为由拒绝给付保险金的，人民法院不予支持；保险人有证据证明被保险人支出的费用超过基本医疗保险同类医疗费用标准，要求对超出部分拒绝给付保险金的，人民法院应予支持。

第二十条　保险人以被保险人未在保险合同约定的医疗服务机构接受治疗为由拒绝给付保险金的，人民法院应予支持，但被保险人因情况紧急必须立即就医的除外。

第二十一条　保险人以被保险人自杀为由拒绝承担给付保险金责任的，由保险人承担举证责任。

受益人或者被保险人的继承人以被保险人自杀时无民事行为能力为由抗辩的，由其承担举证责任。

第二十二条　保险法第四十五条规定的"被保险人故意犯罪"的认定，应当以刑事侦查机关、检察机关和审判机关的生效法律文书或者其他结论性意见为依据。

第二十三条　保险人主张根据保险法第四十五条的规定不承担给付保险金责任的，应当证明被保险人的死亡、伤残结果与其实施的故意犯罪或者抗拒依法采取的刑事强制措施的行为之间存在因果关系。

被保险人在羁押、服刑期间因意外或者疾病造成伤残或者死亡，保险人主张根据保险法第四十五条的规定不承担给付保险金责任的，人民法院不予支持。

第二十四条　投保人为被保险人订立以死亡为给付保险金条件的人身保险合同，被保险人被宣告死亡后，当事人要求保险人按照保险合同约定给付保险金的，人民法院应予支持。

被保险人被宣告死亡之日在保险责任期间之外，但有证据证明下落不明之日在保险责任期间之内，当事人要求保险人按照保险合同约定给付保险金的，人民法院应予支持。

第二十五条　被保险人的损失系由承保事故或者非承保事故、免责事由造成难以确定，当事人请求保险人给付保险金的，人民法院可以按照相应比例予以支持。

第二十六条　本解释施行后尚未终审的保险合同纠纷案件，适用本解释；本解释施行前已经终审，当事人申请再审或者按照审判监督程序决定再审的案件，不适用本解释。

五、最高人民法院关于适用《中华人民共和国保险法》若干问题的解释（四）

制定机关：最高人民法院

发文字号：法释〔2020〕18 号

发文日期：2020 年 12 月 29 日

施行日期：2021 年 1 月 1 日

效力位阶：司法解释

（2018 年 5 月 14 日最高人民法院审判委员会第 1738 次会议通过，根据 2020 年 12 月 23 日最高人民法院审判委员会第 1823 次会议通过的《最高人民法院关于修改〈最高人民法院关于破产企业国有划拨土地使用权

应否列入破产财产等问题的批复〉等二十九件商事类司法解释的决定》
修正)

为正确审理保险合同纠纷案件，切实维护当事人的合法权益，根据
《中华人民共和国民法典》《中华人民共和国保险法》《中华人民共和国
民事诉讼法》等法律规定，结合审判实践，就保险法中财产保险合同部
分有关法律适用问题解释如下：

第一条　保险标的已交付受让人，但尚未依法办理所有权变更登记，
承担保险标的的毁损灭失风险的受让人，依照保险法第四十八条、第四十
九条的规定主张行使被保险人权利的，人民法院应予支持。

第二条　保险人已向投保人履行了保险法规定的提示和明确说明义
务，保险标的的受让人以保险标的的转让后保险人未向其提示或者明确说明
为由，主张免除保险人责任的条款不成为合同内容的，人民法院不予
支持。

第三条　被保险人死亡，继承保险标的的当事人主张承继被保险人
的权利和义务的，人民法院应予支持。

第四条　人民法院认定保险标的是否构成保险法第四十九条、第五
十二条规定的"危险程度显著增加"时，应当综合考虑以下因素：

（一）保险标的的用途的改变；

（二）保险标的的使用范围的改变；

（三）保险标的的所处环境的变化；

（四）保险标的的因改装等原因引起的变化；

（五）保险标的的使用人或者管理人的改变；

（六）危险程度增加持续的时间；

（七）其他可能导致危险程度显著增加的因素。

保险标的的危险程度虽然增加，但增加的危险属于保险合同订立时保
险人预见或者应当预见的保险合同承保范围的，不构成危险程度显著

增加。

第五条　被保险人、受让人依法及时向保险人发出保险标的的转让通知后，保险人作出答复前，发生保险事故，被保险人或者受让人主张保险人按照保险合同承担赔偿保险金的责任的，人民法院应予支持。

第六条　保险事故发生后，被保险人依照保险法第五十七条的规定，请求保险人承担为防止或者减少保险标的的损失所支付的必要、合理费用，保险人以被保险人采取的措施未产生实际效果为由抗辩的，人民法院不予支持。

第七条　保险人依照保险法第六十条的规定，主张代位行使被保险人因第三者侵权或者违约等享有的请求赔偿的权利的，人民法院应予支持。

第八条　投保人和被保险人为不同主体，因投保人对保险标的的损害而造成保险事故，保险人依法主张代位行使被保险人对投保人请求赔偿的权利的，人民法院应予支持，但法律另有规定或者保险合同另有约定的除外。

第九条　在保险人以第三者为被告提起的代位求偿权之诉中，第三者以被保险人在保险合同订立前已放弃对其请求赔偿的权利为由进行抗辩，人民法院认定上述放弃行为合法有效，保险人就相应部分主张行使代位求偿权的，人民法院不予支持。

保险合同订立时，保险人就是否存在上述放弃情形提出询问，投保人未如实告知，导致保险人不能代位行使请求赔偿的权利，保险人请求返还相应保险金的，人民法院应予支持，但保险人知道或者应当知道上述情形仍同意承保的除外。

第十条　因第三者对保险标的的损害而造成保险事故，保险人获得代位请求赔偿的权利的情况未通知第三者或者通知到达第三者前，第三者在被保险人已经从保险人处获赔的范围内又向被保险人作出赔偿，保险人主张代位行使被保险人对第三者请求赔偿的权利的，人民法院不予支持。保险人就相应保险金主张被保险人返还的，人民法院应予支持。

保险人获得代位请求赔偿的权利的情况已经通知到第三者，第三者又向被保险人作出赔偿，保险人主张代位行使请求赔偿的权利，第三者以其已经向被保险人赔偿为由抗辩的，人民法院不予支持。

第十一条　被保险人因故意或者重大过失未履行保险法第六十三条规定的义务，致使保险人未能行使或者未能全部行使代位请求赔偿的权利，保险人主张在其损失范围内扣减或者返还相应保险金的，人民法院应予支持。

第十二条　保险人以造成保险事故的第三者为被告提起代位求偿权之诉的，以被保险人与第三者之间的法律关系确定管辖法院。

第十三条　保险人提起代位求偿权之诉时，被保险人已经向第三者提起诉讼的，人民法院可以依法合并审理。

保险人行使代位求偿权时，被保险人已经向第三者提起诉讼，保险人向受理该案的人民法院申请变更当事人，代位行使被保险人对第三者请求赔偿的权利，被保险人同意的，人民法院应予准许；被保险人不同意的，保险人可以作为共同原告参加诉讼。

第十四条　具有下列情形之一的，被保险人可以依照保险法第六十五条第二款的规定请求保险人直接向第三者赔偿保险金：

（一）被保险人对第三者所负的赔偿责任经人民法院生效裁判、仲裁裁决确认；

（二）被保险人对第三者所负的赔偿责任经被保险人与第三者协商一致；

（三）被保险人对第三者应负的赔偿责任能够确定的其他情形。

前款规定的情形下，保险人主张按照保险合同确定保险赔偿责任的，人民法院应予支持。

第十五条　被保险人对第三者应负的赔偿责任确定后，被保险人不履行赔偿责任，且第三者以保险人为被告或者以保险人与被保险人为共同被告提起诉讼时，被保险人尚未向保险人提出直接向第三者赔偿保险金的请求的，可以认定为属于保险法第六十五条第二款规定的"被保险人怠于请求"的情形。

第十六条　责任保险的被保险人因共同侵权依法承担连带责任，保险人以该连带责任超出被保险人应承担的责任份额为由，拒绝赔付保险金的，人民法院不予支持。保险人承担保险责任后，主张就超出被保险人责任份额的部分向其他连带责任人追偿的，人民法院应予支持。

第十七条　责任保险的被保险人对第三者所负的赔偿责任已经生效判决确认并已进入执行程序，但未获得清偿或者未获得全部清偿，第三者依法请求保险人赔偿保险金，保险人以前述生效判决已进入执行程序为由抗辩的，人民法院不予支持。

第十八条　商业责任险的被保险人向保险人请求赔偿保险金的诉讼时效期间，自被保险人对第三者应负的赔偿责任确定之日起计算。

第十九条　责任保险的被保险人与第三者就被保险人的赔偿责任达成和解协议且经保险人认可，被保险人主张保险人在保险合同范围内依据和解协议承担保险责任的，人民法院应予支持。

被保险人与第三者就被保险人的赔偿责任达成和解协议，未经保险人认可，保险人主张对保险责任范围以及赔偿数额重新予以核定的，人民法院应予支持。

第二十条　责任保险的保险人在被保险人向第三者赔偿之前向被保险人赔偿保险金，第三者依照保险法第六十五条第二款的规定行使保险金请求权时，保险人以其已向被保险人赔偿为由拒绝赔偿保险金的，人民法院不予支持。保险人向第三者赔偿后，请求被保险人返还相应保险金的，人民法院应予支持。

第二十一条 本解释自 2018 年 9 月 1 日起施行。

本解释施行后人民法院正在审理的一审、二审案件，适用本解释；本解释施行前已经终审，当事人申请再审或者按照审判监督程序决定再审的案件，不适用本解释。

六、互联网保险业务监管办法

制定机关：中国银行保险监督管理委员会

发文字号：中国银行保险监督管理委员会令 2020 年第 13 号

发文日期：2020 年 12 月 7 日

施行日期：2021 年 2 月 1 日

效力位阶：部门规章

《互联网保险业务监管办法》已于 2020 年 9 月 1 日经中国银保监会 2020 年第 11 次委务会议通过。现予公布，自 2021 年 2 月 1 日起施行。

主 席 郭树清

2020 年 12 月 7 日

第一章 总 则

第一条 为规范互联网保险业务，有效防范风险，保护消费者合法权益，提升保险业服务实体经济和社会民生的水平，根据《中华人民共和国保险法》等法律、行政法规，制定本办法。

第二条 本办法所称互联网保险业务，是指保险机构依托互联网订立保险合同、提供保险服务的保险经营活动。

本办法所称保险机构包括保险公司（含相互保险组织和互联网保险公司）和保险中介机构；保险中介机构包括保险代理人（不含个人保险

代理人)、保险经纪人、保险公估人;保险代理人(不含个人保险代理人)包括保险专业代理机构、银行类保险兼业代理机构和依法获得保险代理业务许可的互联网企业;保险专业中介机构包括保险专业代理机构、保险经纪人和保险公估人。

本办法所称自营网络平台,是指保险机构为经营互联网保险业务,依法设立的独立运营、享有完整数据权限的网络平台。保险机构分支机构以及与保险机构具有股权、人员等关联关系的非保险机构设立的网络平台,不属于自营网络平台。

本办法所称互联网保险产品,是指保险机构通过互联网销售的保险产品。

第三条 互联网保险业务应由依法设立的保险机构开展,其他机构和个人不得开展互联网保险业务。保险机构开展互联网保险业务,不得超出该机构许可证(备案表)上载明的业务范围。

第四条 保险机构开展互联网保险业务,应符合新发展理念,依法合规,防范风险,以人为本,满足人民群众多层次风险保障需求,不得损害消费者合法权益和社会公共利益。

保险机构开展互联网保险业务,应由总公司集中运营、统一管理,建立统一集中的业务平台、业务流程和管理制度。保险机构应科学评估自身风险管控能力、客户服务能力,合理确定适合互联网经营的保险产品及其销售范围,不能有效管控风险、保障售后服务质量的,不得开展互联网保险销售或保险经纪活动。

保险机构应持续提高互联网保险业务风险防控水平,健全风险监测预警和早期干预机制,保证自营网络平台运营的独立性,在财务、业务、信息系统、客户信息保护等方面与公司股东、实际控制人、公司高级管理人员等关联方实现有效隔离。

第五条 保险机构通过互联网和自助终端设备销售保险产品或提供

保险经纪服务，消费者能够通过保险机构自营网络平台的销售页面独立了解产品信息，并能够自主完成投保行为的，适用本办法。

投保人通过保险机构及其从业人员提供的保险产品投保链接自行完成投保的，应同时满足本办法及所属渠道相关监管规定。涉及线上线下融合开展保险销售或保险经纪业务的，其线上和线下经营活动分别适用线上和线下监管规则；无法分开适用监管规则的，同时适用线上和线下监管规则，规则不一致的，坚持合规经营和有利于消费者的原则。

第六条　中国银行保险监督管理委员会（以下简称银保监会）及其派出机构依法对互联网保险业务实施监督管理。

第二章　基本业务规则

第一节　业务条件

第七条　开展互联网保险业务的保险机构及其自营网络平台应具备以下条件：

（一）服务接入地在中华人民共和国境内。自营网络平台是网站或移动应用程序（APP）的，应依法向互联网行业管理部门履行互联网信息服务备案手续、取得备案编号。自营网络平台不是网站或移动应用程序（APP）的，应符合相关法律法规的规定和相关行业主管部门的资质要求。

（二）具有支持互联网保险业务运营的信息管理系统和核心业务系统，并与保险机构其他无关的信息系统有效隔离。

（三）具有完善的网络安全监测、信息通报、应急处置工作机制，以及完善的边界防护、入侵检测、数据保护、灾难恢复等网络安全防护手段。

（四）贯彻落实国家网络安全等级保护制度，开展网络安全定级备案，定期开展等级保护测评，落实相应等级的安全保护措施。对于具有保险销售或投保功能的自营网络平台，以及支持该自营网络平台运营的信息管理系统和核心业务系统，相关自营网络平台和信息系统的安全保护等级应不低于三级；对于不具有保险销售和投保功能的自营网络平台，以及支持该自营网络平台运营的信息管理系统和核心业务系统，相关自营网络平台和信息系统的安全保护等级应不低于二级。

（五）具有合法合规的营销模式，建立满足互联网保险经营需求、符合互联网保险用户特点、支持业务覆盖区域的运营和服务体系。

（六）建立或明确互联网保险业务管理部门，并配备相应的专业人员，指定一名高级管理人员担任互联网保险业务负责人，明确各自营网络平台负责人。

（七）具有健全的互联网保险业务管理制度和操作规程。

（八）保险公司开展互联网保险销售，应符合银保监会关于偿付能力、消费者权益保护监管评价等相关规定。

（九）保险专业中介机构应是全国性机构，经营区域不限于总公司营业执照登记注册地所在省（自治区、直辖市、计划单列市），并符合银保监会关于保险专业中介机构分类监管的相关规定。

（十）银保监会规定的其他条件。

第八条　保险机构不满足本办法第七条规定的，应立即停止通过互联网销售保险产品或提供保险经纪服务，并在官方网站和自营网络平台发布公告。保险机构经整改后满足本办法第七条规定的，可恢复开展相关互联网保险业务。保险机构拟自行停止自营网络平台业务经营的，应至少提前20个工作日在官方网站和自营网络平台发布公告。涉及债权债务处置的，应一并进行公告。

第九条　保险公司开展互联网保险销售，应在满足本办法规定的前提下，优先选择形态简单、条款简洁、责任清晰、可有效保障售后服务的保险产品，并充分考虑投保的便利性、风控的有效性、理赔的及时性。

保险公司开发互联网保险产品应符合风险保障本质、遵循保险基本原理、符合互联网经济特点，并满足银保监会关于保险产品开发的相关监管规定，做到产品定价合理、公平和充足。不得违背公序良俗、不得进行噱头炒作、不得损害消费者合法权益和社会公共利益，不得危及公司偿付能力和财务稳健。

第十条　银保监会可根据互联网保险业务发展阶段、不同保险产品的服务保障需要，规定保险机构通过互联网销售或提供保险经纪服务的险种范围和相关条件。

第二节　销售管理

第十一条　保险机构开展互联网保险业务，应加强销售管理，充分进行信息披露，规范营销宣传行为，优化销售流程，保护消费者合法权益。

第十二条　开展互联网保险业务的保险机构应建立官方网站，参照《保险公司信息披露管理办法》相关规定，设置互联网保险栏目进行信息披露，披露内容包括但不限于：

（一）营业执照、经营保险业务相关许可证（备案表）。

（二）自营网络平台的名称、网址，以及在中国保险行业协会官方网站上的信息披露访问链接。

（三）一年来综合偿付能力充足率、风险综合评级、消费者权益保护监管评价等相关监管评价信息，银保监会另有规定的从其规定。

（四）保险机构之间开展合作的，各保险机构应分别披露合作机构名称、业务合作范围及合作起止时间。

（五）互联网保险产品名称、产品信息（或链接），产品信息包括条款、审批类产品的批复文号、备案类产品的备案编号或产品注册号、报备文件编号或条款编码。

（六）互联网保险产品及保单的查询和验真途径。

（七）省级分支机构和落地服务机构的名称、办公地址、电话号码等。

（八）理赔、保全等客户服务及投诉渠道，相关联系方式。

（九）本办法第八条规定的经营变化情况。

（十）银保监会规定的其他内容。

第十三条　保险机构应在开展互联网保险业务的自营网络平台显著位置，列明以下信息：

（一）保险产品承保公司设有省级分支机构和落地服务机构的省（自治区、直辖市、计划单列市）清单。

（二）保险产品承保公司全国统一的客户服务及投诉方式，包括客服电话、在线服务访问方式、理赔争议处理机制和工作流程等。

（三）投保咨询方式、保单查询方式。

（四）针对消费者个人信息、投保交易信息和交易安全的保障措施。

（五）自营网络平台在中国保险行业协会官方网站上的信息披露访问链接。

（六）本办法第八条规定的经营变化情况。

（七）银保监会规定的其他内容。

第十四条　互联网保险产品的销售或详情展示页面上应包括以下内容：

（一）保险产品名称（条款名称和宣传名称），审批类产品的批复文号，备案类产品的备案编号或产品注册号，以及报备文件编号或条款编码。

（二）保险条款和保费（或链接），应突出提示和说明免除保险公司责任的条款，并以适当的方式突出提示理赔条件和流程，以及保险合同中的犹豫期、等待期、费用扣除、退保损失、保单现金价值等重点内容。

（三）保险产品为投连险、万能险等人身保险新型产品的，应按照银保监会关于新型产品信息披露的相关规定，清晰标明相关信息，用不小于产品名称字号的黑体字标注保单利益具有不确定性。

（四）投保人的如实告知义务，以及违反义务的后果。

（五）能否实现全流程线上服务的情况说明，以及因保险机构在消费者或保险标的所在地无分支机构而可能存在的服务不到位等问题的提示。

（六）保费的支付方式，以及保险单证、保费发票等凭证的送达方式。

（七）其他直接影响消费者权益和购买决策的事项。

第十五条　本办法所称互联网保险营销宣传，是指保险机构通过网站、网页、互联网应用程序等互联网媒介，以文字、图片、音频、视频或其他形式，就保险产品或保险服务进行商业宣传推广的活动。保险机构开展互联网保险营销宣传活动应符合《中华人民共和国广告法》、金融营销宣传以及银保监会相关规定。

保险机构应加强互联网保险营销宣传管理：

（一）保险机构应建立从业人员互联网保险营销宣传的资质、培训、内容审核和行为管理制度。

（二）保险机构应从严、精细管控所属从业人员互联网保险营销宣传活动，提高从业人员的诚信和专业水平。保险机构应对从业人员发布的互联网保险营销宣传内容进行监测检查，发现问题及时处置。

（三）保险机构从业人员应在保险机构授权范围内开展互联网保险营销宣传。从业人员发布的互联网保险营销宣传内容，应由所属保险机构统一制作，并在显著位置标明所属保险机构全称及个人姓名、执业证编号等信息。

（四）开展互联网保险营销宣传活动应遵循清晰准确、通俗易懂、符合社会公序良俗的原则，不得进行不实陈述或误导性描述，不得片面比较保险产品价格和简单排名，不得与其他非保险产品和服务混淆，不得片面或夸大宣传，不得违规承诺收益或承诺承担损失。

（五）互联网保险营销宣传内容应与保险合同条款保持一致，不得误导性解读监管政策，不得使用或变相使用监管机构及其工作人员的名义或形象进行商业宣传。

（六）互联网保险营销宣传页面应明确标识产品为保险产品，标明保险产品全称、承保保险公司全称以及提供销售或经纪服务的保险中介机构全称；应用准确的语言描述产品的主要功能和特点，突出说明容易引发歧义或消费者容易忽视的内容。

（七）保险机构及其从业人员应慎重向消费者发送互联网保险产品信息。消费者明确表示拒绝接收的，不得向其发送互联网保险产品信息。

（八）保险机构应对本机构及所属从业人员互联网保险营销宣传承担合规管理的主体责任。

第十六条 保险机构应通过其自营网络平台或其他保险机构的自营网络平台销售互联网保险产品或提供保险经纪、保险公估服务，投保页面须属于保险机构自营网络平台。政府部门为了公共利益需要，要求投保人在政府规定的网络平台完成投保信息录入的除外。

第十七条 保险机构应提高互联网保险产品销售的针对性，采取必要手段识别消费者的保险保障需求和消费能力，把合适的保险产品提供给消费者，并通过以下方式保障消费者的知情权和自主选择权：

（一）充分告知消费者售后服务能否全流程线上实现，以及保险机构因在消费者或保险标的所在地无分支机构而可能存在的服务不到位等问题。

（二）通过互联网销售投连险、万能险等人身保险新型产品或提供相关保险经纪服务的，应建立健全投保人风险承受能力评估及业务管理制度，向消费者做好风险提示。

（三）提供有效的售前在线咨询服务，帮助消费者客观、及时了解保险产品和服务信息。

（四）通过问卷、问询等方式有效提示消费者履行如实告知义务，提示消费者告知不准确可能带来的法律责任，不得诱导消费者隐瞒真实健康状况等实际情况。

（五）在销售流程的各个环节以清晰、简洁的方式保障消费者实现真实的购买意愿，不得采取默认勾选、限制取消自动扣费功能等方式剥夺消费者自主选择的权利。

第十八条　保险机构核保使用的数据信息应做到来源及使用方式合法。保险机构应丰富数据信息来源，深化技术应用，加强保险细分领域风险因素分析，不断完善核保模型，提高识别筛查能力，加强承保风险控制。

第十九条　保险公司通过自营网络平台开展互联网保险业务的，应通过自有保费收入专用账户直接收取投保人交付的保费；与保险中介机构合作开展互联网保险业务的，可通过该保险中介机构的保费收入专用账户代收保费。保费收入专用账户包括保险机构依法在商业银行及第三方支付平台开设的专用账户。

第二十条　保险机构开展互联网保险业务，可通过互联网、电话等多种方式开展回访工作，回访时应验证客户身份，保障客户投保后及时完整知悉合同主要内容。保险机构开展电子化回访应遵循银保监会相关规定。

第二十一条　保险机构通过互联网销售可以续保的保险产品或提供相关保险经纪服务的，应保障客户的续保权益，为其提供线上的续保或终止续保的途径，未经客户同意不得自动续保。

第二十二条　保险机构开展互联网保险业务，应向客户提供保单和发票，可优先提供电子保单和电子发票。采用纸质保单的，保险公司或合作的保险中介机构应以适当方式将保单送达客户。采用电子保单的，保险公司或合作的保险中介机构应向客户说明，并向客户提供可查询、下载电子保单的自营网络平台或行业统一查验平台的访问方式。

第二十三条 非保险机构不得开展互联网保险业务，包括但不限于以下商业行为：

（一）提供保险产品咨询服务。

（二）比较保险产品、保费试算、报价比价。

（三）为投保人设计投保方案。

（四）代办投保手续。

（五）代收保费。

第三节　服务管理

第二十四条 保险公司应建立健全在线核保、批改、保全、退保、理赔和投诉处理等全流程服务体系，加强互联网保险业务的服务过程管理和服务质量管理，并根据客户评价、投诉等情况，审视经营中存在的问题，及时改进产品管理，优化服务流程。服务水平无法达到本办法要求的，保险公司应主动限制互联网保险业务的险种和区域。

保险中介机构与保险公司合作，或接受保险公司委托，开展互联网保险相关业务活动的，应参照本办法关于保险公司的业务规则执行。

第二十五条 保险公司应在自营网络平台设立统一集中的客户服务业务办理入口，提升线上服务能力，与线下服务有机融合，并提供必要的人工辅助，保障客户获得及时有效的服务。

第二十六条 对于部分无法在线完成核保、保全、理赔等保险业务活动的，保险公司应通过本公司分支机构或线下合作机构做好落地服务，销售时应明确告知投保人相关情况。线下合作机构应是其他保险机构及其分支机构，包括区域性保险专业中介机构。对于完全无法在线完成批改、保全、退保、理赔等保险业务活动的，保险公司不得经营相关互联网保险产品。

保险公司委托其他合作机构提供技术支持和客户服务的，应建立委托合作全流程管理制度，审慎选择合作机构，进行有效的监测监督。

第二十七条　保险公司应不断加强互联网保险售后服务的标准化、规范化、透明化建设：

（一）在自营网络平台明示业务办理流程和客户权利义务，一次性告知业务办理所需材料清单，明确承诺服务时限。

（二）提供包含电话服务、在线服务在内的两种及以上服务方式。

（三）提供客户自助查询服务，及时向客户展示告知处理进程、处理依据、预估进展、处理结果。涉及保费、保险金、退保金等资金收付的，应说明资金的支付方式，以及资金额度基于保费、保险金额或现金价值的计算方法。

（四）提升销售和服务的透明化水平，可在自营网络平台提供消费者在线评价功能，为消费者提供消费参考信息。

第二十八条　保险公司为互联网保险客户提供保单批改和保全服务的，应识别、确认客户身份的真实性和合法性。对于线上变更受益人的请求，保险公司应确认该项业务已取得被保险人的同意。

第二十九条　保险公司应保障客户退保权益，不得隐藏相关业务的办理入口，不得阻碍或限制客户退保。

第三十条　保险公司为互联网保险客户提供查勘理赔服务的，应建立包括客户报案、查勘理赔、争议处理等环节在内的系统化工作流程，实现查勘理赔服务闭环完整。参与查勘理赔的各类机构和人员应做好工作衔接，做到响应及时准确、流程简捷流畅。

第三十一条　保险公司应建立健全理赔争议处理机制和工作流程，

及时向客户说明理赔决定、原因依据和争议处理办法，探索多元纠纷解决机制，跟踪做好争议处理工作。

第三十二条　保险公司应建立完整的客户投诉处理流程，建设独立于销售、理赔等业务的专职处理互联网保险客户投诉的人员队伍。对于银保监会及其派出机构、相关行业组织、消费者权益保护组织、新闻媒体等转送的互联网保险业务投诉，保险公司应建立有效的转接管理制度，纳入互联网保险客户投诉处理流程。

第四节　运营管理

第三十三条　保险机构应采用有效技术手段对投保人身份信息的真实性进行验证，应完整记录和保存互联网保险主要业务过程，包括：产品销售页面的内容信息、投保人操作轨迹、保全理赔及投诉服务记录等，做到销售和服务等主要行为信息不可篡改并全流程可回溯。互联网保险业务可回溯管理的具体规则，由银保监会另行制定。

第三十四条　保险公司与保险中介机构合作开展互联网保险业务的，应审慎选择符合本办法规定、具有相应经营能力的保险中介机构，做好服务衔接、数据同步和信息共享。保险公司应与保险中介机构签订合作或委托协议，确定合作和委托范围，明确双方权利义务，约定不得限制对方获取客户信息等保险合同订立的必要信息。

第三十五条　保险机构授权在本机构执业的保险销售、保险经纪从业人员为互联网保险业务开展营销宣传、产品咨询的，应在其劳动合同或委托协议中约定双方的权利义务，并按照相关监管规定对其进行执业登记和管理，标识其从事互联网保险业务的资质以供公众查询。保险机构对所属从业人员的互联网保险业务行为依法承担责任。保险机构在互联网保险销售或经纪活动中，不得向未在本机构进行执业登记的人员支付或变相支付佣金及劳动报酬。

　　第三十六条　保险公司向保险中介机构支付相关费用，或保险机构向提供技术支持、客户服务等服务的合作机构支付相关费用，应按照合作协议约定的费用种类和标准，由总公司或其授权的省级分支机构通过银行或合法第三方支付平台转账支付，不得以现金形式进行结算。保险机构不得直接或间接给予合作协议约定以外的其他利益。

　　第三十七条　保险机构应严格按照网络安全相关法律法规，建立完善与互联网保险业务发展相适应的信息技术基础设施和安全保障体系，提升信息化和网络安全保障能力：

　　（一）按照国家相关标准要求，采取边界防护、入侵检测、数据保护以及灾难恢复等技术手段，加强信息系统和业务数据的安全管理。

　　（二）制定网络安全应急预案，定期开展应急演练，建立快速应急响应机制，开展网络安全实时监测，发现问题后立即采取防范和处置措施，并按照银行业保险业突发事件报告、应对相关规定及时向负责日常监管的银保监会或其派出机构、当地公安网安部门报告。

　　（三）对提供技术支持和客户服务的合作机构加强合规管理，督促其保障服务质量和网络安全，其相关信息系统至少应获得网络安全等级保护二级认证。

　　（四）防范假冒网站、假冒互联网应用程序等与互联网保险业务相关的违法犯罪活动，开辟专门渠道接受公众举报。

　　第三十八条　保险机构应承担客户信息保护的主体责任，收集、处理及使用个人信息应遵循合法、正当、必要的原则，保证信息收集、处理及使用的安全性和合法性：

　　（一）建立客户信息保护制度，明确数据安全责任人，构建覆盖全生命周期的客户信息保护体系，防范信息泄露。

　　（二）督促提供技术支持、客户服务等服务的合作机构建立有效的客户信息保护制度，在合作协议中明确约定客户信息保护责任，保障客户信息安全，明确约定合作机构不得限制保险机构获取客户投保信息，不得限制保险机构获取能够验证客户真实身份的相关信息。

（三）保险机构收集、处理及使用个人信息，应征得客户同意，获得客户授权。未经客户同意或授权，保险机构不得将客户信息用于所提供保险服务之外的用途，法律法规另有规定的除外。

第三十九条 保险机构应制定互联网保险业务经营中断应急处置预案。因突发事件、政策变化等原因导致互联网保险业务经营中断的，保险机构应在官方网站和自营网络平台及时发布公告，说明原因及后续处理方式，并按照银行业保险业突发事件报告、应对相关规定及时向负责日常监管的银保监会或其派出机构报告。

第四十条 保险机构应建立健全反洗钱内部控制制度、客户尽职调查制度、客户身份资料和交易记录保存制度、大额交易和可疑交易报告制度，履行《中华人民共和国反洗钱法》规定的反洗钱义务。

保险机构原则上应要求投保人使用本人账户支付保费。退保时保费应退还至原交费账户或投保人本人其他账户。保险金应支付到被保险人账户、受益人账户或保险合同约定的其他账户。保险机构应核对投保人账户信息的真实性。

第四十一条 保险机构应建立健全互联网保险业务反欺诈制度，加强对互联网保险欺诈的监控和报告，及时有效处置欺诈案件。保险机构应积极参与风险信息共享的行业协同机制，提高风险识别和反欺诈能力。

第四十二条 保险机构停止经营互联网保险相关业务的，应采取妥善措施做好存续业务的售后服务，有效保护客户合法权益。

第四十三条 保险机构应开展互联网保险业务舆情监测，积极做好舆情沟通，回应消费者和公众关切，及时有效处理因消费争议和纠纷产生的网络舆情。

第三章　特别业务规则

第一节　互联网保险公司

第四十四条　本办法所称互联网保险公司是指银保监会为促进保险业务与互联网、大数据等新技术融合创新，专门批准设立并依法登记注册，不设分支机构，在全国范围内专门开展互联网保险业务的保险公司。

第四十五条　互联网保险公司应提高线上全流程服务能力，提升线上服务体验和效率；应在自营网络平台设立统一集中的互联网保险销售和客户服务业务办理入口，提供销售、批改、保全、退保、报案、理赔和投诉等线上服务，与线下服务有机融合，向消费者提供及时有效的服务。

第四十六条　互联网保险公司应积极开发符合互联网经济特点、服务多元化保障需求的保险产品。产品开发应具备定价基础，符合精算原理，满足场景所需，让保险与场景、技术合理融合，充分考虑投保的便利性、风控的有效性、理赔的及时性。互联网保险公司应加强对产品开发、销售渠道和运营成本的管控，做到产品定价合理、公平和充足，保障稳健可持续经营。

第四十七条　互联网保险公司不得线下销售保险产品，不得通过其他保险机构线下销售保险产品。

第四十八条　互联网保险公司应不断提高互联网保险业务风险防控水平，健全风险监测预警和早期干预机制，运用数据挖掘、机器学习等技术提高风险识别和处置能力。

互联网保险公司应建立完善与互联网保险业务发展相适应的信息技术基础设施和安全保障体系，提升信息化能力，保障信息系统和相关基础设施安全稳定运行，有效防范、控制和化解信息技术风险。

第四十九条 互联网保险公司应指定高级管理人员分管投诉处理工作，设立专门的投诉管理部门和岗位，对投诉情况进行分析研究，协同公司产品开发、业务管理、运营管理等部门进行改进，完善消费者权益保护工作。

互联网保险公司应根据业务特点建立售后服务快速反应工作机制，对于投诉率异常增长的业务，应集中力量应对，及时妥善处理。

第二节 保险公司

第五十条 本节所称保险公司，是指互联网保险公司之外的保险公司。

保险公司应优化业务模式和服务体系，推动互联网、大数据等新技术向保险业务领域渗透，提升运营效率，改善消费体验；应为互联网保险业务配置充足的服务资源，保障与产品特点、业务规模相适应的后续服务能力。

第五十一条 保险公司总公司应对互联网保险业务实行统一、垂直管理。

保险公司总公司可将合作机构拓展、营销宣传、客户服务、投诉处理等相关业务授权省级分支机构开展。经总公司同意，省级分支机构可将营销宣传、客户服务和投诉处理相关工作授权下级分支机构开展。总公司、分支机构依法承担相应的法律责任。

第五十二条 经营财产保险业务的保险公司在具有相应内控管理能力且能满足客户落地服务需求的情况下，可将相关财产保险产品的经营区域拓展至未设立分公司的省（自治区、直辖市、计划单列市），具体由银保监会另行规定。

经营人身保险业务的保险公司在满足相关条件的基础上，可在全国范围内通过互联网经营相关人身保险产品，具体由银保监会另行规定。

不满足相关条件的，不得通过互联网经营相关人身保险产品。

第五十三条　保险公司分支机构可在上级机构授权范围内为互联网保险业务提供查勘理赔、批改保全、医疗协助、退保及投诉处理等属地化服务。保险公司应为分支机构开展属地化服务建立明确的工作流程和制度，在保证服务时效和服务质量的前提下，提供该类服务可不受经营区域的限制。

第五十四条　保险公司开展互联网保险业务，应结合公司发展战略，做好互联网与其他渠道融合和联动，充分发挥不同销售渠道优势，提升业务可获得性和服务便利性，做好经营环节、人员职责和业务数据等方面的有效衔接，提高消费者享有的服务水平。

第五十五条　保险公司开展互联网保险业务核算统计，应将通过直销、专业代理、经纪、兼业代理等销售渠道开展的互联网保险业务，计入该销售渠道的线上业务部分，并将各销售渠道线上业务部分进行汇总，反映本公司的互联网保险业务经营成果。

第三节　保险中介机构

第五十六条　保险中介机构应从消费者实际保险需求出发，立足角色独立、贴近市场的优势，积极运用新技术，提升保险销售和服务能力，帮助消费者选择合适的保险产品和保险服务。保险中介机构应配合保险公司开展互联网保险业务合规管理工作。

保险中介机构应对互联网保险业务实行统一、垂直管理，具体要求参照本办法第五十一条、第五十三条规定。

第五十七条　保险中介机构应立足经济社会发展和民生需要，选择经营稳健、能保障服务质量的保险公司进行合作，并建立互联网保险产品筛选机制，选择符合消费者需求和互联网特点的保险产品进行销售或提供保险经纪服务。

第五十八条 保险中介机构开展互联网保险业务，经营险种不得突破承保公司的险种范围和经营区域，业务范围不得超出合作或委托协议约定的范围。

第五十九条 保险中介机构及其自营网络平台在使用简称时应清晰标识所属行业细分类别，不得使用"XX 保险"或"XX 保险平台"等容易混淆行业类别的字样或宣传用语。为保险机构提供技术支持、客户服务的合作机构参照执行。

第六十条 保险中介机构应在自营网络平台设立统一集中的客户服务专栏，提供服务入口或披露承保公司服务渠道，保障客户获得及时有效的服务。保险中介机构销售互联网保险产品、提供保险经纪服务和保险公估服务的，应在自营网络平台展示客户告知书。

第六十一条 保险专业中介机构将互联网保险业务转委托给其他保险中介机构开展的，应征得委托人同意，并充分向消费者进行披露。受托保险中介机构应符合本办法规定的条件。

保险经纪人、保险公估人接受消费者委托，为消费者提供互联网保险相关服务的，应签订委托合同，明确约定权利义务和服务项目，履行受托职责，提升受托服务意识和专业服务能力。

第六十二条 保险中介机构可积极运用互联网、大数据等技术手段，提高风险识别和业务运营能力，完善管理制度，与保险公司的运营服务相互补充，共同服务消费者。保险中介机构可发挥自身优势，建立完善相关保险领域数据库，创新数据应用，积极开展风险管理、健康管理、案件调查、防灾减损等服务。

第六十三条 保险中介机构开展互联网保险业务，应在有效隔离、风险可控的前提下，与保险公司系统互通、业务互联、数据对接。保险中介机构之间可依托互联网等技术手段加强协同合作，促进资源共享和优势互补，降低运营成本，提高服务效率和服务质量。

第六十四条 银行类保险兼业代理机构销售互联网保险产品应满足以下要求：

（一）通过电子银行业务平台销售。

（二）符合银保监会关于电子银行业务经营区域的监管规定。地方法人银行开展互联网保险业务，应主要服务于在实体经营网点开户的客户，原则上不得在未开设分支机构的省（自治区、直辖市、计划单列市）开展业务。无实体经营网点、业务主要在线上开展，且符合银保监会规定的其他条件的银行除外。

（三）银行类保险兼业代理机构及其销售从业人员不得将互联网保险业务转委托给其他机构或个人。

第四节 互联网企业代理保险业务

第六十五条 互联网企业代理保险业务是指互联网企业利用符合本办法规定的自营网络平台代理销售互联网保险产品、提供保险服务的经营活动。

互联网企业代理保险业务应获得经营保险代理业务许可。

第六十六条 互联网企业代理保险业务应满足以下要求：

（一）具有较强的合规管理能力，能够有效防范化解风险，保障互联网保险业务持续稳健运营。

（二）具有突出的场景、流量和广泛触达消费者的优势，能够将场景流量与保险需求有机结合，有效满足消费者风险保障需求。

（三）具有系统的消费者权益保护制度和工作机制，能够不断改善消费体验，提高服务质量。

（四）具有敏捷完善的应急响应制度和工作机制，能够快速应对各类突发事件。

（五）具有熟悉保险业务的专业人员队伍。

（六）具有较强的信息技术实力，能够有效保护数据信息安全，保障信息系统高效、持续、稳定运行。

（七）银保监会规定的其他要求。

第六十七条　互联网企业代理保险业务，应明确高级管理人员负责管理，建立科学有效的管理制度和工作流程，实现互联网保险业务独立运营。

第六十八条　互联网企业可根据保险公司或保险专业中介机构委托代理保险业务，不得将互联网保险业务转委托给其他机构或个人。

互联网企业根据保险公司和保险专业中介机构委托代理保险业务的，应审慎选择符合本办法规定、具有相应经营能力的保险机构，签订委托协议，确定委托范围，明确双方权利义务。

第六十九条　互联网企业代理保险业务，应参照本办法第四十九条，建立互联网保险售后服务快速反应工作机制，增强服务能力。

第七十条　互联网企业代理保险业务，应进行有效的业务隔离：

（一）规范开展营销宣传，清晰提示保险产品与其他产品和服务的区别。

（二）建立支持互联网保险业务运营的信息管理系统和核心业务系统，并与其他无关的信息系统有效隔离。

（三）具有完善的边界防护、入侵检测、数据保护以及灾难恢复等网络安全防护手段和管理体系。

（四）符合银保监会规定的其他要求。

第四章　监督管理

第七十一条　银保监会在有效防范市场风险的基础上，创新监管理念和方式，落实审慎监管要求，推动建立健全适应互联网保险业务发展特点的新型监管机制，对同类业务、同类主体一视同仁，严厉打击非法经营活动，着力营造公平有序的市场环境，促进互联网保险业务规范健康发展。

第七十二条 银保监会统筹负责互联网保险业务监管制度制定，银保监会及其派出机构按照关于保险机构的监管分工实施互联网保险业务日常监测与监管。

对互联网保险业务的投诉或举报，由投诉人或举报人经常居住地的银保监局依据相关规定进行处理。投诉举报事项涉及多地的，其他相关银保监局配合，有争议的由银保监会指定银保监局承办。

银保监局可授权下级派出机构开展互联网保险业务相关监管工作。

第七十三条 银保监会建设互联网保险监管相关信息系统，开展平台管理、数据信息报送、业务统计、监测分析、监管信息共享等工作，提高监管的及时性、有效性和针对性。

第七十四条 保险机构开展互联网保险业务，应将自营网络平台、互联网保险产品、合作销售渠道等信息以及相关变更情况报送至互联网保险监管相关信息系统。

保险机构应于每年 4 月 30 日前向互联网保险监管相关信息系统报送上一年度互联网保险业务经营情况报告。报告内容包括但不限于：业务基本情况、营销模式、相关机构（含技术支持、客户服务机构）合作情况、网络安全建设、消费者权益保护和投诉处理、信息系统运行和故障情况、合规经营和外部合规审计情况等。保险机构总经理和互联网保险业务负责人应在报告上签字，并对报告内容的真实性和完整性负责。

保险机构应按照银保监会相关规定定期报送互联网保险业务监管数据和监管报表。

第七十五条 中国保险行业协会对互联网保险业务进行自律管理，开展保险机构互联网保险业务信息披露相关管理工作。

保险机构应通过中国保险行业协会官方网站的互联网保险信息披露专栏，对自营网络平台、互联网保险产品、合作销售渠道等信息及时进行披露，便于社会公众查询和监督。

第七十六条　银保监会及其派出机构发现保险机构不满足本办法第七条规定的经营条件的，或存在经营异常、经营风险的，或因售后服务保障不到位等问题而引发投诉率较高的，可责令保险机构限期改正；逾期未改正，或经营严重危害保险机构稳健运行，损害投保人、被保险人或受益人合法权益的，可依法采取相应监管措施。保险机构整改后，应向银保监会或其派出机构提交整改报告。

第七十七条　保险机构及其从业人员违反本办法相关规定，银保监会及其派出机构应依法采取监管措施或实施行政处罚。

第五章　附则

第七十八条　保险机构对于通过非互联网渠道订立的保险合同开展线上营销宣传和线上售后服务的，以及通过互联网优化业务模式和业务形态的，参照本办法执行。

再保险业务及再保险经纪业务不适用本办法。

第七十九条　保险机构通过自营网络平台销售其他非保险产品或提供相关服务的，应符合银保监会相关规定，并与互联网保险业务有效隔离。保险机构不得在自营网络平台销售未经金融监管部门批准的非保险金融产品。

第八十条　银保监会根据互联网保险业务发展情况和风险状况，适时出台配套文件，细化、调整监管规定，推进互联网保险监管长效化、系统化、制度化。

第八十一条　保险机构应依据本办法规定对照整改，在本办法施行之日起 3 个月内完成制度建设、营销宣传、销售管理、信息披露等问题整改，6 个月内完成业务和经营等其他问题整改，12 个月内完成自营网络平台网络安全等级保护认证。

第八十二条　本办法自 2021 年 2 月 1 日起施行，《互联网保险业务监管暂行办法》（保监发〔2015〕69 号）同时废止。

第八十三条　本办法由银保监会负责解释和修订。

七、健康保险管理办法

制定机关：中国银行保险监督管理委员会

发文字号：中国银行保险监督管理委员会令 2019 年第 3 号

发文日期：2019 年 10 月 31 日

施行日期：2019 年 12 月 1 日

效力位阶：部门规章

《健康保险管理办法》已经中国银保监会 2018 年第 6 次主席会议通过。现予公布，自 2019 年 12 月 1 日起施行。

主席　郭树清

2019 年 10 月 30 日

第一章　总则

第一条　为了促进健康保险的发展，规范健康保险的经营行为，保护健康保险活动当事人的合法权益，提升人民群众健康保障水平，根据《中华人民共和国保险法》（以下简称《保险法》）等法律、行政法规，制定本办法。

第二条　本办法所称健康保险，是指由保险公司对被保险人因健康原因或者医疗行为的发生给付保险金的保险，主要包括医疗保险、疾病保险、失能收入损失保险、护理保险以及医疗意外保险等。

本办法所称医疗保险，是指按照保险合同约定为被保险人的医疗、康复等提供保障的保险。

本办法所称疾病保险，是指发生保险合同约定的疾病时，为被保险人提供保障的保险。

本办法所称失能收入损失保险，是指以保险合同约定的疾病或者意外伤害导致工作能力丧失为给付保险金条件，为被保险人在一定时期内收入减少或者中断提供保障的保险。

本办法所称护理保险，是指按照保险合同约定为被保险人日常生活能力障碍引发护理需要提供保障的保险。

本办法所称医疗意外保险，是指按照保险合同约定发生不能归责于医疗机构、医护人员责任的医疗损害，为被保险人提供保障的保险。

第三条 健康保险是国家多层次医疗保障体系的重要组成部分，坚持健康保险的保障属性，鼓励保险公司遵循审慎、稳健原则，不断丰富健康保险产品，改进健康保险服务，扩大健康保险覆盖面，并通过有效管理和市场竞争降低健康保险价格和经营成本，提升保障水平。

第四条 健康保险按照保险期限分为长期健康保险和短期健康保险。

长期健康保险，是指保险期间超过一年或者保险期间虽不超过一年但含有保证续保条款的健康保险。

长期护理保险保险期间不得低于5年。

短期健康保险，是指保险期间为一年以及一年以下且不含有保证续保条款的健康保险。

保证续保条款，是指在前一保险期间届满前，投保人提出续保申请，保险公司必须按照原条款和约定费率继续承保的合同约定。

第五条 医疗保险按照保险金的给付性质分为费用补偿型医疗保险和定额给付型医疗保险。

费用补偿型医疗保险，是指根据被保险人实际发生的医疗、康复费用支出，按照约定的标准确定保险金数额的医疗保险。

定额给付型医疗保险，是指按照约定的数额给付保险金的医疗保险。

费用补偿型医疗保险的给付金额不得超过被保险人实际发生的医疗、康复费用金额。

第六条　中国银行保险监督管理委员会（以下简称银保监会）根据法律、行政法规和国务院授权，对保险公司经营健康保险的活动进行监督管理。

第七条　保险公司开展的与健康保险相关的政策性保险业务，除国家政策另有规定外，参照本办法执行。

保险公司开展不承担保险风险的委托管理服务不适用本办法。

第二章　经营管理

第八条　依法成立的健康保险公司、人寿保险公司、养老保险公司，经银保监会批准，可以经营健康保险业务。

前款规定以外的保险公司，经银保监会批准，可以经营短期健康保险业务。

第九条　除健康保险公司外，保险公司经营健康保险业务应当成立专门健康保险事业部。健康保险事业部应当持续具备下列条件：

（一）建立健康保险业务单独核算制度；

（二）建立健康保险精算制度和风险管理制度；

（三）建立健康保险核保制度和理赔制度；

（四）建立健康保险数据管理与信息披露制度；

（五）建立功能完整、相对独立的健康保险信息管理系统；

（六）配备具有健康保险专业知识的精算人员、核保人员、核赔人员和医学教育背景的管理人员；

（七）银保监会规定的其他条件。

第十条　保险公司应当对从事健康保险的核保、理赔以及销售等工作的从业人员进行健康保险专业培训。

第十一条　保险公司应当加强投保人、被保险人和受益人的隐私保护，建立健康保险客户信息管理和保密制度。

第三章　产品管理

第十二条　保险公司拟定健康保险的保险条款和保险费率，应当按照银保监会的有关规定报送审批或者备案。

享受税收优惠政策的健康保险产品在产品设计、赔付率等方面应当遵循相关政策和监管要求。

第十三条　保险公司拟定的健康保险产品包含两种以上健康保障责任的，应当由总精算师按照一般精算原理判断主要责任，并根据主要责任确定产品类型。

第十四条　医疗意外保险和长期疾病保险产品可以包含死亡保险责任。长期疾病保险的死亡给付金额不得高于疾病最高给付金额。其他健康保险产品不得包含死亡保险责任，但因疾病引发的死亡保险责任除外。

医疗保险、疾病保险和医疗意外保险产品不得包含生存保险责任。

第十五条　长期健康保险产品应当设置合同犹豫期，并在保险条款中列明投保人在犹豫期内的权利。长期健康保险产品的犹豫期不得少于15 天。

第十六条　保险公司应当严格按照审批或者备案的产品费率销售短期个人健康保险产品。

第十七条　除家族遗传病史之外，保险公司不得基于被保险人其他遗传信息、基因检测资料进行区别定价。

第十八条　短期团体健康保险产品可以对产品参数进行调整。

产品参数，是指保险产品条款中根据投保团体的具体情况进行合理调整的保险金额、起付金额、给付比例、除外责任、责任等待期等事项。

第十九条　保险公司将产品参数可调的短期团体健康保险产品报送

审批或者备案时，提交的申请材料应当包含产品参数调整办法，并由总精算师遵循审慎原则签字确认。

保险公司销售产品参数可调的短期团体健康保险产品，应当根据产品参数调整办法、自身风险管理水平和投保团体的风险情况计算相应的保险费率，且产品参数的调整不得改变费率计算方法以及费率计算需要的基础数据。

保险公司销售产品参数可调的短期团体健康保险产品，如需改变费率计算方法或者费率计算需要的基础数据的，应当将该产品重新报送审批或者备案。

第二十条　保险公司可以在保险产品中约定对长期医疗保险产品进行费率调整，并明确注明费率调整的触发条件。

长期医疗保险产品费率调整应当遵循公平、合理原则，触发条件应当客观且能普遍适用，并符合有关监管规定。

第二十一条　含有保证续保条款的健康保险产品，应当明确约定保证续保条款的生效时间。

含有保证续保条款的健康保险产品不得约定在续保时保险公司有减少保险责任和增加责任免除范围的权利。

保险公司将含有保证续保条款的健康保险产品报送审批或者备案的，应当在产品精算报告中说明保证续保的定价处理方法和责任准备金计算办法。

第二十二条　保险公司拟定医疗保险产品条款，应当尊重被保险人接受合理医疗服务的权利，不得在条款中设置不合理的或者违背一般医学标准的要求作为给付保险金的条件。

第二十三条　保险公司在健康保险产品条款中约定的疾病诊断标准应当符合通行的医学诊断标准，并考虑到医疗技术条件发展的趋势。

健康保险合同生效后，被保险人根据通行的医学诊断标准被确诊疾病的，保险公司不得以该诊断标准与保险合同约定不符为理由拒绝给付保险金。

第二十四条　保险公司设计费用补偿型医疗保险产品，必须区分被保险人是否拥有公费医疗、基本医疗保险、其他费用补偿型医疗保险等不同情况，在保险条款、费率或者赔付金额等方面予以区别对待。

第二十五条　被保险人同时拥有多份有效的费用补偿型医疗保险保险单的，可以自主决定理赔申请顺序。

第二十六条　保险公司可以同投保人约定，以被保险人在指定医疗机构中进行医疗为给付保险金的条件。

保险公司指定医疗机构应当遵循方便被保险人、合理管理医疗成本的原则，引导被保险人合理使用医疗资源、节省医疗费用支出，并对投保人和被保险人做好说明、解释工作。

第二十七条　疾病保险、医疗保险、护理保险产品的等待期不得超过 180 天。

第二十八条　医疗保险产品可以在定价、赔付条件、保障范围等方面对贫困人口适当倾斜，并以书面形式予以明确。

第二十九条　护理保险产品在保险期间届满前给付的生存保险金，应当以被保险人因保险合同约定的日常生活能力障碍引发护理需要为给付条件。

第三十条　鼓励保险公司开发医疗保险产品，对新药品、新医疗器械和新诊疗方法在医疗服务中的应用支出进行保障。

第三十一条　鼓励保险公司采用大数据等新技术提升风险管理水平。对于事实清楚、责任明确的健康保险理赔申请，保险公司可以借助互联网等信息技术手段，对被保险人的数字化理赔材料进行审核，简化理赔流程，提升服务效率。

第三十二条　保险公司应当根据健康保险产品实际赔付经验，对产品定价进行回溯、分析，及时修订新销售的健康保险产品费率，并按照银保监会有关规定进行审批或者备案。

第三十三条　鼓励保险公司提供创新型健康保险产品，满足人民群众多层次多样化的健康保障需求。

第三十四条　保险公司开发的创新型健康保险产品应当符合《保险法》和保险基本原理，并按照有关规定报银保监会审批或者备案。

第四章　销售管理

第三十五条　保险公司销售健康保险产品，应当严格执行经审批或者备案的保险条款和保险费率。

第三十六条　经过审批或者备案的健康保险产品，除法定理由和条款另有约定外，保险公司不得拒绝提供。

保险公司销售健康保险产品，不得强制搭配其他产品销售。

第三十七条　保险公司不得委托医疗机构或者医护人员销售健康保险产品。

第三十八条　保险公司销售健康保险产品，不得非法搜集、获取被保险人除家族遗传病史之外的遗传信息、基因检测资料；也不得要求投保人、被保险人或者受益人提供上述信息。

保险公司不得以被保险人家族遗传病史之外的遗传信息、基因检测资料作为核保条件。

第三十九条　保险公司销售健康保险产品，应当以书面或者口头等形式向投保人说明保险合同的内容，对下列事项作出明确告知，并由投保人确认：

（一）保险责任；

（二）保险责任的减轻或者免除；

（三）保险责任等待期；

（四）保险合同犹豫期以及投保人相关权利义务；

（五）是否提供保证续保以及续保有效时间；

（六）理赔程序以及理赔文件要求；

（七）组合式健康保险产品中各产品的保险期间；

（八）银保监会规定的其他告知事项。

第四十条 保险公司销售健康保险产品，不得夸大保险保障范围，不得隐瞒责任免除，不得误导投保人和被保险人。

投保人和被保险人就保险条款中的保险、医疗和疾病等专业术语提出询问的，保险公司应当用清晰易懂的语言进行解释。

第四十一条 保险公司销售费用补偿型医疗保险，应当向投保人询问被保险人是否拥有公费医疗、基本医疗保险或者其他费用补偿型医疗保险的情况，投保人应当如实告知。

保险公司应当向投保人说明未如实告知的法律后果，并做好相关记录。

保险公司不得诱导投保人为同一被保险人重复购买保障功能相同或者类似的费用补偿型医疗保险产品。

第四十二条 保险公司销售医疗保险，应当向投保人告知约定医疗机构的名单或者资质要求，并提供查询服务。

保险公司调整约定医疗机构的，应当及时通知投保人或者被保险人。

第四十三条 保险公司以附加险形式销售无保证续保条款的健康保险产品的，附加险的保险期限不得小于主险保险期限。

第四十四条 保险公司销售长期个人健康保险产品的，应当在犹豫期内对投保人进行回访。

保险公司在回访中发现投保人被误导的，应当做好解释工作，并明确告知投保人有依法解除保险合同的权利。

第四十五条 保险公司承保团体健康保险，应当以书面或者口头等形式告知每个被保险人其参保情况以及相关权益。

第四十六条　投保人解除团体健康保险合同的，保险公司应当要求投保人提供已通知被保险人退保的有效证明，并按照银保监会有关团体保险退保的规定将退保金通过银行转账或者原投保资金汇入路径退至投保人缴费账户或者其他账户。

第五章　准备金评估

第四十七条　经营健康保险业务的保险公司应当按照本办法有关规定提交上一年度的精算报告或者准备金评估报告。

第四十八条　对已经发生保险事故并已提出索赔、保险公司尚未结案的赔案，保险公司应当提取已发生已报案未决赔款准备金。

保险公司应当采取逐案估计法、案均赔款法等合理的方法谨慎提取已发生已报案未决赔款准备金。

保险公司如果采取逐案估计法之外的精算方法计提已发生已报案未决赔款准备金，应当详细报告该方法的基础数据、参数设定和估计方法，并说明基础数据来源、数据质量以及准备金计算结果的可靠性。

保险公司总精算师不能确认估计方法的可靠性或者相关业务的经验数据不足3年的，应当按照已经提出的索赔金额提取已发生已报案未决赔款准备金。

第四十九条　对已经发生保险事故但尚未提出的赔偿或者给付，保险公司应当提取已发生未报案未决赔款准备金。

保险公司应当根据险种的风险性质和经验数据等因素，至少采用链梯法、案均赔款法、准备金进展法、B-F法、赔付率法中的两种方法评估已发生未报案未决赔款准备金，并选取评估结果的最大值确定最佳估计值。

保险公司应当详细报告已发生未报案未决赔款准备金的基础数据、

计算方法和参数设定，并说明基础数据来源、数据质量以及准备金计算结果的可靠性。

保险公司总精算师判断数据基础不能确保计算结果的可靠性，或者相关业务的经验数据不足 3 年的，应当按照不低于该会计年度实际赔款支出的 10% 提取已发生未报案未决赔款准备金。

第五十条　对于短期健康保险业务，保险公司应当提取未到期责任准备金。

短期健康保险提取未到期责任准备金，可以采用下列方法之一：

（一）二十四分之一毛保费法（以月为基础计提）；

（二）三百六十五分之一毛保费法（以天为基础计提）；

（三）根据风险分布状况可以采用其他更为谨慎、合理的方法，提取的未到期责任准备金不得低于方法（一）和（二）所得结果的较小者。

第五十一条　短期健康保险未到期责任准备金的提取金额应当不低于下列两者中较大者：

（一）预期未来发生的赔款与费用扣除相关投资收入之后的余额；

（二）在责任准备金评估日假设所有保单退保时的退保金额。

未到期责任准备金不足的，应当提取保费不足准备金，用于弥补未到期责任准备金和前款两项中较大者之间的差额。

第五十二条　本办法所称责任准备金为业务相关报告责任准备金，财务报告责任准备金、偿付能力报告责任准备金的计提按照财政部和银保监会的相关规定执行。

第五十三条　长期健康保险未到期责任准备金的计提办法应当按照银保监会的有关规定执行。

第五十四条　保险公司应当按照再保前、再保后分别向银保监会报告准备金提取结果。

第六章　健康管理服务与合作

第五十五条　保险公司可以将健康保险产品与健康管理服务相结合，提供健康风险评估和干预、疾病预防、健康体检、健康咨询、健康维护、慢性病管理、养生保健等服务，降低健康风险，减少疾病损失。

第五十六条　保险公司开展健康管理服务的，有关健康管理服务内容可以在保险合同条款中列明，也可以另行签订健康管理服务合同。

第五十七条　健康保险产品提供健康管理服务，其分摊的成本不得超过净保险费的 20%。

超出以上限额的服务，应当单独定价，不计入保险费，并在合同中明示健康管理服务价格。

第五十八条　保险公司经营医疗保险，应当加强与医疗机构、健康管理机构、康复服务机构等合作，为被保险人提供优质、方便的医疗服务。

保险公司经营医疗保险，应当按照有关政策文件规定，监督被保险人医疗行为的真实性和合法性，加强医疗费用支出合理性和必要性管理。

第五十九条　保险公司应当积极发挥健康保险费率调节机制对医疗费用和风险管控的作用，降低不合理的医疗费用支出。

第六十条　保险公司应当积极发挥作为医患关系第三方的作用，帮助缓解医患信息不对称，促进解决医患矛盾纠纷。

第六十一条　保险公司与医疗机构、健康管理机构之间的合作，不得损害被保险人的合法权益。

第六十二条　保险公司应当按照法律、行政法规的规定，充分保障客户隐私和数据安全，依据服务范围和服务对象与医疗机构、基本医保部门等进行必要的信息互联和数据共享。

第七章　再保险管理

第六十三条　保险公司办理健康保险再保险业务，应当遵守《保险法》和银保监会有关再保险业务管理的规定。

第六十四条　保险公司分支机构不得办理健康保险再保险分入业务，再保险公司分支机构除外。

第八章　法律责任

第六十五条　保险公司及其分支机构违反本办法，由银保监会及其派出机构依照法律、行政法规进行处罚；法律、行政法规没有规定的，由银保监会及其派出机构责令改正，给予警告，对有违法所得的处以违法所得 1 倍以上 3 倍以下罚款，但最高不得超过 3 万元，对没有违法所得的处以 1 万元以下罚款；涉嫌犯罪的，依法移交司法机关追究其刑事责任。

第六十六条　保险公司从业人员、保险公司分支机构从业人员违反本办法，由银保监会及其派出机构依照法律、行政法规进行处罚；法律、行政法规没有规定的，由银保监会及其派出机构责令改正，给予警告，对有违法所得的处以违法所得 1 倍以上 3 倍以下罚款，但最高不得超过 3 万元，对没有违法所得的处以 1 万元以下罚款；涉嫌犯罪的，依法移交司法机关追究其刑事责任。

第九章　附则

第六十七条　相互保险组织经营健康保险适用本办法。

第六十八条　保险中介机构及其从业人员销售健康保险产品适用本办法。

第六十九条　通过银行、邮政等渠道销售健康保险产品的，应当遵守相关监管部门的规定。

第七十条　本办法施行前原中国保险监督管理委员会颁布的规定与本办法不符的，以本办法为准。

第七十一条　本办法由银保监会负责解释。

第七十二条　本办法自 2019 年 12 月 1 日起施行。原中国保险监督管理委员会 2006 年 8 月 7 日发布的《健康保险管理办法》（保监会令 2006 年第 8 号）同时废止。

八、人身保险产品信息披露管理办法

制定机关：中国银行保险监督管理委员会

发文字号：中国银行保险监督管理委员会令 2022 年第 8 号

发文日期：2022 年 11 月 11 日

施行日期：2023 年 6 月 30 日

效力位阶：部门规章

（2022 年 11 月 11 日中国银行保险监督管理委员会令 2022 年第 8 号公布 自 2023 年 6 月 30 日起施行）

第一章　总则

第一条　为规范人身保险产品信息披露行为，促进行业健康可持续发展，保护投保人、被保险人和受益人的合法权益，根据《中华人民共和国保险法》等法律、行政法规，制定本办法。

第二条　本办法所称人身保险，按险种类别划分，包括人寿保险、年金保险、健康保险、意外伤害保险等；按设计类型划分，包括普通型、分红型、万能型、投资连结型等。按保险期间划分，包括一年期以上的人身保险和一年期及以下的人身保险。

第三条　本办法所称产品信息披露，指保险公司及其保险销售人员、保险中介机构及其从业人员根据法律、行政法规等要求，通过线上或线下等形式，向投保人、被保险人、受益人及社会公众公开保险产品信息的行为。

第四条　产品信息披露应当遵循真实性、准确性、完整性、及时性原则。保险公司及其保险销售人员、保险中介机构及其从业人员应当准确说明并充分披露与产品相关的信息，无重大遗漏，不得对投保人、被保险人、受益人及社会公众进行隐瞒和欺骗。

第五条　中国银行保险监督管理委员会（以下简称银保监会）根据法律、行政法规和国务院授权，对保险公司及其保险销售人员、保险中介机构及其从业人员人身保险产品信息披露行为进行监督管理。

第二章　信息披露主体和披露方式

第六条　产品信息披露主体为保险公司。

保险公司保险销售人员、保险中介机构及其从业人员应当按照保险公司提供的产品信息披露材料，向社会公众介绍或提供产品相关信息。

第七条　产品信息披露对象包括投保人、被保险人、受益人及社会公众。保险公司应当向社会公众披露其产品信息，接受保险监管部门及社会公众的监督。保险公司及其保险销售人员、保险中介机构及其从业人员应当在售前、售中、售后及时向投保人、被保险人、受益人披露应知的产品信息，维护保险消费者的合法权益。

第八条　保险公司可以通过以下渠道披露产品信息材料：

（一）保险公司官方网站、官方公众服务号等自营平台；

（二）中国保险行业协会等行业公共信息披露渠道；

（三）保险公司授权或委托的合作机构和第三方媒体；

（四）保险公司产品说明会等业务经营活动；

（五）保险公司根据有关要求及公司经营管理需要，向保险消费者披露产品信息的其他渠道。

第九条　中国保险行业协会、中国银行保险信息技术管理有限公司等机构应当积极发挥行业保险产品信息披露的平台作用，为社会公众及保险消费者提供行业保险产品信息查询渠道。

保险公司在公司官方网站以外披露产品信息的，其内容不得与公司官方网站披露的内容相冲突。

第十条　保险公司的产品信息材料因涉及国家秘密、商业秘密和个人隐私不予披露的，应当有充分的认定依据和完善的保密措施。

第三章　信息披露内容和披露时间

第十一条　保险公司应当根据保险产品审批或备案材料报送内容，披露下列保险产品信息：

（一）保险产品目录；

（二）保险产品条款；

（三）保险产品费率表；

（四）一年期以上的人身保险产品现金价值全表；

（五）一年期以上的人身保险产品说明书；

（六）银保监会规定的其他应当披露的产品材料信息。

第十二条　保险公司销售一年期以上的人身保险产品，应当在销售过程中以纸质或电子形式向投保人提供产品说明书。产品说明书应当结合产品特点，按照监管要求制定。

保险公司通过产品组合形式销售人身保险产品的，应当分别提供每个一年期以上的人身保险产品对应的产品说明书。

第十三条　订立保险合同，采用保险公司提供的格式条款的，保险公司向投保人提供的投保单应当附格式条款及条款查询方式，保险公司应当通过适当方式向投保人说明保险合同的内容，并重点提示格式条款中与投保人有重大利害关系的条款。

第十四条 保险公司在保单承保后，应当为投保人、被保险人、受益人提供电话、互联网等方式的保单查询服务，建立可以有效使用的保单查询通道。

保单查询内容包括但不限于：产品名称，产品条款，保单号，投保人、被保险人及受益人信息，保险销售人员、保险服务人员信息，保险费，交费方式，保险金额，保险期间，保险责任，责任免除，等待期，保单生效日，销售渠道，查询服务电话等。

第十五条 对购买一年期以上的人身保险产品且有转保需求的客户，经双方协商一致，保险公司同意进行转保的，保险公司应当向投保人披露相关转保信息，充分提示客户了解转保的潜在风险，禁止发生诱导转保等不利于客户利益的行为。披露信息包括但不限于以下内容：

（一）确认客户知悉对现有产品转保需承担因退保或保单失效而产生的相关利益损失；

（二）确认客户知悉因转保后年龄、健康状况等变化可能导致新产品保障范围的调整；

（三）确认客户知悉因转保后的年龄、健康状况、职业等变化导致相关费用的调整；

（四）确认客户对转保后产品的保险责任、责任免除、保单利益等产品信息充分知情；

（五）确认客户知悉转保后新产品中的时间期限或需重新计算，例如医疗保险、重大疾病保险产品的等待期、自杀或不可抗辩条款的起算时间等。

第十六条 保险公司决定停止销售保险产品的，应当自决定停止之日起10个工作日内，披露停止销售产品的名称、停止销售的时间、停止销售的原因，以及后续服务措施等相关信息。

第十七条 保险公司应当通过公司官方网站、官方 APP、官方公众服务号、客户服务电话等方便客户查询的平台向客户提供理赔流程、理赔时效、理赔文件要求等相关信息。理赔披露内容包括但不限于：

（一）理赔服务的咨询电话等信息；

（二）理赔报案、申请办理渠道，办理理赔业务所需材料清单以及服务时效承诺；

（三）理赔进度、处理依据、处理结果以及理赔金额计算方法等信息。

保险公司应当在产品或服务合约中，提供投诉电话或其他投诉渠道信息。

第十八条 保险公司应当对 60 周岁以上人员以及残障人士等特殊人群，提供符合该人群特点的披露方式，积极提供便捷投保通道等客户服务，确保消费者充分知悉其所购买保险产品的内容和主要特点。

第十九条 保险公司应当在公司官方网站披露本办法第十一条、第十六条规定的产品信息。产品信息发生变更的，保险公司应当自变更之日起 10 个工作日内更新。上述变更包括产品上市销售、产品变更或修订，以及银保监会规定的其他情形。

第四章 信息披露管理

第二十条 保险公司应当加强产品信息披露管理，建立产品信息披露内部管理办法，完善内部管理机制，加强公司网站披露页面建设，强化产品销售过程与售后信息披露监督管理。

第二十一条 保险产品信息披露材料应当由保险公司总公司统一负责管理。保险公司总公司可以授权省级分公司设计或修改保险产品信息披露材料，但应当报经总公司批准。除保险公司省级分公司以外，保险公司的其他各级分支机构不得设计和修改保险产品信息披露材料。

第二十二条　保险公司不得授权或委托保险销售人员、保险中介机构及其从业人员自行修改保险产品信息披露材料。保险销售人员、保险中介机构及其从业人员不得自行修改代理销售的保险产品信息披露材料。

保险公司保险销售人员、保险中介机构及其从业人员使用的产品信息披露材料应当与保险公司产品信息披露材料保持一致。保险中介机构及其从业人员所使用产品宣传材料中的产品信息应当与保险公司产品信息披露材料内容保持一致。

第二十三条　保险公司应当加强数据和信息的安全管理，防范假冒网站、假冒 APP 等的违法活动，并检查网页上外部链接的可靠性。

第二十四条　保险公司及其保险销售人员、保险中介机构及其从业人员不得违规收集、使用、加工、泄露客户信息。保险公司应当加强客户信息保护管理，建立客户信息保护机制。

第五章　监督管理

第二十五条　保险公司应当对产品信息披露的真实性、准确性、完整性、及时性承担主体责任。

保险公司应当指定公司高级管理人员负责管理产品信息披露事务。保险公司负责产品信息披露的高级管理人员、承办产品信息披露的部门负责人员对产品信息披露承担管理责任。保险公司保险销售人员、保险中介机构及其从业人员对产品信息披露材料的使用承担责任。

第二十六条　银保监会及其派出机构依法履行消费者权益保护监管职责，通过非现场监管、现场检查、举报调查等手段和采取监管谈话、责令限期整改、下发风险提示函等监管措施，督促保险公司、保险中介机构落实产品信息披露的各项要求，严厉打击侵害消费者权益行为，营造公平有序的市场环境。

第二十七条　保险公司、保险中介机构有下列行为之一的，由银保监会及其派出机构依据《中华人民共和国保险法》等法律、行政法规予以处罚：

（一）未按照本办法规定披露产品信息且限期未改正；

（二）编制或提供虚假信息；

（三）拒绝或妨碍依法监督检查；

（四）银保监会规定的其他情形。

第二十八条　保险公司、保险中介机构未按照本办法规定设计、修改、使用产品信息披露材料的，由银保监会及其派出机构责令限期改正；逾期不改正的，对保险机构处以一万元以上十万元以下的罚款，对其直接负责的主管人员和其他直接责任人员给予警告，并处一万元以上十万元以下的罚款。

第六章　附则

第二十九条　本办法适用于个人人身保险产品信息披露要求。团体人身保险产品信息披露不适用本办法，另行规定。

第三十条　本办法由银保监会负责解释。

第三十一条　本办法自 2023 年 6 月 30 日起施行。《人身保险新型产品信息披露管理办法》（中国保险监督管理委员会令 2009 年第 3 号）、《关于执行〈人身保险新型产品信息披露管理办法〉有关事项的通知》（保监发〔2009〕104 号）和《关于〈人身保险新型产品信息披露管理办法〉有关条文解释的通知》（保监寿险〔2009〕1161 号）同时废止。

九、人身保险公司保险条款和保险费率管理办法

制定机关：中国保险监督管理委员会

发文字号：中国保险监督管理委员会令 2015 年第 3 号

发文日期：2015 年 10 月 19 日

施行日期：2015 年 10 月 19 日

效力位阶：部门规章

（2011 年 12 月 30 日中国保险监督管理委员会令 2011 年第 3 号发布 根据 2015 年 10 月 19 日中国保险监督管理委员会令 2015 年第 3 号《关于修改〈保险公司设立境外保险类机构管理办法〉 等八部规章的决定》修订）

第一章　总则

第一条　为了加强人身保险公司（以下简称保险公司）保险条款和保险费率的监督管理，保护投保人、被保险人和受益人的合法权益，维护保险市场竞争秩序，鼓励保险公司创新，根据《中华人民共和国保险法》（以下简称《保险法》） 等有关法律、行政法规，制定本办法。

第二条　中国保险监督管理委员会（以下简称中国保监会）依法对保险公司的保险条款和保险费率实施监督管理。中国保监会派出机构在中国保监会授权范围内行使职权。

第三条　保险公司应当按照《保险法》和中国保监会有关规定，公平、合理拟订保险条款和保险费率，不得损害投保人、被保险人和受益人的合法权益。保险公司对其拟订的保险条款和保险费率承担相应责任。

第四条　保险公司应当按照本办法规定将保险条款和保险费率报送

中国保监会审批或者备案。

第五条 保险公司应当建立科学、高效、符合市场需求的人身保险开发管理机制，定期跟踪和分析经营情况，及时发现保险条款、保险费率经营管理中存在的问题并采取相应解决措施。

第六条 保险公司应当充分发挥核心竞争优势，合理配置公司资源，围绕宏观经济政策、市场需求、公司战略目标开发保险险种。

第二章 设计与分类

第七条 人身保险分为人寿保险、年金保险、健康保险、意外伤害保险。

第八条 人寿保险是指以人的寿命为保险标的的人身保险。人寿保险分为定期寿险、终身寿险、两全保险等。

定期寿险是指以被保险人死亡为给付保险金条件，且保险期间为固定年限的人寿保险。

终身寿险是指以被保险人死亡为给付保险金条件，且保险期间为终身的人寿保险。

两全保险是指既包含以被保险人死亡为给付保险金条件，又包含以被保险人生存为给付保险金条件的人寿保险。

第九条 年金保险是指以被保险人生存为给付保险金条件，并按约定的时间间隔分期给付生存保险金的人身保险。

第十条 养老年金保险是指以养老保障为目的的年金保险。养老年金保险应当符合下列条件：

（一）保险合同约定给付被保险人生存保险金的年龄不得小于国家规定的退休年龄；

（二）相邻两次给付的时间间隔不得超过一年。

第十一条 健康保险是指以因健康原因导致损失为给付保险金条件

的人身保险。健康保险分为疾病保险、医疗保险、失能收入损失保险、护理保险等。

疾病保险是指以保险合同约定的疾病发生为给付保险金条件的健康保险。

医疗保险是指以保险合同约定的医疗行为发生为给付保险金条件，按约定对被保险人接受诊疗期间的医疗费用支出提供保障的健康保险。

失能收入损失保险是指以因保险合同约定的疾病或者意外伤害导致工作能力丧失为给付保险金条件，按约定对被保险人在一定时期内收入减少或者中断提供保障的健康保险。

护理保险是指以因保险合同约定的日常生活能力障碍引发护理需要为给付保险金条件，按约定对被保险人的护理支出提供保障的健康保险。

第十二条 意外伤害保险是指以被保险人因意外事故而导致身故、残疾或者发生保险合同约定的其他事故为给付保险金条件的人身保险。

第十三条 人寿保险和健康保险可以包含全残责任。

健康保险包含两种以上健康保障责任的，应当按照一般精算原理判断主要责任，并根据主要责任确定险种类别。长期健康保险中的疾病保险，可以包含死亡保险责任，但死亡给付金额不得高于疾病最高给付金额。其他健康保险不得包含死亡保险责任，但因疾病引发的死亡保险责任除外。

医疗保险和疾病保险不得包含生存保险责任。

意外伤害保险可以包含由意外伤害导致的医疗保险责任。仅包含由意外伤害导致的医疗保险责任的保险应当确定为医疗保险。

第十四条 保险公司应当严格遵循本办法所规定的人寿保险、年金保险、健康保险、意外伤害保险的分类标准，中国保监会另有规定的除外。

第十五条 人身保险的定名应当符合下列格式：

"保险公司名称" + "吉庆、说明性文字" + "险种类别" + "（设计类型）"

前款规定的保险公司名称可用全称或者简称；吉庆、说明性文字的字数不得超过 10 个。

附加保险的定名应当在 "保险公司名称" 后标注 "附加" 字样。

团体保险应当在名称中标明 "团体" 字样。

第十六条　年金保险中的养老年金保险险种类别为 "养老年金保险"，其他年金保险险种类别为 "年金保险"；意外伤害保险险种类别为 "意外伤害保险"。

第十七条　人身保险的设计类型分为普通型、分红型、投资连结型、万能型等。

第十八条　分红型、投资连结型和万能型人身保险应当在名称中注明设计类型，普通型人身保险无须在名称中注明设计类型。

第三章　审批与备案

第十九条　保险公司总公司负责将保险条款和保险费率报送中国保监会审批或者备案。

第二十条　保险公司下列险种的保险条款和保险费率，应当在使用前报送中国保监会审批：

（一）关系社会公众利益的保险险种；

（二）依法实行强制保险的险种；

（三）中国保监会规定的新开发人寿保险险种；

（四）中国保监会规定的其他险种。

前款规定以外的其他险种，应当报送中国保监会备案。

第二十一条　保险公司报送保险条款和保险费率备案的，应当提交下列材料：

（一）《人身保险公司保险条款和保险费率备案报送材料清单表》；

（二）保险条款；

（三）保险费率表；

（四）总精算师签署的相关精算报告；

（五）总精算师声明书；

（六）法律责任人声明书；

（七）中国保监会规定的其他材料。

第二十二条 保险公司报送分红保险、投资连结保险、万能保险保险条款和保险费率备案的，除提交第二十一条规定的材料以外，还应当提交下列材料：

（一）财务管理办法；

（二）业务管理办法；

（三）信息披露管理制度；

（四）业务规划及对偿付能力的影响；

（五）产品说明书。

分红保险，还应当提交红利计算和分配办法、收入分配和费用分摊原则；投资连结保险和万能保险，还应当提交包括销售渠道、销售区域等内容的销售管理办法。

保险公司提交的上述材料与本公司已经中国保监会审批或者备案的同类险种对应材料完全一致的，可以免于提交该材料，但应当在材料清单表中予以注明。

第二十三条 保险公司报送保险条款和保险费率审批的，除提交第二十一条第（二）项至第（七）项以及第二十二条规定的材料外，还应当提交下列材料：

（一）《人身保险公司保险条款和保险费率审批申请表》；

（二）《人身保险公司保险条款和保险费率审批报送材料清单表》；

（三）保险条款和保险费率的说明材料，包括保险条款和保险费率的主要特点、市场风险和经营风险分析、相应的管控措施等。

第二十四条　保险公司报送下列保险条款和保险费率审批或者备案的，除分别按照第二十一条、第二十二条、第二十三条规定报送材料以外，还应当按照下列规定提交材料：

（一）具有现金价值的，提交包含现金价值表示例的书面材料以及包含各年龄现金价值全表的电子文档；

（二）具有减额交清条款的，提交包含减额交清保额表示例的书面材料以及包含各年龄减额交清保额全表的电子文档；

（三）中国保监会允许费率浮动或者参数调整的，提交由总精算师签署的费率浮动管理办法或者产品参数调整办法；

（四）保险期间超过一年的，提交利润测试模型的电子文档。

第二十五条　保险公司报送保险条款和保险费率审批或者备案的，提交的精算报告至少应当包括下列内容：

（一）数据来源和定价基础；

（二）定价方法和定价假设，保险期间超过一年的，还应当包括利润测试参数、利润测试结果以及主要参数变化的敏感性分析；

（三）法定准备金计算方法；

（四）主要风险及相应管理意见；

（五）总精算师需要特别说明的内容；

（六）中国保监会规定的其他内容。

第二十六条　保险公司报送下列保险条款和保险费率审批或者备案的，提交的精算报告除符合第二十五条规定外，还应当符合下列规定：

（一）具有现金价值的，列明现金价值计算方法；

（二）具有减额交清条款的，列明减额交清保额的计算方法；

（三）具有利益演示的，列明利益演示的计算方法。

第二十七条　中国保监会收到保险公司报送的保险条款和保险费率审批申请后，应当根据下列情况分别作出处理：

（一）申请材料不齐全的，自收到材料之日起 5 日内一次告知保险公司需要补正的全部内容；

（二）申请材料齐全或者保险公司按照规定提交全部补正申请材料的，受理该申请，并向保险公司出具加盖受理专用印章的书面凭证。

第二十八条　中国保监会应当自受理保险条款和保险费率审批申请之日起 20 日内作出批准或者不予批准的决定。20 日内不能作出决定的，经中国保监会负责人批准，审批期限可以延长 10 日。中国保监会应当将延长期限的理由告知保险公司。

决定批准的，中国保监会应当将批准决定在保监会文告或者网站上向社会公布；决定不予批准的，中国保监会应当书面通知保险公司，说明理由并告知其享有依法申请行政复议或者提起行政诉讼的权利。

第二十九条　中国保监会可以对审批的保险条款和保险费率进行专家评审，并将专家评审所需时间书面告知保险公司。

中国保监会对涉及社会公共利益的保险条款和保险费率可以组织听证，并根据《中华人民共和国行政许可法》有关规定予以实施。

专家评审时间和听证时间不在本办法第二十八条规定的审批期限内计算。

第三十条　保险公司在保险条款和保险费率审批申请受理后、审批决定作出前，撤回审批申请的，应当向中国保监会提交书面申请，中国保监会应当及时终止对保险条款和保险费率审批申请的审查，并将审批申请材料退回保险公司。

第三十一条　保险公司在保险条款和保险费率审批申请受理后、审批决定作出前，对申报的保险条款和保险费率进行修改的，应当向中国保监会申请撤回审批。

保险公司有前款规定情形的，审批期限自中国保监会收到修改后的完整申请材料之日起重新计算。

第三十二条　保险公司对于未获批准的保险条款和保险费率，可以在修改后重新报送中国保监会审批。

第三十三条　保险公司报送保险条款和保险费率备案，不得迟于使用后 10 日。

第三十四条　中国保监会收到备案材料后，应当根据下列情况分别作出处理：

（一）备案材料不齐全的，一次告知保险公司在 10 日内补正全部备案材料；

（二）备案材料齐全或者保险公司按照规定提交全部补正材料的，将备案材料存档，并向保险公司出具备案回执；

（三）发现备案的保险条款和保险费率有《保险法》第一百三十六条规定情形的，责令保险公司立即停止使用。

第四章　变更与停止使用

第三十五条　保险公司变更已经审批或者备案的保险条款和保险费率，改变其保险责任、险种类别或者定价方法的，应当将保险条款和保险费率重新报送审批或者备案。

第三十六条　保险公司变更已经审批或者备案的保险条款和保险费率，且不改变保险责任、险种类别和定价方法的，应当在发生变更之日起 10 日内向中国保监会备案，并提交下列材料：

（一）《变更备案报送材料清单表》；

（二）变更原因、主要变更内容的对比说明；

（三）已经审批或者备案的保险条款；

（四）变更后的相关材料；

（五）总精算师声明书；

（六）法律责任人声明书；

（七）中国保监会规定的其他材料。

保险公司名称变更导致人身保险定名发生变更，但其他内容未变更的，可以不提交前款第（三）、（四）、（五）项规定的材料。

第三十七条 保险公司决定在全国范围内停止使用保险条款和保险费率的，应当在停止使用后 10 日内向中国保监会提交报告，说明停止使用的原因、后续服务的相关措施等情况，并将报告抄送原使用区域的中国保监会派出机构。

保险公司决定在部分区域停止使用保险条款和保险费率的，不得以停止使用保险条款和保险费率进行宣传和销售误导。

保险公司省级分公司及以下分支机构，不得决定停止使用保险条款和保险费率。

第三十八条 保险公司决定重新销售已经停止使用的保险条款和保险费率的，应当在重新销售后 10 日内向中国保监会提交报告，说明重新使用的原因、管理计划等情况，并将报告抄送拟使用区域的中国保监会派出机构。

第五章　总精算师和法律责任人

第三十九条 保险公司总精算师应当对报送审批或者备案的保险条款和保险费率出具总精算师声明书，并签署相关的精算报告、费率浮动管理办法或者产品参数调整办法。

保险公司总精算师对报送审批或者备案的保险条款和保险费率承担下列责任：

（一）分类准确，定名符合本办法规定；

（二）精算报告内容完备；

（三）精算假设和精算方法符合一般精算原理和中国保监会的精算规定；

（四）具有利益演示的险种，利益演示方法符合一般精算原理和中国保监会的有关规定；

（五）保险费率厘定合理，满足充足性、适当性和公平性原则；

（六）中国保监会规定的其他责任。

第四十条　保险公司应当指定法律责任人，并向中国保监会备案。

第四十一条　保险公司指定的法律责任人应当符合下列条件：

（一）在中华人民共和国境内有住所；

（二）具有本科以上学历；

（三）具有中国律师资格证书或者法律职业资格证书；

（四）属于公司正式员工，且在公司内担任部门负责人及以上职务；

（五）具有 5 年以上国内保险或者法律从业经验，其中包括三年以上在保险行业内的法律从业经验；

（六）过去 3 年内未因违法执业行为受到行政处罚；

（七）未受过刑事处罚；

（八）中国保监会规定的其他条件。

第四十二条　保险公司法律责任人履行下列职责：

（一）参与制定人身保险开发策略；

（二）审核保险条款的相关材料；

（三）定期分析由保险条款引发的诉讼案件；

（四）及时向中国保监会报告保险条款的重大风险隐患；

（五）中国保监会或者保险公司章程规定的其他职责。

第四十三条　保险公司法律责任人应当对报送审批或者备案的保险条款出具法律责任人声明书，并承担下列责任：

（一）保险条款公平合理，不损害社会公共利益，不侵害投保人、被保险人和受益人的合法权益；

（二）保险条款文字准确，表述严谨；

（三）具有产品说明书的，产品说明书符合条款表述，内容全面、真实，符合中国保监会的有关规定；

（四）保险条款符合《保险法》等法律、行政法规和中国保监会有关规定；

（五）中国保监会规定的其他责任。

第四十四条 保险公司报送法律责任人备案的，应当向中国保监会提交下列材料一式两份：

（一）《法律责任人备案情况表》；

（二）拟任人身份证明和住所证明复印件；

（三）学历证明和专业资格证明复印件；

（四）从业经历证明；

（五）中国保监会规定的其他材料。

第四十五条 保险公司应当加强对法律责任人管理，建立法律责任人相关制度，向法律责任人提供其承担工作职责所必需的信息，并保证法律责任人能够独立地履行职责。

第四十六条 法律责任人因辞职、被免职或者被撤职等原因离职的，保险公司应当自作出批准辞职或者免职、撤职等决定之日起 30 日内，向中国保监会报告，并提交下列材料：

（一）法律责任人被免职或者被撤职的原因说明；

（二）免职、撤职或者批准辞职等有关决定的复印件；

（三）法律责任人作出的离职报告或者保险公司对未作离职报告的法律责任人作出的离职说明报告。

第六章　法律责任

第四十七条　保险公司未按照规定申请批准保险条款、保险费率的，由中国保监会依据《保险法》第一百六十四条进行处罚。

第四十八条　保险公司使用的保险条款和保险费率有下列情形之一的，由中国保监会责令停止使用，限期修改；情节严重的，可以在一定期限内禁止申报新的保险条款和保险费率：

（一）损害社会公共利益；

（二）内容显失公平或者形成价格垄断，侵害投保人、被保险人或者受益人的合法权益；

（三）条款设计或者费率厘定不当，可能危及保险公司偿付能力；

（四）违反法律、行政法规或者中国保监会的其他规定。

第四十九条　保险公司有下列行为之一的，由中国保监会依据《保险法》第一百六十九条进行处罚：

（一）未按照规定报送保险条款、保险费率备案的；

（二）未按照规定报送停止使用保险条款和保险费率相关报告的；

（三）未按照规定报送或者保管与保险条款、保险费率相关的其他报告、报表、文件、资料的，或者未按照规定提供有关信息、资料的。

第五十条　保险公司有下列行为之一的，由中国保监会依据《保险法》第一百七十条进行处罚：

（一）报送审批、备案保险条款和保险费率时，编制或者提供虚假的报告、报表、文件、资料的；

（二）报送法律责任人备案时，编制或者提供虚假的报告、报表、文件、资料的；

（三）未按照规定使用经批准或者备案的保险条款、保险费率的。

第五十一条　保险公司违反本办法第三十七条第三款的由中国保监

会给予警告，处 3 万元以下罚款。

第五十二条 保险公司以停止使用保险条款和保险费率进行销售误导的，由中国保监会依据《保险法》第一百六十一条进行处罚。

第五十三条 保险公司违反本办法规定，聘任不符合规定条件的法律责任人的，由中国保监会责令限期改正；逾期不改正的，给予警告，处 1 万元以下罚款。

第七章　附则

第五十四条 中国保监会对保险公司总精算师、法律责任人另有规定的，适用其规定。

团体保险的保险条款和保险费率的管理，中国保监会另有规定的，适用其规定。

第五十五条 本办法规定的期限以工作日计算。

第五十六条 本办法由中国保监会负责解释。

第五十七条 本办法自颁布之日起施行。中国保监会 2000 年 3 月 23 日发布的《人身保险产品定名暂行办法》（保监发〔2000〕42 号）、2000 年 5 月 16 日发布的《关于放开短期意外险费率及简化短期意外险备案手续的通知》（保监发〔2000〕78 号）、2004 年 6 月 30 日发布的《人身保险产品审批和备案管理办法》（保监会令〔2004〕6 号）以及 2004 年 7 月 1 日发布的《关于〈人身保险产品审批和备案管理办法〉若干问题的通知》（保监发〔2004〕76 号）同时废止。

十、中国保险监督管理委员会关于机动车辆火灾责任等问题的复函

制定机关：中国保险监督管理委员会

发文字号：保监办函〔2003〕99 号

发文日期：2003 年 6 月 20 日

施行日期：2003 年 6 月 20 日

效力位阶：部门规范性文件

邳州市人民检察院：

你院邳检民咨字（2003）第 2 号《关于机动车保险火灾责任等问题的咨询函》已收悉，经研究，答复如下：

一、中国保监会《关于明确〈机动车辆保险条款〉中"火灾"责任的批复》（保监复〔2000〕159 号）中已经明确指出：《机动车辆保险条款解释》第一部分第一条第一款第 2 项的"火灾"责任是指，因保险车辆本身以外的火源以及基本险第一条所列的保险事故造成的燃烧导致保险车辆的损失。

二、《机动车辆保险条款解释》第一部分第三条第（六）项"自燃以及不明原因产生火灾"是指保险车辆发生自燃和保险车辆因不明原因产生火灾而造成的损失，保险人不负责赔偿。该条规定中对于"自燃"和"不明原因产生火灾"均作出了解释。

"自燃"是指："没有外界火源，保险车辆也没有发生碰撞、倾覆的情况下，由于保险车辆本车漏油或电器、线路、供油系统、载运的货物等自身问题引起的火灾。"中国保监会《关于机动车辆保险条款中"自燃"解释的复函》（保监函〔2001〕133 号）中指出，"自燃"定义中"等"字指"保险车辆本车漏油或电器、线路、供油系统、载运的货物"引起火灾的几种情况，无更多内涵。

"不明原因产生火灾"是指："公安消防部门的《火灾原因认定书》中认定的起火原因不明的火灾。"

2003 年 6 月 20 日

十一、中国保险监督管理委员会关于商业医疗保险是否适用补偿原则的复函

制定机关：中国保险监督管理委员会

发文字号：保监函〔2001〕156 号

发文日期：2001 年 7 月 25 日

施行日期：2001 年 7 月 25 日

效力位阶：行政许可批复

武汉保监办：

你办《关于商业医疗保险是否适用补偿原则的请示》（保监鄂发〔2001〕25 号）收悉。经研究，现答复如下：

一、根据我会《关于处理有关保险合同纠纷问题的意见》（保监发〔2001〕74 号）的文件精神，对保险公司制定的条款我会不进行具体解释和正式答复。

二、根据《中华人民共和国保险法》第十七条"保险合同中规定有关于保险人责任免除条款的，保险人在订立保险合同时应当向投保人明确说明，未明确说明的，该条款不产生效力"，对于条款中没有明确说明不赔的保险责任，保险公司应当赔偿。

三、各保险公司应当以此案件为鉴，切实加强条款质量，完善合同条文，特别要注意做好地方性条款的清理和善后工作。

十二、中国保险监督管理委员会关于提示互联网保险业务风险的公告

制定机关：中国保险监督管理委员会

发文字号：保监公告〔2012〕7 号

发文日期：2012 年 5 月

施行日期：2012 年 5 月

效力位阶：部门规范性文件

根据《中华人民共和国保险法》、《保险代理、经纪公司互联网保险业务监管办法》、《保险兼业代理管理暂行办法》等法律法规，除保险公司、保险代理公司、保险经纪公司以外，其他单位和个人不得擅自开展互联网保险业务，包括在互联网站上比较和推荐保险产品、为保险合同订立提供其他中介服务等。

中国保监会已在官方网站上披露了保险代理公司、保险经纪公司开展互联网保险业务的相关情况。请广大公众在通过互联网站购买保险产品前，仔细甄别，避免上当，并及时向保险监管部门反映和举报。

保险监管部门将从重从快查处违法违规开展互联网保险业务的单位和个人，坚决维护保险市场秩序和保险消费者合法权益。

十三、中国银保监会办公厅关于进一步规范保险机构互联网人身保险业务有关事项的通知

制定机关：中国银行保险监督管理委员会

发文字号：银保监办发〔2021〕108 号

发文日期：2021 年 10 月 22 日

施行日期：2021 年 10 月 22 日

效力位阶：部门规范性文件

各银保监局，各保险公司，各保险中介机构：

根据《中华人民共和国保险法》《互联网保险业务监管办法》等法律法规，为加强和改进互联网人身保险业务监管，规范市场秩序、防范

经营风险，促进公平竞争，切实保护保险消费者合法权益，经银保监会同意，现就保险机构经营互联网人身保险业务有关事项通知如下：

一、加强能力建设，提升经营服务水平

（一）本通知所称互联网人身保险业务，是指保险公司通过设立自营网络平台，或委托保险中介机构在其自营网络平台，公开宣传和销售互联网人身保险产品、订立保险合同并提供保险服务的经营活动。本通知所称保险机构，包括各保险公司（包括相互保险组织和互联网保险公司）和各保险中介机构（包括保险专业中介机构和保险兼业代理机构）。

符合本通知有关条件的保险公司，可在全国范围内不设分支机构开展互联网人身保险业务。不满足相关条件的，不得开展互联网人身保险业务。保险公司委托保险中介机构开展互联网人身保险业务，保险中介机构应为全国性机构。涉及线上线下融合开展人身保险业务的，不得使用互联网人身保险产品，不得将经营区域扩展至未设立分支机构的地区。

（二）保险公司、保险中介机构开展互联网人身保险业务，应具备相应的技术能力、运营能力和服务能力，选择符合互联网渠道特征的人身保险产品上线销售，强化销售过程管理，健全风险管控体系。

保险公司应借助科技手段优化产品供给、改进保险服务，提高经营效率，推广具有风险保障或长期储蓄功能的人身保险产品。

（三）保险公司（不包括互联网保险公司）开展互联网人身保险业务，应具备以下条件：

1. 连续四个季度综合偿付能力充足率达到120%，核心偿付能力不低于75%。

2. 连续四个季度风险综合评级在 B 类及以上。

3. 连续四个季度责任准备金覆盖率高于100%。

4. 保险公司公司治理评估为 C 级（合格）及以上。

5. 银保监会规定的其他条件。

互联网保险公司开展互联网人身保险业务，应符合《互联网保险业务监管办法》有关条件。上季度末偿付能力、风险综合评级和责任准备金覆盖率满足前款要求的指标。

（四）保险公司开展互联网人身保险业务，应具备高效、稳定的业务系统。能够支持互联网人身保险业务专属管理，具有与业务需求相适应的并发处理能力，以及完善的网络安全防护手段和管理体系。

保险公司应具有满足互联网人身保险业务开展所需要的财务系统，对互联网人身保险业务实行独立核算。

（五）保险公司开展互联网人身保险业务，应具备相应在线运营能力，符合如下要求：

1. 在线投保。支持在线向消费者展示全部投保资料，远程获取必要投保信息，能够实现投保人和被保险人所在地确认、本人身份识别等基本功能。

2. 在线核保。应尽快全面实现自动核保，鼓励保险公司应用科技手段改进核保质量，提升核保效率，进一步提高反欺诈能力和水平，探索差异化、智能化核保。

3. 在线承保。支持在线确认投保意愿、完成保费收支，实现犹豫期退保等功能，并出具合法有效的电子保单。

4. 在线服务。各销售平台均实现消费者咨询、查询、保全、退保、理赔、投诉等服务入口全面在线化，不断提升在线服务水平，确保在保单有效期内持续提供不低于同类在售业务线下服务标准的服务支持。

（六）保险公司开展互联网人身保险业务，应建立便捷高效的在线服务体系，服务标准不低于如下要求：

1. 保险公司应保障每日无间断在线服务，消费者咨询或服务请求接通率不低于95%。

2. 保险公司应为消费者自主购买、自助服务提供全面的技术支持。保险公司客户服务人员可应消费者要求在线提供互联网人身保险业务咨询和服务，交流页面实时展示所属保险机构及客服工号。保险公司客户服务人员不得主动营销，其薪资不得与互联网人身保险业务销售考核指标挂钩。

3. 互联网人身保险业务应尽快全面实现实时核保、实时承保，如需进行体检、生存调查等程序的，应于收到完整的投保资料1个工作日内通知投保人，并尽快完成承保。

4. 互联网人身保险业务应使用电子保单，载明委托中介机构信息（如有），应自承保后2个工作日内送达投保人。保险公司在保险期间内应根据投保人要求及时提供纸质保单。

5. 保险公司在保险期间内向消费者持续提供在线保全服务，在线保全事项应在申请提交后2个工作日内处理完毕。由于特殊情况无法在规定时限内完成的，应及时向申请人说明原因并告知处理进度。

6. 保险公司接收到投保人、被保险人或者受益人的保险事故通知后，应在1个工作日内一次性给予理赔指导；在接收到被保险人或者受益人的赔偿或者给付保险金请求后，保险公司认为有关证明和资料不完整的，应于2个工作日内一次性通知投保人、被保险人或者受益人补充；在接收到被保险人或者受益人的赔偿或者给付保险金请求及完整材料后，于5个工作日内作出核定，并于作出核定后1个工作日内通知申请人；如遇复杂情形，可将核定期限延展至30日。

7. 互联网人身保险业务在线申请退保，应在1个工作日内核定并通知申请人；如遇复杂情形，可将核定期限延展至3个工作日。

8. 互联网人身险业务应加强投诉管理，设立在线投诉渠道，接收到投诉后1个工作日内与投诉人取得联系，提高办理效率，探索建立投诉回访机制。

（七）保险公司委托保险中介机构开展互联网人身保险业务，应审慎筛选合作方，严格管控销售行为，保障服务品质。

保险中介机构开展互联网人身保险业务，应加强系统建设，具备符合第（五）（六）条要求的运营和服务能力。保险中介机构的客户服务人员不得主动营销，其薪资不得与互联网人身保险业务销售考核指标挂钩。

二、实施业务专属管理，规范市场竞争秩序

（八）保险公司应对互联网人身保险业务实施专属管理，使用符合本通知有关规定的互联网人身保险产品，遵循网点布设、销售管理等经营规则。保险公司开发互联网人身保险产品，应符合精算原理，可保利益清晰明确，条款设计及费率厘定依法合规、公平合理。鼓励保险公司应用数字工具、科技手段提供差异化定价、精细化服务，满足人民群众日益增长的人身风险保障和长期储蓄需求。

互联网人身保险产品范围限于意外险、健康险（除护理险）、定期寿险、保险期间十年以上的普通型人寿保险（除定期寿险）和保险期间十年以上的普通型年金保险，以及银保监会规定的其他人身保险产品。不符合本通知要求的互联网人身保险产品不得上线经营，不得通过互联网公开展示产品投保链接或直接指向其投保链接。

（九）保险公司申请审批或者备案互联网人身保险产品，应满足如下要求：

1. 产品名称应包含"互联网"字样，销售渠道限于互联网销售。非互联网人身保险产品不得使用相关字样。

2. 产品设计应体现互联网渠道直接经营的特征。保险期间一年及以下的互联网人身保险产品预定附加费用率不得高于35%；保险期间一年以上的互联网人身保险产品首年预定附加费用率不得高于60%，平均附加费用率不得高于25%。

3. 产品可提供灵活便捷的缴费方式。保险期间一年及以下的互联网人身保险产品分期缴费的、每期缴费金额应一致，保险期间一年以上的互联网人身保险产品应符合银保监会相关规定。

4. . 产品设计应做到保险期间与实际存续期间一致，不得通过退保费用、调整现金价值利率等方式变相改变实际存续期间。

5. 保险期间一年及以下的互联网人身保险产品最低现金价值计算，应当采用未满期净保费计算方法，其计算公式为：最低现金价值=净保费×（1-m/n），其中，m 为已生效天数，n 为保险期间的天数，经过日期不足一日的按一日计算。

6. 银保监会规定的其他条件。

（十）保险公司申请审批或者备案互联网人身保险产品，报送材料除符合保险条款和保险费率管理相关监管规定外，还应报送精算报告，并在精算报告中列明产品定价基础。

保险期间一年及以下的互联网人身保险产品应在精算报告中列明预期赔付率；保险期间一年以上的互联网人身保险产品如使用再保险数据或经验数据定价的，应指明银保监会发布或者指定相关机构发布的最新发生率表，列明平均折算比率。

互联网人身保险产品须在精算报告中列明中介费用率上限，项下不得直接列支因互联网人身保险业务运营所产生的信息技术支持和信息技术服务类费用，不得突破或变相突破预定附加费用率上限。

保险公司申请审批或备案本《通知》第（十三）条所列互联网人身保险产品，还应在提交材料中列明分支机构及合作机构名录。

（十一）保险公司申请审批或者使用新备案的互联网意外险、定期寿险产品，应符合本通知第（三）至第（六）条。

保险公司申请审批或者使用新备案的互联网健康险（除护理险）产品，除符合前款外，还应满足上年度未因互联网保险业务违规经营受到重大行政处罚。

保险公司申请审批或者使用新备案的保险期间十年以上的普通型人寿保险（除定期寿险）和保险期间十年以上的普通型年金保险产品，须符合如下条件：

1. 连续四个季度综合偿付能力充足率超过 150%，核心偿付能力不低于 100%。

2. 连续四个季度综合偿付能力溢额超过 30 亿元。

3. 连续四个季度（或两年内六个季度）风险综合评级在 A 类以上。

4. 上年度未因互联网保险业务经营受到重大行政处罚。

5. 保险公司公司治理评估为 B 级（良好）及以上。

6. 银保监会规定的其他条件。

（十二）保险公司委托保险中介机构开展互联网人身保险业务，应明确双方权利义务、合作期限、争议解决预案、违约责任及客户投诉处理机制等。

保险中介机构销售保险期间十年以上的普通型人寿保险（除定期寿险）和保险期间十年以上的普通型年金保险产品，应符合如下条件：

1. 具有三年以上互联网人身保险业务经营经验。

2. 具有完备的销售管理、保单管理、客户服务系统，以及安全、高效、实时的办理线上支付结算业务的信息系统和资金清算流程。

3. 上年度未因互联网保险业务经营受到重大行政处罚。

4. 银保监会规定的其他条件。

（十三）保险公司通过互联网开展费用补偿型医疗保险、失能收入损失保险、医疗意外保险业务，除符合前述基本条件，还需在经营区域内设立省级分公司，或与其他已开设分支机构的保险公司和保险中介机构合作经营，确保销售区域内具备线下服务能力。

保险公司开展其他互联网人身保险业务，应具备不低于同类在售业务的线下服务能力。

（十四）保险公司经营或委托中介机构开展互联网人身保险业务，应于投保前进行适当性评估，科学评估消费者在线购买保险产品、享受保险服务的行为能力，坚持向消费者销售与其风险保障需求和支付能力相适应的保险产品。

（十五）保险公司开展互联网人身保险业务，应加强核保管理，掌握全量核保信息，确保核保独立性，不得降低核保标准，减轻核保责任。

互联网人身保险业务告知文本由保险公司制定并提供，满足内容清晰明确、文字浅显易懂、表达简洁流畅的基本要求，减少生僻术语的使用。保险中介机构不得擅自改变和减少告知内容，不得诱导投保人虚假陈述。

三、充实监管机制手段，强化创新业务监管

（十六）保险公司开展互联网人身保险业务，应建立健全业务回溯机制。保险公司应定期按要求开展互联网人身保险业务回溯，重点关注赔付率、发生率、费用率、退保率、投资收益率等关键指标，回溯实际经营情况与精算假设之间的偏差，并主动采取关注、调整改进、主动报告及信息披露等措施。保险公司总精算师是互联网人身保险业务回溯工作的直接责任人，应按要求组织实施回溯工作，确保所用数据全面真实，计算方法符合精算原理，整改措施及时有效。

（十七）保险公司开展互联网人身保险业务，应于每年3月20日前通过互联网保险监管相关信息系统提交上年度经营情况报告（模板详见附件2，报告数据应截至上年度12月31日），完成互联网人身保险业务经营及信息披露登记。

保险公司如需调整互联网人身保险业务范围的，应在自营平台、代销中介机构自营平台及各产品销售页面提前10日连续公告。公告内容应包括业务范围调整决定、原因及服务保障措施等，调整工作应于每年4月1日前全部完成。互联网人身保险业务范围收窄的，还应通过有效途径对已投保客户专门提示。

（十八）保险公司违反本通知有关规定的，视情况采取监管谈话、风险提示和依法在一定期限内禁止申报互联网人身保险新产品等监管措施，并依据相关法律法规予以行政处罚。

保险公司委托中介机构开展互联网人身保险业务违反本通知有关规定的，对保险公司和中介机构同查同处，同类业务保持统一的裁量标准。

（十九）银保监会将根据保险公司互联网人身保险业务回溯情况，启动质询、调查、检查等监管程序，依法查处违法违规事项。保险公司存在未按照通知要求定期回溯、回溯数据不真实、定价风险长期未改善等情况，除按照第（十八）条规则予以处理外，银保监会还将向董事会提示相关风险，同时依法追究公司主要负责人及相关管理人员责任。

（二十）保险公司因互联网人身保险产品存在重大违法违规、严重侵害消费者合法权益受到行政处罚的，应及时制定消费者权益保障和整改方案，并向社会公告。

（二十一）本通知所指精算责任准备金覆盖率，计算公式参见附件1。

本通知所指重大行政处罚，是指保险机构因互联网保险业务受到下列行政处罚：限制业务范围、责令停止接受新业务、责令停业整顿、吊销业务许可证、公司高管被撤销任职资格或者行业禁入处罚。

（二十二）自本通知印发之日起，此前规定与本通知不符的，以本通知为准。

对已经开展互联网人身保险业务的保险公司给予过渡期。保险公司应立足于保护消费者合法权益，在充分评估、做好预案的前提下推进存量互联网人身保险业务整改，并于2021年12月31日前全面符合本通知各项要求。

保险公司应自本通知印发后第二个季度开始试运行互联网人身保险业务回溯机制，银保监会指定行业组织协助实施相关工作。互联网人身保险业务回溯机制自2023年1月1日起正式实施。

附件：1. 关于责任准备金覆盖率计算公式的说明

2.2×××年互联网人身保险业务经营情况报告

中国银保监会办公厅

2021 年 10 月 12 日

附件 1

关于责任准备金覆盖率计算公式的说明

责任准备金覆盖率＝（资产−其他负债+费用调整项）÷责任准备金

其中："资产""其他负债""费用调整项"均取自保险公司母公司口径的财务报表。有关口径如下：

1. 资产：指总资产扣除应收分保准备金、应收分保账款和其他资产项目中与分出摊余成本有关的项目。

2. 其他负债：指总负债除准备金相关负债、与保单利益相关的其他负债、次级定期债务和资本补充债券账面价值与认可负债的差额、应付分保账款的负债金额。其中，准备金相关负债指寿险责任准备金、长期健康险责任准备金、长期意外险责任准备金、未到期责任准备金、未决赔款准备金、保户储金及投资款和独立账户负债；与保单利益相关的其他负债指应当给付的效力终止保单的现金价值及其他应给付但尚未实际支付的保险利益，包括但不限于应付满期金、应付退保金、应付红利金等；次级定期债务和资本补充债券的认可负债按保险公司偿付能力规则相关规定计算。

3. 费用调整项：指按下表计算的保险公司总费用加权之和，总费用包括业务及管理费、佣金及手续费。加权系数如下：

起始日期（不含当日）	结束日期（含当日）	费用加权系数
评估日-1 年	评估日	0.8
评估日-2 年	评估日-1 年	0.6
评估日-3 年	评估日-2 年	0.4
评估日-4 年	评估日-3 年	0.2

4. 责任准备金：包括长期险未到期责任准备金、短险未到期责任准备金、未决赔款准备金、与保单利益相关的其他负债，不包括分红保险特别储备及万能保险特别储备。"责任准备金"指以上各项责任准备金净额合计，其中责任准备金净额＝直接业务＋分入业务-分出业务。

附件 2

2×××年互联网人身保险业务经营情况报告

一、互联网人身保险业务经营情况

（一）意外险经营情况。包括：业务发展指标，保费规模、保单件数、承保人数等；业务结构指标，主流产品形态、自营和中介业务占比，保险期间等；业务持续性指标，成本费用情况、盈利性等。

（二）人寿保险经营情况。同（一）。

（三）健康保险经营情况。除前述外，应列明经营区域及网点建设相关内容。

（四）年金保险。同（一）。

二、互联网人身保险经营资质

（一）基本情况。包括：上年度偿付能力、风险综合评级、责任准备金监管相关指标、互联网保险业务合规经营等情况。

（二）业务范围调整情况及相关保障措施。包括：是否需要开展业务范围调整，及触发调整的原因。

（三）互联网人身保险产品情况。包括：在售产品列表，报告期内停售产品列表及原因，报告期内新审批或备案产品列表。

三、互联网人身保险回溯工作情况

（一）上年度回溯工作情况。包括：四次业务回溯工作时间和方法，回溯情况及采取的相应措施，对公司定价科学性的整体判断。

（二）上年一季度业务回溯情况。包括：纳入定价回溯的各互联网人身保险产品基本信息及再保险安排，相关指标回溯情况、原因及合理性评估，保险公司采取的措施。

（三）上年二季度业务回溯情况。同（二）。

（四）上年三季度业务回溯情况。同（二）。

（五）上年四季度业务回溯情况。同（二）。

四、存在风险和主要问题

当前保险公司经营互联网人身保险业务面临的风险和主要问题。

五、业务发展计划及政策建议

今后一年保险公司互联网人身保险发展计划，以及对加强和改进监管的意见建议。

十四、中国银保监会关于规范互联网保险销售行为可回溯管理的通知

制定机关：中国银行保险监督管理委员会

发文字号：银保监发〔2020〕26号

发文日期：2020年6月22日

施行日期：2020年10月1日

效力位阶：部门规范性文件

各银保监局，各保险集团（控股）公司、保险公司、保险专业中介机构：

为规范和加强互联网保险销售行为可回溯管理，保障消费者知情权、自主选择权和公平交易权等基本权利，促进互联网保险业务健康发展，现将有关事项通知如下：

一、本通知所称互联网保险销售行为可回溯，是指保险机构通过销售页面管理和销售过程记录等方式，对在自营网络平台上销售保险产品的交易行为进行记录和保存，使其可供查验。

本通知所称保险机构包括保险公司和保险中介机构。

二、保险机构在自营网络平台上销售投保人为自然人的商业保险产品时，应当实施互联网保险销售行为可回溯管理。个人税收优惠型健康保险、个人税收递延型养老保险产品除外。

三、销售页面是指保险机构在自营网络平台上设置的投保及承保全流程页面，包含提示进入投保流程、展示说明保险条款、履行提示和明确说明义务、验证投保人身份，及投保人填写投保信息、自主确认阅读有关信息、提交投保申请、缴纳保费等内容的网络页面。

四、保险机构应当在自营网络平台通过设置销售页面实现互联网保险销售，不得在非自营网络平台设置销售页面。保险机构可以在非自营网络平台设置投保申请链接，由投保人点击链接进入自营网络平台的销售页面。非保险机构自营网络平台不得设置保险产品销售页面。

五、销售页面管理是指保险机构应当保存销售页面的内容信息及历史修改信息，并建立销售页面版本管理机制。

六、销售页面的首页必须是提示进入投保流程页面，保险机构应当通过设置提示进入投保流程页面，对销售页面和非销售页面进行分隔。非销售页面中不得包含投保人填写投保信息、提交投保申请等内容。

七、提示进入投保流程页面应当包含提示投保人即将进入投保流程、需仔细阅读保险条款、投保人在销售页面的操作将被记录等内容。

保险中介机构的提示进入投保流程页面，应当增加客户告知书内容并重点披露该保险中介机构和承保保险公司名称。

八、保险机构的销售页面应当展示保险条款或提供保险条款文本链接，说明合同内容，并设置由投保人自主确认已阅读的标识。

九、保险机构应当以足以引起投保人注意的文字、字体、符号或其他明显标志，对保险合同中免除保险公司责任的条款内容进行逐项展示，并以网页、音频或视频等形式予以明确说明。

十、保险机构销售以下保险产品时，应当按照要求展示可能影响保单效力以及可能免除保险公司责任的内容，包括但不限于：

（一）销售人身保险新型产品，应当增加保单利益不确定性风险提示内容；

（二）销售健康保险产品，应当增加保险责任等待期的起算时间、期限及对投保人权益的影响，指定医疗机构，是否保证续保及续保有效时间，是否自动续保，医疗费用补偿原则，费率是否调整等内容；

（三）销售含有犹豫期条款的保险产品，应当增加犹豫期条款内容。

十一、保险机构销售以死亡为给付条件、被保险人与投保人不一致的保险产品时，应当按照要求展示被保险人同意投保并确认保险金额的内容。父母为其未成年子女投保的除外。

十二、保险机构应当对健康告知提示进行展示。投保人健康告知页面应当包含投保人健康告知内容、未尽到如实告知义务后果说明等内容。健康告知提示应当与保险责任直接相关，表述通俗易懂，内容具体且问题边界清晰。

十三、保险机构应当将第七、九、十、十一、十二条的内容设置单独页面展示，并设置由投保人或被保险人自主确认已阅读的标识。

本通知要求由投保人或被保险人自主确认已阅读的销售页面，投保人或被保险人未自主确认的，保险机构不得接收投保人的投保申请、收取保费。

十四、保险机构开展互联网保险销售时，应当根据对个人保险实名制的管理要求，对投保人、被保险人和受益人身份真实性进行验证。

十五、保险机构应当将投保人、被保险人在销售页面上的操作轨迹予以记录和保存，操作轨迹应当包含投保人进入和离开销售页面的时点、投保人和被保险人填写或点选销售页面中的相关内容及时间等。

十六、保险机构应当记录和保存投保期间通过在线服务体系向投保人解释说明保险条款的有关信息。

十七、保险机构开展互联网保险销售行为可回溯时，收集、使用消费者信息应当遵循合法、正当、必要的原则，不得收集与其销售产品无关的消费者信息。

十八、保险机构负责互联网保险销售行为可回溯资料的归档管理，互联网保险销售行为可回溯资料应当至少包括销售页面，投保人、被保险人在相关销售页面上的操作轨迹和投保期间保险机构通过在线服务体系向投保人解释说明保险条款的有关信息。

十九、互联网保险销售行为可回溯资料保管期限自保险合同终止之日起计算，保险期间在一年以下的不得少于五年，保险期间超过一年的不得少于十年。遇消费者投诉、法律诉讼等纠纷的，应当至少保存至纠纷结束后三年。

二十、互联网保险销售行为可回溯资料应当可以还原为可供查验的有效文件，销售页面应当可以还原为可供查验的有效图片或视频。

二十一、保险机构开展互联网保险销售行为可回溯相关工作时，应当严格依照有关法律法规，采取切实可行的管理措施和技术措施，保护投保人、被保险人和受益人的个人信息安全。

二十二、保险机构应当对互联网保险销售行为可回溯管理建立全面、系统、规范的内部控制体系，加强内控制度建设和内控流程设计，实现对销售行为可回溯管理所有流程和操作环节的有效监控。

二十三、保险机构开展互联网保险销售时，涉及非互联网保险销售方式的，一并适用本通知和中国银保监会关于可回溯管理的其他监管要求。

二十四、保险机构通过固定场所设置的自助终端销售保险产品的，适用本通知。本通知实施前关于自助终端销售行为可回溯管理的相关监管要求与本通知不一致的，以本通知为准。

二十五、保险机构未按照本通知要求对互联网保险销售行为进行可回溯管理的，由中国银保监会及其派出机构依照有关法律规定予以处罚或采取监管措施。

二十六、本通知自 2020 年 10 月 1 日起实施。本通知实施后仍不能符合要求的保险机构，应当立即停止开展相关互联网保险销售业务。

2020 年 6 月 22 日

十五、中国银保监会办公厅关于规范短期健康保险业务有关问题的通知

制定机关：中国银行保险监督管理委员会办公厅

发文字号：银保监办发〔2021〕7 号

发文日期：2021 年 1 月 11 日

施行日期：2021 年 1 月 11 日

效力位阶：部门规范性文件

各保险公司、中国保险行业协会：

为规范各保险公司短期健康保险业务经营管理行为，切实保护保险消费者合法权益，根据《中华人民共和国保险法》《健康保险管理办法》等法律法规，经银保监会同意，现就规范短期健康保险业务有关问题通

知如下：

一、本通知所规范的短期健康保险，是指保险公司向个人销售的保险期间为一年及一年以下且不含有保证续保条款的健康保险。团体保险业务除外。

二、保险公司开发设计的短期健康保险产品，应当以提升人民群众的健康保障水平，满足多层次、多样化的健康保障需求为目标，不断扩大健康保障与健康管理服务的覆盖面。

保险公司开发的短期健康保险产品应当在保险条款中对保险期间、保险责任、责任免除、理赔条件、退保约定，以及保费交纳方式、等待期设置，保险金额、免赔额、赔付比例等产品关键信息进行清晰、明确、无歧义的表述。

三、保险公司开发的短期健康保险产品中包含续保责任的，应当在保险条款中明确表述为"不保证续保"条款。不保证续保条款中至少应当包含以下内容：

本产品保险期间为一年（或不超过一年）。保险期间届满，投保人需要重新向保险公司申请投保本产品，并经保险人同意，交纳保险费，获得新的保险合同。

保险公司不得在短期健康保险产品条款、宣传材料中使用"自动续保""承诺续保""终身限额"等易与长期健康保险混淆的词句。

四、保险公司应当科学合理确定短期健康保险产品价格。产品定价所使用的各项精算假设应当以经验数据为基础，不得随意约定或与经营实际出现较大偏差。保险公司可以根据不同风险因素确定差异化的产品费率，并严格按照审批或者备案的产品费率销售短期个人健康保险产品。

保险公司应当每半年在公司官网披露一次个人短期健康保险业务整体综合赔付率指标。其中，上半年赔付率指标应当不晚于每年7月底前披露；年度赔付率指标应当不晚于次年2月底前披露。综合赔付率指标计算公式如下：

综合赔付率＝（再保后赔款支出＋再保后未决赔款准备金提转差）÷再保后已赚保费

其中，未决赔款准备金包含已发生未报告未决赔款准备金（IBNR 准备金）。

五、保险公司应当根据医疗费用实际发生水平、理赔经验数据等因素，合理确定短期健康保险产品费率、免赔额、赔付比例和保险金额等。保险公司不得设定严重背离理赔经验数据基础的、虚高的保险金额。

六、保险公司计算短期健康保险产品的最低现金价值，应当采用未满期净保费计算方法，其计算公式为：最低现金价值＝净保费×（1−m/n），其中，m 为已生效天数，n 为保险期间的天数，经过日期不足一日的按一日计算。

七、保险公司将短期健康险开发设计成主险产品的，不得强制要求保险消费者在购买主险产品的同时，购买该公司其他产品。

保险公司将短期健康险开发设计成附加险产品的，应当明确告知保险消费者附加险所对应的主险产品情况，并由保险消费者自主决定是否购买该产品组合。

保险公司不得在附加险产品条款中限制投保人单独解除附加险合同的权利。

八、保险公司应当加强销售人员管理，严格规范销售行为。保险公司应当以合理方式引导保险消费者完整阅读保险条款，使投保人充分了解保险产品及服务等信息。

保险公司在销售短期健康保险产品时，应当向保险消费者提供"短期健康保险产品投保须知书"，并重点提示以下内容：

（一）投保人如实告知义务及未如实告知会造成的后果；

（二）保险责任及除外责任；

（三）保险期间；

（四）保险金额；

（五）免赔额；

（六）赔付比例；

（七）等待期；

（八）投保年龄与保费高低具有关联性等情况；

（九）银保监会规定的其他告知事项。

九、保险公司应当加强对短期健康保险产品的核保、理赔管理，规范设定健康告知信息，健康告知信息的设定不得出现有违一般医学常识等情形。保险公司应当引导保险消费者向保险公司履行如实告知义务。

保险公司不得无理拒赔。严禁保险公司通过设定产品拒赔率等考核指标，影响保险消费者正常、合理的理赔诉求，以弥补因产品定价假设不合理、不科学造成的实际经营损失，侵害消费者利益。

十、保险公司决定停止销售短期健康保险产品的，应当将产品停售的具体原因、具体时间，以及后续服务措施等信息通过公司官网和即时通讯工具等便于公众知晓的方式披露告知保险消费者，并为已购买产品的保险消费者在保险期间内继续提供保障服务，同时在保险期间届满时提供转保建议。

保险公司主动停售保险产品的，应当至少在产品停售前30日披露相关信息。保险公司因产品设计存在违法违规等问题被监管机构责令停售的，应当于停售之日起3日内披露相关信息。保险公司应当在披露产品停售相关信息后，以合理方式通知每一张有效保单的投保人。

保险公司对已经停售的短期健康保险产品应当及时清理注销。保险公司对已经停售产品进行重新销售的，应当向监管部门重新报批或备案保险产品。

保险公司应当于每年3月31日前在公司官网披露前三个年度个人短

期健康保险产品停售情况及每一款产品的有效保单数量。

保险公司经营短期健康保险业务，可以不受《中国保监会关于强化人身保险产品监管工作的通知》（保监寿险〔2016〕199 号）第四条第一款产品停售有关规定限制。

十一、中国保险行业协会应当加强对短期健康保险产品定价基础、核保理赔等行业基础性标准建设，促进短期健康保险业务科学化、规范化发展。

十二、保险公司违反本通知有关规定的，银保监会将依法依规追究保险公司和相关责任人责任。情节严重的，银保监会将依法采取包括责令停止接受新业务、撤销相关人员任职资格等行政处罚措施。

十三、本通知印发前保险公司已经审批或备案的短期健康保险产品，不符合本通知要求的，应于 2021 年 5 月 1 日前停止销售。

2021 年 1 月 11 日

十六、中国银保监会办公厅关于使用重大疾病保险的疾病定义有关事项的通知

制定机关：中国银行保险监督管理委员会办公厅

发文字号：银保监办便函〔2020〕1452 号

发文日期：2020 年 11 月 5 日

施行日期：2020 年 11 月 5 日

效力位阶：部门规范性文件

各保险公司：

近期，中国保险行业协会与中国医师协会联合发布《重大疾病保险的疾病定义使用规范（2020 年修订版）》（以下简称《2020 版定义》）。

为规范重大疾病保险产品开发销售行为，保护消费者合法权益，现就使用重大疾病保险的疾病定义有关事项通知如下：

一、自《2020 版定义》发布之日起，保险公司新开发的重大疾病保险产品，且保险期间主要为成年人（十八周岁及以上）阶段的，应当符合《2020 版定义》各项要求。

二、《2020 版定义》发布前已经审批或者备案的重大疾病保险产品，在 2021 年 1 月 31 日之前可以继续销售。自 2021 年 2 月 1 日起，各保险公司不得再销售不符合《2020 版定义》的重大疾病保险产品。

三、各保险公司要加强销售管理，做好停售产品的后续服务工作，切实保护消费者合法权益。严禁借新老定义切换进行不当炒作，严禁以停止使用保险条款和保险费率进行销售误导。

中国银保监会办公厅

2020 年 11 月 5 日

十七、重大疾病保险的疾病定义使用规范

制定机关：中国保险行业协会，中国医师协会

发文日期：2020 年 11 月 5 日

施行日期：2020 年 11 月 5 日

效力位阶：行业规定

前　言

为进一步保护消费者合法权益，提升重大疾病保险产品供给质量，更好地发挥对社会保障体系的重要补充作用，结合我国重大疾病保险发展及现代医学最新进展情况，并广泛研究参考国际经验，中国保险行业

协会与中国医师协会共同对 2007 年制定的重大疾病保险的疾病定义（以下简称疾病定义）进行了修订。

为更好地指导保险公司使用疾病定义，中国保险行业协会特制定《重大疾病保险的疾病定义使用规范（2020 年修订版）》（以下简称规范）。

本规范中所称"疾病"是指重大疾病保险合同约定的疾病、疾病状态或手术。

1 适用范围

本规范中的疾病定义主要在参考国内外成年人重大疾病保险发展状况并结合现代医学最新进展情况的基础上制定，因此，本规范适用于保险期间主要为成年人（十八周岁及以上）阶段的重大疾病保险。

2 使用原则

2.1 保险公司将产品定名为重大疾病保险，且保险期间主要为成年人（十八周岁及以上）阶段的，该产品保障的疾病范围应当包括本规范内的恶性肿瘤——重度、较重急性心肌梗死、严重脑中风后遗症、重大器官移植术或造血干细胞移植术、冠状动脉搭桥术（或称冠状动脉旁路移植术）、严重慢性肾衰竭；如果该产品还保障了保险金额低于上述六种重度疾病的其他疾病，则还应当包括本规范内的恶性肿瘤——轻度、较轻急性心肌梗死、轻度脑中风后遗症。除前述疾病外，对于本规范疾病范围以内的其他疾病，保险公司可以选择使用；同时，上述疾病均应当使用本规范的疾病名称和疾病定义。

2.2 保险公司设计重大疾病保险产品时，所包含的本规范中的每种轻度疾病累计保险金额分别不应高于所包含的本规范中的相应重度疾病累计保险金额的 30%；如有多次赔付责任的，轻度疾病的单次保险金额还应不高于同一赔付次序的相应重度疾病单次保险金额的 30%，无相同赔付次序的，以最近的赔付次序为参照。

2.3 根据市场需求和经验数据，各保险公司可以在其重大疾病保险产品中增加本规范疾病范围以外的其他疾病,并合理制定相关定义。

2.4 重大疾病保险条款和配套宣传材料中,本规范规定的疾病应当按照本规范 3.1 所列顺序排列(对于分组列示疾病的,本规范规定的疾病可以按照疾病分组顺序排列),并置于各保险公司自行增加的疾病之前;同时,应当对二者予以区别说明。

2.5 保险公司设定重大疾病保险除外责任时,对于被保险人发生的疾病、达到的疾病状态或进行的手术,保险公司不承担保险责任的情形不能超出本规范 3.2 规定的范围。

3 重大疾病保险条款的相关规定

重大疾病保险条款中的疾病名称、疾病定义、除外责任和术语释义应当符合本规范的具体规定。

3.1 重大疾病保险的疾病名称及疾病定义

被保险人发生符合以下疾病定义所述条件的疾病,应当由专科医生明确诊断。

以下疾病名称仅供理解使用,具体保障范围以每项疾病具体定义为准。

3.1.1 **重度疾病**

3.1.1.1 *恶性肿瘤——重度*

指恶性细胞不受控制的进行性增长和扩散,浸润和破坏周围正常组织,可以经血管、淋巴管和体腔扩散转移到身体其他部位,病灶经组织病理学检查(涵盖骨髓病理学检查)结果明确诊断,临床诊断属于世界卫生组织(WHO,World Health Organization)《疾病和有关健康问题的国际统计分类》第十次修订版(ICD-10)的恶性肿瘤类别及《国际疾病分类肿瘤学专辑》第三版(ICD-O-3)的肿瘤形态学编码属于 3、6、9(恶性肿瘤)范畴的疾病。

下列疾病不属于"恶性肿瘤——重度",不在保障范围内:

（1）ICD-0-3 肿瘤形态学编码属于 0（良性肿瘤）、1（动态未定性肿瘤）、2（原位癌和非侵袭性癌）范畴的疾病，如：

a. 原位癌，癌前病变，非浸润性癌，非侵袭性癌，肿瘤细胞未侵犯基底层，上皮内瘤变，细胞不典型性增生等；

b. 交界性肿瘤，交界恶性肿瘤，肿瘤低度恶性潜能，潜在低度恶性肿瘤等；

（2）TNM 分期为 I 期或更轻分期的甲状腺癌；

（3）TNM 分期为 T1N0M0 期或更轻分期的前列腺癌；

（4）黑色素瘤以外的未发生淋巴结和远处转移的皮肤恶性肿瘤；

（5）相当于 Binet 分期方案 A 期程度的慢性淋巴细胞白血病；

（6）相当于 Ann Arbor 分期方案 I 期程度的何杰金氏病；

（7）未发生淋巴结和远处转移且 WHO 分级为 G1 级别（核分裂像〈10/50 HPF 和 ki-67≤2%）或更轻分级的神经内分泌肿瘤。

3.1.1.2 较重急性心肌梗死

急性心肌梗死指由于冠状动脉闭塞或梗阻引起部分心肌严重的持久性缺血造成急性心肌坏死。急性心肌梗死的诊断必须依据国际国内诊断标准，符合（1）检测到肌酸激酶同工酶（CK-MB）或肌钙蛋白（cTn）升高和/或降低的动态变化，至少一次达到或超过心肌梗死的临床诊断标准；（2）同时存在下列之一的证据，包括：缺血性胸痛症状、新发生的缺血性心电图改变、新生成的病理性 Q 波、影像学证据显示有新出现的心肌活性丧失或新出现局部室壁运动异常、冠脉造影证实存在冠状动脉血栓。

较重急性心肌梗死指依照上述标准被明确诊断为急性心肌梗死，并且必须同时满足下列至少一项条件：

（1）心肌损伤标志物肌钙蛋白（cTn）升高，至少一次检测结果达到该检验正常参考值上限的 15 倍（含）以上；

（2）肌酸激酶同工酶（CK-MB）升高，至少一次检测结果达到该检验正常参考值上限的 2 倍（含）以上；

（3）出现左心室收缩功能下降，在确诊 6 周以后，检测左室射血分数（LVEF）低于 50%（不含）；

（4）影像学检查证实存在新发的乳头肌功能失调或断裂引起的中度（含）以上的二尖瓣反流；

（5）影像学检查证实存在新出现的室壁瘤；

（6）出现室性心动过速、心室颤动或心源性休克。

其他非冠状动脉阻塞性疾病所引起的肌钙蛋白（cTn）升高不在保障范围内。

3.1.1.3 严重脑中风后遗症

指因脑血管的突发病变引起脑血管出血、栓塞或梗塞，须由头颅断层扫描（CT）、核磁共振检查（MRI）等影像学检查证实，并导致神经系统永久性的功能障碍。神经系统永久性的功能障碍，指疾病确诊 180 天后，仍遗留下列至少一种障碍：

（1）一肢（含）以上肢体肌力 2 级（含）以下；

（2）语言能力完全丧失，或严重咀嚼吞咽功能障碍；

（3）自主生活能力完全丧失，无法独立完成六项基本日常生活活动中的三项或三项以上。

3.1.1.4 重大器官移植术或造血干细胞移植术

重大器官移植术，指因相应器官功能衰竭，已经实施了肾脏、肝脏、心脏、肺脏或小肠的异体移植手术。

造血干细胞移植术，指因造血功能损害或造血系统恶性肿瘤，已经实施了造血干细胞（包括骨髓造血干细胞、外周血造血干细胞和脐血造血干细胞）的移植手术。

3.1.1.5 冠状动脉搭桥术（或称冠状动脉旁路移植术）

指为治疗严重的冠心病，已经实施了切开心包进行的冠状动脉血管旁路移植的手术。

所有未切开心包的冠状动脉介入治疗不在保障范围内。

3.1.1.6 *严重慢性肾衰竭*

指双肾功能慢性不可逆性衰竭，依据肾脏病预后质量倡议（K/DOQI）制定的指南，分期达到慢性肾脏病 5 期，且经诊断后已经进行了至少 90 天的规律性透析治疗。规律性透析是指每周进行血液透析或每天进行腹膜透析。

3.1.1.7 *多个肢体缺失*

指因疾病或意外伤害导致两个或两个以上肢体自腕关节或踝关节近端（靠近躯干端）以上完全性断离。

3.1.1.8 *急性重症肝炎或亚急性重症肝炎*

指因肝炎病毒感染引起肝脏组织弥漫性坏死，导致急性肝功能衰竭，且经血清学或病毒学检查证实，并须满足下列全部条件：

（1）重度黄疸或黄疸迅速加重；

（2）肝性脑病；

（3）B 超或其他影像学检查显示肝脏体积急速萎缩；

（4）肝功能指标进行性恶化。

3.1.1.9 *严重非恶性颅内肿瘤*

指起源于脑、脑神经、脑被膜的非恶性肿瘤，ICD-0-3 肿瘤形态学编码属于 0（良性肿瘤）、1（动态未定性肿瘤）范畴，并已经引起颅内压升高或神经系统功能损害，出现视乳头水肿或视觉受损、听觉受损、面部或肢体瘫痪、癫痫等，须由头颅断层扫描（CT）、核磁共振检查（MRI）或正电子发射断层扫描（PET）等影像学检查证实，且须满足下列至少一项条件：

（1）已经实施了开颅进行的颅内肿瘤完全或部分切除手术；

（2）已经实施了针对颅内肿瘤的放射治疗，如 γ 刀、质子重离子治疗等。

下列疾病不在保障范围内：

（1）脑垂体瘤；

（2）脑囊肿；

（3）颅内血管性疾病（如脑动脉瘤、脑动静脉畸形、海绵状血管瘤、毛细血管扩张症等）。

3.1.1.10 *严重慢性肝衰竭*

指因慢性肝脏疾病导致的肝衰竭，且须满足下列全部条件：

（1）持续性黄疸；

（2）腹水；

（3）肝性脑病；

（4）充血性脾肿大伴脾功能亢进或食管胃底静脉曲张。

因酗酒或药物滥用导致的肝衰竭不在保障范围内。

3.1.1.11 *严重脑炎后遗症或严重脑膜炎后遗症*

指因患脑炎或脑膜炎导致的神经系统永久性的功能障碍。神经系统永久性的功能障碍，指经相关专科医生确诊疾病 180 天后，仍遗留下列至少一种障碍：

（1）一肢（含）以上肢体肌力 2 级（含）以下；

（2）语言能力完全丧失，或严重咀嚼吞咽功能障碍；

（3）由具有评估资格的专科医生根据临床痴呆评定量表（CDR，Clinical Dementia Rating）评估结果为 3 分；

（4）自主生活能力完全丧失，无法独立完成六项基本日常生活活动中的三项或三项以上。

3.1.1.12 *深度昏迷*

指因疾病或意外伤害导致意识丧失，对外界刺激和体内需求均无反应，昏迷程度按照格拉斯哥昏迷分级（GCS，Glasgow Coma Scale）结果为

5 分或 5 分以下，且已经持续使用呼吸机及其他生命维持系统 96 小时以上。

因酗酒或药物滥用导致的深度昏迷不在保障范围内。

3.1.1.13 双耳失聪

指因疾病或意外伤害导致双耳听力永久不可逆性丧失，在 500 赫兹、1000 赫兹和 2000 赫兹语音频率下，平均听阈大于等于 91 分贝，且经纯音听力测试、声导抗检测或听觉诱发电位检测等证实。

注：如果保险公司仅承担被保险人在某年龄之后的保障责任，须在疾病定义中特别说明。

3.1.1.14 双目失明

指因疾病或意外伤害导致双眼视力永久不可逆性丧失，双眼中较好眼须满足下列至少一项条件：

（1）眼球缺失或摘除；

（2）矫正视力低于 0.02（采用国际标准视力表，如果使用其他视力表应进行换算）；

（3）视野半径小于 5 度。

注：如果保险公司仅承担被保险人在某年龄之后的保障责任，须在疾病定义中特别说明。

3.1.1.15 瘫痪

指因疾病或意外伤害导致两肢或两肢以上肢体随意运动功能永久完全丧失。肢体随意运动功能永久完全丧失，指疾病确诊 180 天后或意外伤害发生 180 天后，每肢三大关节中的两大关节仍然完全僵硬，或肢体肌力在 2 级（含）以下。

3.1.1.16 心脏瓣膜手术

指为治疗心脏瓣膜疾病，已经实施了切开心脏进行的心脏瓣膜置换或修复的手术。

所有未切开心脏的心脏瓣膜介入手术不在保障范围内。

3.1.1.17 *严重阿尔茨海默病*

指因大脑进行性、不可逆性改变导致智能严重衰退或丧失，临床表现为严重的认知功能障碍、精神行为异常和社交能力减退等，其日常生活必须持续受到他人监护。须由头颅断层扫描（CT）、核磁共振检查（MRI）或正电子发射断层扫描（PET）等影像学检查证实，并经相关专科医生确诊，且须满足下列至少一项条件：

（1）由具有评估资格的专科医生根据临床痴呆评定量表（CDR，Clinical Dementia Rating）评估结果为 3 分；

（2）自主生活能力完全丧失，无法独立完成六项基本日常生活活动中的三项或三项以上。

阿尔茨海默病之外的其他类型痴呆不在保障范围内。

注：如果保险公司仅承担被保险人在某年龄之前的保障责任，须在疾病定义中特别说明。

3.1.1.18 *严重脑损伤*

指因头部遭受机械性外力，引起脑重要部位损伤，导致神经系统永久性的功能障碍。须由头颅断层扫描（CT）、核磁共振检查（MRI）或正电子发射断层扫描（PET）等影像学检查证实。神经系统永久性的功能障碍，指脑损伤180天后，仍遗留下列至少一种障碍：

（1）一肢（含）以上肢体肌力2级（含）以下；

（2）语言能力完全丧失，或严重咀嚼吞咽功能障碍；

（3）自主生活能力完全丧失，无法独立完成六项基本日常生活活动中的三项或三项以上。

3.1.1.19 *严重原发性帕金森病*

是一种中枢神经系统的退行性疾病，临床表现为运动迟缓、静止性震颤或肌强直等，经相关专科医生确诊，且须满足自主生活能力完全丧失，无法独立完成六项基本日常生活活动中的三项或三项以上。

继发性帕金森综合征、帕金森叠加综合征不在保障范围内。

注：如果保险公司仅承担被保险人在某年龄之前的保障责任，须在疾病定义中特别说明。

3.1.1.20 严重Ⅲ度烧伤

指烧伤程度为Ⅲ度，且Ⅲ度烧伤的面积达到全身体表面积的20%或20%以上。体表面积根据《中国新九分法》计算。

3.1.1.21 严重特发性肺动脉高压

指不明原因的肺动脉压力持续性增高，进行性发展而导致的慢性疾病，已经造成永久不可逆性的体力活动能力受限，达到美国纽约心脏病学会（New York Heart Association, NYHA）心功能状态分级Ⅳ级，且静息状态下肺动脉平均压在36mmHg（含）以上。

3.1.1.22 严重运动神经元病

是一组中枢神经系统运动神经元的进行性变性疾病，包括进行性脊肌萎缩症、进行性延髓麻痹症、原发性侧索硬化症、肌萎缩性侧索硬化症，经相关专科医生确诊，且须满足下列至少一项条件：

（1）严重咀嚼吞咽功能障碍；

（2）呼吸肌麻痹导致严重呼吸困难，且已经持续使用呼吸机7天（含）以上；

（3）自主生活能力完全丧失，无法独立完成六项基本日常生活活动中的三项或三项以上。

注：如果保险公司仅承担被保险人在某年龄之前的保障责任，须在疾病定义中特别说明。

3.1.1.23 语言能力丧失

指因疾病或意外伤害导致语言能力完全丧失，经过积极治疗至少12个月（声带完全切除不受此时间限制），仍无法通过现有医疗手段恢复。

精神心理因素所致的语言能力丧失不在保障范围内。

注：如果保险公司仅承担被保险人在某年龄之后的保障责任，须在疾病定义中特别说明。

3.1.1.24 重型再生障碍性贫血

指因骨髓造血功能慢性持续性衰竭导致的贫血、中性粒细胞减少及血小板减少，且须满足下列全部条件：

（1）骨髓穿刺检查或骨髓活检结果支持诊断：骨髓细胞增生程度<正常的25%；如≥正常的25%但<50%，则残存的造血细胞应<30%；

（2）外周血象须具备以下三项条件中的两项：

①中性粒细胞绝对值<0.5 × 109/L；

②网织红细胞计数<20 × 109/L；

③血小板绝对值<20 × 109/L。

3.1.1.25 主动脉手术

指为治疗主动脉疾病或主动脉创伤，已经实施了开胸（含胸腔镜下）或开腹（含腹腔镜下）进行的切除、置换、修补病损主动脉血管、主动脉创伤后修复的手术。主动脉指升主动脉、主动脉弓和降主动脉（含胸主动脉和腹主动脉），不包括升主动脉、主动脉弓和降主动脉的分支血管。

所有未实施开胸或开腹的动脉内介入治疗不在保障范围内。

3.1.1.26 严重慢性呼吸衰竭

指因慢性呼吸系统疾病导致永久不可逆性的呼吸衰竭，经过积极治疗180天后满足以下所有条件：

（1）静息时出现呼吸困难；

（2）肺功能第一秒用力呼气容积（FEV1）占预计值的百分比<30%；

（3）在静息状态、呼吸空气条件下，动脉血氧分压（PaO2）<50mmHg。

3.1.1.27 严重克罗恩病

指一种慢性肉芽肿性肠炎，具有特征性的克罗恩病（Crohn 病）病理组织学变化，须根据组织病理学特点诊断，且已经造成瘘管形成并伴有肠梗阻或肠穿孔。

3.1.1.28 严重溃疡性结肠炎

指伴有致命性电解质紊乱的急性暴发性溃疡性结肠炎，病变已经累及全结肠，表现为严重的血便和系统性症状体征，须根据组织病理学特点诊断，且已经实施了结肠切除或回肠造瘘术。

3.1.2 轻度疾病

3.1.2.1 恶性肿瘤——轻度

指恶性细胞不受控制的进行性增长和扩散，浸润和破坏周围正常组织，可以经血管、淋巴管和体腔扩散转移到身体其他部位，病灶经组织病理学检查（涵盖骨髓病理学检查）结果明确诊断，临床诊断属于世界卫生组织（WHO，World Health Organization）《疾病和有关健康问题的国际统计分类》第十次修订版（ICD-10）的恶性肿瘤类别及《国际疾病分类肿瘤学专辑》第三版（ICD-0-3）的肿瘤形态学编码属于 3、6、9（恶性肿瘤）范畴，但不在"恶性肿瘤——重度"保障范围的疾病。且特指下列六项之一：

（1）TNM 分期为 I 期的甲状腺癌；

（2）TNM 分期为 T1N0M0 期的前列腺癌；

（3）黑色素瘤以外的未发生淋巴结和远处转移的皮肤恶性肿瘤；

（4）相当于 Binet 分期方案 A 期程度的慢性淋巴细胞白血病；

（5）相当于 Ann Arbor 分期方案 I 期程度的何杰金氏病；

（6）未发生淋巴结和远处转移且 WHO 分级为 G1 级别（核分裂像<10/50 HPF 和 ki-67≤2%）的神经内分泌肿瘤。

下列疾病不属于"恶性肿瘤——轻度"，不在保障范围内：

ICD-0-3 肿瘤形态学编码属于 0（良性肿瘤）、1（动态未定性肿瘤）、2（原位癌和非侵袭性癌）范畴的疾病，如：

a. 原位癌，癌前病变，非浸润性癌，非侵袭性癌，肿瘤细胞未侵犯基底层，上皮内瘤变，细胞不典型性增生等；

b. 交界性肿瘤，交界恶性肿瘤，肿瘤低度恶性潜能，潜在低度恶性肿瘤等。

3.1.2.2 较轻急性心肌梗死

急性心肌梗死指由于冠状动脉闭塞或梗阻引起部分心肌严重的持久性缺血造成急性心肌坏死。急性心肌梗死的诊断必须依据国际国内诊断标准，符合（1）检测到肌酸激酶同工酶（CK-MB）或肌钙蛋白（cTn）升高和/或降低的动态变化，至少一次达到或超过心肌梗死的临床诊断标准；（2）同时存在下列之一的证据，包括：缺血性胸痛症状、新发生的缺血性心电图改变、新生成的病理性 Q 波、影像学证据显示有新出现的心肌活性丧失或新出现局部室壁运动异常、冠脉造影证实存在冠状动脉血栓。

较轻急性心肌梗死指依照上述标准被明确诊断为急性心肌梗死，但未达到"较重急性心肌梗死"的给付标准。

其他非冠状动脉阻塞性疾病引起的肌钙蛋白（cTn）升高不在保障范围内。

3.1.2.3 轻度脑中风后遗症

指因脑血管的突发病变引起脑血管出血、栓塞或梗塞，须由头颅断层扫描（CT）、核磁共振检查（MRI）等影像学检查证实，并导致神经系统永久性的功能障碍，但未达到"严重脑中风后遗症"的给付标准，在疾病确诊 180 天后，仍遗留下列至少一种障碍：

（1）一肢（含）以上肢体肌力为 3 级；

（2）自主生活能力部分丧失，无法独立完成六项基本日常生活活动中的两项。

3.2 重大疾病保险的除外责任

因下列情形之一，导致被保险人发生疾病、达到疾病状态或进行手术的，保险公司不承担保险责任：

3.2.1 投保人对被保险人的故意杀害、故意伤害；

3.2.2 被保险人故意犯罪或抗拒依法采取的刑事强制措施；

3.2.3 被保险人故意自伤、或自本合同成立或者本合同效力恢复之日起2年内自杀，但被保险人自杀时为无民事行为能力人的除外；

3.2.4 被保险人服用、吸食或注射毒品；

3.2.5 被保险人酒后驾驶、无合法有效驾驶证驾驶，或驾驶无合法有效行驶证的机动车；

3.2.6 被保险人感染艾滋病病毒或患艾滋病；

3.2.7 战争、军事冲突、暴乱或武装叛乱；

3.2.8 核爆炸、核辐射或核污染；

3.2.9 遗传性疾病，先天性畸形、变形或染色体异常。

3.3 术语释义

3.3.1 专科医生

专科医生应当同时满足以下四项资格条件：（1）具有有效的中华人民共和国《医师资格证书》；（2）具有有效的中华人民共和国《医师执业证书》，并按期到相关部门登记注册；（3）具有有效的中华人民共和国主治医师或主治医师以上职称的《医师职称证书》；（4）在国家《医院分级管理标准》二级或二级以上医院的相应科室从事临床工作三年以上。

3.3.2 组织病理学检查

组织病理学检查是通过局部切除、钳取、穿刺等手术方法，从患者机体采取病变组织块，经过包埋、切片后，进行病理检查的方法。

通过采集病变部位脱落细胞、细针吸取病变部位细胞、体腔积液分离病变细胞等方式获取病变细胞，制成涂片，进行病理检查的方法，属于细胞病理学检查，不属于组织病理学检查。

3.3.3 ICD-10 与 ICD-0-3

《疾病和有关健康问题的国际统计分类》第十次修订版（ICD-10），是世界卫生组织（WHO）发布的国际通用的疾病分类方法。《国际疾病分类肿瘤学专辑》第三版（ICD-0-3），是 WHO 发布的针对 ICD 中肿瘤形态学组织学细胞类型、动态、分化程度的补充编码。其中形态学编码：0 代表良性肿瘤；1 代表动态未定性肿瘤；2 代表原位癌和非侵袭性癌；3 代表恶性肿瘤（原发性）；6 代表恶性肿瘤（转移性）；9 代表恶性肿瘤（原发性或转移性未肯定）。如果出现 ICD-10 与 ICD-0-3 不一致的情况，以 ICD-0-3 为准。

3.3.4 TNM 分期

TNM 分期采用 AJCC 癌症分期手册标准。该标准由美国癌症联合委员会与国际抗癌联合会 TNM 委员会联合制定，是目前肿瘤医学分期的国际通用标准。T 指原发肿瘤的大小、形态等；N 指淋巴结的转移情况；M 指有无其他脏器的转移情况。

3.3.5 甲状腺癌的 TNM 分期

甲状腺癌的 TNM 分期采用目前现行的 AJCC 第八版定义标准，我国国家卫生健康委员会 2018 年发布的《甲状腺癌诊疗规范（2018 年版）》也采用此定义标准，具体见下：

甲状腺乳头状癌、滤泡癌、低分化癌、Hürthle 细胞癌和未分化癌

pTx：原发肿瘤不能评估

pT_0：无肿瘤证据

pT_1：肿瘤局限在甲状腺内，最大径 $\leq 2cm$

　　T_{1a} 肿瘤最大径 $\leq 1cm$

　　T_{1b} 肿瘤最大径 $>1cm$，$\leq 2cm$

pT_2：肿瘤 2~4cm

pT_3：肿瘤>4cm，局限于甲状腺内或大体侵犯甲状腺外带状肌

　　pT_{3a}：肿瘤>4cm，局限于甲状腺内

　　pT_{3b}：大体侵犯甲状腺外带状肌，无论肿瘤大小带状肌包括：胸骨舌骨肌、胸骨甲状肌、甲状舌骨肌、肩胛舌骨肌

pT_4：大体侵犯甲状腺外带状肌外

　　pT_{4a}：侵犯喉、气管、食管、喉反神经及皮下软组织

　　pT_{4b}：侵犯椎前筋膜，或包裹颈动脉、纵隔血管甲状腺髓样癌

pTx：原发肿瘤不能评估

pT_0：无肿瘤证据

pT_1：肿瘤局限在甲状腺内，最大径≤2cm

　　T_{1a}肿瘤最大径≤1cm

　　T_{1b}肿瘤最大径>1cm，≤2cm

pT_2：肿瘤 2~4cm

pT_3：肿瘤>4cm，局限于甲状腺内或大体侵犯甲状腺外带状肌

　　pT_{3a}：肿瘤>4cm，局限于甲状腺内

　　pT_{3b}：大体侵犯甲状腺外带状肌，无论肿瘤大小带状肌包括：胸骨舌骨肌、胸骨甲状肌、甲状舌骨肌、肩胛舌骨肌

pT_4：进展期病变

　　pT_{4a}：中度进展，任何大小的肿瘤，侵犯甲状腺外颈部周围器官和软组织，如喉、气管、食管、喉反神经及皮下软组织

　　pT_{4b}：重度进展，任何大小的肿瘤，侵犯椎前筋膜，或包裹颈动脉、纵隔血管区域淋巴结：适用于所有甲状腺癌

pNx：区域淋巴结无法评估

pN_0：无淋巴结转移证据

pN_1：区域淋巴结转移

pN$_{1a}$：转移至Ⅵ、Ⅶ区（包括气管旁、气管前、喉前/Delphian 或上纵隔）淋巴结，可以为单侧或双侧。

pN$_{1b}$：单侧、双侧或对侧颈淋巴结转移（包括Ⅰ、Ⅱ、Ⅲ、Ⅳ 或Ⅴ区）淋巴结或咽后淋巴结转移。

远处转移：适用于所有甲状腺癌

M$_{0}$：无远处转移

M$_{1}$：有远处转移

乳头状或滤泡状癌（分化型）			
年龄<55岁			
	T	N	M
Ⅰ期	任何	任何	0
Ⅱ期	任何	任何	1
年龄≥55岁			
Ⅰ期	1	0/x	0
	2	0/x	0
Ⅱ期	1~2	1	0
	3a~3b	任何	0
Ⅲ期	4a	任何	0
ⅣA期	4b	任何	0
ⅣB期	任何	任何	1
髓样癌（所有年龄组）			
Ⅰ期	1	0	0
Ⅱ期	2~3	0	0
Ⅲ期	1~3	la	0
ⅣA期	4a	任何	0
	1~3	lb	0
ⅣB期	4b	任何	0

ⅣC 期	任何	任何	1
未分化癌（所有年龄组）			
ⅣA 期	1~3a	0/x	0
ⅣB 期	1~3a	1	0
	3b~4	任何	0
ⅣC 期	任何	任何	1

注：以上表格中"年龄"指患者病理组织标本获取日期时的年龄。

3.3.6 肢体

肢体是指包括肩关节的整个上肢或包括髋关节的整个下肢。

3.3.7 肌力

指肌肉收缩时的力量。肌力划分为 0-5 级，具体为：

0 级：肌肉完全瘫痪，毫无收缩。

1 级：可看到或者触及肌肉轻微收缩，但不能产生动作。

2 级：肌肉在不受重力影响下，可进行运动，即肢体能在床面上移动，但不能抬高。

3 级：在和地心引力相反的方向中尚能完成其动作，但不能对抗外加阻力。

4 级：能对抗一定的阻力，但较正常人为低。

5 级：正常肌力。

3.3.8 语言能力完全丧失或严重咀嚼吞咽功能障碍

语言能力完全丧失，指无法发出四种语音（包括口唇音、齿舌音、口盖音和喉头音）中的任何三种、或声带全部切除，或因大脑语言中枢受伤害而患失语症。

严重咀嚼吞咽功能障碍，指因牙齿以外的原因导致器质障碍或机能障碍，以致不能作咀嚼吞咽运动，除流质食物外不能摄取或吞咽的状态。

3.3.9 六项基本日常生活活动

六项基本日常生活活动是指：（1）穿衣：自己能够穿衣及脱衣；（2）移动：自己从一个房间到另一个房间；（3）行动：自己上下床或上下轮椅；（4）如厕：自己控制进行大小便；（5）进食：自己从已准备好的碗或碟中取食物放入口中；（6）洗澡：自己进行淋浴或盆浴。

六项基本日常生活活动能力的鉴定不适用于0-3周岁幼儿。

3.3.10 永久不可逆

指自疾病确诊或意外伤害发生之日起，经过积极治疗180天后，仍无法通过现有医疗手段恢复。

3.3.11 美国纽约心脏病学会（New York Heart Association，NYHA）心功能状态分级

美国纽约心脏病学会（New York Heart Association，NYHA）将心功能状态分为四级：

Ⅰ级：心脏病病人日常活动量不受限制，一般活动不引起乏力、呼吸困难等心衰症状。

Ⅱ级：心脏病病人体力活动轻度受限制，休息时无自觉症状，一般活动下可出现心衰症状。

Ⅲ级：心脏病病人体力活动明显受限，低于平时一般活动即引起心衰症状。

Ⅳ级：心脏病病人不能从事任何体力活动，休息状态下也存在心衰症状，活动后加重。

3.3.12 感染艾滋病病毒或患艾滋病

艾滋病病毒指人类免疫缺陷病毒，英文缩写为HIV。艾滋病指人类免疫缺陷病毒引起的获得性免疫缺陷综合征，英文缩写为AIDS。

在人体血液或其他样本中检测到艾滋病病毒或其抗体呈阳性，没有

出现临床症状或体征的，为感染艾滋病病毒；如果同时出现了明显临床症状或体征的，为患艾滋病。

3.3.13 遗传性疾病

指生殖细胞或受精卵的遗传物质（染色体和基因）发生突变或畸变所引起的疾病，通常具有由亲代传至后代的垂直传递的特征。

3.3.14 先天性畸形、变形或染色体异常

指被保险人出生时就具有的畸形、变形或染色体异常。先天性畸形、变形和染色体异常依照世界卫生组织《疾病和有关健康问题的国际统计分类》第十次修订版（ICD-10）确定。

4 重大疾病保险宣传材料的相关规定

在重大疾病保险的宣传材料中，如果保障的疾病名称单独出现，应当采用以下主标题和副标题结合的形式。

4.1〔恶性肿瘤——重度〕——不包括部分早期恶性肿瘤

4.2 较重急性心肌梗死

4.3 严重脑中风后遗症——永久性的功能障碍

4.4 重大器官移植术或造血干细胞移植术——重大器官须异体移植手术

4.5 冠状动脉搭桥术（或称冠状动脉旁路移植术）——须切开心包手术

4.6 严重慢性肾衰竭——须规律透析治疗

4.7 多个肢体缺失——完全性断离

4.8 急性重症肝炎或亚急性重症肝炎

4.9 严重非恶性颅内肿瘤——须开颅手术或放射治疗

4.10 严重慢性肝衰竭——不包括酗酒或药物滥用所致

4.11 严重脑炎后遗症或严重脑膜炎后遗症——永久性的功能障碍

4.12 深度昏迷——不包括酗酒或药物滥用所致

4.13 双耳失聪——永久不可逆

注：如果保险公司仅承担被保险人在某年龄之后的保障责任，须在副标题中注明。

4.14 双目失明——永久不可逆

注：如果保险公司仅承担被保险人在某年龄之后的保障责任，须在副标题中注明。

4.15 瘫痪——永久完全

4.16 心脏瓣膜手术——须切开心脏手术

4.17 严重阿尔茨海默病——严重认知功能障碍或自主生活能力完全丧失

注：如果保险公司仅承担被保险人在某年龄之前的保障责任，须在副标题中注明。

4.18 严重脑损伤——永久性的功能障碍

4.19 严重原发性帕金森病——自主生活能力完全丧失

注：如果保险公司仅承担被保险人在某年龄之前的保障责任，须在副标题中注明。

4.20 严重Ⅲ度烧伤——至少达体表面积的20%

4.21 严重特发性肺动脉高压——有心力衰竭表现

4.22 严重运动神经元病——自主生活能力完全丧失

注：如果保险公司仅承担被保险人在某年龄之前的保障责任，须在副标题中注明。

4.23 语言能力丧失——完全丧失且经积极治疗至少12个月

注：如果保险公司仅承担被保险人在某年龄之后的保障责任，须在副标题中注明

4.24 重型再生障碍性贫血

4.25 主动脉手术——须开胸（含胸腔镜下）或开腹（含腹腔镜下）

手术

4.26 严重慢性呼吸衰竭——永久不可逆

4.27 严重克罗恩病——瘘管形成

4.28 严重溃疡性结肠炎——须结肠切除或回肠造瘘术

4.29 恶性肿瘤——轻度

4.30 较轻急性心肌梗死

4.31 轻度脑中风后遗症——永久性的功能障碍

5 附则

5.1 中国保险行业协会设立保险行业疾病定义管理办公室，协助中国银保监会做好健康保险产品监管中有关疾病定义的管理工作，建立行业疾病定义长效管理机制，研究重大疾病保险相关疾病医疗实践的进展情况，原则上至少每5年对疾病定义及规范进行全面评估，视评估结果决定是否开展修订工作。

5.2 本规范自发布之日起施行。本规范发布之日前已生效的重大疾病保险合同，保险公司应按该保险合同约定做好相关服务工作。自2021年2月1日起签订的保险期间主要为成年人（十八周岁及以上）阶段的重大疾病保险合同应当符合本规范。

5.3 本规范由中国保险行业协会负责解释。